司法解释制度研究
以刑事诉讼为中心

On the Judicial Interpretation System

Centered on the Criminal Procedures

聂友伦　著

中国社会科学出版社

图书在版编目(CIP)数据

司法解释制度研究：以刑事诉讼为中心 / 聂友伦著. --北京：中国社会科学出版社，2025.4. -- ISBN 978-7-5227-4771-2

Ⅰ. D925.205

中国国家版本馆 CIP 数据核字第 2025YU5348 号

出 版 人	赵剑英	
责任编辑	梁剑琴	
责任校对	季　静	
责任印制	郝美娜	

出　　版	中国社会科学出版社	
社　　址	北京鼓楼西大街甲 158 号	
邮　　编	100720	
网　　址	http://www.csspw.cn	
发 行 部	010-84083685	
门 市 部	010-84029450	
经　　销	新华书店及其他书店	

印　　刷	北京君升印刷有限公司	
装　　订	廊坊市广阳区广增装订厂	
版　　次	2025 年 4 月第 1 版	
印　　次	2025 年 4 月第 1 次印刷	

开　　本	710×1000　1/16	
印　　张	24.75	
插　　页	2	
字　　数	345 千字	
定　　价	148.00 元	

凡购买中国社会科学出版社图书，如有质量问题请与本社营销中心联系调换
电话：010-84083683
版权所有　侵权必究

出 版 说 明

　　为进一步加大对哲学社会科学领域青年人才扶持力度，促进优秀青年学者更快更好成长，国家社科基金2019年起设立博士论文出版项目，重点资助学术基础扎实、具有创新意识和发展潜力的青年学者。每年评选一次。2023年经组织申报、专家评审、社会公示，评选出第五批博士论文项目。按照"统一标识、统一封面、统一版式、统一标准"的总体要求，现予出版，以飨读者。

全国哲学社会科学工作办公室

2024年

摘 要

司法解释制度是中国法治系统的有机组成，经其产出的司法解释构成了沟通立法与司法的桥梁。当重要的立法出台后，最高人民法院、最高人民检察院往往会单独或联合相关部门制定并发布配套的司法解释文件，以期通过对法律规范的具体化与确定化，实现统一司法活动中法律适用标准的目标。作为一种颇具中国特色的制度，有关司法解释的各类学术成果已经相当丰硕。不过，早已为业界乃至普通民众熟悉与接受的司法解释制度，在理论与实践、规范与事实之间，仍然遗留了大量尚待厘清与探索的问题。比如，司法解释的概念何以界定？司法解释的性质如何？司法解释制度何以形成？司法解释的发展遵循了怎样的制度逻辑？最终产生了何种结果？司法解释在理论上存在哪些与既有体制机制的矛盾？如何调和冲突，使司法解释在法治环境下发挥更大的制度优势？围绕上述问题，本书选取较具实践代表性的刑事诉讼领域，试图对司法解释制度展开系统化的研究。

本书第一章绪论拟先对选题作概略介绍，简要阐述研究的对象与思路。出于清楚展现司法解释研究的发展脉络与现实状况之考虑，本章将围绕司法解释的诸研究板块，将理论界与实务界的研究成果划分为概念、体制、行权方式、权力空间以及刑事诉讼司法解释五个部分，进行综述与评介。

第二章是司法解释的基本范畴。为了进行有效的研究与商谈，必须先明确讨论的对象。与域外情况不同，中国的司法解释不能被简单地理解为司法者针对法律适用作出的解释，其规范性文件的样态表明，它与"法官释法"有着根本差异。司法解释是最高人民法院、最高人民检察院针对"具体应用法律的问题"作出的规范性解释。在规范意义上，司法解释不仅内容应与法律适用相关，而且，须编列专门的释字文号，并报送全国人民代表大会常务委员会备案。就性质而言，司法解释权来源于立法机关的转授与确认，与司法权并无直接关联，更多乃是一种制定规范的立法性权力。随着《法院组织法》《监督法》《立法法》的相关规定逐渐明晰，司法解释获得了制度性权威，具有了正式法源地位。作为正式法源，司法解释须为适法者所一体遵守，而经由规范内涵的细化与裁量权的限缩，其便可实现统一法律适用的目的。

第三章是司法解释的制度样态。本章未采平铺直叙的描述方式，而拟对制度运作的基础与结果类型化，继而将其纳入统一的问题框架予以讨论。学界一般将中国的司法解释体制称为"二元一级"，这无疑是正确的，然而，该描述仅体现了制度在外观上的多元化，未能深入制度的实质层面。实质上的司法解释制度，展现出的是一种职能化或分工制样态：各职能机关的中央机关一方面自行解决本系统面临的法律适用问题，另一方面协商解决涉及多机关法律适用的互涉问题，这最终导致了解释权割据的后果。以刑事诉讼领域为例，由于解释的具体对象存在差别，自行解决问题的释法形成了整体解释，协商解决问题的释法形成了部分解释。整体解释具有完备性与体系性，使其呈现出部门法典的外观，而部分解释具有补充性，它体现出单行立法的特征，再加上针对个别法条的单一解释，三者的结合最终将架空法律，造成"解法典化"的严重后果。

第四章是司法解释的制度逻辑。本章试图通过三重不同维度的切入，回答司法解释制度的形成问题。从社会维度来看，为稳定预期、规划行为，社会主体、适法主体和中央机关都存在法律解释的实践需求。其中，适法者需要明确的规范指引以使其避免可能出现的职业风险，而中央机关则可利用司法解释直接贯彻政策。因此，构建某种细化法律的解释制度就是必须的。从政治维度来看，基于人民民主专政的国体，常态化解释法律的权力只能由有权制定法律的最高权力机关的常设机关行使，但因其组织局限性，全国人民代表大会常务委员会难以有效行使该项权力。考虑到国家治理的效果，将法律解释权分别转授最高人民法院、最高人民检察院、国务院及主管部门似为最佳的选择。从历史维度来看，民国实行的最高法院解释例制度与苏联实行的苏维埃主席团法律解释制度，影响并塑造了中华人民共和国司法解释制度的形成。以上制度逻辑的分析，对司法解释制度的产生及其如何发展为具有规范性与职能性的现时样态之问题，提供了一个有解释力的框架。

第五章是司法解释的制度问题。由于制度形成具有一定自发性，司法解释难免与其他既有体制机制存在冲突，产生了一些亟待解决的关键问题。首先，将司法解释权过度分散地授予不同机关，容易导致"以规代法"的效应，最终使法律本身的价值逐渐消解。同时，各职能部门的中央机关出台解释，一则会因其维护部门利益的固有立场，扩张公权力、限缩私权利，二则会强化最高司法机关对下级的控制，弱化司法机关独立行使职权原则的实效。其次，司法解释的权力空间不明。欲限制司法解释权滥用，防止前述问题现实化，就应当设置一定的权力边界与行权标准。通过《立法法》第119条的解释学操作，可以得出司法解释的限权条件与授权范围，皆为"符合立法的目的、原则和原意"，但因其客观性程度过低，仍难实现权力规制的意图。最后，缘着司法解释制度提供的治理思路，中央与地方司法机关在法定框架外也进行着实质的释法活动，形成了大量司法解释性质文件，对司法的实践运作造成了重要影响。这类文件虽有规范效果，却无法律地位，其泛滥不利于法治秩序的构建，必须予以调控。

第六章是司法解释的制度完善。为解决司法解释的制度问题，本章将由宏观至微观提出一套完整的改革方案。其一，提高立法权行使的实质化程度。司法解释之所以大行其道，根本原因之一在于立法质量的低下与立法解释的沉默。我国立法长期奉行"宜粗不宜细"的观念，导致制定出的法律粗疏不堪，难以为实践直接适用，加上全国人民代表大会常务委员会对立法解释权的虚置，使得源自条文本身的法律适用问题往往只能由司法机关自行解决。故而，提升立法精细程度、激活立法解释，乃问题纾解的前提。其二，对司法解释体制进行宏观改革。司法解释的制度问题，主要是因司法解释分工制所致，在法律解释权被拆分后，难免形成架空法律、扩张权力、侵蚀独立司法的局面。解决问题的可行方案，是将司法解释权集于最高人民法院，由其独家行使具体应用法律解释的职权。同时，为防止权力滥用，还应附随地构建由最高人民检察院主导的司法解释监督制度。其三，对司法解释的部分机制予以法治化调控。一方面，立法应当明确层次化的行权规则，规定司法解释的行权条件，进一步提高"立法的目的、原则和原意"的客观化程度；另一方面，将司法解释性质文件的规范内容纳入制度化法源载体，并有限授权高级法院参与司法解释制定，以满足地方释法资源的供给。

关键词：司法解释制度；法制统一；制度逻辑；分工制；刑事诉讼

Abstract

The judicial interpretation system is an integral part of China's legal system, with its produced interpretations serving as a bridge between legislation and adjudication. Following the enactment of significant legislation, the Supreme People's Court (SPC), the Supreme People's Procuratorate (SPP), and other relevant ministries often draft and issue supporting judicial interpretation documents. These documents aim to achieve uniform standards in the application of law in judicial activities by concretizing and clarifying legal norms. As a uniquely Chinese institution, substantial academic work has already been produced regarding judicial interpretations. However, despite being familiar and accepted by both professionals and the general public, the judicial interpretation system still leaves many unresolved and unexplored issues in theory and practice, as well as in normative and factual dimensions. For instance, how should the concept of judicial interpretation be defined? What is its nature? How did the judicial interpretation system come into being? What institutional logic has guided its development, and what outcomes can be expected? What theoretical conflicts exist between judicial interpretations and the existing institutional mechanisms? How can these conflicts be reconciled to enhance the institutional advantages of judicial interpretations within a rule-of-law environment? This book addresses these questions by focusing on the criminal procedure field, which is particularly representative in practice, attempting to conduct a systematic study of the judicial interpretation system.

The first chapter of this book will provide a general introduction to the research topic, briefly outlining the object and framework of the study. In order to clearly present the development context and current status of judicial interpretation research, this chapter will review and evaluate the research results of the theoretical and practical communities on the various aspects of judicial interpretation, including concepts, systems, exercise methods, power space, and criminal procedure judicial interpretation.

The second chapter delves into the fundamental categories of judicial interpretation. For effective research and discussion, it is essential to clarify the ontological categories of the subject under consideration. Unlike foreign contexts, judicial interpretation in China cannot be simply understood as the judiciary's interpretation of law application. The normative nature of these documents indicates a fundamental difference. Judicial interpretation refers to the normative interpretations issued by the SPC and the SPP concerning "specific issues in the application of law". Normatively, judicial interpretations should be related to the application of law, must be issued with a specific interpretation document number, and must be filed with the Standing Committee of the National People's Congress (NPCSC) for the record. In terms of nature, the authority to issue judicial interpretations is derived from the delegation and confirmation by the legislative body and is not directly related to judicial power. It is more akin to a legislative power to create norms. With the gradual clarification of relevant provisions in the Court Organization Law, the Supervision Law, and the Legislative Law, judicial interpretations have gained institutional authority and have become formal sources of law. As formal sources of law, judicial interpretations must be adhered to by those applying the law. Through the refinement of normative content and the restriction of discretionary power, judicial interpretations could achieve the goal of unifying the application of law.

The third chapter examines the institutional forms of judicial interpretation. Instead of a straightforward descriptive approach, this chapter classifies the foundations and outcomes of institutional operations and integrates them into a unified problem framework. Scholars typically refer to China's judicial interpretation system as a "dual one-tier" system, which is undoubtedly accurate. However, this description only reflects the system's external diversity and fails to delve into its substantive aspects. In essence, the judicial interpretation system exhibits a functional or division-of-labor model. Central agencies of various functional bodies independently address legal application issues within their systems while also negotiating to resolve interrelated issues involving multiple agencies. This ultimately leads to fragmentedinterpretive authority. In the field of criminal procedure, for example, the interpretation's specific targets differ, resulting in holistic and partial interpretations. Holistic interpretations, which address internal system issues, exhibit completeness and systematicity, resembling a departmental code. Partial interpretations, which address inter-agency issues, are supplementary and characteristic of specific legislation. The combination of these two types of interpretations undermines the law, resulting in serious consequences of "decodification".

The fourth chapter explores the institutional logic of judicial interpretation. This chapter attempts to answer the question of the formation of the judicial interpretation system through three different dimensions. From a social perspective, the need for legal interpretation arises to stabilize expectations and guide behavior for social subjects, law applicators, and central agencies. Law applicators require clear normative guidance to avoid potential professional risks, while central agencies can use judicial interpretations to directly implement policies. Therefore, establishing an interpretation system that refines the law is necessary. From a political perspective, given the state structure of the people's democratic dictatorship, the power to routinely interpret laws can only be exercised by the standing body of the highest legislative authority. However, due to organizational limitations, the NPCSC finds it challenging to effectively exercise this power. For effective state governance, delegating the power of legal interpretation to the SPC, the SPP, the State Council, and relevant departments appears to be the best choice. From a historical perspective, the judicial interpretation system of the People's Republic of China has been influenced and shaped by the interpretation system of the Supreme Court during the Republic of China period and the legal interpretation system of the Presidium of the Supreme Sovietin former Soviet Union. The analysis of these institutional logics provides an explanatory framework for understanding the origin and development of the judicial interpretation system into its current normative and functional form.

The fifth chapter addresses the institutional issues of judicial interpretation. Due to the spontaneous nature of its formation, judicial interpretation inevitably conflicts with other existing systems and mechanisms, creating several critical problems thatneed to be resolved. Firstly, excessively decentralizing judicial interpretation authority among different agencies can lead to the effect of "regulations replacing laws," ultimately diminishing the value of the law. Additionally, when central agencies of various functional departments issue interpretations, they tend to protect departmental interests, expanding public power while limiting private rights. This also strengthens the control of the highest judicial bodies over lower courts, weakening the principle of independent exercise of judicial power. Secondly, the scope of authority for judicial interpretation is unclear. To prevent the misuse of judicial interpretation power and to address the aforementioned issues, it is necessary to establish specific boundaries and standards for the exercise of this power. By interpreting Article 119 of the Legislative Law, one can derive the conditions and scope for limiting and authorizing judicial interpretation, which should "comply with the purpose, principles, and original intent of legislation." However, due to the low degree of objectivity, it remains challenging to regulate this power effectively. Furthermore, under the governance framework provided by the judicial interpretation system, both central and local judicial bodies engage in substantial interpretative activities outside the statutory framework, producing numerous documents with the nature of judicial interpretations. These documents, although normative in effect, lack legal status, and their proliferation is detrimental to the construction of a rule-of-law order. Therefore, it is essential to regulate and control them.

The sixth chapter focuses on the institutional improvements for efficacious judicial interpretation. It proposes a multi-pronged reform plan that addresses both macro and micro-level deficiencies within the current system. Firstly, the chapter underscores the importance of robust legislative implementation. The prevalence of unclear legislation and a dearth of legislative interpretation necessitates a renewed focus on legislative clarity and activation. Longstanding adherence to a "coarse rather than fine" legislative approach has resulted in overly general laws that are challenging for direct application. Additionally, the lack of interpretation by the NPCSC has created legal application issues ultimately requiring judicial intervention. Therefore, prioritizing legislative precision and invigorating legislative interpretation are crucial prerequisites for addressing these problems. Secondly, the chapter advocates for macro-level reform of the judicial interpretation system. The core institutional issue lies in the fragmented structure of judicial interpretation. The division of interpretive authority has demonstrably led to the undermining of enacted legislation, the expansion of judicial power beyond its intended parameters, and the erosion of judicial independence. A viable solution proposes the consolidation of judicial interpretation authority within the SPC, granting it the exclusive power to interpret the specific applications of laws. Additionally, to safeguard against potential power abuses, a dedicated judicial interpretation oversight system under the auspices of the SPP should be established. Thirdly, the chapter emphasizes the need for legalization and regulation of specific judicial interpretation mechanisms. Legislative action is necessary to clarify the hierarchical framework for exercising interpretive authority. Such legislation should delineate the conditions for judicial interpretation and further objectify the interpretation of legislative purpose, principles, and original intent. Furthermore, the chapter proposes the incorporation of the normative content of judicial interpretation documents into institutionalized legal sources. To address the demand for local interpretive resources, limited authorization could be granted to higher courts to participate in the formulation of judicial interpretations, subject to established guidelines.

Keywords: Judicial Interpretation System; Unification of Legal System; Institutional Logic; Division of Labor System; Criminal Procedure

目　　录

第一章　绪论 ……………………………………………………（1）
 第一节　选题缘起 ………………………………………………（1）
 第二节　文献综述 ………………………………………………（5）
  一　关于司法解释概念 …………………………………………（6）
  二　关于司法解释体制 …………………………………………（11）
  三　关于司法解释的行权方式 …………………………………（16）
  四　关于司法解释的权力空间 …………………………………（20）
  五　关于刑事诉讼司法解释 ……………………………………（24）
 第三节　研究途径与研究方法 …………………………………（31）

第二章　司法解释的基本范畴 …………………………………（33）
 第一节　司法解释的概念厘定 …………………………………（34）
  一　司法解释的规范性文件样态 ………………………………（34）
  二　司法解释的形式界定 ………………………………………（38）
  三　司法解释相关概念辨析 ……………………………………（43）
 第二节　司法解释的本质属性 …………………………………（46）
  一　司法解释的权力性质 ………………………………………（47）
  二　司法解释的法源地位 ………………………………………（61）
 第三节　司法解释的制度功能与运作机制 ……………………（68）
  一　司法解释的制度功能 ………………………………………（68）
  二　司法解释的运作机制 ………………………………………（74）

第三章　司法解释的制度样态 …………………………………… (80)
第一节　司法解释的体制特点 ………………………………… (81)
　　一　制定主体的多元化 ……………………………………… (82)
　　二　规范内容的职能化 ……………………………………… (86)
　　三　互涉部分的协商化 ……………………………………… (92)
　　四　解释权力的碎片化 ……………………………………… (97)
第二节　司法解释的涉及对象 ………………………………… (103)
　　一　整体之刑事诉讼法典 …………………………………… (105)
　　二　部分之刑事诉讼制度 …………………………………… (112)
　　三　单一之刑事诉讼法条 …………………………………… (118)
第三节　司法解释导致的"解法典化"现象 ………………… (125)
　　一　刑事诉讼法解法典化的表征 …………………………… (125)
　　二　刑事诉讼法解法典化的成因 …………………………… (128)

第四章　司法解释的制度逻辑 …………………………………… (131)
第一节　司法解释制度逻辑的社会维度 ……………………… (131)
　　一　法律解释的实践需求 …………………………………… (132)
　　二　办案主体的避责态度 …………………………………… (138)
　　三　弹性治理的政策文化 …………………………………… (143)
第二节　司法解释制度逻辑的政治维度 ……………………… (148)
　　一　人民民主专政的集权政治体制 ………………………… (149)
　　二　国家治理质效及灵活性的保障 ………………………… (153)
第三节　司法解释制度逻辑的历史维度 ……………………… (167)
　　一　近代司法解释制度的代际传递 ………………………… (169)
　　二　苏联司法解释制度的法律移植 ………………………… (179)
　　三　中国司法解释制度的历史形成 ………………………… (188)

第五章　司法解释的制度问题 …………………………………… (193)
第一节　司法解释分工制下的治理矛盾 ……………………… (194)

一　司法解释分工制与法制化的矛盾 …………………（194）
　　二　司法解释分工制与权力制约的矛盾 ………………（206）
　　三　司法解释分工制与司法机关独立行权的矛盾 ……（216）
第二节　司法解释权力空间的界定困难 …………………（225）
　　一　司法解释限权的实质条件 …………………………（226）
　　二　司法解释授权的范围边界 …………………………（231）
　　三　"立法的目的、原则和原意"的规范解读及
　　　　问题 ……………………………………………………（236）
第三节　司法解释性质文件的地位不明 …………………（241）
　　一　中央司法解释性质文件的问题 ……………………（242）
　　二　地方司法解释性质文件的问题 ……………………（253）

第六章　司法解释的制度完善 ……………………………（268）
第一节　前提层面：国家立法权行使的实质化 …………（268）
　　一　提高立法的精细化程度 ……………………………（269）
　　二　积极行使立法解释职能 ……………………………（285）
第二节　体制层面：司法解释体制的宏观改革 …………（293）
　　一　最高人民法院统一行使司法解释制定权 ………（293）
　　二　最高人民检察院履行司法解释监督权 …………（306）
　　三　强化全国人大常委会对司法解释的监督 ………（313）
第三节　机制层面：司法解释机制的规范调控 …………（321）
　　一　明确司法解释的行权规则 …………………………（321）
　　二　司法解释性质文件的制度化改造 …………………（336）

结　语 ……………………………………………………………（351）

参考文献 ………………………………………………………（356）

索　引 ……………………………………………………………（369）

后　记 ……………………………………………………………（372）

Contents

Chapter 1 Introduction (1)
  Section 1　Origin of the Topic (1)
  Section 2　Literature Review (5)
    2.1　On the Concept of Judicial Interpretation (6)
    2.2　On the System of Judicial Interpretation (11)
    2.3　On the Exercise of Judicial Interpretation Power (16)
    2.4　On the Power Space of Judicial Interpretation (20)
    2.5　On Criminal Procedure Judicial Interpretation (24)
  Section 3　Research Approaches and Methods (31)

Chapter 2 Basic Categories of Judicial Interpretation (33)
  Section 1　Defining the Concept of Judicial Interpretation (34)
    1.1　The Normative Document Forms of Judicial Interpretation (34)
    1.2　The Formal Definition of Judicial Interpretation (38)
    1.3　The Analysis of Related Concepts of Judicial Interpretation (43)
  Section 2　The Essential Attributes of Judicial Interpretation (46)
    2.1　The Nature of Judicial Interpretation Power (47)
    2.2　The Legal Source Status of Judicial Interpretation (61)
  Section 3　The Functional Mechanisms of Judicial Interpretation (68)

3.1　The Institutional Functions of Judicial Interpretation ……(68)
3.2　The Operational Mechanisms of Judicial Interpretation ………………………………………………(74)

Chapter 3　The Institutional Forms of Judicial Interpretation ………………………………………(80)
Section 1　Characteristics of the Judicial Interpretation System ………………………………………(81)
　1.1　Diversification of the Formulating Subjects ……………(82)
　1.2　Functionalization of the Normative Content …………(86)
　1.3　Negotiation of the Intersecting Parts …………………(92)
　1.4　Fragmentation of Interpretation Power ………………(97)
Section 2　The Objects Involved in Judicial Interpretation ……(103)
　2.1　The Whole Criminal Procedure Code …………………(105)
　2.2　Parts of the Criminal Procedure System ………………(112)
　2.3　Individual Criminal Procedure Statutes ………………(118)
Section 3　The Phenomenon of "Decoding" Judicial Interpretation ……………………………………(125)
　3.1　Manifestations of the Decoding of Criminal Procedure Law …………………………………………(125)
　3.2　Causes of the Decoding of Criminal Procedure Law …(128)

Chapter 4　The Institutional Logic of Judicial Interpretation ………………………………………(131)
Section 1　The Social Dimension of the Institutional Logic ……(131)
　1.1　Practical Needs of Legal Interpretation ………………(132)
　1.2　Liability Avoidance Attitudes of Case-handling Entities ……………………………………………(138)
　1.3　Policy Culture of Flexible Governance ………………(143)

Section 2 The Political Dimension of the Institutional
　　　　　　Logic ··· (148)
　2.1 Centralized Political System of People's Democratic
　　　　Dictatorship ·· (149)
　2.2 Guarantee of the Quality and Flexibility of National
　　　　Governance ·· (153)
Section 3 The Historical Dimension of the Institutional
　　　　　　Logic ··· (167)
　3.1 Intergenerational Transmission of Modern Judicial
　　　　Interpretation Systems ···································· (169)
　3.2 Legal Transplantation of the Soviet Judicial Interpretation
　　　　System ·· (179)
　3.3 Historical Formation of China's Judicial Interpretation
　　　　System ·· (188)

Chapter 5 Institutional Problems of Judicial Interpretation ··· (193)

Section 1 Governance Conflicts under the Division of Judicial
　　　　　　Interpretation ··· (194)
　1.1 Conflicts between the Division of Judicial Interpretation
　　　　and Legalization ·· (194)
　1.2 Conflicts between the Division of Judicial Interpretation
　　　　and Power Constraints ···································· (206)
　1.3 Conflicts between the Division of Judicial Interpretation
　　　　and the Independent Exercise of Power by Judicial
　　　　Organs ·· (216)
Section 2 Difficulty in Defining the Power Space of Judicial
　　　　　　Interpretation ··· (225)

2.1　Substantive Conditions for Limiting Judicial Interpretation Power ……………………………………………………（226）
  2.2　Boundary of the Authorization Scope of Judicial Interpretation ……………………………………………（231）
  2.3　Normative Interpretation and Issues of the "Purpose, Principles, and Original Intent of Legislation" ………（236）
 Section 3　Unclear Status of Documents of Judicial Interpretation Nature ……………………………………………………（241）
  3.1　Issues with Central Judicial Interpretation Documents ……………………………………………………（242）
  3.2　Issues with Local Judicial Interpretation Documents …（253）

Chapter 6　Improving the Judicial Interpretation System ……（268）

 Section 1　Prerequisite Level: Substantialization of National Legislative Power ……………………………………（268）
  1.1　Enhancing the Precision of Legislation ………………（269）
  1.2　Actively Exercising the Function of Legislative Interpretation ……………………………………………（285）
 Section 2　System Level: Macroscopic Reform of the Judicial Interpretation System ……………………………（293）
  2.1　Unifying Judicial Interpretation Power under the Supreme People's Court ………………………………（293）
  2.2　Exercising Supervisory Power over Judicial Interpretation by the Supreme People's Procuratorate ………………（306）
  2.3　Strengthening Supervision of Judicial Interpretation by the Standing Committee of the National People's Congress ………………………………………………（313）
 Section 3　Mechanism Level: Normative Regulation of the Judicial Interpretation Mechanism ……………………（321）

3.1　Clarifying the Rules for Exercising Judicial Interpretation Power ··· (321)

3.2　Institutional Reform of Documents of Judicial Interpretation Nature ··· (336)

Conclusion ··· (351)

References ··· (356)

Index ··· (369)

Acknowledgements ··· (372)

第 一 章

绪 论

第一节 选题缘起

司法解释是中国法治领域中的一项重要制度。宏观上看,司法解释发挥着明确、细化甚至补充立法的作用,使法制的规范体系得到完善。微观上看,司法解释为司法人员执行法律提供了统一标准与直接指引,使法律的应用问题得到纾解,提高了法律的可操作性。司法解释占据着联结立法与司法的要津,对于中国法治建设的意义已无须多言,毫不夸张地说,司法系统的运作已须臾难离司法解释:一方面,一部重要法律制定或修正施行后,职能机关通常会针对新法伴随性地制定或更新司法解释;另一方面,司法人员在作出司法决定之前,必须查阅相关的司法解释,以确认司法活动的规范依据。最近一次声势浩大的司法解释运作是围绕《中华人民共和国民法典》(以下简称《民法典》)展开的。随着《民法典》于2020年5月28日公布,最高人民法院(以下简称"最高法")迅速启动了新司法解释的制定与旧司法解释的清理工作。及至当年年底,最高法便已制定公布了五部体量庞大的民法典司法解释,分别针对《民法典》中的时间效力、婚姻家庭、物权、继承、担保等制度予以细化规定。类似惯常性的法律活动,在我国法治领域反复出现。

法治领域充斥着司法解释。对于这类司空见惯的规范性文件，公众大致能够理解其存在的意义：为使法律得到正确适用，有必要由法律适用机关作出统一的解释。然而，仅有这种认识显然是不够的。制度意义上的司法解释构成了一个颇为复杂的系统，涉及制度定位、生成机制、运行模式、权力范围等诸多方面，很难一言以蔽之。正因如此，司法解释制度存在的问题也具有某种多元的层次性：首先，司法解释的性质为何？其究竟是适用法律之司法抑或创设规则之立法？从司法解释类似法律的规范性文件表征可知，其明显已脱离了中立、被动、消极之司法的范畴，进入了立法的领域。其次，若司法解释的立法性质可得明确，那么，其法源性质如何？司法解释性质文件是否具有与司法解释同等的法源地位？司法解释权的行使有何范围限制？再次，司法解释的制度现状如何？其形成呈现出怎样的制度逻辑？然后，目前的司法解释制度存在哪些抽象与具体的实践问题？是否与国家治理或司法规律存在矛盾？是否突破了应然的权力空间？最后，司法解释的相关制度应当作何种体制与机制层面的调控，从而更好地在法治框架下解决具体的法律问题并实现法制统一的目标？

前述司法解释的制度问题，存在较为清晰的内在联系，应当对其进行体系化研究。虽然学界对司法解释的研究可谓汗牛充栋，但围绕司法解释制度的系统阐述与全面探讨尚不多见，造成这一现象的原因可能在于研究者未能找到合适的抓手。相关规制司法解释的法令与法律，包括全国人民代表大会常务委员会（以下简称"全国人大常委会"）分别于1955年与1981年制定的《关于解释法律问题的决议》（以下简称"1955年《决议》"）、《关于加强法律解释工作的决议》（以下简称"1981年《决议》"）以及《中华人民共和国立法法》（以下简称《立法法》）、《中华人民共和国各级人民代表大会常务委员会监督法》（以下简称《监督法》）、《中华人民共和国法院组织法》（以下简称《法院组织法》）、《中华人民共和国人民检察院组织法》（以下简称《检察院组织法》）等。有关司法解释的法律规范数量看似庞大，但实质上，真正涉及司法解释的条文只有寥寥数个。质言之，司法解释缺乏明确清晰的法律依据，使得习惯于演绎方法的研究者很难从规范上把握司法解释的制度脉络，而完成整体性的系统研究更是难上加难。

为了有效达成体系研究的目标，除了使用法律的规范演绎方法，还必须先对司法解释的实践样态予以归纳，从中抽象出一些共通特点，以形成可供开展研究的对象。本书选择的主要归纳对象是刑事诉讼司法解释。之所以选取刑事诉讼领域的司法解释作为研究样本，主要是因其具有全面展示司法解释制度实践的特性。

一方面，刑事诉讼司法解释囊括了两类主体制定的司法解释。民事、行政司法解释的制定主体主要是最高法，而刑法司法解释的制定，往往是由最高法与最高人民检察院（以下简称"最高检"）共同完成。在其他部门法领域，很少存在成规模的审判解释与检察解释，只有刑事诉讼司法解释"包罗万象"。其一，"两高"单独出台了体系化的刑事诉讼司法解释。最高法为解决审判机关在刑事诉讼中的法律适用问题，制定了《关于适用〈中华人民共和国刑事诉讼法〉的解释》（以下简称《高法解释》）；最高检为解决检察机关适用刑事诉讼法的问题，制定了《人民检察院刑事诉讼规则》（以下简称《高检规则》）。① 其二，"两高"共同发布了一些刑事诉讼司法解释。比如，为了明确违法所得没收程序的适用，"两高"共同制定了《关于适用犯罪嫌疑人、被告人逃匿、死亡案件违法所得没收程序若干问题的规定》等。

另一方面，刑事诉讼司法解释还涉及许多不是严格意义上的司法解释，但属于广义司法解释制度下的规范性文件。其一，"两高"与其他主管部门联合出台了一系列涉及法律适用问题的司法解释性质文件。比如，针对2012年的《中华人民共和国刑事诉讼法》（以

---

① 《高法解释》与《高检规则》历经多次修订，后文在引用其条款或强调其发布时间时，将注明具体年份，特此说明。其他规范性文件亦同。

下简称《刑事诉讼法》）适用中可能出现的一些问题，最高法、最高检、公安部、国家安全部（以下简称"国安部"）、司法部、全国人大常委会法制工作委员会（以下简称"全国人大常委会法工委"）六部委制定了《关于实施刑事诉讼法若干问题的规定》（以下简称《六部委规定》）；围绕认罪认罚从宽制度的适用问题，最高法、最高检、公安部、国安部、司法部联合出台了《关于适用认罪认罚从宽制度的指导意见》（以下简称《认罪认罚指导意见》）；为统一非法证据排除制度的适用标准，最高法、最高检、公安部、国安部、司法部制定了《关于办理刑事案件严格排除非法证据若干问题的规定》（以下简称《严格排非规定》）等。其二，广义的刑事诉讼司法解释还包含公安部等行政机关制定的关于刑事案件办理的部门规章。司法解释涉及的对象为司法活动中具体法律应用问题，为统一法律适用，最高法与最高检被赋予了制定规范性文件样态司法解释的权力。根据1981年《决议》，不属于审判、检察工作的法律适用问题，由国务院及主管部门作出解释。司法工作是否等于审判工作与检察工作的总和？公安机关作为刑事诉讼的重要参与主体，其从事的侦查工作在中国法治语境下也并非完全与司法工作无涉。公安部为规范与统一侦查活动出台的规范性文件，如《公安机关办理刑事案件程序规定》（以下简称《公安规定》），本质上与司法解释的制定目的并无差异，故将其纳入研究范围，有助于对司法解释制度的实践样态予以全面梳理。

以上是对选题的说明。笔者希望通过本书的写作，对司法解释的制度基础、制度现状、制度逻辑、制度问题进行充分整理与系统研究，提出制度的完善路径与可能的改革方向，供立法机关、司法机关以及理论界参考。

第二节　文献综述

学界有关司法解释制度的研究不少，相关研究主要集中于司法解释的体制、行权方式、权力边界以及实践功能与问题等方面。这些著述奠定了司法解释制度的研究基础，具有重要的开拓性意义。但遗憾的是，对司法解释制度的专题研究仍存在一些未尽之处。概言之，要么研究的整体性不足，将研究重点放在最高法的司法解释，忽略了最高检及其他机关出台的司法解释文件；要么缺乏现实关怀，仅就法理层面予以展开，未能与部门法的司法解释实践紧密结合；要么研究的全面性不够，仅对司法解释制度的部分内容，如司法解释的制定主体、行权模式、备案审查等进行研究，未能覆盖其他更加深层的制度问题。更重要的是，在《立法法》《检察院组织法》陆续修订以及全国人大常委会法工委出台《法规、司法解释备案审查工作办法》（以下简称《备案审查办法》）的背景下，部分早前的研究结论可能已无法与新的规范相容。

就刑事诉讼司法解释的相关研究而言，学界主要集中于对司法解释本身内容的探讨，或者试图以法解释学方法证立或批评刑事诉讼司法解释的规范内容，少有学者关注司法解释制度本身的问题。就前者而言，研究者大体是在单纯的释义学层面，就制度讨论制度。比如，2010 年《关于办理死刑案件审查判断证据若干问题的规定》《关于办理刑事案件排除非法证据若干问题的规定》（即所谓"两个证据规定"，以下分别简称《死刑证据规定》与《非法证据规定》）出台后，学者发表了大量论文，来探讨"两个证据规定"设定的非法证据排除规则、案件证据审查的各类规则等，就其目的、意义、运作、不足等方面进行了深入研究。对于后者，由于未能明确司法解释的性质，以法解释学方法论证司法解释内容的努力，可能犯了路径选择的错误。法律解释方法针对的是真实的"解释"，即在法律规则出现漏洞、法律条文表意不明等情形下，通过文义解释、体系解释、历史解释、目的解释等手段，明确法律的真实意思。然而，司法解释却非"真实的法律解释"，当出现法律漏洞、表意不明等情形，司法解释机关会以类似授权立法者的身份创制规则，既不会限于法律解释方法的手段使用，也不太会囿于"解释"这个语词带来的概念性约束。

由于相关规范的缺乏，加上未采取"先归纳再分析"的研究进路，大部分有关司法解释的制度研究，不得不在一系列模棱两可的预设下展开。例如，司法解释具有效力，但许多研究却未能对其效力来源及其性质作出有效说明。再如，司法解释是一种"解释"，但司法解释真的是一种"解释"吗？"解释"是何物？还有，认为司法解释具有"司法性"，乃司法权行使的结果，但事实果真如此吗？为清楚展示目前有关司法解释制度的研究现状，一并引出本书希望探讨的问题与重点，有必要对既有研究成果进行归纳梳理。

一 关于司法解释概念

学界一般认为，司法解释制度滥觞于1955年《决议》。1955年《决议》主要规定了两方面内容：一是全国人大常委会具有针对法律条文本身问题的解释权，二是最高法审判委员会（以下简称"审委会"）具有针对审判过程中法律适用问题的解释权。在1955年《决议》出台后，最高法据此制定了一系列带有法律解释性质的文件，但是，"司法解释"这一语词的出现却是在许久以后。司法解释的概念并非一经提出即已固定，事实上，在制度演进过程中，其指向一直处于变化之中。

司法解释一词最早是由学界提出并使用的。有学者将1979年《法院组织法》中规定的最高法对"审判过程中如何具体应用法律"的解释称为司法解释。[①] 其后，1981年《决议》再次强调了关于法

---

① 参见李由义《罪刑法定和类推》，《法学研究》1980年第5期。

律解释的制度，其不仅重申最高法对审判工作中法律适用问题的解释权，还新增了最高检针对检察工作中法律适用问题的解释权，但并未使用"司法解释"的表述。不过，在同年，最高法时任院长江华在一次讲话中使用了"司法解释"一词，他提出："人大常委会的立法解释和最高人民法院的司法解释，可以作为审判案件的法律依据。"[1] 1982年，江华在另外一次讲话中指出："最高人民法院关于审判过程中如何具体应用法律、法令进行司法解释的通知、批复……"[2] 1984年，最高法时任院长郑天翔在向全国人民代表大会（以下简称"全国人大"）作的工作报告中也使用了"司法解释"："为了加强对各级人民法院刑事审判工作的监督，最高人民法院改进了司法解释工作，对审判工作中存在的一些适用法律问题作了解答。"[3] 从概念使用上看，这一语词的指代对象其实并不清晰，最高法似乎将其根据1979年《法院组织法》与1981年《决议》作出的适用法律问题的解答笼统称为司法解释。

随后，司法解释的概念表意呈现出了一种先泛化再具体化的态势。在司法解释概念被提出后，最高法在各类文件中陆续使用，使得其指向范围逐渐扩张。1985年，最高法开始发行《中华人民共和国最高人民法院公报》，并在公报上刊载司法解释，但公报刊载与司法解释之间的联系却依然不清楚，因为公报除司法解释外还刊载其他文件、案例、通知，而且，一些带有司法解释性质的文件也未必在公报上刊载，从而无法基于公报对司法解释概念进行界定。到了1987年，最高法在《关于地方各级人民法院不宜制定司法解释性文件的批复》（以下简称1987年《批复》）这一规范性文件中首次使

---

[1] 江华：《振奋精神，扎扎实实地做好刑事审判工作——在第三次全国刑事审判工作会议上的讲话》，《人民司法》1982年第1期。

[2] 江华：《提高认识 踏踏实实 做好工作——在第三次全国民事审判工作会议上的讲话》，《人民司法》1982年第9期。

[3] 郑天翔：《最高人民法院工作报告——一九八四年五月二十六日在第六届全国人民代表大会第二次会议上》，《人民司法》1984年第7期。

用了司法解释的表述："你院下发的上述文件，具有司法解释性质，地方各级法院不宜制定。"在此处，最高法似乎仍将所有涉及"具体应用法律的解释"皆等同于司法解释。最高法对司法解释的语词使用影响到了理论界，在 20 世纪 80 年代发表的一系列学术论文中，司法解释几乎都被作了宽泛的理解，类似话语在刑法学研究中尤为集中。例如，有学者认为刑法的司法解释，是指司法机关针对刑法的具体应用所作的解释，其包括最高司法机关出台的"最高司法解释"与地方司法机关出台的"司法解释"，而"最高司法解释"的形式则包括批复类的"批复、复函、电话答复等"与文件类的"解答、通知、意见、答复、规定等"。① 这种理解似乎与官方提法存在出入，带有一定的概念主义色彩，即将司法机关作出的解释，一概简称为"司法解释"，未将 1981 年《决议》授权的唯一性纳入考量。有学者虽然注意到了制定主体之限制，但对司法解释范围的界定仍失之过宽，认为只要是最高司法机关出台的有关法律适用的文件，都是司法解释。②

这种泛化理解产生了许多问题。由于缺乏明确指引，各类司法规范性文件充斥于司法领域，司法人员对严格意义上的司法解释、内部业务文件难以分辨，反而影响了司法实践执行法律的效果。1988 年，最高法开始自我规范司法解释的行权，其要求：第一，司法解释必须经审委会讨论通过；第二，司法解释不包括最高法研究室及各审判庭的复函和电话答复等；第三，司法解释应当在《中华人民共和国最高人民法院公报》上予以登载。③ 然而，内部规范化的外部有效性却依然存疑：其一，司法解释应经最高法审委会表决

---

① 参见赵秉志、王勇《论我国刑法的最高司法解释》，《法学研究》1988 年第 1 期。
② 参见游伟《试析我国刑法司法解释中存在的若干问题》，《探索与争鸣》1988 年第 5 期。
③ 参见周道鸾《新中国司法解释工作的回顾与完善司法解释工作的思考》，载最高人民法院研究室编《中华人民共和国最高人民法院司法解释全集》，人民法院出版社 1994 年版，第 7 页。

通过，但这往往未在司法解释中体现；其二，司法解释是否在最高法公报上刊登其实是一笔糊涂账，连最高法的权威人士都认为："仍有一些解释以'内部文件'下达，群众、当事人、律师甚至下级人民法院的法官都知之甚少"；① 其三，最高法形式上虽否认内部业务文件的司法解释地位，但一些在公报上刊载的司法解释，却编列着"法（研）""法（办）""法（经）""法（刑）"等文号，② 表明其是由研究室、办公厅或审判庭制发的，那么，这些文件究竟是不是司法解释？

1988年内部规定出台后的一段时期，司法解释概念的内涵与外延依旧泛化，不仅最高法的权力行使是不确定的，理论界对司法解释的认识也同样如此。有人将司法解释理解为"两高"根据法律原意制定的，阐明规范内容的文件。③ 也有人认为，司法解释系司法机关基于立法机关的授权，作出的关于法律适用的（抽象）解释与关于案件或事实法律适用的（具体）解释。④ 还有学者认为，司法解释包括文件与批复两类，前者主要是以最高法及其办公厅、审委会名义发出的通知、决定、意见、规定、公告等，后者是最高法各业务庭或政策研究室等机构对各级法院请示报告的答复。⑤ 此外，针对司法解释零散、混乱的局面，有专家建议一方面加强司法解释文件的整理工作，使之系统化、公开化，另一方面改进司法解释文件的形式，使之正规化、权威化。⑥

虽然业界对司法解释的运作乱象提出了一些批评建议，但最高

---

① 周道鸾：《论司法解释及其规范化》，《中国法学》1994年第1期。
② 例如，《关于假冒商标案件两个问题的批复》[法（研）复〔1988〕73号]、《关于经济纠纷案件复查期间执行问题的批复》[法（经）复〔1989〕6号]、《关于典当房屋被视为绝卖以后确认产权程序问题的批复》[（1989）法民字第17号]、《关于保险货物发生损失引起运输合同赔偿纠纷如何适用法律问题的批复》[法（交）复〔1989〕3号]等。
③ 参见张天虹《试谈刑法司法解释的概念》，《法律学习与研究》1990年第5期。
④ 参见李黎、罗书平《论司法解释》，《人民司法》1989年第7期。
⑤ 参见孟勤国《论中国的司法解释》，《社会科学战线》1990年第4期。
⑥ 参见陈国庆《完善我国最高司法解释析》，《法学》1991年第2期。

司法机关对此项工作展开的具有实质性的规范化改革,直到1996年才正式启动。是年,最高检制定的《司法解释工作暂行规定》对司法解释的规范形式、制定流程、发布程序等予以了明确。次年,最高法出台的《关于司法解释工作的若干规定》作出了类似安排。根据这两个规定,其一,司法解释的形式主要包括"解释""规定""批复","复函""意见""纪要"等不再具有司法解释地位;其二,司法解释的产出须经立项、起草、审委会通过与发布等环节,这规范了其制定与发布的程序;其三,更重要的是,司法解释应编列"释"字文号,这成为司法解释在形式上区别于其他司法规范性文件的显著标志。至此,司法解释的概念获得了(内部)规范上的具体化,使其从原先模棱两可的泛化局面中析出,获得了独立的"司法解释"地位。

有趣的是,在司法解释的内部规范化后,理论界却掀起了一波对司法解释制度的批判浪潮,其重点仍是围绕概念展开的。一种代表性观点认为,解释是法律适用的前提,因此,司法解释仅应由具体适用法律的法官作出,规定只能由最高司法机关作出司法解释,是对司法解释本质的背离,剥夺了司法人员的司法解释权。[①] 该观点对司法解释的定义是"司法人员在司法过程中对法律进行的解释",此后,论者基于这一定义对司法解释的制度实践展开了进一步批判,[②] 影响颇为深远。[③] "司法解释应当是司法人员在司法的过程中作出的具体解释",许多学者延续以上论断,接续提出了"司法解释立法化"的命题。[④]

若深究之,不难发现类似学说存在的问题——概念主义式的论

[①] 参见董皞《司法解释之管见》,《政法论坛》1997年第6期。

[②] 参见董皞《司法解释论》(修订版),中国政法大学出版社2007年版,第48—50页。

[③] 类似学说在学术成果中被不断重提,最近仍有学者指出:"很多司法解释根本就不是对个案中法律如何使用的问题所作的具体解释,而是异化为针对某一类问题的抽象解释。"彭宁:《最高人民法院司法治理模式之反思》,《法商研究》2019年第1期。

[④] 参见袁明圣《司法解释"立法化"现象探微》,《法商研究》2003年第2期。

述难免陷入单纯的语词之争。司法解释与司法解释权本非法律用语，最初只是业界对 1981 年《决议》赋予最高司法机关解释法律职权及其行权结果的简称，随后才逐渐具体化为一类特定的规范性文件及制定此类文件的职权。当然，司法人员在司法活动中，自得基于司法权解释法律，法律与其他规范性文件未称其为"司法解释"，不代表这种职权不存在或被剥夺。事实上，将法官对法律的解释称作司法解释的做法，只是以往学术研究为方便论述而作出的另一种简称，① 其与规范意义上的司法解释不在同一层次。用后者的理论批判前者的实践，颇有郢书燕说的意味——"或许是理论界的疏忽将人们引向了严重的误解，而这种误解是逐渐发生，并被反复重复的"②。

二 关于司法解释体制

中国的司法解释体制可被概括为"二元一级"。1955 年《决议》规定的法律解释主体仅为全国人大常委会与最高法审委会，彼时，法律解释体制的统一性较高，但在 1981 年《决议》将法律解释主体拓展至最高检、国务院及主管部门后，法律解释体制形成了某种多元格局。在此背景下，司法解释体制明显呈现"二元一级"的形态，即制定司法解释的法定主体为最高法与最高检，由其分别承担审判工作与检察工作中具体应用法律的解释任务。③ 对此，相关研究主要涉及全国人大常委会授予最高司法机关法律解释权的合法性，检察机关是否适宜行使司法解释权，以及"两高"以外机关实质行使司法解释权的问题等。

第一，司法解释体制的合法性（包括合宪性）问题。有学者提

---

① 参见方流芳《罗伊判例：关于司法和政治分界的争辩——堕胎和美国宪法第 14 修正案的司法解释》，《比较法研究》1998 年第 1 期；李忠诚《英国司法解释的四项规则》，《政治与法律》1999 年第 3 期。

② 范愉：《法律解释的理论与实践》，《金陵法律评论》2003 年第 2 期。

③ 参见刘峥《论司法体制改革与司法解释体制重构——关于我国司法解释规范化的思考》，《法律适用》2000 年第 1 期。

出，根据《中华人民共和国宪法》（以下简称《宪法》）第67条的规定，解释法律是全国人大常委会的专属职权，而1981年《决议》扩大了法律解释的主体范围，这种做法不无疑问。① 也有学者认为，2000年《立法法》未对司法解释作出规定，由于对法律解释事项的规定"不一致"，故应适用新法优于旧法的原则推翻1981年《决议》，"两高"将因此失去司法解释的规范依据。② 此外，还有一种"最低限度授权理论"认为，无论是1955年《决议》还是1981年《决议》，皆有合法性瑕疵：首先，只有能够实际制定法律的机关才能对法律解释制度作出规定，无立法权限的主体设置的相关制度自始无效；其次，1954年《宪法》未赋予全国人大常委会法律制定权，常委会缺乏规定法律解释制度的权限，故1955年《决议》的合法性存在缺失；再次，1981年《决议》扩大了法律解释的授权，但当时全国人大常委会的立法权仅限于1978年《宪法》规定的"制定法令"，其仅得赋予最高法、最高检、国务院及其主管部门针对"法令"的解释权，不得将授权范围延伸至全国人大制定的法律；最后，1982年《宪法》虽赋予了全国人大常委会正式的法律制定权，但依此仍无法证成全国人大常委会将其针对所有法律的解释权整体转授之合法性，司法解释权的范围至多限于解释由全国人大常委会制定的法律。③

前述"最低限度授权理论"有一定道理，然其围绕法律规定展开的推演过程却存在问题。应当注意，在上述理论提出时，授权最高司法机关进行司法解释的依据还有1979年《法院组织法》，其明确了最高法针对审判的法律适用问题作出解释的权力。本法是由最高权力机关——拥有完整立法权的全国人大（五届全国人大二次会议）通过的基本法律，根据"最低限度授权理论"，基本

---

① 参见张志铭《关于中国法律解释体制的思考》，《中国社会科学》1997年第2期。
② 参见梁根林《罪刑法定视域中的刑法适用解释》，《中国法学》2004年第3期。
③ 参见周旺生《中国现行法律解释制度研究》，《现代法学》2003年第2期。

法律规定法律解释制度并无合法性问题，因而，无法通过论证1981年《决议》的瑕疵否定最高法的司法解释权。时至当下，随着2015年《立法法》、2018年《检察院组织法》将1981年《决议》规定的司法解释体制完整纳入基本法律，最高法、最高检"二元一级"的司法解释体制得到了进一步确认，早期授权中的合法性瑕疵已经补正。

第二，检察解释的适当性问题。有学者认为，大多数国家的司法解释权均由最高法院行使，公诉机关并无此项权力，故规定检察解释"没有道理"。① 也有论者认为，最高检对刑法进行解释，会造成检察权对审判权的介入，使得法律监督流于形式，而且，当"两高"分别作出解释时，难免引发司法解释的冲突问题，这对法律的统一适用殊为不利。② 在实践中，确实也出现了检察解释与审判解释不一致的情形，如1995年全国人大常委会《关于惩治违反公司法的犯罪的决定》施行后，"两高"分别制定的司法解释便存在矛盾——对于"国家工作人员"的认定，最高检适用"职能论"，而最高法坚持"身份论"，这使公诉环节与审判环节执行着不同的规范——导致了刑事司法的标准混乱。③ 也有学者认为，检察解释具备实质合理性：其一，域外司法解释制度的情况，无法作为证伪检察解释存在的充分理由；其二，法律监督权与司法解释权并不矛盾，两者目的同在保证法律正确实施，反而是相互统一的；其三，审判解释与检察解释的冲突并非不可避免，意见分歧可以通过"两高"共同解释的方式予以解决。④ 还有学者认为，在1996年《刑事诉讼

---

① 参见罗堂庆《论刑法司法解释权》，《政治与法律》1993年第1期。
② 参见游伟、赵剑峰《论我国刑法司法解释权的归属问题——关于建立多级审判解释体制的构想》，《法学研究》1993年第1期。
③ 参见敬大力《最高人民检察院司法解释工作近年发展、存在问题及其展望》，《检察实践》1999年第2期。
④ 参见李希慧《刑法解释论》，中国人民公安大学出版社1995年版，第223—225页。

法》废止免于起诉之前，由于检察机关必须处理案件实体事项，故有必要对刑法适用进行解释，而随着该职权的废除，最高检的刑法解释已无从立基；当然，考虑到需要处理检察工作中的程序问题，最高检针对程序法的解释权则应当保留。①

关于检察解释的讨论还有很多，而无论是肯定性还是否定性研究，涉及的内容大抵包括制度授权、行权规范、完善建议等。关键问题在于，司法解释体制的"二元化"难免导致审判解释与检察解释的冲突，即便存在共同解释以及由全国人大常委会法工委牵头进行"协调"的工作机制，依然无法消除"阻碍法律统一适用"②的风险。同时，由全国人大常委会解决"两高"分歧的机制，在实践中似乎也未见有效运转。③ 在"以审判为中心"的诉讼制度改革提出后，审判机关作为事实认定、适用法律的决定性地位进一步得到巩固，检察解释存在的价值与必要性亟待进一步审视。

第三，除最高司法机关外，其他一些中央和地方机关实质上也在行使司法领域法律适用问题的解释权，这种实践似乎导致司法解释的"二元一级"体制向着"多元一级"甚至"多元多级"转化，④ 以至产生"司法解释的主体不合格"⑤之问题。具体而言，一方面，在中央层级，除最高法、最高检以外，立法机关工作机构、国务院下属主管部门甚至社会团体等，都实质参与了具有司法解释性质文件的制定工作；另一方面，在地方层级，各地司法机关往往也会出台带有司法解释性质的文件，并在本机关所辖地区适用。

就前者而言，此类文件主要表现为"联合解释"，其在刑事诉

---

① 参见卢勤忠《关于我国检察机关的司法解释权的探讨——兼谈法律解释工作的完善》，《法学家》1998年第4期。
② 张志铭：《关于中国法律解释体制的思考》，《中国社会科学》1997年第2期。
③ 参见陈春龙《中国司法解释的地位与功能》，《中国法学》2003年第1期。
④ 参见贺日开《司法解释权能的复位与宪法的实施》，《中国法学》2004年第3期。
⑤ 周道鸾：《论司法解释及其规范化》，《中国法学》1994年第1期。

讼领域尤为突出。例如,《六部委规定》的制发主体中,既包含拥有司法解释权的最高法、最高检,也有公安部、国安部、司法部这类行政机关,还有作为立法机关工作机构的全国人大常委会法工委。虽在实践中,《六部委规定》常被视为司法解释,但其部分制定主体并不具备司法解释的权限。令人疑惑的是,《六部委规定》的效力却似乎又被认为高于司法解释。[①] 后续一些被认为是司法解释的联合发文,如《死刑证据规定》《非法证据规定》等,其实都存在非司法解释主体实质行使司法解释权的问题。有学者认为,联合解释至少存在三方面的缺陷:其一,解释的性质不明,难以被正确理解与遵守;其二,本应相互监督、制约的公、检、法联合发布解释,使办案机关互相之间的监督制约大打折扣;其三,"两高"在宪法上与国务院处于同一层级,却与国务院下属部门联合发布文件,降低了"两高"的地位。[②] 甚至,在一些联合发布的文件中,还出现了非国家机关的行业协会,如《关于建立健全维护律师执业权利快速联动处置机制的通知》的发布主体就包括中华全国律师协会等。

对于后者,各地司法机关"土法炼钢",自行或经由最高司法机关"特别授权"制定的带有司法解释性质的文件也不在少数。事实上,无论是1981年《决议》还是后续出台的一系列法律,皆仅授权"两高"进行司法解释,地方司法机关并不享有司法解释权,而最高司法机关更是三令五申禁止下级机关制定类似文件。起初,最高法在1987年《批复》中便表明了这种否定态度,随后,2012年《关于地方人民法院、人民检察院不得制定司法解释性质文件的通知》(以下简称"2012年《通知》")明文禁止下级司法机关制定司

---

① 如1998年版的《六部委规定》(即六部委《关于刑事诉讼法实施中若干问题的规定》)曾规定:"最高人民法院、最高人民检察院、公安部、国家安全部制定的关于刑事诉讼法执行问题的解释或者规定中与本规定不一致的,以本规定为准。"

② 参见魏胜强《司法解释的错位与回归——以法律解释权的配置为切入点》,《法律科学》2010年第3期。

解释文件,①2015年《立法法》的修改更是将以上禁令提升至基本法律的高度。然而，在显性的禁令下，最高司法机关却又隐性地为地方法院、检察院制定规范性文件留了"后门"。②2012年《通知》规定，地方司法机关制定的"其他规范性文件"不得在法律文书中援引。这似乎表明，地方司法机关是可以制定规范性文件的，只是不得具有司法解释性质。但是，"司法解释性质"是何种性质？恐怕很难论证清楚。在界限不明的情况下，"两高"禁止地方制定司法解释性质文件的态度，反成放任与默许，而地方司法机关则采取漠视及迂回的策略，至今仍旧大量制定旨在指导法律适用的司法业务文件。③

三 关于司法解释的行权方式

司法解释的行权方式是另一关键且重要的课题。起先，根据1981年《决议》以及1979年《法院组织法》的规定，"两高"虽然获得了在司法工作中针对具体法律应用问题的解释权，但这种"解释权"究竟应如何行使，法律却从未明确。从相关授权文件的表述上看，"审判/检察工作"很大程度上就是指具体案件的办理工作，而"具体应用"当然也是指法律在个案中的应用。有立法机关工作人员曾撰文指出，"具体应用的解释"包括两方面内容，一是对具体

---

① 2012年《通知》的实质内容可归纳为三项：第一，通知下发日起，各地司法机关"一律不得制定在本辖区普遍适用的、涉及具体应用法律问题的'指导意见''规定'等司法解释性质文件，制定的其他规范性文件不得在法律文书中援引"；第二，对于已经制定的地方司法解释性质文件，若与法律、法规及司法解释的规定相抵触以及不适应经济社会发展要求的，应予废止；第三，若地方释法文件属实践迫切需要、符合法律精神又无相应司法解释规定的，参照"提出制定司法解释的建议或者对法律应用问题进行请示"的方式处理。

② 参见姚魏《地方"两院"规范性文件备案审查的困局及纾解——以法律效力为中心的制度建构》，《政治与法律》2018年第11期。

③ 参见荣振华《地方法院发布"司法解释性质文件"的生存样态及可能走向》，《甘肃政法学院学报》2018年第4期。

办案依据的阐释，二是对个案法律适用问题的解答。① 进而，有学者认为，最高法出台的所有抽象性司法解释，都存在越权违法的嫌疑。② 这种认识看似与前述将司法解释的概念定义为"司法中的解释"的学说犯了同样的错误，但两者的着眼点与分析路径其实有别。然而，无论如何，将最高司法机关的司法解释理解为与个案相联系的所谓"具体解释"都是站不住脚的。

鉴于"两高"的最高司法机关定位，除涉及个别案件的审判监督、重大案件上（抗）诉以及死刑复核等程序外，其本身不太参与案件的实际办理。因而，要求"两高"在具体案件的办理中作出司法解释，显然无法实现司法解释制度设立的意义。同时，要求最高法在"对具体案件如何适用法律作出答复"时才能作出司法解释，则与审判制度中的审级制、上诉制存在显著冲突。由于审判机关独立行使职权，故在个案审理中，无论是事实认定还是法律适用，皆应由审判组织自行判断，上级法院仅得通过法定的诉讼程序对下级法院的司法活动进行监督。若对于法律适用问题，下级法院可以径行向最高法提出解答要求，而最高法亦予取予求地作出答复，则审级救济的意义便将大打折扣——既突破了上下级法院之间的监督关系，更是对公民上诉权与申诉权的侵犯。③ 正因如此，最高司法机关在行使司法解释权时，即便在特殊情况下对下级法院提出的个案法律适用问题作出批复，基本也都采取了剥离个案信息的处理手段，仅将批复重点置于法律适用层面。

在"两高"垄断司法解释权的背景下，即便立法者将司法解释与法律的"具体"适用相联结，最终制定出的司法解释也不可避免地存在抽象性。④ 反过来看，为了实现统一各级司法机关法律适用

---

① 参见陈斯喜《论立法解释制度的是与非及其他》，《中国法学》1998 年第 3 期。
② 参见陈林林、许杨勇《司法解释立法化问题三论》，《浙江社会科学》2010 年第 6 期。
③ 参见贺日开《司法解释权能的复位与宪法的实施》，《中国法学》2004 年第 3 期。
④ 参见张志铭《关于中国法律解释体制的思考》，《中国社会科学》1997 年第 2 期。

的目标,"两高"最有效的做法莫过基于法律,制定专门的规范性文件。有学者扼要论述了司法解释的历史成因,认为法律规范的内容粗疏、法官队伍的能力欠缺以及判例制度缺位是造成规范性、抽象性司法解释存在的重要背景。[①] 还有学者在客观层面分析了抽象解释的形成逻辑:其一,社会的快速发展使法律难以有效因应,必须存在某种弹性机制,以使法制满足社会的客观需求;其二,立法者在立法时留下了大量需要填补的空隙,又赋予了最高司法机关解释的职能,这给抽象司法解释留下了空间;其三,最高司法机关无法放任司法人员在个案审理时任意解释带有原则性、纲领性的法律条文,这使得其为统一法律适用不得不另行作出统一的抽象规定。[②]

自 1981 年《决议》后,实践中司法解释基本体现为规范性文件样态。换言之,司法解释权的行使主要是以制定规范性文件为手段实现的,其内容大致包括对法律的"明确、补充与发展"等。[③] 司法解释的抽象化、规范性文件化,在学界引致出了所谓"司法解释立法化"的问题。早先就有学者提出,某些刑法方面的司法解释,已经相对或绝对地突破了刑法条文的限制——司法解释活动已大规模渗入立法领域。但是,这种"司法法"并不必然不合理,相反,论者认为,在严守罪刑法定原则的情况下,"司法法"有其必要性。[④] 然而,合理性不等于合法性,许多学者认为,司法解释的立法化倾向存在合法性问题。一种代表性观点认为,基于司法解释的实践状况,不难看出,大量解释与立法具相似性,特别是就系统解释某一部门法律的文件而言,在某种程度上引发了对解释对象之立法

[①] 参见陈兴良《司法解释功过之议》,《法学》2003 年第 8 期。

[②] 参见范愉《法律解释的理论与实践》,《金陵法律评论》2003 年第 2 期。

[③] 参见伊尹君、陈金钊《司法解释论析——关于传统司法解释理论的三点思考》,《政法论坛》1994 年第 1 期。

[④] 参见陈兴良、周光权《刑法司法解释的限度——兼论司法法之存在及其合理性》,《法学》1997 年第 3 期。

的架空，这里"显然存在一个合法性问题"。① 也有学者认为，这类"漏洞补充"型、"审判经验总结"型的司法解释，由于不与特定法律相挂钩，没有明确的法律条文作为解释对象，因而具有立法性质，可将之作为习惯法加以理解。②

大量司法解释带有立法性质，但司法解释权是由司法权当然地派生而来吗？更明白地说，司法解释权到底属于立法权还是司法权？对此，有学者指出，理解中国的司法解释，从"司法"的语境切入，容易基于概念主义产生误解，而以功能主义立场看待最高司法机关的司法解释可能更为适宜。③ 也有学者围绕刑事诉讼法律解释展开了分析，认为全国人大及其常委会在一些具体的立法活动中，隐含了将某些事项的立法权"让渡"给最高司法机关的意思，一种典型情况是，在法律中有意使用模糊法律概念，默认由司法解释加以明确。④

从司法解释"制定规范性文件"的行权方式可知，司法解释权不属于司法权范畴，更多体现出立法权的特性。虽然"两高"较少实际办理案件，以抽象化、规范化的方式行使司法解释权有其现实合理性，但因早先缺乏法律明确规定而欠缺合法性。直到 2006 年，这种方式经由《监督法》之司法解释备案审查规定的回溯确认，才基本消除了合法性的疑问。从备案审查条款在《监督法》中的位置——第五章"规范性文件的备案审查"——可知，法律确认了司法解释的规范性文件表征，或者说，立法者已经默认司法解释就是一种规范性文件。2015 年《立法法》以基本法律的形式，通过重申司法解释的备案审查程序，对上述行权方式予以确认。2019 年，

---

① 张志铭：《法律解释操作分析》，中国政法大学出版社 1999 年版，第 258 页。
② 参见曹士兵《最高人民法院裁判、司法解释的法律地位》，《中国法学》2006 年第 3 期。
③ 参见沈岿《司法解释的"民主化"和最高法院的政治功能》，《中国社会科学》2008 年第 1 期。
④ 参见汪海燕《刑事诉讼法解释论纲》，《清华法学》2013 年第 6 期。

《备案审查办法》更是明确指出"最高人民法院、最高人民检察院作出的属于审判、检察工作中具体应用法律的解释"即规范性文件样态的"司法解释"。

四 关于司法解释的权力空间

1981年《决议》出台后不久，实务界人士就提出，司法解释的本质在于解决具体的法律适用问题，仅应落足于法律条款的明确，不得对法律作出补充或修改。[①] 也有学者认为，司法解释的主体只能是"两高"，内容必须尊重立法原意，不得任意超越。[②] 还有学者认为，司法解释的制定应围绕法律原意展开，纾解法律原本的模糊性。[③] 事实上，即便明确了司法解释的行权方式，司法解释一定程度上具有立法性质，也只能说明司法解释形式之合法，规范内容的合法性依然值得研究。换言之，这里的问题在于，如何判断司法解释权的行使是否超越了既有的限度？司法解释权力空间的范围如何？

"司法解释立法化"学说不仅是对司法解释的表现形式提出的批判，更是对实践中司法解释越权违法的质疑。根据1981年《决议》，对于法律条文本身的模糊或缺失，由全国人大常委会通过立法解释的方式解决，只有司法工作中法律的具体应用问题，才会落入司法解释的权力空间。从字面上看，该规定似乎划定了立法解释与司法解释的界限，但区分两者的标准，即"条文本身"与"具体应用"，很难说具备明确性。有学者提出，"条文本身"带来规范性问题，而"具体应用"体现个别性问题，据此，法律解释可被划分为规范性解释与个别性解释，前者是立法解释的权力空间，后者则是司法解释的作用范围——司法解释仅应限于个案解释，不得超越个案涉足规

---

① 参见赵清富《判决书不应引用司法解释》，《人民司法》1986年第11期。
② 参见何坚方、郑巧玲《我国司法解释的完整性和系统性探讨》，《福建论坛》（经济社会版）1988年第8期。
③ 参见张榕《司法能动性何以实现？——以最高人民法院司法解释为分析基础》，《法律科学》2007年第5期。

范性解释。① 其实，论者的区分仍系源自"司法解释属于司法权"的刻板印象，其区分的重点是立法与司法性质，而非司法解释与立法解释。可以看到，即便法律已经明确了司法解释的规范性文件性质，学界却未完全摆脱概念主义的思考方式，认为"具体应用"的解释只能是"个案解释"，只有立法解释可以"规范化"。其实，早先就有学者提出，"条文本身"与"具体应用"两者实质上很难作出明确区分，因为法律的具体应用往往必须同时对法律本身予以明确。②

对于1981年《决议》设置的立法解释与司法解释的界限，有学者认为，无论是"条文本身"还是"进一步明确界限"，皆与"具体应用"不构成真实的区分。就前者而言，相较于立法，法律解释存在事后性，属于在法律"具体应用"意义上发生的问题。法律规范的抽象性，使其在被"具体应用"以前，"条文本身"的问题并不能得到穷尽式的解决，相关问题仅当被置于"具体应用"的语境下时，问题的解决方具备可能性。对于后者，1981年《决议》将其与"作补充规定"的情况作了明确区分，如果说"作补充规定"针对的是法律本身的固有缺陷，那么，"进一步明确界限"的功能似乎就只是"明确"规范的模糊部分而已，而这更是解决法律"具体应用"问题所普遍涉及的范围。③

2000年《立法法》略微调整了立法解释的适用范围，但立法解释与司法解释的界限仍然模糊。根据该法第42条第2款规定，立法解释涉及的情况是"法律的规定需要进一步明确具体含义"或"法律制定后出现新的情况，需要明确适用法律依据"。有学者认为，一方面，在默认司法解释存在的情况下，将"进一步明确界限"变更

---

① 参见汪全胜《司法解释正当性的困境及出路》，《国家检察官学院学报》2009年第3期。
② 参见沈宗灵主编《法理学研究》，上海人民出版社1990年版，第225页。
③ 张志铭：《关于中国法律解释体制的思考》，《中国社会科学》1997年第2期。

为"进一步明确具体含义",也无法对司法解释与立法解释作出区分,因为两者内容其实皆为(相较于法律的)进一步明确具体含义;另一方面,将"补充规定""用法令加以规定"这种带有明显立法性质的"解释手段"以"法律制定后出现新的情况,需要明确适用法律依据"替代,同样不涉及实质内容。① 有学者总结道:第一,法律本身的问题与具体应用法律的问题根本不具备区分可能性;第二,司法机关与立法机关曾就相同的法律条款作出过解释,这从事实上表明两者的界限并不存在;第三,既有全国人大常委会对"两高"争议司法解释的裁决机制,说明立法机关仍得就司法解释涉及的对象进行解释。②

虽然在规范层面,1981 年《决议》与 2000 年《立法法》并未起到界分司法解释与立法解释的作用,司法解释权力空间并不明朗,但两者的界限并非完全不存在,仍有不少论著在应然语境下对该问题进行了讨论。有学者认为,虽然司法解释在某种程度上可以合理地进入立法领域,但若超过限度,未免导致法律被架空的结果,至少在刑法领域,司法解释应以罪刑法定原则为限度标准。③ 论者进一步强调:"建构性的司法解释制定方式,会在一定程度上肢解刑法,并使司法机关在定罪量刑上形成对司法解释的依赖,这将对司法机关刑事司法的自主性造成冲击。"④ 也有学者从马克思等哲学家有关法律解释的思想切入,提出司法解释应当以"尊重法律"为首要原则——对法律的解释应当在法律之下且应经过"认真考察",即应当

---

① 参见唐稷尧《事实、价值与选择:关于我国刑法立法解释的思考》,《中外法学》2009 年第 6 期。

② 参见张明楷《立法解释的疑问——以刑法立法解释为中心》,《清华法学》2007 年第 3 期。

③ 参见陈兴良、周光权《刑法司法解释的限度——兼论司法法之存在及其合理性》,《法学》1997 年第 3 期。

④ 陈兴良:《刑法定罪思维模式与司法解释创制方式的反思——以窨井盖司法解释为视角》,《法学》2020 年第 10 期。

尊重包括法律条文、法律原则、法律精神在内的"法律"。基于此，论者继而认为，解释者应当推定法律的合宪性、明确其阐释者角色、不违背立法解释，只有在法律明显不义、条文模棱两可、确定冲突规范时，才可以例外地不符合法律。① 还有学者认为，制定和适用司法解释、发挥司法能动性时，首要原则是遵循法定主义：司法解释应当符合文义解释和体系解释的结论，不能超出法律条文可能的表意范围、突破既有立法的边界。②

以上论述的正确性与适当性大致并无疑义，但囿于当时法律规定的欠缺，司法解释的实践长期缺乏严格规范。《监督法》虽然在程序上规定了司法解释的备案审查与冲突解决机制，却未能成功在实体层面对司法解释的权力空间进行限制。直到 2015 年《立法法》修正将司法解释相关规范纳入其中，对司法解释界限的规范研究才成为可能。根据立法机关相关负责人的说明，2015 年《立法法》设立司法解释条款的背景之一即是实践中大量司法解释突破了应有的权力空间：第一，一些"大而全"的司法解释缺乏明确的解释对象，其实质乃相关部门法的配套规定，这使司法解释成为创设规则的立法，脱离了"具体应用法律"之范畴；第二，一些司法解释与法律规范不符，实际上起到了变更法律的作用，影响了法律的权威性；第三，一些司法解释有违法律目的与法律原意，不当扩大或限缩了法律的调整范围，导致了法律的错误适用；第四，一些"司法解释"由各地司法机关自行制发，使得地方适用法律的标准不同，背离了司法解释统一法制的目的。③ 司法解释的权力空间，主要是通过 2015 年《立法法》第 104 条第 1 款（现行《立法法》第 119 条第 1

---

① 参见胡玉鸿《尊重法律：司法解释的首要原则》，《华东政法大学学报》2010 年第 1 期。

② 参见张勇《规范性司法解释在法律体系实施中的责任和使命》，《法学》2011 年第 8 期。

③ 参见武增《2015 年〈立法法〉修改背景和主要内容解读》，《中国法律评论》2015 年第 1 期。

款）之"符合立法的目的、原则和原意"划定的。有学者提出，该款规定意在限定司法解释内容的合法性：一方面，司法解释必须符合立法原意，不得超越法律的规范空间；另一方面，司法解释不得作出与法律相反的规定。[1] 学界对本款规定的解读似乎过于形式化，欲起到限制司法解释权的效果，必须对"符合立法的目的、原则和原意"予以阐释，并且结合其他法律条款作出系统分析，在此不赘。

五 关于刑事诉讼司法解释

在刑事诉讼领域，由于受"分工负责、相互配合、相互制约"原则的潜在影响，各有权解释机关（包括最高法、最高检、公安部等）都对《刑事诉讼法》的适用问题作出了解释。因此，刑事诉讼领域是司法解释制度实践最充分，问题表现最突出的法律部门，一些学者对刑事诉讼司法解释及相关制度问题作出了较为深入的研究。

关于刑事诉讼司法解释的制定主体，有学者提出，根据1981年《决议》，"两高"拥有司法解释权、国务院及其主管部门行使行政解释权，由于《刑事诉讼法》明显是审判与检察工作中适用的法律，而非"不属于审判和检察工作中的其他法律"，因而，国务院及主管部门对本法可能并不享有解释的权力。[2] 论者继而认为，以履行职责、协调分歧为由成为法律解释主体，显然都已超越了法律对解释主体的限制，前者如公安部、司法部甚至中央军事委员会（以下简称"中央军委"）、海关总署等，后者如中国共产党中央委员会政法委员会（以下简称"中央政法委"）、全国人大常委会法工委等。[3] 还有学者认为，"两高"与其他部委联合制定的"司法解释"无任何法律效力，其实质往往是基于协调各机关之间的要求而对刑

---

[1] 参见孙谦《最高人民检察院司法解释研究》，《中国法学》2016年第6期。

[2] 参见徐静村、杨建广《动态的法——关于刑事诉讼法解释的评析》，《现代法学》2000年第1期。

[3] 参见徐静村、杨建广《动态的法——关于刑事诉讼法解释的评析》，《现代法学》2000年第1期。

事诉讼职权进行的"再次权力分配"。①另外，有学者提出，解释主体的泛化不仅极大地贬损了法律权威，也极易造成对《刑事诉讼法》条文、精神的错解。②不过，也有学者提出，由于中国公安机关是宪法规定的"刑事司法职能部门"，且公安部属于1981年《决议》规定的解释主体范围，由公安部制定规范以解决侦查工作、刑罚执行中等法律的具体应用问题，不失其合法性。③还有学者指出，全国人大常委会法工委、地方司法与行政机关、"两高"的职能部门、各级政法委员会、律师协会等，并无制定刑事诉讼规范性法律文件之主体资格，④当然也无权制定或参与制定司法解释。

关于刑事诉讼司法解释的实践样态，有学者认为，其具有如下结构特征：第一，解释形式的抽象化。《高法解释》《高检规则》《公安规定》都采用规范化、条文化的技术，与立法在形式上并无二致，脱离了具体应用法律的范畴。第二，解释范围的扩大化。刑事诉讼司法解释的制定机关随意拓展解释范围，甚至对属于《立法法》规定之法律保留的事项（比如司法制度、强制措施等）作出规定。第三，解释主体的集中化、多元化。解释刑事诉讼法的权力集中于最高法，检察机关、公安机关也获得了此项权力。多元解释体制往往导致解释内容不一致，又另需联合解释加以协调，反而造成了新的适法性问题。⑤同时，主体的多元化还导致了部门利益的扩张问题。有学者将刑事诉讼司法解释的体制特点归纳为"不同部门的司法解释各管一段"与"法工委的联合解释负责协调"：前者指解释

---

① 参见孙洪坤《刑事诉讼法司法解释之主体评析》，《广西政法管理干部学院学报》2000年第2期。
② 参见万毅《刑事诉讼法解释论》，《中国法学》2007年第2期。
③ 参见刘之雄《公安机关的司法解释权应当得到法学理论的认同》，《公安大学学报》2000年第4期。
④ 参见汪海燕《论刑事诉讼法律规范的合法性危机》，《中国政法大学学报》2011年第1期。
⑤ 参见谢佑平、万毅《反思与祛魅：我国刑事诉讼法解释体制重构》，《甘肃政法学院学报》2002年第3期。

机关只解释自己职权范围内的条文；后者指对于各机关都适用的法律规范，由全国人大常委会法工委牵头各机关进行联合解释。① 此外，还有学者认为，刑事诉讼司法解释实际上扮演着"代行立法"的角色，其成因主要是《刑事诉讼法》条文过分简约、规范不够细致，使得单一条款的解释不能满足司法实践所致。②

关于刑事诉讼司法解释的功能，有学者认为，其主要在于保证《刑事诉讼法》的顺利实施。其一，一些法律条文的内容过于概略，不便司法适用，需要主管机关予以具体化；其二，一些法律条文的用语过于模糊，可能引发实践分歧，以至于破坏法制的统一性；其三，一些法律条文存在固有漏洞，难以实现立法目的。通过司法解释，则可有效解决前述问题。③ 也有学者认为，刑事诉讼司法解释的功能体现在以下四点：其一，明确文本含义，解决法律条文词义模糊、多义以及概念界定等问题；其二，增强法律条文的可操作性，如对条文较少的特别程序等，通过司法解释细化以便司法适用；其三，划分公权机关之间、公权力与私权利之间的界限，防止职能机关在执行法律时扩张本部门权力；其四，弥补法律文本的疏漏，以在法律的稳定性与适当性之间找到平衡。④ 有学者认为，实然面的刑事诉讼司法解释，其性质具有双重性：一方面，是对刑事诉讼法规范的进一步明确，此种属于真正意义上的司法解释；另一方面，是规定刑事诉讼的活动规程，类似"工作细则"，缺乏"司法解释"之性质。⑤ 论者进一步指出，刑事诉讼司法解释主要服务于三个目的：一是为刑事诉讼法的具体适用提供规范指引；二是

---

① 参见王敏远《2012年刑事诉讼法修改后的司法解释研究》，《国家检察官学院学报》2015年第1期。

② 参见张建伟《刑事诉讼司法解释的空间与界限》，《清华法学》2013年第6期。

③ 参见陈光中、于增尊《关于修改后〈刑事诉讼法〉司法解释若干问题的思考》，《法学》2012年第11期。

④ 参见汪海燕《刑事诉讼法解释论纲》，《清华法学》2013年第6期。

⑤ 参见张建伟《刑事诉讼司法解释的空间与界限》，《清华法学》2013年第6期。

为刑事司法改革及其成果提供规范载体；三是通过制度创设完善刑事诉讼规范体系。①

关于刑事诉讼司法解释的权力空间，有学者认为，《宪法》与《刑事诉讼法》是母法与子法的关系，而《刑事诉讼法》与司法解释的关系，也应是母法与子法的关系。基于这种认识，他提出了刑事诉讼司法解释的若干限制条件：第一，司法解释应当以《宪法》《刑事诉讼法》的有关规定为依据；第二，司法解释不得与《刑事诉讼法》的规定相矛盾；第三，司法解释不得违背《刑事诉讼法》的立法精神。② 也有学者认为，刑事诉讼司法解释的越权类型有三：第一，超越权限规范其他机关的职责，如1998年《公安规定》对公安机关与军队保卫部门互涉刑事管辖之规定，即超越了本机关职权范围；第二，超越权限限制诉讼参与人的诉讼权利，如1998年《高法解释》规定，对刑事案件被害人于刑事附带民事诉讼或另行提起民事诉讼中要求精神损失的，人民法院不予受理，而这是法律中没有的内容；第三，超越权限创设诉讼制度或规则，如在1996年《刑事诉讼法》未明确非法证据之处理的情形下，"两高"及相关部委联合制定的《非法证据规定》却规定了非法证据排除规则，这实际上属于越权之举。③

针对上述论题，还有学者认为，首先，刑事诉讼司法解释应当受法律文本的客观约束，司法解释不仅不能与法律文义相冲突，其作用范围亦仅限于存在疑义的部分，否则即为突破法律的"过度诠释"；其次，刑事诉讼司法解释应当在法律及其允许的范围上进行，但囿于法律本身的简陋，不适当突破上述空间司法实践所需的若干

---

① 参见张建伟《理性立法模式的司法解释——以刑事诉讼法解释为视角的观察》，《中国刑事法杂志》2018年第1期。

② 参见肖周《刑诉法、司法解释与律师诉讼权利保障》，《中国法学》1999年第1期。

③ 参见汪海燕《论刑事诉讼法律规范的合法性危机》，《中国政法大学学报》2011年第1期。

制度便难以产生，对这种理论与实践之矛盾，应当为司法解释留有一定余地；再次，法律因其概略需要司法解释阐释内涵，增加可操作性，而司法解释不应再对其予以模糊处理，如非法证据排除规则中"等非法方法"的含义，司法解释即未明白规定；最后，对于某些法律预留的解释空间，本应通过司法解释补充，却在实践中受限，如检察机关适用秘密侦查和控制下交付的权限可以从《刑事诉讼法》中解释得出，然最高检的解释却对此避而不谈，实质导致了法律制度的闲置。① 还有学者通过对《宪法》中全国人大的职权设置、解释机关的工作规程解读，提出了法律解释的制定不得违背和超越法律规定的原则。其认为，在司法解释的内容上，存在范围扩大与权力扩张两方面的问题。一方面，司法解释超越"具体应用法律的问题"，如1998年《高法解释》第176条在法律之外增设了"不负刑事责任"的判决类型，属于对法律的不当扩大；另一方面，解释主体通过解释突破法律，扩张其法律解释权，如1998年《高法解释》第114条规定的审委会决定制度，便显然有悖于1996年《刑事诉讼法》限制审委会权力的精神。②

关于刑事诉讼司法解释的突出问题，有学者从形式与内容两方面予以分析。论者认为，形式上，刑事诉讼司法解释呈现部门法典的样态，不符合司法解释"解决具体法律应用问题"的本质，既造成司法解释对大量无须解释的条款进行规定的弊端，又进一步固化了司法解释的立法性；内容上，刑事诉讼司法解释存在突破法律文义、创设司法制度和违背法律意图三个方面的问题，造成了破坏法的权威性、冲击现行权力格局等一系列危害。论者继而提出，上述问题的解决应从三个方面入手：第一，避免"人为"的立法粗疏；第二，发挥立法解释的应有作用；第三，制定"解释程序法"规制

---

① 参见张建伟《刑事诉讼司法解释的空间与界限》，《清华法学》2013年第6期。
② 参见徐静村、杨建广《动态的法——关于刑事诉讼法解释的评析》，《现代法学》2000年第1期。

司法解释程序。① 上述问题在实践中确实存在，论者的建议亦有道理，但其中一些基石性观点似乎缺乏理论论证。比如，未对司法解释的性质加以定性分析，导致论者在论述中既将司法解释理解为单纯的、司法意义上的"法律解释"，又将司法解释视为立法性的"规范性文件"，使得相关批判很难深入问题的实质层面。

除了从以上述角度切入的对刑事诉讼司法解释的研究，学界的探讨主要集中于具体的司法解释内容，即某一刑事诉讼司法解释是否越权、是否合法等问题。这类研究虽然主要聚焦于具体的刑事诉讼规范，但依然有助于拓宽司法解释制度的研究思路，如哪些制度突破了权力空间限制、判断制度越权的标准如何等，对于权力边界的明确有所助益。

譬如，针对1998年《高法解释》，有学者认为其存在不少越权问题：其一，关于书记员的回避"由审判长决定"的规定，是对1996年《刑事诉讼法》回避应当由法院院长决定的违背；其二，关于法院向辩护律师"签发准许调查决定书"的规定，规避了法院的职权义务，与立法原意相悖；其三，关于自诉刑事附带民事案件收取诉讼费的规定，于法无据；其四，关于自诉人"在开庭审判前"委托诉讼代理人的规定，明显是对法律"有权随时"委托诉讼代理人的不当限制；其五，关于因公诉材料欠缺法院"应当决定不予受理"的规定，违反了司法机关独立行使职权原则；其六，关于在死刑案件的复核中可以加重被告人刑罚的规定，与1996年《刑事诉讼法》确立的两审终审和死刑复核制度相抵触。②

有学者专门针对刑事诉讼司法解释确立的撤回起诉制度进行了研究。1996年《刑事诉讼法》取消了原有的撤回起诉制度，该制度却在随后"两高"分别出台的司法解释中"死灰复燃"。学者认为，

---

① 参见汪海燕《"立法式"解释：我国刑事诉讼法解释的困局》，《政法论坛》2013年第6期。

② 参见罗书平《刑事诉讼司法解释的完善》，《人民司法》1999年第2期。

司法解释将法律已经明确废止的制定纳入其中，严重背离了"程序法定原则"，而这也是司法解释违背立法原意、任意扩大解释的一个缩影。① 也有人认为，规定撤回起诉的司法解释，不但缺乏《刑事诉讼法》《法院组织法》《检察院组织法》的依据，而且违背了《立法法》第 12 条"司法制度只能制定法律"的规定，从而不当涉入了立法的空间。② 当然，也有学者认为，虽然刑事诉讼法修改废除了检察机关撤回起诉的规定，但是，这并不表示司法解释的规定无任何依据，至少从理论上看，引入这项制度是符合法律的精神与原理的。③

刑事诉讼司法解释的越权问题在刑事附带民事诉讼制度中也有所反映。有学者指出，1996 年《刑事诉讼法》规定的附带民事诉讼在"被告人的犯罪行为造成物质损失的"情况下即可提起，但是，最高法出台的《关于刑事附带民事诉讼范围问题的规定》却将"物质损失"解释为与人身权利或财产权利有关的物质损失，构成了对法律的不当限缩。也有学者提出，在刑事附带民事诉讼审理中，1998 年《高法解释》规定的法院之财产查封与扣押权，以及最高法《关于审理刑事附带民事诉讼案件有关问题的批复》规定的附带民事诉讼当事人之先予执行申请权，皆超出了刑事诉讼法的既有规定，不应通过司法解释的方式加以确立。④

理论界还关注到了司法解释中非法证据排除规则的设置问题。学者们普遍认为，刑事诉讼司法解释对非法证据排除的规定不清，导致了司法实践对非法证据范围的不当限缩。如有学者提出，2012 年《高检规则》对"刑讯逼供"的解释，增添了"使用肉刑或者变

---

① 参见王友明、杨新京《公诉案件撤回起诉质疑》，《国家检察官学院学报》2003 年第 3 期。
② 参见肖良平《论我国公诉案件撤诉制度的完善》，《求索》2005 年第 9 期。
③ 参见刘继国《刑事诉讼中撤回公诉问题研究》，《人民检察》2004 年第 1 期。
④ 参见廖中洪《论刑事附带民事诉讼制度的立法完善——从被害人民事权益保障视角的思考》，《现代法学》2005 年第 1 期。

相肉刑"的条件,诸如通过疲劳审讯、引诱欺骗等手段获得的证据,其排除即存在疑问。① 还有学者认为,"两高"刑事诉讼司法解释皆将"等其他非法方法"解释为"等于刑讯逼供",由于无法满足"精神上剧烈痛苦",通过疲劳审讯、诱骗等方法获取的口供便难以被认定为非法证据,这在一定程度上背离了2012年《刑事诉讼法》中"严禁"以及以"等"字体现的立法精神。② 还有学者指出,2012年《高检规则》允许对被排除的非法证据重新取证,"这无疑不符合非法证据排除规则的立法目的,不仅使非法证据排除规则面临被架空的危险,还会产生其他弊端"③。

第三节 研究途径与研究方法

研究途径(Research Approach),系指展开研究之路径:研究者到底是基于什么出发点、着眼点、入手处,来进行观察、理解、界定与分析。大体上,研究途径可以分为三类,包括:演绎的研究途径(Deductive Research Approach)、归纳的研究途径(Inductive Research Approach)及假说的研究途径(Abductive Research Approach)。研究方法(Methodology),简言之,则是为达成研究目的而采取的手段。一般而言,按照方法论上的界说,研究途径与研究方法乃不同层面的概念,只有在确定研究路径的基础上,才能选择适当的研究方法。

在研究途径上,本书不同章节涉及的进路有所区别。比如,对司法解释基本范畴的研究,主要采取演绎的研究途径,基于法律、法令以及其他规范性文件的规定,以法律与法理的逻辑推理,推导

---

① 参见陈卫东《立法原意应当如何探寻:对〈人民检察院刑事诉讼规则(试行)〉的整体评价》,《当代法学》2013年第3期。

② 参见龙宗智《新刑事诉讼法实施:半年初判》,《清华法学》2013年第5期。

③ 韩旭:《限制权利抑或扩张权力——对新〈刑事诉讼法〉"两高"司法解释若干规定之质疑》,《法学论坛》2014年第1期。

得出司法解释的概念、属性及功能方面的结论。再如，对司法解释制度现状的研究，我们将转向归纳的研究途径，通过类型化各种不同的司法解释，得出司法解释的"解法典化"等描述性理论。宏观而言，本书写作采取的是从一般到特殊再到一般的思考模式，一方面以规制司法解释的规范为基准；另一方面以司法解释制度的法治化为导向，对司法解释的基本理论、制度样态、生成与运作逻辑、制度问题作出系统化与逻辑化的研究，最终提出完善司法解释制度的结论。

由于未采取单一化的研究途径，本书在研究方法的选择上亦较"因地制宜"。概言之，后文将针对"司法解释制度"这一论题，以"规范研究方法""文献研究方法""历史研究方法"等进行考察。具体而言，首先，通过对涉及司法解释的法律、法令等规范性文件予以研究，整理出司法解释制度的规范框架，明确司法解释的概念、性质与功能；其次，基于文献研究方法，通过数据库、文库等检索与搜集关于司法解释历史状况、制度问题等既有的成果，通过阅读文本整理归纳、分析鉴别相关理论论说，以供开展研究之需；最后，以历史研究方法为脉络，分析司法解释制度的形成，考察其如何受到民国最高法院解释制度与苏联法制的影响等。应当指出，为了证立某一命题，可以堆砌形式化的证明材料，但相应的论证效果往往难以达成说服的程度，能够实现说服的，毋宁是形式背后的利益或目的（即"解释的态度"）。[1] 准此，本书将坚持以形式法治为原则展开论述。之所以以形式法治为基准，主要是考量到司法解释制度现实状况的选择，司法解释已经构成了中国法制体系的重要组成部分，却仍然存在法治化程度不足的问题，故而，将论述的首要目标置于实现司法解释在现行法制框架下的形式整合，容或更具解决法律问题、统一法律适用的实效性与可操作性。

---

[1] See Ronald Dworkin, *Law's Empire*, Harvard University Press, 1986, pp. 46-48.

第二章

司法解释的基本范畴

对司法解释制度的研究，须先厘清制度立基与涉及的基本范畴，其主要内容应围绕司法解释的本体论与目的论展开。目的是全部法律的创造者。每条法律规则的产生都源于一种目的，即一种实际的动机。① 司法解释制度同样基于一定目的，乃使司法解释在司法实践以至法治实践中通过某种预设机制实现制度功能。这种运作机制是司法解释制度的核心。研究这一机制，可以先从制度功能切入，通过制度构建与发展历程进行规范层面的论说。不过，司法解释本身并非法律用语或规范概念，理论界在使用与理解方面存在差异，径直采用从宏观到微观的研究思路有可能混淆研究对象，在此基础上的讨论难免扭曲对司法解释运作机制的理解。为防止延续部分既有研究的偏误，本章论述将采取从微观到宏观、从本体到目的的推演路径，在实然面上厘清司法解释的基本范畴，包括：何为司法解释？司法解释的法源地位如何？司法解释是为实现何种制度目的而存在的？其具体的运作机制如何？上述层次递进的论题构成了司法解释制度的研究基础。

---

① 参见［美］E·博登海默《法理学：法律哲学与法律方法》，邓正来译，中国政法大学出版社 2004 年版，第 114 页。

第一节　司法解释的概念厘定

司法解释的概念界定可能并不简单。一方面，按照从宏观到微观的概念主义论证思路，易得出司法解释等于"司法中的解释"这种不符合实践理性的结论；另一方面，经由形式上的规范论证，根据司法解释的样态将之确定为规范性文件，难以凸显其独特性质。学界对司法解释的概念探讨，往往落入前述陷阱，或认为现行的司法解释实践是错误的，或觉得只要属于（最高）司法机关出台的带有规范性质的文件都是司法解释。厘定司法解释的概念，须依序处理以上两个问题：先明确司法解释的规范性文件样态，与"司法中的解释"严格区分，然后经由法律及相关规范规定的形式要件，将司法解释与其他规范性文件作出区分。

一　司法解释的规范性文件样态

各类学术成果往往在不同意义上使用司法解释这一概念，如将其理解为法官对法律作出的解释，[①] 或者，以司法解释略指最高司法机关参与制定的所有带有法律解释性质的文件，[②] 甚至将前后两者相加导出更为宽泛的概念。[③] 有学者即认为，司法解释概念存在两个不同指向：其一，司法主体在具体办案中对欲适用的法律的阐述，即所谓"裁量解释"；其二，具有法定权限的司法机关，针对司法工作中的法律适用问题制定的存在强制效力的释法文件，即"规范解释"。[④] 这种

[①] 参见董皞《司法解释论》（修订版），中国政法大学出版社 1999 年版，第 12 页。
[②] 参见王敏远《2012 年刑事诉讼法修改后的司法解释研究》，《国家检察官学院学报》2015 年第 1 期。
[③] 参见陈春龙《中国司法解释的地位与功能》，《中国法学》2003 年第 1 期。
[④] 刘风景：《权力本位：司法解释权运行状况之分析》，《中国青年政治学院学报》2005 年第 1 期。

理解是机械的概念主义表达,似乎简单将"司法解释"拆分为"司法"与"解释"两个语词,然后以行权主体为标准,将"司法解释"划分成个案与统一的解释。

从规范上看,所谓司法解释,无论在全国人大常委会还是在"两高"的工作文件中,所指皆为"规范解释",从未出现以司法解释指称裁量解释的用法。例如,全国人大常委会发布的《备案审查办法》及"两高"分别出台的《最高人民法院关于司法解释工作的规定》与《最高人民检察院司法解释工作规定》(以下简称"两个《司法解释工作规定》")等所指称的"司法解释",都是在规范性文件的意义上使用的。日常提及司法解释,似乎也少有人会认为,其含义包括"法官在审判中的解释"或"检察官在办案中的解释"。稍有法律常识的人都会意识到这一概念指的是"司法机关(至少是法院)制定并有实效的一类规定"。换言之,司法解释的概念其实已得固化。

然而,一些论著却试图将司法解释的概念固诸前者"司法中的解释"(即所谓裁量解释),以之否定规范意义上的司法解释概念。最早一体授予"两高"司法解释职权的1981年《决议》规定,最高法负责对审判工作中具体应用法律、法令的问题进行解释,最高检负责对检察工作中具体应用法律、法令的问题进行解释。围绕其中"具体应用"之表述,有学者指出,在审判、检察工作中具体应用法律乃法官、检察官的职权,解释法律应为司法人员行使司法权其中之义。[1] 由于包括"两高"在内的司法机关并不具体应用法律,继而有学者认为,法律不但未赋予法官或审判组织解释法律的职权,反将权力的行使者规定为很少真正适用法律的最高司法机关,这存在理论上的矛盾。[2] 有学者对上述论述予以总结,提出司法解释系由

---

[1] 参见万毅《刑事诉讼法解释论》,《中国法学》2007年第2期。
[2] 参见董皞《新中国司法解释六十年》,《岭南学刊》2009年第5期。

审判权派生而来，仅是"适用、解释法律的权力"。① 在未考虑立法机关授权的背景下，有论者进一步发展了前述理论，从"司法解释权是审判权的应有内涵"出发，直接基于宪法中"最高人民法院是最高审判机关"的规定，试图推导出最高法司法解释的普遍效力。②

在规范语境下，以上论述与推导在法律论证层面存在较为明显的错误。既然学者们的论证是从 1981 年《决议》出发的，那么他们就必须整体接受这一规范设定的规则，继之对"具体应用"进行规范框架下的体系解释，而非使用规范语句中的前提直接否认规则的有效性。基于一般理解，1981 年《决议》的表意并不模糊，其明确表达了这样一种规则，即各级审判机关、检察机关在审判工作、检察工作中出现的法律适用问题，由最高法或最高检作出解释。虽然问题的发现者与处理者出现分离，但这不能给反对"两高"司法解释权提供支持，更无法推证司法解释权是司法权的下位权力。

诚然，基于司法权，司法人员客观上有权在司法过程中解释法律，但其与"司法解释"——另一种客观存在——不在同一层次。众所周知，由于规定的抽象性、语词的弥散性、事实的复杂性，直接产出裁判结果的理想（即所谓法律适用的"自动售货机假说"③）在可见的将来仍是镜花水月，规范非经解释无以适用。申言之，司法人员在处理案件时应将事实涵摄于法律规范，而在此过程中须对法律进行解释。然而我们不能将"司法中的解释"简称为"司法解释"：规范上的司法解释脱离了传统意义上的"解释"或"解释学"的范畴，而被设定成了一种围绕"综合性判断问题"的

---

① 袁明圣：《司法解释"立法化"现象探微》，《法商研究》2003 年第 2 期。

② 参见苗泳《最高人民法院司法解释权再思考——兼与郭辉、史景轩博士商榷》，《河北学刊》2014 年第 1 期。

③ 该说法最早由韦伯提出，他写道："现代的法律人由于限于解释法规与契约，犹如一部投币自动售货机，人们只需往里投进事实（加费用）即可得出判决（加理由），这似乎让他有些尊严扫地。编纂成典的正式制定法越普及，这个概念就变得越乏味。"[德] 马克斯·韦伯：《经济与社会》（第二卷），阎克文译，上海人民出版社 2020 年版，第 1237 页。

操作机制。总之，在"司法解释"被规范性文件用于专指"两高"出台的"规范性解释"的现况下，这一概念已在规范语境中得到锚定，"司法中的解释"不再享有使用该语词的空间。

需进一步明确的是，"司法中的解释"是司法权的应然内含，不论法律规范是否予以界定皆不受影响。有学者却认为，法律未能明确规定司法人员享有针对个案的法律解释权，从而致使法律适用产生大量问题。[1] 该论断未免太过机械。法官在个案审理时，若不解释法律，法律何以适用？更有论断指出，法律将司法解释主体限定为最高法与最高检，从而排除了司法人员的司法解释权。[2] 这未免是对司法人员针对个案进行法律解释的普遍实践之罔顾。论者是否在说，最高法的规范性解释"抢占"了"司法解释"这一语词的使用权，导致"司法中的解释"无所凭依，因而就不复存在？由于中国并非判例法国家，司法人员在司法中进行的解释，固然不是具有普遍效力的规范，但对个案产生拘束力的解释是客观存在的，其与司法解释的概念乃至司法解释制度的构建并无任何关联。

司法解释这个语词，大致介于规范概念与理论概念之间，但其作为法律与规范法学用语的地位却已然固定。一方面，《监督法》第五章"规范性文件的备案审查"明确规定，对于最高法、最高检制定的"具体应用法律的解释"，应报全国人大常委会备案审查，这说明"具体应用法律的解释"具有规范性文件样态。另一方面，《备案审查办法》第2条明确指出，"最高人民法院、最高人民检察院作出的属于审判、检察工作中具体应用法律的解释（以下统称司法解释）"，这将司法解释与"具体应用的解释"画上了等号。质言之，司法解释即指1981年《决议》中的"具体应用的解释"，其表现为规范性文件的特征。概略将"司法中的解释"简称为"司法解释"，

---

[1] 参见魏胜强《司法解释的错位与回归——以法律解释权的配置为切入点》，《法律科学》2010年第3期。

[2] 参见董皞《司法解释论》（修订版），中国政法大学出版社1999年版，第3页。

或认为中国的司法解释既包括"规范解释"也涵盖"裁量解释",可能是造成对司法解释及其制度认识混乱与错误批判的源头之一。①

二 司法解释的形式界定

仅将司法解释理解为"两高"制定的规范性文件是不够的。首先,无涉法律关系调整的规范性文件绝非司法解释。所有的法律解释,无论是否直接指向法律条文,都是在具体的法制语境下展开的,即法律解释必须结合法律与事实,才可能存在实际意义。②就司法解释而言,相关解释活动应在"具体应用法律"的语境下进行,若完全脱离法律可能涵盖的实体或程序关系范畴,则解释对象便不存在,谈何"解释"?其次,即便文件本为"具体应用法律"的"解释",也未必就是司法解释,这里涉及一个再规范化的问题。就结论而言,司法解释不仅须满足法律授权的制定主体与规范形式等条件,亦应经制度体系中的相应程序赋予"效力",方可成为真正意义上的司法解释,并以此获得"法律效力"。③从形式上看,根据1979年《法院组织法》、1981年《决议》、2006年《监督法》、2015年《立法法》、2018年《检察院组织法》、2019年《备案审查办法》以及两个《司法解释工作规定》等规范构建的司法解释制度体系,可以准确厘定司法解释的概念内涵。

(一)制定主体:最高人民法院与最高人民检察院

司法解释的制定主体仅为"两高",法律从未授予其他组织制发或参与制发司法解释的权力。根据1981年《决议》以及《立法法》《法院组织法》《检察院组织法》的规定,属于"审判工作中具体应用法律的解释"与"检察工作中具体应用法律的解释",应分别由

---

① 参见范愉《法律解释的理论与实践》,《金陵法律评论》2003年第3期。
② 参见张志铭《关于中国法律解释体制的思考》,《中国社会科学》1997年第2期。
③ 2021年《最高人民法院关于司法解释工作的规定》第5条规定:"最高人民法院发布的司法解释,具有法律效力。"2019年《最高人民检察院司法解释工作规定》第5条规定:"最高人民检察院制定并发布的司法解释具有法律效力。"

最高法、最高检作出。换言之，有权作出"具体应用法律"之审判解释与检察解释的主体，只能是最高司法机关。

一方面，制定主体的限定区分了司法解释与"两高"联合其他机关制发的司法解释性质文件（即前文所谓"联合解释"）。在司法解释的授权体系下，即使某一释法文件由"两高"牵头起草或制定，但只要发布主体包括了其他机关，则该文件便不属于司法解释。例如，2017年"两高三部"联合发布的《严格排非规定》是对此前发布的司法解释文件进行的"系统性梳理、归纳、补充和完善"[1]，其在内容上可称"解释"且具某种较高的事实性权威（由中央全面深化改革领导小组审议通过），但因"制定主体除了'两高'还有公安部、国安部和司法部'三部'，在制定的主体上'不适格'，因此，《规定》不属于司法解释"[2]。同理，近期最高法、最高检与其他机关联合发布的《关于规范量刑程序若干问题的意见》《关于依法严惩利用未成年人实施黑恶势力犯罪的意见》《关于依法惩治网络暴力违法犯罪的指导意见》以及《认罪认罚指导意见》等，因制定主体涵盖了公安部、司法部等部委，亦不属于司法解释。其实，当下这种"不适格主体"参与制定"司法解释"的状况在1955年《决议》前阶段业已出现，[3] 早已为业界所客观接受，但其中可能存在的适法问题与不当之处却较少得到关注。当然，这不是说司法解释的制定绝对排斥其他机关参与。根据两个《司法解释工作规定》，在司法解释制定过程中，最高法、最高检应向全国人大专门委员会或全国人大常委会法工委征求意见，有关部门甚至个人也可针对司

---

[1] 万春、高翼飞：《刑事案件非法证据排除规则的发展——〈关于办理刑事案件严格排除非法证据若干问题的规定〉新亮点》，《中国刑事法杂志》2017年第4期。

[2] 董坤：《非法证据排除规则若干新问题释疑——以〈关于办理刑事案件严格排除非法证据若干问题的规定〉为分析场域》，《兰州大学学报》（社会科学版）2018年第2期。

[3] 参见陈志军《中国刑法司法解释体制演进过程之检视与反思》，《云南大学学报》（法学版）2006年第1期。

法解释的制定提出建议与意见。但须注意，这种间接参与和直接的文件制发有本质区别。

另一方面，制定主体的限定区分了中央司法解释文件与地方司法规范性文件。依前述法律的规定，司法解释的制定主体仅为"两高"，但实践中仍有不少地方司法机关出台大量带有司法解释性质的规范性文件。最高司法机关对此一贯采取禁止立场。早在1987年，最高法针对广西高级人民法院报送的一份地方释法文件即作出过批复，认为该意见"具有司法解释性质，地方各级法院不宜制定"。根据1987年《批复》，最高法所持理由包括两点：第一，依照1979年《法院组织法》与1981年《决议》规定，最高法以制发司法解释为手段行使的"审判解释权"具有法定性，[①] 其他法院"不宜"以类似方式行使此项权力；第二，广西高院报送的文件中有一些条款的规定明显与当时的政策、法律相悖，不能作为普遍的指导原则。不过，1987年《批复》似乎并未在随后的实践中产生普遍效果，这可能是"不宜但可以"之空间所致。后来，2012年《通知》更为明确地展示了"两高"对"地方释法"的禁止态度。到了2015年，《立法法》修改正式将该禁令纳入法律。即便如此，地方司法解释性质文件仍普遍存在，这也是研究司法解释制度需要关照的问题。

（二）规范标识：编列司法解释文号

司法解释不仅应由法定主体制发，还须具备特定的规范形式。法律虽未明确司法解释应以何种文件形式为载体，但出于自我规范、强化效力等方面的考虑，两个《司法解释工作规定》皆对司法解释的规范形式予以限定。根据最高法的规定，司法解释的形式分为"解释""规定""规则""批复"和"决定"五种；最高检则要求

---

① 应当重申，法律规定的"司法解释权"所指仅为"制定规范性司法解释文件"的权力，而非"解释法律的权力"，若以此得出"法官不得解释法律的结论，就未免失之荒谬了"。参见范愉《法律解释的理论与实践》，《金陵法律评论》2003年第3期。

司法解释应当采用"解释""规则""规定""批复""决定"等形式。由此可知，冠以诸如"意见""规程""办法"等名称的文件，即使制定主体适格，仍非司法解释。此外，最高检还专门要求司法解释统一编列发文字号，对此最高法并未作出明确规定。

从表述来看，两个《司法解释工作规定》似乎对司法解释形式的规制方式有所不同，即最高法通过限定名称实现规制，最高检则将重点置于文号。但实际上，仅靠名称无法达成规制的有效性，两者对司法解释规范形式的要求都是文号而非名称。"规定""决定"等本为党政群团文件的常用形式，大量公文都有使用，这难以体现司法解释的独特性，进而无法起到形式规范的效果。实践中，亦非所有由"两高"制发且被命名为"规定"的文件都是司法解释。[①] 但是，一些未使用规定名称但编列了司法解释文号的文件仍属"具体应用法律"的解释，如最高法修正后发布的《关于法院冻结财产的户名与账号不符银行能否自行解冻的请示的答复》《关于对林业行政机关依法作出具体行政行为申请人民法院强制执行问题的复函》（法释〔2020〕21号）[②]以及《关于内地与香港特别行政区法院就仲裁程序相互协助保全的安排》（法释〔2019〕14号）便是如此。与之相对，司法解释文号因其专用性与可识别性而成为司法解释在形式上最显著的特征。[③]

具言之，最高法司法解释应当编列"法释〔××××〕×号"的文号，而最高检司法解释的文号则是"高检发释字〔××××〕×号"。

---

① 比如，因无涉法律适用问题，两个《司法解释工作规定》便不是司法解释。有研究者在统计最高法制定的司法解释数量时即落入此误区，将名称为解释、规定、批复和决定的文件皆当作了司法解释。

② 法释〔2020〕21号其实是最高法《关于修改〈最高人民法院关于人民法院扣押铁路运输货物若干问题的规定〉等十八件执行类司法解释的决定》的发文字号，前述两个司法解释经过修改，字号发生了统一变化。

③ 参见吴兆祥《〈关于裁判文书引用法律、法规等规范性法律文件的规定〉的理解与适用》，《人民司法》2009年第23期。

至于"两高"共同发布的司法解释，一般编列"法释〔××××〕号"，也有例外如《最高人民法院、最高人民检察院关于适用刑事司法解释时间效力问题的规定》（高检发释字〔2001〕5号）、《最高人民法院、最高人民检察院关于缓刑犯在考验期满后五年内再犯应当判处有期徒刑以上刑罚之罪应否认定为累犯问题的批复》（高检发释字〔2020〕1号）、《最高人民法院、最高人民检察院关于办理危害药品安全刑事案件适用法律若干问题的解释》（高检发释字〔2022〕1号）等。

（三）予效程序：报经全国人大常委会备案审查

予效程序，其实就是《立法法》第119条第2款、《监督法》第41条规定的"具体应用法律的解释"之备案审查程序。是否必经备案审查程序，在实质层面明确了司法解释的概念内涵。司法解释的备案程序具有法定性，因而，从制定机关的内部视角来看，只有那些被报送至全国人大常委会的文件，才是最高司法机关认可的司法解释。更重要的是，备案程序的外部性使司法解释突破了司法机关的内部规制体系，进入了立法机关监督范畴。

备案程序在规范层面明确了司法解释的抽象性质，进一步厘清了司法解释的概念。《监督法》将司法解释置于"规范性文件"的类别下，其意义在于透过法律规定，消解以往"抽象司法解释不是司法解释"的争议。虽然"两高"自1981年《决议》获得了由全国人大常委会授予的法律解释权，其解释活动却招致大量批判：有论者基于"法律解释不能从法律适用剥离"，认为最高司法机关根本无法获得法律解释权；[①] 也有学者认为，"司法解释"属司法权范畴，诸如2001年《关于民事诉讼证据的若干规定》便是典型的越权立法；[②] 还有论者提出，虽部分非个案解释尚属"具体应用"（如前述民事证据规定），但部分司法解释如2000年《关于执行〈中华人

[①] 参见董皞《我国司法解释体制及其改革刍议》，《法商研究》2001年第5期。

[②] 参见贺日开《司法解释权能的复位与宪法的实施》，《中国法学》2004年第3期。

民共和国行政诉讼法〉若干问题的解释》则"远远超过了这一范围";① 有学者提出，1981 年《决议》规定的"具体应用"乃指"结合个案"的解释，而由于 2000 年《立法法》未对司法解释作出规定，即可视为其取消了向"两高"的授权。②

以上争议在 2006 年《监督法》颁行后逐渐消解，该法正式宣告了"抽象司法解释"的合法性，一并在实质上确定了司法解释的法定范围。概言之，1981 年《决议》虽然概括赋予了"两高"司法解释权，但却未能明确行权方式与解释程序，而《监督法》要求制定主体将司法解释报送全国人大常委会备案审查，实则是以某种"回溯连结"的方式，确认了规范性司法解释的合法性。司法解释权源于权力机关转授，自应受其监督，而监督渠道便是《监督法》第 41 条、第 42 条、第 43 条规定的备案程序。未经备案的司法解释性质文件不属于法律意义上"具体应用法律的解释"。明白地说，由"两高"制定并报全国人大常委会备案审查的文件才能得到监督，才是严格意义上的司法解释，属于法定司法解释权的行使结果。

三 司法解释相关概念辨析

经由前述探讨，司法解释的概念内涵可大致确定。在内容上，司法解释以（抽象的）"解释法律"为核心。在形式上，司法解释的制定主体为最高司法机关，须编列司法解释文号并经备案程序备案。综上，可作如下定义：司法解释是指仅由最高司法机关制发的、编列"释"字文号的、在全国人大常委会备案的规范性文件。由于长期以来学界对司法解释概念使用的随意性，一些与司法解释功能类似的对象常被误认为司法解释。例如，司法解释的制定主体为最高司法机关，但在刑事诉讼中适用法律的公权机关，却另外包含了

---

① 参见田芳《法律解释如何统一——关于司法解释权的法律统一解释功能的思考》，《法律科学》2007 年第 6 期。

② 参见梁根林《罪刑法定视域中的刑法适用解释》，《中国法学》2004 年第 3 期。

国务院下属的公安机关（以及国家安全机关、海关、监狱等）。既然要在司法活动中适用法律，就必然面临法律适用问题，如此一来，公安机关便同法院、检察院一样，需要解决法律适用问题的解释。然而，国务院下属的公安部并未根据1981年《决议》的规定作出行政解释，[①] 而是以部门规章的形式出台了《公安规定》（公安部令第159号）。《公安规定》为刑事诉讼中的公安机关所适用，与《高检规则》《高法解释》形成了诉讼阶段上的规范并列，故时常被概称司法解释（本书有时也在此意义上使用）。一般而言，学界对类似《公安规定》文件的性质理解不致发生问题，易与司法解释产生混淆的对象，往往都是最高司法机关出台的一些规范。

（一）司法解释与"两高工作文件"

司法解释是针对审判、检察活动中法律适用问题出台的规范性文件，与法律本身密切相关。根据《立法法》第119条第1款的规定，司法解释是解决司法活动中具体法律应用问题的解释，并应主要围绕法律条文展开。因此，其所包含的解释内容必定关涉一定的法律关系。然而，解释法律并非最高司法机关的唯一职能，"两高"作为司法系统条线顶端的中央机关，其在司法行政管理方面肩负着调整本机关及下级机关行政事务、内设机构、职能配置和编制配备等各个方面的职责。为了实现日常的规范化管理，最高司法机关同样需要制定相关的规范性文件予以规制，即"两高工作文件"。

所谓"两高工作文件"并不涉及法律解释，亦不为司法机关对外的司法活动提供依据或参考，仅具对内的工作规范效力，这构成了与司法解释最根本的区别。在形式上，由于存在发文字号的差异，"两高工作文件"与司法解释的差异同样明确。不过，一些混淆的情况在现实中仍然存在。例如，有学者曾认为《最高人民法院关于司

[①] 由于主体不同，行政解释与司法解释的分野比较明确。关于行政解释的具体研究，可参见彭霞《走向司法审查：行政解释的困境与出路》，《政治与法律》2018年第5期。

法解释工作的规定》为"相关司法解释",[1] 但该规定的调整对象仅为最高法内部有关司法解释工作的"具体规则和相关程序",[2] 因其不调整法律关系,并无解释性质,故不属于司法解释。此外,比较明确的"两高工作文件",还有《法官教育培训工作条例》《人民法院信息工作的若干规定》《人民法院档案工作规定》等。

(二) 司法解释与司法解释性质文件

最高司法机关参与制定或联合发布的释法文件是否皆为司法解释？根据《立法法》第119条对司法解释的限制性规定,答案是否定的。事实上,即便文件在内容上系"具体应用法律"的"解释",也未必就是司法解释。关键在于,那些制定主体或规范形式"不适格"或未经法定程序备案的"司法解释性质文件"——不构成司法解释的"司法解释"——应如何得到界定？

司法解释性质文件,较为典型的是前文提及的联合解释。如前所述,由于制定主体包含了最高司法机关以外的其他机关,故联合解释不是司法解释。例如,1996年、2012年《刑事诉讼法》修改后,由全国人大常委会法工委牵头,"两高"以及公安部、国安部、司法部参与,分别制定了两个《六部委规定》,因主体不适格,《六部委规定》并非司法解释(当然更不是立法解释或行政解释),至多可被视为司法解释性质文件。[3] 另一类释法文件,虽然制定主体适格,但因既未编列司法解释文号,也未报经全国人大常委会备案,亦非司法解释。例如,2017年最高法下发的《人民法院办理刑事案件庭前会议规程(试行)》《人民法院办理刑事案件排除非法证据规程(试行)》和《人民法院办理刑事案件第一审普通程序法庭调

---

[1] 参见郭辉、史景轩《最高人民法院司法解释权的异化及反思》,《河北学刊》2013年第2期。

[2] 参见赵钢《我国司法解释规则的新发展及其再完善——〈07规定〉与〈97规定〉的比较分析》,《现代法学》2008年第4期。

[3] 参见汪海燕等《刑事诉讼法解释研究》,中国政法大学出版社2017年版,第20页。

查规程（试行）》（发文字号为法发〔2017〕31号，即所谓"三项规程"），对《刑事诉讼法》规定的审判程序予以进一步细化与明确，但"三项规程"却不具备司法解释的地位。不过，值得注意的是，在司法实践中，上述两类司法解释性质文件实际发挥着司法解释的作用，为办案机关提供了事实上的司法依据。

与司法解释相较，司法解释性质文件不能作为裁判或办案依据，因而，最高司法机关禁止法律文书援引司法解释性质文件。2009年最高法《关于裁判文书引用法律、法规等规范性法律文件的规定》规定："并列引用多个规范性法律文件的，引用顺序如下：法律及法律解释、行政法规、地方性法规、自治条例或者单行条例、司法解释。"本条作出的是穷尽式列举：能够作为裁判依据引用的规范性文件仅存以上类别，包括司法解释性质文件在内的其他规范性文件不在其中。参与起草上述规定的权威人士更是明白指出，由于不具备司法解释地位，司法解释性质文件并无法律效力，仅可为裁判文书的理由论证提供支持，不得直接被用作裁判的规范依据。[①] 2018年最高法出台的《关于加强和规范裁判文书释法说理的指导意见》对此予以了进一步明确，其第13条规定，出于提高司法结果的可接受性之考量，审判人员可以在文书的释法说理部分运用司法解释性质文件。事实上，司法解释与司法解释性质文件的本质区别主要在于法律渊源的地位不同，本书将在下一节论述司法解释的法源地位时予以扼要说明。

第二节　司法解释的本质属性

在厘清司法解释概念，将司法解释从形式上与其他相关规范性

[①] 参见吴兆祥《〈关于裁判文书引用法律、法规等规范性法律文件的规定〉的理解与适用》，《人民司法》2009年第23期。

文件界分之后，需从实质层面对司法解释的本质予以剖析，回答"司法解释是什么"的问题。具体而言，其一，司法解释的性质如何？司法解释究竟属于适用法律之司法还是设定规则之立法？对这一"元问题"的研究，系完善司法解释制度乃至立法制度的前提要件。[1] 其二，司法解释的法源地位如何？虽然"两高"在工作文件中明确司法解释"具有法律效力""可以援引"，但是，这种"自我确认"抑或"宣示"的予效性规定却受到理论界批判，被认为并无规范上的法律依据。[2] 时至今日，尤其在2015年《立法法》正式将司法解释整体纳入基本法律的规制范畴后，司法解释法源地位是否已经发生变化，仍是需要重点考量的问题。

一 司法解释的权力性质

作为中国法治体系重要的有机组成部分，司法解释在法治建设与国家治理中起着关键作用。党的十八届四中全会指出，要"加强和规范司法解释和案例指导，统一法律适用标准"，表明了司法解释制度在公正司法中的重要意义，[3] 但这无疑也在提醒我们，当下司法解释制度需要进一步加强与规范。而其前提在于厘清司法解释的基础理论。从目前的研究现状来看，关于司法解释本体论的学说依然充满争议。虽然党中央已将立法概念表述为涵盖法律制定、修改、废止、解释、编纂的"立改废释纂并举"，但迄今为止，理论界却似乎仍未对司法解释的性质作出定论。

---

[1] 关于司法解释的性质问题不仅在与域外学术界交流时存在，甚至影响到了中国参与国际框架协议与国际事务的外交实践。罗培新教授曾撰文讲述了在世界银行营商环境评估磋商中国外专家对中国司法解释制度的疑虑："最高法院不是立法机关，中国又没有判例法，凭什么可以造法？"罗培新：《如何应对世行专家对我国最高院司法解释效力的种种疑虑》，http://www.sohu.com/a/324606830_689962，访问时间：2023年7月16日。

[2] 参见赵钢《我国司法解释规则的新发展及其再完善——〈07规定〉与〈97规定〉的比较分析》，《现代法学》2008年第4期。

[3] 参见周强《推进严格司法》，《人民日报》2014年11月14日第6版。

（一）司法解释"司法权说"的问题

司法解释的性质，长久以来都未被作为一个独立的问题加以讨论。在缺乏有效论证的情况下，许多论述直接将其预设为司法权行使的结果，随即在司法权范畴内讨论司法解释实践的"偏误"。基于司法解释的司法权定性，当学者研究规范化、抽象化的司法解释时，难免得出司法解释存在"立法化"问题的结论——司法解释本是司法，怎么可以创制规则？其实，查阅一些司法解释文件便可得知：里面的许多内容根本不在解释法律。确切地说，"两高"在通过司法解释"立法"，这几乎是所有学者都观察到的现象。[1] 但是，一些司法解释的研究者却似乎一直陷于因与果颠倒、词与物错乱的泥沼里，他们经验性地认为，司法机关只能行使司法权、司法解释就是行使司法权的一种结果，因而，司法解释的"立法化"错了。

学界对司法解释"立法化"的认识与批判存在以下典型路径，可称为"司法造法批判论"：①司法机关行使的权力是司法权→②司法机关制定的司法解释存在"立法化"的趋势→③司法机关的权力侵入了立法领域，破坏了国家权力分工→④司法造法缺乏正当性与合法性。[2] 不难看出，这一批判路径的理论前提是，把司法解释作为司法权的当然内容，将司法解释与"司法中的解释"作为同一概念，认为司法解释不得脱离司法个案的场域。这种故意的概念混淆进一步催化了"司法解释属于司法权"的认知倾向，并沿着"让立法归于立法，司法归于司法"[3] 的思考方向，最终形塑了"司法造法批判论"。

前文已述，规范性司法解释与学者探讨的"司法中的解释"根本不是一码事。司法解释由最高司法机关作出不足以说明司法解释

---

[1] 有学者早已明白指出："相当部分司法解释是在制定新的刑法规范，这本身就是在立法，而不是在解释刑法。"刘艳红：《观念误区与适用障碍：新刑法施行以来司法解释总置评》，《中外法学》2002年第5期。

[2] 参见袁明圣《司法解释"立法化"现象探微》，《法商研究》2003年第2期。

[3] 胡岩：《司法解释的前生后世》，《政法论坛》2015年第3期。

权即为司法权。在规范语境下，司法解释专指由"两高"制发的，内部编列专门司法解释文号，外部报送全国人大常委会备案审查的规范性文件。司法解释的概念厘清，至少在两方面说明了司法解释的性质：第一，司法解释的制定者只能是"两高"，这表明"司法解释权"与"审判权""检察权"并无直接关系——若司法权中应然地包含"制定规范性文件"的内容，为何司法解释只能由"两高"而不能由其他司法机关作出？第二，从司法解释的规范性文件性质可知，它本身就是司法人员进行司法活动的规范性依据，即便考虑到司法解释"解释法律"的内容表征，将其理解为司法人员裁量解释的"预解释"，实质也早已脱离法律文本，成为一种新的、可独立适用的准则。不难看出，制定司法解释的权力，本质乃规则设定权，显然不可能属于司法权之范畴。

事实上，在司法解释研究的早期，便有学者明确指出："司法解释就其性质而言，是有关立法活动的扩展和继续。"[①] 然而，这种见解却被后来出现的"司法解释超越司法权"及其延伸出的"司法解释立法化"等命题所淹没。就结论而言，司法解释既不是学界通常认知的（带有西方传统的）法律解释，也不是司法权的控制范围，其性质在权力机关创设司法解释制度之初，即已被锁定——司法解释就是（授权）立法，司法解释权就是（授权）立法权。基于立法机关立法性质的解释权转授，司法解释权力行使的实践模式并非判例法式的、司法性质的"法官造法"，而是中国特色的、立法性质的"司法立法"。[②] 明白地说，司法解释只是披上了"司法"与"解

[①] 姚建宗：《关于司法解释的分析与思考》，《现代法学》1992 年第 3 期。

[②] 外国学者在引介中国的司法解释制度时，大体上亦持此观点。例如，德国法学家何意志便指出："此类司法解释并非是针对个别案例，即'不是个案和辩论式地'（in case and controversy），而是对制定法漏洞的抽象填补（abstrakte Ausfuellung von Gesetzesluecken），与英美法意义上的案例法毫无关联，它实际只是制定法的一种立法形式。"参见米健《一个西方学者眼中的中国法律文化——读何意志近著〈中国法律文化概要〉》，《法学家》2001 年第 5 期。

释"外衣的立法，不论在制度初创时，还是在实践发展中，其内核皆为立法权，这一点从未发生过变化。

(二) 权力转授：司法解释的立法性来源

证成司法解释的立法性质，须回归创设司法解释的授权上来。与公民、法人、社会组织"法无禁止则自由"的原则不同，国家机关和公权部门"法无授权不可为"，① 若最高权力机关并未有意识地构建司法解释制度，则该制度便无立基之本。司法解释权源于全国人大常委会法律解释权的直接转授，申言之，转授的权力是立法性质，司法解释就应当是立法性质。此项命题的证立需两个步骤：其一，立法机关的法律解释职能，在性质上属于立法权，而不是所谓"解释权"或其他什么权力；其二，立法机关向"两高"的权力转授是合法有效的，不存在矛盾或瑕疵。至于授权文件中略带司法性的表述，如"审判、检察工作中""具体应用法律"等，只是对司法解释这种立法活动之行权空间的修饰和界定，不影响其本体上的立法性质。

1. 法律解释权的立法性论证

应当注意，不能简单地从法律解释权由立法机关行使，就得出法律解释权系立法权的结论，如此将极易犯与"司法解释属于司法权"同样的概念主义错误。立法机关行使的权力不一定是立法权，根据《宪法》，作为立法机关的全国人大常委会，其职权包括22项，包括立法权、任免权、监督权、缔约权、特赦权等。有人可能会认为，由于《宪法》第67条专门将法律解释单列为一项职权，因此不属于立法权范畴，应是一种具有特殊性质的权力。② 这种说法明显站不住脚。《宪法》第67条本身就未将全国人大常委会的立法职能单列，即便是典型的制定、修改法律之职能也被分列为两项，一是制定与修改非基本法律的职能，二是在全国人大

---

① 参见张文显《法治与国家治理现代化》，《中国法学》2014年第4期。
② 参见张志铭《关于中国法律解释体制的思考》，《中国社会科学》1997年第2期。

闭会时部分修改基本法律的职能。由于解释法律的职能无法包容其中，故其与前两项典型立法职能的并列不能说明有关权力性质的问题。

仅就"解释"本身而言，其根本不具有权力的性质。不仅全国人大常委会、国务院、最高法、最高检可以解释法律，法官、检察官以及行政执法人员亦须在具体案件办理中解释法律，甚至，科研人员、律师、一般民众未尝不能对法律进行解释。各类解释的差异不在内容，仅在"有效"或"无效"而已。申言之，谁都可以解释法律，只不过解释结论的效力不同：立法解释、司法解释与行政解释，具有普遍、反复、规范适用的效力；法官、检察官以及行政执法人员在个案中进行的解释，仅在本案范围内产生效力，不能作为权威理由或事实依据推及适用于他案；法律学者、普通民众对法律的解释，只是个人对法律的见解，没有适用之效力。之所以会造成不同结果，原因在于"解释"依附的权力存在差异：当解释者基于立法机关法律解释权对法律进行解释操作时，作为解释结论的规范性文件具有立法权性质；当解释者在个案办理中基于司法权能解释法律时，解释结论则具有司法权性质；当解释者并无权力供解释结论依附时，自然无权力性质。总之，解释不是权力，它依附于权力，将立法机关法律解释权视为立法权之外的"解释权"，无法与现有法学理论与法治体系相容。

依照中国宪法法律的制度安排，立法机关的法律解释职能只能被解读为一种立法权——至少在立法者眼中，立法解释与立法并无性质差异。[1] 首先，立法机关制定规范性解释，实质目的即在于通过变更法律的客观表意以实现其所欲达成的法律效果。"作品一完成，作者就已经死去"，申言之，"法律一施行，立法者就已经死去"，

---

[1] 田家英对1954年《宪法草案》的解答报告可为此提供旁证："一般法律是可以解释内容的，但此种解释本身就成为法律。"参见韩大元《1954年宪法制定过程》，法律出版社2014年版，第101页。

在随后法律适用的过程中，立法机关很难通过常规渠道对司法机关施加影响。① 也就是说，法律一旦制定，其规范内容便以客观表意的形式呈现，用法者须通过对法律表意的理解展开适用活动，而立法解释，无论针对的是"明确具体含义"还是"明确适用法律依据"，其本质都是对法律客观表意的变更，否则目的便无法实现。② 这种对法律的"明确"，性质与法律中的解释性条款并无二致，无外乎属于一种立法活动。其次，作为宪法性法律的《立法法》对立法解释"同法律具有同等效力"的规定，进一步确认了立法解释的立法性质。立法活动并不必然导致立法效果，后者以效力获取为要件，此时，"同等效力"条款便得被视为前述立法活动的"予效规则"。若无该"予效规则"，立法解释的目的仍然无法实现。换言之，立法解释需要通过"同等效力"条款予效，使其融入既有的法律体系中，从而实质变更法律规范的内容，以达成调整法律关系的目的，其明显为立法权的内涵。③ 最后，立法者还直接将立法解释与立法进行了同质性设定。《立法法》第119条第1款规定，当"两高"在实践中发现某一法律的适用需要由全国人大常委会解释（第48条第2款）时，"应当"向后者提出"法律解释的要求"或"制定、修改有关法律的议案"。按照法律的规范逻辑，当出现须作出立法解释的情形，自然应依法报请全国人大常委会作出解释。然而，本款却另行规定了"提案立法"的并列选项，表明立法者对立法解释与立法的理解其实未做性质上的区分。

---

① 参见周赟《论法律的实际作者》，《华东政法大学学报》2017年第6期。

② 立法者一旦在法律制定后以普遍性、规范性的方式"明确"了某一法律规范，则该规范内含的意思势必将发生或多或少的变化。参见陈斯喜《人民代表大会制度概论》，中国民主法制出版社2016年版，第198—199页。

③ 实践中，所有的立法解释其实都在变更法律。典型的实践现于刑法领域，其中一些立法解释甚至起到了突破罪刑法定原则、变更构成要件的效果。相关研究，参见刘宪权、吴舟《单位犯罪新立法解释与相关司法解释的关系及适用》，《法学杂志》2015年第9期。

2. 法律解释权转授的合法性论证

学界通常认为司法解释滥觞于全国人大常委会 1955 年与 1981 年作出的两个《决议》，[①] 不过，从结果来看，司法解释权其实存在两个不同层级的授权主体。前文已述，作为直接授权主体的全国人大常委会，其授权有着难以完全解决的合法性问题，而这个问题，直到全国人大——国家最高权力机关——对司法解释职能予以间接授权或回溯确认后，才得以解决。

全国人大常委会对司法解释的授权乃以两个《决议》与作为非基本法律的《监督法》（由全国人大常委会制定）展开，这一过程可以按以上规范的施行时点粗略划分为三个阶段。第一阶段，1955 年《决议》赋予最高法审委会针对审判活动中出现的法律适用问题进行解释的权力。根据 1954 年《宪法》，全国人大常委会拥有解释法律的职权，继而其将该职权的部分内容转授最高法，构成了本阶段司法解释的制度基础。第二阶段的授权奉行了与前一阶段相同的逻辑，即全国人大常委会将 1979 年《宪法》赋予的法律解释职权，通过 1981 年《决议》再次部分转授最高司法机关，只不过职权的受让主体扩大为最高法与最高检两家。第三阶段，2006 年《监督法》对授权内容——司法解释的抽象性规范形式，予以了进一步确认，其要求"两高"在作出前述解释后三十日内，报全国人大常委会备案。全国人大常委会对司法解释的授权逐渐明朗，但是，仅靠上述授权，权力转授的完备性难以证立。

作为宪法性职权，解释法律本应是全国人大常委会的专属性权力，其能否自己作出决议将之转授其他机关，不无疑问。有学者即认为，"权力执行者是无权把授予自己的权力再转授其他机关的，这是一个基本规则"，"有权规定法律解释制度的，至少应当是有权制定法律的机关"。[②] 明白地说，权力的执行者欲将权力转授其他机

[①] 参见陈春龙《中国司法解释的地位与功能》，《中国法学》2003 年第 1 期。
[②] 周旺生：《中国现行法律解释制度研究》，《现代法学》2003 年第 2 期。

关，必须通过法律的形式完成。如此一来，前述全国人大常委会授权的每个阶段，其实都存在合法性瑕疵。在第一阶段，即1955年《决议》作出时，全国人大常委会并无严格意义上的立法权，即便紧随其后的《关于授权常务委员会制定单行法规的决议》赋予了其单行法规的立法权，但1955年《决议》在作出时已因越权而无效。在第二阶段，全国人大常委会彼时虽有单行法规立法权，但这种立法与法律解释的涵盖范围并不配套，理论上看，它也只能将由自己制定的法律之解释权予以转授，其转授范围不得扩张至全国人大制定的法律。同样，在第三阶段，全国人大常委会虽自1982年《宪法》获致更大范围的立法权，但对基本法律的解释，仍须由其自己作出：转授权的有效范围仅限于非基本法律。质言之，仅以全国人大常委会对法律解释权的转授，"两高"获得的有效解释权范围，至多也只是局部性的。

基于前述"最低限度授权理论"，转授权的完备性问题必须求诸最高权力机关解决。作为最高权力机关的全国人大，不但可以改变或撤销全国人大常委会的决定，而且拥有完整且至高的法律制定权，其从默示与明示两方面补足了法律解释权转授的合法性。一方面，全国人大有权变更全国人大常委会不适当的决定，自两个《决议》接续转授相关主体法律解释权的数十年以来，全国人大并未改变或撤销这两个《决议》，某种程度可以视为对权力转授的默认。另一方面，全国人大以修改基本法律的方式，在1979年《法院组织法》与2015年《立法法》中分别规定了最高法、最高检针对"具体应用"法律问题的解释权，[①] 明示其对法律解释权转授的认可。至此，授权的合法性瑕疵得以消除，从权力体系上看，

[①] 虽然全国人大常委会有权在全国人大闭会期间部分修改基本法律，但这两部法律都是在全国人大全体会议上通过的：前者由第五届全国人民代表大会第二次会议通过（1979年7月1日），后者由第十二届全国人民代表大会第三次会议通过（2015年3月15日）。有学者认为2015年《立法法》出台后，司法解释相关事项才"升格为基本法律条款"，这是不正确的。

最高司法机关获得了对除《宪法》外所有法律在司法适用领域的解释权。

3. 授权文件表述的歧义消除

立法机关的法律解释权属于立法权，其转授"两高"的司法解释权也应具备立法权性质。然而，授权文件所使用的语词似乎存在歧义，一定程度上造成了对司法解释性质理解的混乱。在1981年《决议》中，"两高"被授予的乃是"审判工作"与"检察工作"中"具体应用法律"的解释权，因而，许多学者虽然意识到了司法解释的立法性质，却仍然坚持司法解释的"司法性"。一种颇具影响力的折中观点便认为，司法解释大体上位于立法与司法的重合部分，同时具有立法与司法的性质。① 或者更明白地说，司法解释权一方面来自立法机关的立法权，另一方面来自下级司法机关的法律解释权（司法权）。②

将司法解释性质理解为部分司法权行权结果的论述，实则陷于语词，未能准确理解作为形构司法解释制度基础的权力转授之意义。其一，折中观点简单将授权中的解释法律与立法进行对立理解，认为解释活动与典型立法活动存在不同，前者必须受到法律条文的约束、尊重解释对象的权威，③ 所以不能完全将司法解释归于立法。然而，法律解释权源自立法机关，虽然可以将其作出的（抽象）解释与典型立法进行内容与形式上的辨析，但单就法律解释的抽象性、对外性、事先性、普遍性、反复适用性等特征而言，却无疑是立法性（非法律实施性）的。其二，授权文件的时空限定，即"审判工作""检察工作"与"具体应用"，所指仅为司法解释可能发生的场合。既然获得授权的主体为"两高"，则其通过司法解释"立法"的权力空间自应限于司法系统的职权范围内，不得自动延展至其他

---

① 参见张志铭《法律解释概念探微》，《法学研究》1998年第5期。
② 参见贺日开《司法解释权能的复位与宪法的实施》，《中国法学》2004年第3期。
③ 参见张志铭《法律解释概念探微》，《法学研究》1998年第5期。

领域，这与行政立法不得涉足司法领域是同样的道理。论者提到的"解释氛围"——法律解释与典型立法之差异，即可理解为对司法解释这种立法权行使方式的职权限制。①

（三）司法立法：司法解释的立法性实践

司法解释权源自立法机关转授之立法权，理论上，其性质仅得归于立法，而作为一种规范性文件的制定权，司法解释的实践亦体现为"司法立法"的模式。无论是从形式到实质，还是从实体到程序，司法解释实践的各个面向都进一步确证了司法解释的立法性质。在权力转授的框架下，"两高"只要行使该权力——制发司法解释，就必然体现为立法的样态。在笔者看来，司法解释的性质本为立法或"准立法"②，而这也是中国司法解释制度在构建完善的过程中始终保持的行进方向。

1. 规则制定：行权方式的抽象化

"两高"通过制定规范性文件的方式行使司法解释权，使得司法解释的"司法性"剥离，仅体现为立法性质。司法解释的行权方式，实践早已形成"规则制定"的样态，虽然法律并未正面规定，但司法解释备案审查制度侧面对此进行了背书。一般而言，作为一种宪法性制度，只有带有立法性质的规范性文件才需要权力机关备案审查，③在《立法法》《监督法》将司法解释与法律、行政法规、监察法规、地方性法规等并列作为备案审查的对象时，司法解释的司法立法模式即已定形。如此一来，司法解释与典型立法的行权方式在形式上的差异随之消弭。值得注意的是，通过行使司法权并非不能实质性地产出规则，在判例法国家，法官（尤其是高级法院的法官）便承担着通过个案判决创造规则的功能。但是，"法官造法"

---

① 参见张志铭《法律解释概念探微》，《法学研究》1998年第5期。
② 梁慧星：《裁判的方法》，法律出版社2003年版，第67页。
③ 参见朱宁宁《任何有立法性质的文件都不能游离于备案审查之外》，《中国人大》2018年第5期。

与"司法立法"殊为不同。法官造法模式是针对个案的,它允许法官基于对法律的创造性理解作出与先例不同的解释,通过司法权行使来解决法律适用的疑难;司法立法模式则显著偏离具体的司法场域,它既不以个案处理为基础,① 也禁止审判组织或法官造法,其对法律适用问题的解决,乃是以制定抽象规则的方式达成。不难看出,"司法立法"并无任何传统意义上司法权应有之特性,除制定主体为(最高)司法机关外,这种抽象的"规则制定"型的司法解释实践,明显呈现为立法样态。

2. 界限突破:解释内容的创造化

"解释法律"的界限其实并不明确,出于有效弥补漏洞、及时回应政策等因素考量,实践中"两高"在处理法律适用问题时,通常采取创造性解释的手段,这种操作难免将在实质上续造或修改法律规范,从而构成事实性的立法活动。在拉伦茨看来,即便使用解释性方法处理法律问题,仍可能会得到字面解释、制定法内在的法续造、超越制定法的法续造三种不同的结果,各情形之间并无清楚的界限,其差别毋宁是程度性的。② 换言之,法律解释操作的结果,严格时可能仍为通常意义之解释,而一旦运用了创造性的解释方法,则解释势必将进入立法的领域。就司法解释而言,在大多数情况下,其往往是在"创造性"地"弥补法律漏洞"③,而非严格限定于法律字面表意的范畴。其实,大部分非照搬法条、有实质意义的司法解释条款,几乎都属于法律内的法的续造;也有少数司法解释容或超出法律可能涵盖的客观含义,进入超越法律的法的续造之领域;在

---

① 批复类司法解释在形式上涉及个案处理,但其内容却"缺少个案的事实涵摄,反而呈现出的是对既有法条的抽象化解读",依然类似于立法而无司法性。参见侯学宾《司法批复衰落的制度竞争逻辑》,《法商研究》2016 年第 3 期。

② 参见 [德] 卡尔·拉伦茨《法学方法论》(全本·第六版),黄家镇译,商务印书馆 2020 年版,第 461 页。

③ 张文显、孙妍:《中国特色社会主义司法理论体系初论》,《法制与社会发展》2012 年第 6 期。

某些情况下，甚至还有司法解释条款根本不存在对应法律条文（解释对象）的情形出现，这已经不是"续造"而是"创制"了。① 从司法解释的实践样态来看，司法解释虽然被称为"解释"，但因其制定不以具体个案问题的存在为前提，使得"解释"难免对法律文本造成突破，以至形成新的司法规则。

3. 超越司法：适用范围的普遍化

司法解释既然是一种立法，就应得到制定机关所处条线外其他权力系统的适用，否则其立法性质便存在疑问。司法立法如何得到行政及监察机关执行？根据"司法最终原则"②，这一问题其实不难回答。就行政机关而言，由于行政诉讼机制的存在，行政行为的争议终将流向司法：司法机关"具体适用法律"的解释权范围必然包含行政行为涉及的规范空间，如此，行政机关就必须遵守司法立法，否则行为的合法性仍会被司法推翻。同时，还须注意侦查等不可诉的行政行为。由于侦查不可诉原则，检察官在审查起诉阶段、法官在审判阶段需要一并审查案件侦查行为的合法性，此时侦查条款亦落入"具体应用法律"的范围。若"两高"针对《刑事诉讼法》规制的侦查活动进行司法立法，侦查机关亦须遵守。至于监察机关，根据《中华人民共和国监察法》（以下简称《监察法》）第33条，监察委员会在取证、审证与使用证据时，"应当与刑事审判关于证据的要求和标准相一致"，这其实就是要求监察机关参照执行《高法解释》等司法解释。③ 对此，国家监察委员会的工作人员解释道，"刑

---

① 典型的是《高检规则》与《高法解释》中规定的撤回起诉、变更起诉、补充起诉制度，这些制度在《刑事诉讼法》中并不存在，属于司法解释"无中生有"的创制。

② 司法最终原则是刑事、民事、行政领域皆须遵循的原则。参见陈瑞华《刑事诉讼的前沿问题》（第五版）（上册），中国人民大学出版社2016年版，第280页；吴俊《论司法最终解决原则——民事诉讼的视角》，《法治论坛》2008年第1期；王雪梅《司法最终原则——从行政最终裁决谈起》，《行政法学研究》2001年第4期。

③ 参见陈卫东、聂友伦《职务犯罪监察证据若干问题研究——以〈监察法〉第33条为中心》，《中国人民大学学报》2018年第4期。

事审判关于证据的要求和标准有严格、细致的规定，监察机关收集的证据材料在刑事诉讼中作为证据使用，必须要与其相衔接"①。可见，无论是行政机关还是监察机关，司法解释皆须得到适用，其效力具有立法的普遍性。

4. 生成仿效：制定程序的民主化

司法解释制定程序的"立法程序化""民主化"样态，进一步强化了司法解释的立法性质。与司法权的行使方式不同，立法权并无独立性要求，相反，立法活动在应然意义上就是一种群策群力的大规模信息收集、分析与编码的过程。正因如此，立法活动必须预先设计一套程序来保证信息收集的完整性、分析的科学性以及编码的精准性，该程序集中体现在《立法法》的规定之中。司法解释的制定同样需要在某种程度上满足这些要求，若仅依靠起草者自身的知识储备，势必无法达成司法立法的应然需要。故而，"两高"分别出台了相关工作规定，对司法解释的立项、起草、报送、讨论、发布等程序予以明确。其中，公开征求意见这种民主化程序，不但有利于增进司法解释的形式合法性，也能起到补充信息或知识、加强审慎性的作用，②更重要的是，它一般只出现在立法程序里。质言之，司法解释本身不是司法权行使所能获得的结果，就个别的司法解释而言，它的制度性效力来源乃合乎规范的起草程序、最高法审委会的决定以及向全国人大常委会的备案，绝非源自审判组织或审判人员的裁判。③司法机关对司法解释制定活动的自我规制，强化了司法解释的立法性认知：立法应当以立法的方式作出——制定程序的精细化、司法解释的民主化，实则是让立法权回归"立法权行使

---

① 中央纪委国家监委法规室编：《〈中华人民共和国监察法〉释义》，中国方正出版社2018年版，第168页。

② 参见沈岿《司法解释的"民主化"和最高法院的政治功能》，《中国社会科学》2008年第1期。

③ 参见刘树德《最高人民法院司法规则的供给模式——兼论案例指导制度的完善》，《清华法学》2015年第4期。

的方式"上来。

(四) 小结

最高司法机关在获得法律解释的授权后,其行权便朝着"司法立法"的方向迈进,这与司法权下的法官造法模式有着根本区别。司法解释实践的"授权—行权",其实就是"两高"作为立法主体、按照一定的立法程序制定规范的过程,它并非司法权的控制范围,也无法被严格限定于"解释"的范畴。在结果上,司法解释的规范功能与效力范围亦与法律、立法解释无异。质言之,司法解释在实践中的立法样态,既是权力转授后的必然取向,也是司法机关在承担社会法治责任下的当然选择。就宏观而言,司法立法与人大立法已经形成一套具有阶段或层次性质的规范生成体系:基于司法活动积累的经验,"两高"先行制定司法解释以指导各级司法机关适用法律,待时机成熟后,立法机关再通过立法将一些司法解释的规定"上升为法律"。① 总之,最高法的立法功能已成为中国立法权力运作不可或缺的组成部分;② 而司法解释,这种担纲最高司法机关立法功能的载体,其性质实为在既有法律体系下的立法,③ 构成中国法治体系的重要一环。

---

① 参见李敏《司法解释的权威解读——访最高人民法院研究室主任胡云腾》,《中国审判》2010年第9期。

② 参见雷磊《指导性案例法源地位再反思》,《中国法学》2015年第1期。

③ 司法解释的规定不得与法律相抵触,其立法必须在现有法律体系下进行。《立法法》第119条第1款规定,司法解释应当"符合立法的目的、原则和原意"。另根据《监督法》第42条、第43条,当司法解释的规定可能同宪法或者法律规定相抵触,或者存在合宪性、合法性问题的,国务院、中央军委、国家监察委员会和省、自治区、直辖市的人民代表大会常务委员会以及"两高"可以向全国人大常委会书面提出进行审查的要求,其他国家机关和社会团体、企业事业组织以及公民可以向国人大常委会书面提出进行审查的建议;全国人大宪法和法律委员会、有关专门委员会、常务委员会工作机构经审查认为司法解释同宪法或者法律规定相抵触,或者存在合宪性、合法性问题需要修改或者废止,而最高法或最高检不予修改或者废止的应当提出撤销或者要求最高法或者最高检予以修改、废止的议案、建议,或者提出由全国人大常委会作出法律解释的议案、建议,由委员长会议决定提请常务委员会审议。关于司法解释的权力空间与行权限制,将在本书第五章、第六章中探讨。

二 司法解释的法源地位

司法解释源自全国人大常委会的法律解释权，具有立法属性，但这并不表示其当然成为正式的法律渊源。关于法律渊源的定义，存在"立法中心说"与"司法中心说"的争议，① 通说则综合二者的观点，在宏观上认为法律渊源是一种兼具效力与形式的准则，在微观上以得否直接被作为司法依据，将其区分为正式法源与非正式法源两类。② 不过，上述界定并未给出判断某一准则是否为正式法源的标准，需要进一步探讨。

就结论而言，司法解释正式法源地位的确立与司法解释概念的形成及其固定化有着紧密联系。质言之，司法解释的效力由模糊到明确，实与其概念的逐渐清晰，处于一个同体性过程。就内部而言，最高司法机关逐步将某一类文件从所有其制定的释法文件中分离出来，称为司法解释。在外部，《监督法》构建的司法解释备案程序，在微观的个别规范层面确认并限定了由 1981 年《决议》及《法院组织法》《立法法》《检察院组织法》赋予"两高"的司法解释权。于是，那些被"两高"重新定义为司法解释的文件，进入了全国人大常委会的备案程序，获得法律效力，成为正式法源。

为何完成备案程序后，司法解释便可获得法律效力？司法解释的正式法源地位何以证立？阐明上述问题，应当引入法源性质的理论框架，结合外部法律规定与内部工作规范的实践性发展，探清司法解释的效力来源。简言之，司法解释效力的获取，乃循着"授权—行权"与"取效—予效"的机制展开：第一，通过"授权—行权"机制，全国人大常委会概略授予"两高"司法解释权，并在立

---

① 参见刘作翔《"法源"的误用——关于法律渊源的理性思考》，《法律科学》2019 年第 3 期。

② 参见张文显主编《法理学》（第五版），高等教育出版社 2018 年版，第 87—90 页。

法中获致基本法律的认可，而"两高"以（抽象）规范性文件的形式行权并在内部强调其效力，初步构建了司法解释的制度框架；第二，通过"取效—予效"机制，制定机关将司法解释报全国人大常委会备案，并基于后者的宪法地位及职权在外部确认报备的司法解释的效力，使前述制度框架完备化。至此，司法解释经权威获取与制度化，获得了明确的制度性权威，其正式法源地位由此确立。

（一）制度性权威规范的法源地位

何以有制度性权威的规范即具正式法源地位？一些读者可能会产生疑问。在此，笔者将先对法源性质理论作一个简要阐释。

在剥离了有效性与道德要素后，"法源"在司法场域中实际相当于法官的"裁判依据"（或检察官的"办案依据"）。[1] 此时，由于个案事实所涵摄的司法依据存在排他性，成为司法依据的规范，便不再依靠规范内容的"实质理由"，而转向"独立于内容"[2] 的权威。基于这种权威带来的"排他性理由"，行为者被施加了遵从权威理由的"义务"。[3] 全国人大作为最高权力机关，行使、分配、监督国家权力，拥有最高权威，而其本身及被授权机关作出的决定（权威理由）当然应得普遍遵守。除《宪法》有明确规定外，所有正式法源的效力都必须溯源至此。同时，成为司法依据的准则还必须具有普遍的适用性，这是正式法源区别于命令的形式要件，而"法律与命令的关键差别就在于，'制度化'（institutionalization）的有无"[4]。就法律

---

[1] 参见王夏昊《法适用视角下的法的渊源》，《法律适用》2011 年第 10 期。

[2] "独立于内容"（content-independent）的概念最早由哈特在其论文"Legal and Moral Obligation"中提出，后在另一篇论文"Commands and Authoritative Legal Reasons"中予以了阐述。后文的中文译文，参见［英］哈特《命令与权威性法律理由》，晨航译，载郑永流主编《法哲学与法社会学论丛》（二〇〇七年第二期）（总第十二期），北京大学出版社 2008 年版，第 26—43 页。

[3] See Joseph Raz, *Practical Reason and Norms*, Princeton University Press, 1990, p. 39.

[4] 庄世同：《法律的概念与法律规范性的来源——重省哈特的接受论证》，《中研院法学期刊》2013 年第 2 期。

而言，之所以其在司法领域有着最高的权威性，乃因其创制、颁布、施行遵循严格的制度形式，不仅塑造了司法机制的基本样态（依法裁判），也起到了稳定规范化期待的功能（统一标准）。① 简单地说，由于中国并无宪法法律承认的习惯法渊源，某类准则要具备正式法源地位，一方面须从最高权力机关那里获取权威，另一方面其制定应当存在制度基础。亦即，在中国，只有具备制度性权威的规范才是正式法源。

曾有学者提出，司法解释的正式法源地位乃是基于其"普遍的约束力"②所获取的。这一观点的问题在于，"普遍的约束力"（效力）本身就是法源概念的内核，作为法源的规范当然具有普遍效力，但并非任何具有普遍效力的准则（如党的政策）都是正式法源。对此，仍须探寻效力性质以及效力背后的权威来源——若非基于制度性权威且由此产生规范拘束力，某一准则的正式法源地位仍无法证立。证成司法解释的正式法源地位，核心乃查明是否存在支撑规范拘束力的制度性权威，这一过程，可以简化为两个层级的检视：第一，权威获取，即是否从权力机关获得了明确的授权；第二，制度化，即是否存在基于宪法法律的制度性框架。

（二）"授权—行权"机制：权威获取与制度化初阶

司法解释的权威获取与制度化有着一段较长的法治实践史，与其说司法解释的法源地位是"制定"出来的，不如说是一个渐进的"构建"过程。具体而言，司法解释的权威源于权力机关及法律的授权，而最高司法机关在获得解释权后逐渐规范的行权模式，构成了司法解释制度化的初级阶段。

在制度建构初期，司法解释的权威获取其实并不完备。1955 年

---

① 参见雷磊《指导性案例法源地位再反思》，《中国法学》2015 年第 1 期。
② 参见尹伊君、陈金钊《司法解释论析——关于传统司法解释理论的三点思考》，《政法论坛》1994 年第 1 期。

《决议》规定了最高法在审判过程中具体应用法律、法令的解释权，彼时，全国人大常委会行使的职权包括"解释法律"，由常委会将这一职权部分转授最高法审委会，成为司法解释权威获取的起点。然而，此处权力转授看似合理，却存在合法性问题。前文已述，在当时的宪制条件下，全国人大常委会只能解释法律、颁布法令，并无制定法律的权限，根据国家机关职权的法定原则，涉及不同国家机关间权力的转授则至少以法律的形式体现，这使得授权缺乏依据——授权释法的权威在理论上并未获得——制度化的基础亦不存在。同样，1981年《决议》也存在上述问题，由于1982年《宪法》才正式规定了全国人大常委会的立法权限，彼时之转授权亦有合法性瑕疵。即便将1981年《决议》的性质理解为当时全国人大常委会有权制定的单行法规，但由常委会自己将法律解释权部分转授其他国家机关之合法性，亦存疑义。

由于法律解释权乃《宪法》明定全国人大常委会的权力，将其转授其他机关——最起码从形式上看——应当获得作为最高权力机关的全国人大同意。申言之，国家机关的职权法定，而涉及宪法层面的国家机关权力，则至少应由基本法律定之。就此而言，最高法的司法解释权在1979年由作为基本法律的《法院组织法》明确，这对司法解释权的法定化起到权力授予与权威获取的双重作用。到了2015年《立法法》，最高检的司法解释权也得到了基本法律明确。至此，"两高"的授权解释机制完整建立，而司法解释亦经全国人大基本法律的概括授权获致权威。

当然，仅有权威，无法证立司法解释具有制度性权威的规范性质。质言之，前述"进行解释"之授权本身存在模糊性缺陷，需以具体的"行权"初步确定制度内容。前文已述，司法解释权的行使主要以制发规范性文件的形式展开，"两高"亦制定了一系列关于制定与适用司法解释的内部规范，通过明确司法解释内部效力的方式，巩固以规范性文件方式行权的合法性，提高司法解释在事实上的权威地位。① 就结果来看,"两高"不间断制发司法解释的行为逐渐固定了司法解释的表现形式,使授权内容得到了内部性明确——司法解释权由法律授予,行权方式主要是制发抽象的规范性文件,且要求司法人员在法律适用活动中必须遵守——初步构建了司法解释的制度框架。

(三)"取效—予效"机制:制度化进阶与地位证立

上述以特定形式行权自行填充授权内容的内部化方式,即"授权—行权"机制,其实仍无法完整证立抽象司法解释的制度性权威。有效的法律授权必须具有明确性,② 由于司法解释的授权较为模糊,其虽赋予了"两高"解释法律的权力,却又以"具体应用""主要针对"及"符合立法的目的、原则和原意"等条件限定之。这使得单靠司法系统的内部制度化,无法消除抽象司法解释是否属于授权范围的(合法性)争议。③ 实践上,即使长期以来作为授权主体与监督主体的全国人大常委会,也从未对司法解释的抽象形式提出异议,似可将其推定为合法(Presomption de legalite),但说服力明显不足,须在规范层面进一步论证。

经由"授权—行权"机制,司法解释的制度框架得以初步构建,

---

① 例如,1993 年最高法《全国经济审判工作座谈会纪要》指出:"最高法院关于具体适用法律的司法解释,各级人民法院必须遵照执行,并可以在法律文书中引用。"再如,1997 年最高法《关于司法解释工作的若干规定》第 4 条规定:"最高人民法院制定并发布的司法解释,具有法律效力。"第 14 条第 1 款规定:"司法解释与有关法律规定一并作为人民法院判决或者裁定的依据时,应当在司法文书中援引。"

② 授权的明确性讨论多见于行政法领域,如《立法法》第 10 条对"授权立法"作出了原则性规定,要求"授权决定应当明确授权的目的、事项、范围、期限以及被授权机关实施授权决定应当遵循的原则等"。

③ 抽象性或规范性司法解释是否为法定司法解释的争议,不但集中且时间跨度大,表明这一问题长期未得厘清。除前文列举的一些批判观点外,早先就有学者提出,执法机关只能"针对具体问题进行解释",诸如最高法制发的"解释性抽象文件"即"不是司法解释","最多是一种司法机关以集体名义作出的学理解释"。参见陈斯喜《论立法解释制度的是与非及其他》,《中国法学》1998 年第 3 期。

但具体制度化的过程似乎存在断裂。质言之，"具体应用法律的解释"与"司法解释"两个概念是否在法律规范上得到联结，成为了司法解释法源地位证立的关键。从结果上看，该问题可从《监督法》与《立法法》规定的司法解释备案审查制度中找到答案。前文已述，司法解释备案程序的设置，表明全国人大及其常委会实质上确认了抽象司法解释的合法性（符合授权要求）。这种在司法解释制定后，先报全国人大常委会备案取效，经备案审查，再由其对司法解释予效的"取效—予效"机制，不仅在宏观上明确了抽象司法解释"具体应用法律的解释"的性质，也在微观层面个别确认了报备的司法解释之效力。

作为司法解释的授权主体，全国人大常委会监督"两高"制发司法解释的活动。相较于行权范围外的监督职能，全国人大常委会对司法解释的监督具有某种"强制性"与"代位性"特征。[①] 根据《监督法》的规定，若全国人大常委会认定司法解释与法律抵触的，有权撤销或要求"两高"修改或废止，或自行对法律作出立法解释。若司法解释未与法律抵触，全国人大常委会自无行使以上监督权的道理。这里的"与法律相抵触"在广义上应作两方面解读，一为司法解释不符合前述法律授权规定的形式，二为司法解释在内容上与法律规定存在冲突。对于前者，根据长期的司法解释备案实践，全国人大常委会从未对司法解释的形式作出否定性决议，这即说明了司法解释——尤其是所谓"抽象司法解释"——形式上的合法性；就后者而言，目前来看，除极个别司法解释条款外，全国人大常委会亦很少实质行使其对司法解释的监督权。[②] 换言之，已经备案的司

[①] 《宪法》第67条第7项规定，全国人大常委会"监督国务院、中央军委、国家监察委员会、最高人民法院、最高人民检察院的工作"。但是，全国人大常委会对不属于其职权范围的公权行为，不能直接予以强制撤销或代为变更，如最高法作出的判决，即便它委员会认为其违反宪法或法律，亦无权撤销或改变。

[②] 这可能是因备案实践"鸭子凫水"的隐性样态与"备而不审""审而无果"等问题所致，参见郑磊、赵计义《"全覆盖"的备案审查制度体系勾勒——2018年备案审查年度报告评述》，《中国法律评论》2019年第4期。

法解释,(至少在实然面)应被视为合法且有效——"司法解释"与"具体应用法律的解释"得到了法律规范上的联结——作为授权主体的权力机关已经认可其为授权机制中的"具体应用法律的解释"。

(四)小结

"取效—予效"机制使得司法解释经"授权—行权"机制实现的内部制度化得到了外部确证。也就是说,司法解释不仅在权力授予的概括层面,更在权力行使或制度化的具体层面,得到了权力机关及法律的认可。质言之,一方面,司法解释基于权力机关授权获得权威,另一方面,其制度框架得到了内外部规范的双重确证。至此,司法解释获致明确的制度性权威,其正式法源地位得以证立。

延续上文对司法解释法源地位的检视路径,不难发现,最高司法机关制定的司法解释性质文件,其制度性权威获取并不完备。就"授权—行权"机制而言,"两高"自1981年《决议》以及《法院组织法》《立法法》获得了解释法律的权力,而法律亦未明确其解释法律的形式,在司法解释程序外通过制定司法解释性质文件行权未尝不可。不过,由于《监督法》《立法法》以备案审查程序限定了"具体应用法律的解释"之指向,使得司法解释性质文件无法通过"取效—予效"机制实现来自权力机关及法律的外部确证。质言之,司法解释性质文件并非"具体应用法律的解释",其未得法律明确规定,也不在最高权力机关所授予的司法解释权范围内。"法无授权不可为",即便最高司法机关制定了司法解释性质文件,也不会产生与司法解释相同的规范拘束力。由于缺乏法律基础,司法解释性质文件在规范上的拘束力至多只能"从制定法中引申出和间接获得"[1],但仅以此,无

---

[1] 雷磊:《指导性案例法源地位再反思》,《中国法学》2015年第1期。该文在论证指导性案例法源地位时使用了"附属的制度性权威"的术语,认为最高法在通过法律条文—法律解释权—指导性案例的路径行使权力时,指导性案例附属于法律条文而产生了某种(较弱的)制度性权威,使其具有了"准法源"性质。该理论似乎显得有些两可,反致产生"准法源"是不是正式法源的疑问。即便如此,鉴于大部分司法解释性质文件并不针对具体的法律条文,故其亦无法通过以上"附属效应"获致制度性权威。

法证立其正式法源的地位。换言之，由于司法解释性质文件缺乏法律作为行权依据，其效力并非源自法律的制度化规定，故其不是正式法源。

另外，应予注意，在刑事诉讼领域，公安部也出台了包括《公安规定》在内的一些规范性文件，虽然公安部不是司法解释的制定主体，但作为国务院下设的主管部门，其具有制定部门规章的权限。若相关规范性文件为部门规章，则亦是正式法源，具有规范拘束力。

第三节　司法解释的制度功能与运作机制

根据1981年《决议》以及《法院组织法》《立法法》《检察院组织法》的规定，司法解释制定与发布的前提在于，存在"具体法律适用问题"。因此，司法解释的直接功能似乎就是解决具体应用法律的问题。这一界定虽然清楚，但未免失之过宽，仍需进一步作出精确化或类型化分析。司法解释制度如何通过一系列被设定的机制逐次实现其预定功能，也是探讨司法解释制度需要厘清的基础问题。

一　司法解释的制度功能

从司法者的角度看，司法解释可以有效解决其在具体的法律适用活动中遇到的问题，进而，国家能够以此确保法律的适用始终维持在一个比较统一的程度区间。[①] 但应注意，由于司法解释具立法性质，其所发挥的制度功能，本身与立法解释乃至立法并无根本区别。

就目的面向而言，实践中司法解释预期达成的法律功能、政治功能与法律、立法解释亦无性质上的差异，而司法解释本身也常被

[①] 参见吴兆祥《〈关于司法解释工作的规定〉的理解与适用》，《人民司法》2007年第9期。

视为"立法预备"。宏观上看，司法解释的法律功能主要包括形塑裁判理念、统一裁判标准、规范漏洞补充等。① 其中，裁判理念的形塑大体可归于法律制定后出现了需要因应的新情况，裁判标准的统一则属于法律应得进一步明确含义的情形，而法律漏洞的弥补可能是因法律规定的不完备或出现法律无法调整的新情况所致。司法解释的政治功能，则是以司法解释供给社会治理的客观制度需要，实质起到"通过解释发展法律"② 或"通过解释回应政策"③ 的效果。就法律功能而言，司法解释对裁判标准的统一，大致属于"进一步明确具体含义"的情况，而形塑理念与漏洞弥补的功能，又必然包括"需要明确适用法律依据"的内容。质言之，相较于具有明确立法权属性的立法解释，实践中的司法解释与之缺乏严格的内容差别。至于政治功能，司法解释要发展法律或回应政策，更需以立法属性为基础——只有超越法律，发展法律与回应政策才能成为可能。在现实层面，也正是因为司法解释基于立法且突破立法，大量的司法解释方会借由正式的立法程序逐步被"上升为法律"。

不过，若认定所有的司法解释都发挥着与立法同样的功能，似乎显得过于轻率，毕竟，不同的司法解释所欲实现的具体目的可能并不相同。从微观的规范层面出发，司法解释的功能探讨仍须回到法律解释权"授权—行权"的语境。根据1981年《决议》的规定，司法解释存在的意义乃在于解决"具体法律适用问题"。法律适用问题出现在司法者将事实涵摄于规范的过程中，既可能是作为大前提的法律存在问题，也可能是因对法律本身的理解误差导致的涵摄困难所致。这些情形都与法律本身有关："适用法律的结果不是立法者当初所设想所追求的结果，或者立法者根本对遇到的案件毫无预料，

---

① 参见彭中礼《最高人民法院司法解释性质文件的法律地位探究》，《法律科学》2018年第3期。

② 沈岿：《司法解释的"民主化"和最高法院的政治功能》，《中国社会科学》2008年第1期。

③ 刘思萱：《论政策回应型司法解释》，《法学评论》2013年第1期。

或者立法者的表述无法被准确把握，或者立法者早期制定的法律已不能适应变化了的生活。"① 受法安定性的约束，法律不可能随着每一次适用问题的产生而修改与订正，而司法解释则可以较好地解决类似问题。

《最高人民法院关于司法解释工作的规定》将解决上述问题的方式，按照司法解释的具体形式划分为五类：第一，"解释"类司法解释主要是对整部法律的理解与适用或者围绕特定案件、特定制度展开的集中释法；第二，"规定"类司法解释针对的是某些法律适用的具体问题制定的细则样式的规范；第三，"规则"类司法解释主要涉及执行活动的进一步规定；第四，"批复"类司法解释是高级法院向最高法提出的某一具体法律适用问题作出的答复；第五，"决定"类司法解释主要用以废止或修改既有的司法解释。有学者对其予以了理论归纳，认为不同形式的司法解释实质上皆可归于"释有"与"释无"两种类别。② 当存在既有法律规定，但难以直接适用时，司法解释可以通过"释有"对法律条文或规范制度予以细化，进而解决法律的应用性问题；当不存在既有法律规定，即法律的规定含有漏洞时，司法解释便可以通过"释无"的方式进行规范建构，进而弥补制度遗留的罅漏。③

应当承认，司法者在适用法律时，必将面临"无法"与"有法"两种情形，当出现适法问题时，自然存在"释无"与"释有"两种处理方式。司法解释的制度功能，便是在一定程度上解决或纾解此类问题。

就前者而言，是否构成问题，需要分情况讨论。一方面，某些部门法或制度遵循法定原则，当出现无法可依的情况时，司法者

---

① 董皞：《司法解释功能之探究》，《法律科学》1997 年第 6 期。
② 参见郑永流《出释入造——法律诠释学及其与法律解释学的关系》，《法学研究》2002 年第 3 期。
③ 参见江必新《司法对法律体系的完善》，《法学研究》2012 年第 1 期。

自然不能生造一条"法律"供自己适用，这种情况下，由于不存在"法律适用"，当然也没有法律适用问题。例如，《立法法》第12条规定，"司法制度"只能通过制定法律加以建构或改变，换言之，若法律没有规定，不得通过司法解释自行创制或者变更司法制度。但是，现实情况却是，司法解释往往"无中生有"地在法律之外创造"法律"，《高检规则》《高法解释》为刑事诉讼设置的撤回、变更及补充起诉制度，"两高"《关于检察公益诉讼案件适用法律若干问题的解释》规定的附带民事公益诉讼制度便是典型。① 另一方面，某些制度并无法定原则的限制，当司法者为行使一定的法定职权，又无适当的法律指引时，法律适用问题即会产生，对此便可通过"释无"的方式加以处理。例如，《刑事诉讼法》第101条规定，犯罪行为导致被害人物质损失的，被害人及其法定代理人、近亲属有权提起刑事附带民事诉讼。附带民事诉讼处理的是民事法律关系，按照《中华人民共和国民事诉讼法》（以下简称《民事诉讼法》）的规定需要收取诉讼费用，但是，由于《刑事诉讼法》未对附带民事诉讼的诉讼费收取作出规定，法院在受理此类诉讼时，可能面临无法可依之疑难。此时，便存在使用司法解释"释无"的空间。

对于后者，即便针对某一事实存在可资援用的法律，也有可能存在法律适用的问题。如众周知，成文法具有不合目的性、不周延性、模糊性、滞后性等诸多局限，② 由于规范的表述难臻完善，加之未来的不确定性，③ 只要法律条文进入司法实践，这类隐藏的问题便会显现。具言之，"释有"所针对的情形大致分为三类。

---

① 参见聂友伦《刑事附带民事公益诉讼的理论反思》，《安徽大学学报》（哲学社会科学版）2023年第5期。
② 参见徐国栋《民法基本原则解释》，中国政法大学出版社1992年版，第137—143页。
③ 参见［美］史蒂文·J·伯顿《法律和法律推理导论》，张志铭、解兴权译，中国政法大学出版社1998年版，第24页。

第一，法律条文的规定不明确导致的法律适用障碍。此类情形大体源于用语指向的模糊性，是语义学层面的问题。例如，《刑事诉讼法》第 56 条规定："采用刑讯逼供等非法方法收集的犯罪嫌疑人、被告人供述和采用暴力、威胁等非法方法收集的证人证言、被害人陈述，应当予以排除。"其中，"刑讯逼供""等非法方法""暴力""胁迫"在表意上存在模糊性，在实践中必将造成认识分歧，需要进一步细化。有立法机关工作人员表示，对上述概念的认识，其实都属于要用司法解释予以明确的法律适用问题。①

第二，法律条文的规定存在漏洞导致的法律适用障碍。这些问题一般是因某些法律应当规定的内容存在缺省所致。例如，《刑事诉讼法》第 204 条、第 205 条规定，在审判阶段，检察机关得以案件需要补充侦查为由建议审判机关延期审理，审判机关准许的，检察机关应及时补充侦查，并在 1 个月内作出决定。但是，法律并未对审判阶段允许补充侦查的次数作出明确。从理论上看，在审判阶段进行的补充侦查，必须设置一定的次数限制，否则案件可能因补充侦查的循环而陷于停滞，这与《刑事诉讼法》之"及时地查明犯罪事实"的要求相悖，因而得由司法解释予以明确。②

第三，法律条文的规范内容存在因竞合造成的法律适用问题。当一定的事实同时符合规范 N1 与规范 N2 的适用条件，且两者结果无法相容时，便存在竞合的问题，对此应通过一定的准据规范确定适用的法条。例如，《刑事诉讼法》在特别程序编分别规定了"缺席审判程序"与"犯罪嫌疑人、被告人逃匿、死亡案件违法所得的没收程序"。根据这两类特别程序的适用条件，对于潜逃境外的贪污贿赂案件的犯罪嫌疑人、被告人，若在通缉期满一年仍未到案的，

---

① 参见李寿伟《非法证据排除制度的若干问题》，《中国刑事法杂志》2014 年第 2 期。

② 参见杨文革《刑事诉讼法上的类推解释》，《法学研究》2014 年第 2 期。

检察机关既可以向审判机关提出没收违法所得的申请，也可以直接向法院提起公诉。虽然此处使用的是两个"可以"，但就刑事诉讼法理而言，根据比例原则应当适用对当事人权利影响更小的程序。① 此时，由于法律并未明确两种程序的优先顺序，造成的适法疑难亦须司法解释予以厘清。

经由前述分析，司法解释作用的问题场域，即"具体法律适用问题"，大致可以划分为四类：第一，法律缺乏的问题；第二，法律模糊的问题；第三，法律漏洞的问题；第四，法律竞合的问题。在不同情形中，司法解释似乎发挥着不同的制度功能，但整体上看仍有内在共通之处。

法律非经解释不能适用，法律的适用以解释过程为前提。② 其实，司法实践中出现的这些法律适用问题，在出台司法解释解决之前，司法者亦须对其进行处理。换言之，面对法律适用问题，司法者必须诉诸法律解释方法，将事实涵摄至大前提之中。此时的大前提，可能是法律原则，也可能是不那么清楚的法律规则，司法者需要自行解释，使其能够妥当适用于事实。一般而言，对于简单明确的适用问题，如殴打犯罪嫌疑人是否属于"刑讯逼供"，不同司法者的认识可能较为一致，但对于略复杂的情形，如疲劳审讯是否属于"等非法方法"，不同司法者的认识可能就大相径庭。在明确的规则尚不存在的情况下，司法者对这类法律适用问题存在较大的解释空间，相应司法裁量权的范围也较为宽泛。然而，宽泛的裁量权却将直接导致司法标准的不一致，使得相同或类似情形的处理结果出现差异，进而影响司法的公平公正。司法解释的出现，将很大程度上减少这些问题的产生。整体上看，

---

① 参见黄风《刑事缺席审判与特别没收程序关系辨析》，《法律适用》2018 年第 23 期。

② 参见 [法] 勒内·达维德《当代主要法律体系》，漆竹生译，上海译文出版社 1984 年版，第 109 页。

司法解释的功能，与其说是为了解决法律适用问题，不如说是通过出台新的规范以统一司法的法律适用标准，[①] 更精确地讲，是为了压缩司法者在适用法律上的裁量空间，进而保障"同案同判""类似案件类似处理"的目的实现。

但是，对司法权宏观与抽象的限制，在理论上应由立法者制定法律，而非由最高司法机关制定规范性文件实现。即便出台的司法解释符合"立法的目的、原则和原意"，一旦其被用作限制司法者自由裁量权或扩张司法职权范围的手段，司法解释权势必将漂移至国家立法权的应然领域。质言之，其一，"释无"的司法解释实质创造了新的规范，属于立法性质；其二，"释有"的司法解释，限缩了法律可解释的范围，将法律的表意固定在较为狭隘的义项上，同样具有立法性质；其三，照搬法条或在无法律适用问题之处作出规定的司法解释，则是法律规定的同义反复，很难将其称为适当的司法解释。总之，司法解释所发挥的功能，仍是基于其立法性质达致的。

二 司法解释的运作机制

司法解释的运作机制，宏观上看是通过维护司法对法律的统一适用，稳定社会预期，进而实现平等价值达致的。法律的统一适用，根基在于平等原则。在特定的时空环境下，对同样的事实适用同样的法律规范，并实现同样的法律效果，乃平等原则最为显著的体现。此处所谓的平等，主要系指不同社会主体在权利配置与权利保障上的均一性。

古希腊哲学家在论证平等价值时指出，神赋予每个人相同的理性，故平等是人的自然状态。[②] 到了中世纪，基督教将这一观点延伸至教徒的身份平等方面。自启蒙运动以来，理性主义逐渐成为主流

[①] 参见田芳《法律解释如何统一——关于司法解释权的法律统一解释功能的思考》，《法律科学》2007年第6期。

[②] 参见徐大同主编《西方政治思想史》，天津教育出版社2005年版，第52页。

意识形态，基于理性主义及其延伸出的自然法思想，格劳修斯、霍布斯、洛克、卢梭等人进一步阐述了平等的概念及其重要性。如霍布斯认为，"自然使人在身心两方面的能力都十分相等"[①]；卢梭认为，"就财富而言，则没有一个公民可以富得足以购买另一人，也没有一个公民穷得不得不出卖自身"[②]。随着资本主义社会的进一步发展，社会的不平等现象进一步加剧，加之休谟、柏克等人对自然法体系的理性基础作出的颠覆性分析，主流思想家对平等的理解，逐渐从绝对平等转向相对平等，认为平等只普遍存在于伦理、法律层面，而在经济、财产上的绝对平等并无可能性。如边沁认为，平等就是"一个人的价值正好同另一个人一样"[③]。时至当代，罗尔斯基于社会结构构建了"民主的平等观"，提出每个人都应享有与其他人的同样自由相容的最广泛的基本自由的平等权利，而且，社会和经济的不平等安排应使它们在与正义的储蓄原则相一致的情况下，符合地位最不利者的最大利益以及在公平的机会均等的条件下职务和地位向所有人开放。[④] 德沃金则以平等作为"至上的美德"与自由的来源和基础，提出每个人都有"作为平等的人被对待"的权利，个人权利观念起源于平等观念。[⑤]

马克思主义也将平等作为社会构建的基础观念，要求通过消灭阶级达致人类真正的平等。马克思对平等观念的倡导，实际上存在一个从对不平等的根源及其批判再到构建"真正平等"的思维线索。首先，马克思认为，不平等的根源在于私有财产，而私有财产的根

[①] [英] 霍布斯：《利维坦》，黎思复、黎廷弼译，商务印书馆1985年版，第92页。

[②] [法] 卢梭：《社会契约论》，何兆武译，商务印书馆1990年版，第70页。需要指出的是，卢梭的社会契约思想乃是以崇尚道德情感、反对理性为出发点的。

[③] [英] 边沁：《政府片论》，沈叔平等译，商务印书馆1995年版，第42页。

[④] 参见 [美] 约翰·罗尔斯《正义论》，何怀宏、何包钢、廖申白译，中国社会科学出版社1988年版，第302页。

[⑤] 参见 [美] 罗纳德·德沃金《至上的美德：平等的理论与实践》，冯克利译，江苏人民出版社2008年版，第3页。

源则是异化劳动。① "通过交换，他的劳动部分地成了收入的来源。这种劳动的目的和它的存在已经不同了。"② 质言之，交换使人的对象化活动转化为异化劳动，进而产生私有财产，最终导致了不平等的出现。其次，马克思以社会生产力的发展作为解决异化问题的核心：只有生产力的水平与人的需求达到平衡，劳动不再是谋生手段后，异化的扬弃才得以可能。③ 马克思指出，只有社会发展到共产主义阶段，生产力得到极大发展后，这种异化才能得以扬弃，此时，阶级差异将被消灭，真正的平等将会出现。他在批判巴枯宁主义的平等观时指出："各阶级的平等，照字面上的理解，就是资产阶级社会主义者拼命鼓吹的'资本和劳动的协调'。不是各阶级的平等——这是谬论，实际上是做不到的——相反地是消灭阶级，这才是无产阶级运动的真正秘密，也是国际工人协会的伟大目标。"④ 换言之，马克思平等观与资产阶级思想家本质区别在于，后者只是在形式上要求各阶级的（权利）平等，而前者则是通过消灭阶级，实现真正意义的（实质）平等。

从权利平等到实质平等的过程，并非一蹴而就。实质平等的经济基础在于社会生产力的高度发展，当下没有国家达到这一要求。对此，马克思指出："权利决不能超出社会的经济结构以及由经济结构制约的社会的文化发展。"⑤ 在唯物史观中，平等同样具有如此特

---

① 参见［德］马克思《1844年经济学哲学手稿》，中共中央马克思恩格斯列宁斯大林著作编译局译，人民出版社2000年版，第61页。

② ［德］马克思：《1844年经济学哲学手稿》，中共中央马克思恩格斯列宁斯大林著作编译局译，人民出版社2000年版，第174页。

③ 参见［德］马克思《哥达纲领批判》，中共中央马克思恩格斯列宁斯大林著作编译局译，人民出版社1997年版，第15—16页。

④ ［德］马克思：《国际工人协会总委员会致社会主义民主同盟中央局》（1869年3月9日），载《马克思恩格斯全集》（第16卷），中共中央马克思恩格斯列宁斯大林著作编译局译，人民出版社1964年版，第394页。

⑤ ［德］马克思：《哥达纲领批判》，中共中央马克思恩格斯列宁斯大林著作编译局译，人民出版社1997年版，第15页。

性。恩格斯在批判杜林的平等理论时对此予以明确说明，即作为观念的平等必定是一定历史阶段的产物——"说它是什么都行，就不能说是永恒的真理"①。因而，即便在实行社会主义制度的中国，由于社会发展阶段的限制，仍旧只能实行有限的权利平等。

进入21世纪以来，平等观念已被提高到了核心价值观的高度。在法律适用方面，平等原则也越发受到重视。2007年党的十七大报告指出："加强宪法和法律实施，坚持公民在法律面前一律平等，维护社会公平正义，维护社会主义法制的统一、尊严、权威"，"尊重和保障人权，依法保证全体社会成员平等参与、平等发展的权利"。2012年党的十八大报告指出："在全体人民共同奋斗、经济社会发展的基础上，加紧建设对保障社会公平正义具有重大作用的制度，逐步建立以权利公平、机会公平、规则公平为主要内容的社会保障体系，努力营造公平的社会环境，保证人民平等参与、平等发展权利"，"要推进科学立法、严格执法、公正司法、全民守法，坚持法律面前人人平等，保证有法必依、执法必严、违法必究"。2017年党的十九大报告指出："加大全民普法力度，建设社会主义法治文化，树立宪法法律至上、法律面前人人平等的法治理念。"不难看出，平等原则已成为法治中国重要的价值基础。

司法解释的主要价值取向在于平等，通过转授给最高司法机关法律解释权，以之行使来统一社会主义法制，实现自由、秩序、正义等价值，具有重要的法治意义。习近平总书记一再强调公正司法的重要性："我们要依法公正对待人民群众的诉求，努力让人民群众在每一个司法案件中都能感受到公平正义，决不能让不公正的审判伤害人民群众的感情、损害人民群众权益。"② 如何使人民群众在每

---

① ［德］恩格斯：《反杜林论》，中共中央马克思恩格斯列宁斯大林著作编译局译，人民出版社1999年版，第111页。

② 中共中央文献研究室编：《习近平关于全面依法治国论述摘编》，中央文献出版社2015年版，第67页。

一个司法案件中感受到公平正义？简言之，在（预设）良善的规范体系下，容易将上述目标化约为"同案同判"之概略表述。公平正义的感受很大程度上源自一种被平等对待的感觉与预期。如果所有的司法人员都能够以同一标准适用法律，人们便可以从过往类似情形的处理结果推测自己的期望能否实现，[①] 如此一来，接受裁判的当事人就容易得到说服，不太可能认为司法者"错了"，即便仍有不公正的感受，也不太可能归咎于司法机关之"误判"。司法解释，无论针对何种法律适用问题，只要能对问题涉及的法律有所细化或明确，司法人员的裁量权便将得到限缩，司法活动的可预测性就会有所增加。那么，针对同类事实司法结果的偏离程度就会逐渐缩小，以逐步接近"同案同判"的目标，继而在法制统一的基础上实现对参与主体的普遍平等对待，有效维护法律规范内部蕴含的自由、秩序、正义等价值。

司法解释的立法性质表明，它本身就是法律制度的一部分，亦即，作为正式法源的司法解释之普遍适用性，乃统一法制的功能基础。司法解释一旦作出，就成为法律适用者必须遵守的司法依据，既不得忽略，也不得偏离。一方面，在"释无"的情形中，司法解释充当了本身应有的法律，使得无法可依的问题得到解决，司法者作出的决定应当符合司法解释的要求。与"无法"的情况相比，在司法解释施行后，针对特定的事实，不同司法者的结论将呈现出某种朝着特定方向的聚拢效应。另一方面，在"释有"的情形下，司法解释细化了法律条文、弥补了法律漏洞、解决了竞合问题，法律的规范体系实质得到了一定程度的精密化，某些原本能够通过司法者自己解释得出的规范内容，可能已经与司法解释的内容相悖，再作出类似决定是不被允许的。司法者将按照司法解释的既定规划行事，此时司法者原本具有的一些裁量权空间（对规范内容的具体解

[①] 参见孙海波《"同案同判"与司法的本质——为依法裁判立场再辩护》，《中国法律评论》2020年第2期。

释权）亦不复存在，适法的结果将在司法解释的作用范围内归于统一。申言之，不论依内容来看司法解释属于何种类型，其在统一法律适用方面发挥的功能都是一致的，经由制度性权威而获得的普遍法律效力或规范拘束力，使得司法解释统一法制的功能得以实现，亦即，使得法律的具体适用更加接近同一的司法结果。

事实上，中国整个法律解释的体制运作都遵循着上述机制逻辑。在中国这样一个单一制国家实行法治，统一全国范围内的法制可能是最为关键的重点。① 统一法制不仅是"有法可依"的立法问题，其外延必然涉及"有法必依"的法律实施层面，如何使中央层级的法律规范得到社会主体普遍的理解与遵守，乃作为主权者代表的最高权力机关必须考虑的问题。为达成法制统一的目标，全国人大及其常委会采取了"法律解释模式"，即通过构建具有中国特色的"法律解释体制"②，按职权在中央机关之间分配法律解释权，试图于条线之间实现法律的垂直贯彻，使不同层级职能机关得以按照中央机关的解释来理解与执行法律。作为法律解释体系中最重要的司法解释，其运作机制的核心在于通过限制司法者的自由裁量权，实现法律的统一适用，进而实现平等的价值。

---

① 习近平总书记在党的十八届四中全会第二次全体会议上指出："我国是一个有十三亿多人口的大国，地域辽阔，民族众多，国情复杂。我们党在这样一个大国执政，要保证国家统一、法制统一、政令统一、市场统一，要实现经济发展、政治清明、文化昌盛、社会公正、生态良好，都需要秉持法律这个准绳、用好法治这个方式。"中共中央文献研究室：《习近平关于全面依法治国论述摘编》，中央文献出版社2015年版，第9页。

② 张志铭：《关于中国法律解释体制的思考》，《中国社会科学》1997年第2期。

第 三 章

司法解释的制度样态

论及司法解释制度，须明确司法解释制度与司法解释的关系。司法解释制度即产出、修正与废止司法解释的一套规范体系。不过，从功能主义角度看，中国的司法解释制度可能不止于此。司法解释的功能在于供给司法实践制度化的办案依据，[①] 而最高司法机关以及国务院主管部门出台的具有法律解释性质的文件，与司法解释发挥类似作用，因而亦为司法解释制度研究的对象。更重要的是，这类规范性文件在内容与形式上往往与司法解释不分轩轾，虽其既未事先获得法律授权，亦无正式法源地位，但依然属于创制规范的立法，并在司法实践中发挥制度性规范的作用。刑事诉讼领域中，司法解释弥散化的情况更为显著，业界在论及刑事诉讼司法解释时，往往非特指由最高司法机关按照司法解释制定程序起草、发布与备案的司法解释，而是泛指刑事诉讼机关制定的配套规定与细化规范。[②] 这些文件有些是司法解释，如《高法解释》《高检规则》，有些则不具备司法解释的形式，如《六部委规定》《严格排非规定》以及"三

[①] 参见苗炎《司法解释制度之法理反思与结构优化》，《法制与社会发展》2019年第2期。

[②] 参见王敏远《2012年刑事诉讼法修改后的司法解释研究》，《国家检察官学院学报》2015年第1期。

项规程"等。虽然只有严格意义上的司法解释才具有正式法源的地位，但其他规范性文件未必不具实效。考虑到司法解释与其他规范性文件在功能上的类似性，加之学界的语用习惯，本章将司法解释制度作广义理解，以之指称产出司法解释、司法解释性质文件乃至部分行政规章的规范体系，一并予以探讨。①

第一节 司法解释的体制特点

刑事诉讼涉及的公权机关包括审判机关、检察机关、公安机关等，相较于其他领域，其实践状况更能全面反映司法解释制度的体制特点。具言之，司法解释欲解决的"司法过程中的法律适用问题"在刑事诉讼与民事、行政诉讼中并不相同，后者基本仅涉及审判机关的法律适用，而前者的法律适用主体则囊括了侦查、检察、审判三大广义的司法机关，② 它们都面临法律适用问题，皆有解释之需要。同时，《宪法》第140条规定的刑事诉讼机关"分工负责"原则为《刑事诉讼法》的释法活动提供了一定程度的规范依据。③ 在此背景下，刑事诉讼司法解释的体制呈现出某种分散化特征，为了完成维护法制、保障人权的任务，供给公、检、法办案中的释法需求，它们的中央机关在各自适用法律的范围内制定规范性文件，以期在系统内沿着条线关系向下统一法律适用。由于涉及面

---

① 应当注意的是，由于司法解释的"立、改、废"有着明确的制度化框架，即便有司产出的司法解释性质文件与司法解释发挥着相同的作用，但前者毕竟已超越了司法解释的法定权限，最终仍须将其收束至司法解释框架，进行制度层面的调控。本书第六章将讨论这一问题。

② 参见宋方青、周宇骏《"司法机关"的中国语义》，《法制与社会发展》2018年第1期。

③ 参见孙远《"分工负责、互相配合、互相制约"原则之教义学原理：以审判中心主义为视角》，《中外法学》2017年第1期。

最广，以刑事诉讼司法解释为对象展开分析，有助于司法解释体制的全面展示。

一 制定主体的多元化

刑事诉讼中的司法活动涉及侦查、审查批捕、审查起诉、审判以及执行之全过程，因而，刑事诉讼司法解释亦将针对前述活动展开，加之《宪法》规定的"分工负责"原则，其体制形成了制定主体多元化的样态。有学者将这种样态总结为"部门领域内的集中垄断"，即以不同条线之间的界线为天然分隔，由各职能中央机关集中制定下级机关所需的释法文件，最终形成了最高法制定审判解释、最高检制定检察解释、国务院及主管部门制定行政解释（或部门规章）的模式。①

（一）最高人民法院与最高人民检察院

作为司法解释的法定主体，最高法与最高检当然有权制定刑事诉讼司法解释。根据1981年《决议》，"两高"分别负责解释审判和检察领域内的法律适用问题。《立法法》第119条第1款从侧面重申了这一规则。《刑事诉讼法》第3条规定，检察机关的职权包括检察、批准逮捕、对直接受理的案件展开侦查、提起公诉，审判机关的职权则是审判。总之，在检察、批捕、自侦、起诉等工作中，具体应用法律的问题由最高检进行解释，而针对刑事审判中出现的法律适用问题，由最高法进行解释。当然，最高法或最高检发布的释法文件，不一定就是司法解释，也可能仅为司法解释性质文件。

（二）公安部

公安机关虽不是严格意义上的司法机关，②但鉴于前文所述的原

---

① 参见张志铭《关于中国法律解释体制的思考》，《中国社会科学》1997年第2期。
② 参见陈光中《刑事诉讼中公安机关定位问题之探讨——对〈刑事诉讼法修正案（草案）〉规定司法机关包括公安机关之质疑》，《政法论坛》2012年第1期。

因，本章仍将公安机关制定刑事诉讼相关规范的活动视为司法解释制度的一部分。位于公安条线顶点的公安部有两条解释法律的途径，分述如下。

其一，行政解释。依照1981年《决议》，国务院及主管部门负责解释那些不属于审判和检察工作的法律适用问题。学界通常将此类抽象性文件称为行政解释。① 按照规范设置与通说观点，参与刑事诉讼的公权力主体包括公安机关、检察机关与审判机关等，在排除审判和检察工作后，余下的工作（主要是侦查）基本由公安机关负责。另根据《刑事诉讼法》第308条，除公安机关以外，国家安全机关、监狱、海警部门也在一定权限范围内行使侦查权，因其皆属行政机关，那么，侦查工作中的法律具体适用问题，大体由国务院下属的侦查主管部门进行解释。这里的主管机关主要指公安部，此外还有国安部、司法部（监狱管理局）、中国海警局等。

其二，部门规章。由于行政解释本身具行政立法的性质与样态，与部门规章之间界限模糊，两者在内容与形式上基本无法区分。② 《立法法》第91条规定，"国务院各部、委员会、中国人民银行、审计署和具有行政管理职能的直属机构，可以根据法律和国务院的行政法规、决定、命令，在本部门的权限范围内，制定规章"，"部门规章规定的事项应当属于执行法律或者国务院的行政法规、决定、命令的事项"。就侦查工作而言，侦查机关自应围绕《刑事诉讼法》展开，性质上属于"执法事项"，继而，为了解决本机关执行《刑事诉讼法》的问题，公安部及其他主管部门以制定部门规章的方式对法律予以解释，似乎不违反前款内含的立法精神。

---

① 参见惠生武《论行政解释的基本范畴及其分类》，《法律科学》1999年第3期。

② 参见孙日华《法律解释的成本——兼论法律解释权的配置》，《河北法学》2010年第3期。

行政解释的制度化程度不高,导致其本身的规范价值体现不足。[1] 就公安部出台的刑事诉讼规范性文件而言,笔者更倾向将其理解为部门规章。一方面,就诉讼制度而言,将行政机关与司法机关的法律解释并列,似乎违背现代政治的国家机关分权原则;[2] 另一方面,行政机关作出执法依据的行政解释,对法院及检察院并无任何约束力。[3] 行政解释的问题在于正式法源地位的缺失。若将公安部出台的包括《公安规定》在内的释法文件理解为部门规章,则可有效避免此类理论矛盾。事实上,根据2014年《公安部现行有效规章及规范性文件目录》的归类,《公安规定》被列于部门规章的类别,不过,公安部制定的其他有关刑事诉讼的规范性文件,如《关于刑事案件现场勘验检查中正确适用提取和扣押措施的批复》等的性质则仍不明确。

(三) 立法机关法律工作机构

立法机关的法律工作机构,一般指全国人大常委会法工委。在司法解释场域,因其未被授予法律解释权,故不被认为是司法解释主体。[4] 但全国人大常委会法工委又实际参与制定了《六部委规定》以及《关于正在服刑的罪犯和被羁押的人的选举权问题的联合通知》《关于劳教工作干警适用刑法关于司法工作人员规定的通知》等司法解释性质文件。规范上看,法工委作为释法主体并非全无依据。根据《立法法》第69条的规定,全国人大常委会法工委作为常委会的工作机构,有权针对其他职能机关函询的法律问题作出答复。此处,立法者似乎暗示全国人大常委会法工委在事实上也分享着全国人大常委会的解释权。欲有效答复法律问题,

---

[1] 参见姜淑华、解永照《法治视野下的刑事诉讼问题研究》,中国政法大学出版社2016年版,第96页。

[2] 参见陈金钊《论法律解释权的构成要素》,《政治与法律》2004年第1期。

[3] 参见魏胜强《法律解释权的配置研究》,北京大学出版社2013年版,第207—209页。

[4] 参见汪海燕《刑事诉讼法解释论纲》,《清华法学》2013年第6期。

势必涉及对法律规范的解释，因而，全国人大常委会法工委在一定意义上也是释法的适格主体。① 就刑事诉讼领域而言，全国人大常委会法工委处理的主要是涉及公安机关、检察机关、审判机关无法独立处理的"互涉问题"。

（四）其他国务院部委及社会团体

《宪法》规定，办理刑事案件的公安机关、检察机关、审判机关应"分工负责"，但刑事诉讼的参与主体不限于此。如律师、监狱等刑事诉讼主体都存在相应的主管单位，前者是司法部与中华全国律师协会，后者是司法部及其下属的监狱管理局。由于存在工作范围内的管理对象，这些行政机关与社会团体会单独或联合其他主体制定有关法律适用的规范性文件，如2012年司法部制定的《办理法律援助案件程序规定》，1995年司法部监狱管理局发布的《关于办理罪犯采取非法手段骗取保外就医期间不计入执行期间的法律手续问题的批复》，2018年中华全国律师协会出台的《关于律师办理黑恶势力犯罪案件辩护代理工作若干意见》等。

此外，其他无涉司法活动的部委也可能参与制发司法解释性质文件。如1992年财政部与外交部参与的《关于强制外国人出境的执行办法的规定》、2014年民政部参与的《关于依法处理监护人侵害未成年人权益行为若干问题的意见》、2021年工业和信息化部等参与的《关于依法惩治涉枪支、弹药、爆炸物、易燃易爆危险物品犯罪的意见》等。

值得注意的是，执政党的职能部门（如中央政法委员会、中央宣传部、中央网信办等）也是某些规范性文件的制定主体，如2020年最高检、中央军委政法委员会共同制定的《关于加强军地检察机

---

① 值得注意的是，法律规定全国人大常委会法工委的"答复权"，按义理解仅为一种被动行使的权利，即只有当存在具体问题的法律询问时，才存在答复权的行权空间。然在无具体法律询问的场合，全国人大常委会法工委能否主动牵头或参与制定司法解释性质文件，不无疑问。

关公益诉讼协作工作的意见》，2019 年中央政法委、最高法、最高检联合下发的《关于加强司法权力运行监督管理的意见》。①

二 规范内容的职能化

司法解释文件制定主体的多元化，随之导致各机关文件规范内容的职能化。按照 1981 年《决议》的精神，法律解释的权限按职能分配，与解释权的行使主体形式上相对应。从行权主体的角度看，因法律解释的手段已被特定化为制定规范性文件，故由最高法、最高检、行政机关及其下设主管部门分别负责制定审判解释、检察解释与其他工作的解释。换言之，立法者将"具体应用法律的问题"划分为三类，即审判的适法问题、检察的适法问题与其他的适法问题。如此，各机关制定的规范性文件，必然限定于本机关职能之内。就刑事诉讼而言，阶段化的立法模式使得司法解释的职能化倾向更明显，以至达到不言自明的程度。②

（一）公安机关的解释

在刑事诉讼中，公安机关负责"案件的侦查、拘留、执行逮捕、预审"，其中涉及的法律适用问题，由公安部制定规范性文件予以解决。为此，公安部于 2020 年修正发布了《公安规定》。从内容上看，《公安规定》的篇章结构与规范对象大体与其职能范围相匹配，其分为十四章，包括"任务和基本原则""管辖""回避""律师参与刑事诉讼""证据""强制措施""立案、撤案""侦查""执行刑罚""特别程序""办案协作""外国人犯罪案件的办理""刑事司法协助和警务合作""附则"。其中，一些规定属于《刑事诉讼法》中公安机关专属职权的细化，另一些则是从刑事诉讼各机关共通条款中拆

---

① 关于政法委员会相关功能的研究，See Ling Li, *The Chinese Communist Party and People's Courts: Judicial Dependence in China*, 64 American Journal of Comparative Law 37 (2016).

② 参见王敏远《2012 年刑事诉讼法修改后的司法解释研究》，《国家检察官学院学报》2015 年第 1 期。

解而来。

就前者而言，如《公安规定》第125条第1款规定，"拘留犯罪嫌疑人，应当填写呈请拘留报告书，经县级以上公安机关负责人批准，制作拘留证。执行拘留时，必须出示拘留证，并责令被拘留人在拘留证上签名、捺指印，拒绝签名、捺指印的，侦查人员应当注明"。该款规定是对《刑事诉讼法》第85条第1款"公安机关拘留人的时候，必须出示拘留证"的细化。① 再如，《刑事诉讼法》第116条简要规定了公安机关的预审制度。对此，《公安规定》第192条将其细化为"公安机关经过侦查，对有证据证明有犯罪事实的案件，应当进行预审，对收集、调取的证据材料的真实性、合法性、关联性及证明力予以审查、核实"。

就后者而言，大体上是对《刑事诉讼法》中共通条款的专门化。② 例如，《刑事诉讼法》第2条规定了刑事诉讼法的任务，即"保证准确、及时地查明犯罪事实，正确应用法律……"而《公安规定》也在第2条规定，"公安机关在刑事诉讼中的任务，是保证准确、及时地查明犯罪事实，正确应用法律……"且不论"刑事诉讼

---

① 《公安规定》第125条第2款规定："紧急情况下，对于符合本规定第一百二十四条所列情形之一的，经出示人民警察证，可以将犯罪嫌疑人口头传唤至公安机关后立即审查，办理法律手续。"该规定明显不符合"必须出示拘留证"的要求，已经超越了《刑事诉讼法》的规定。不过，"口头传唤至公安机关后立即审查"似乎并不一定指的是拘留措施，也可能是留置盘问。根据《人民警察法》第9条第1款"为维护社会治安秩序，公安机关的人民警察对有违法犯罪嫌疑的人员，经出示相应证件，可以当场盘问、检查；经盘问、检查，有下列情形之一的，可以将其带至公安机关，经该公安机关批准，对其继续盘问：（一）被指控有犯罪行为的；（二）有现场作案嫌疑的；（三）有作案嫌疑身份不明的；（四）携带的物品有可能是赃物的。"但应注意，留置盘问的适用并非针对"本规定第一百二十四条所列"之适用拘留的情形。总之，由于《公安规定》对无证拘留的规定与《刑事诉讼法》不相匹配，使得实践中到案措施的适用产生混乱，以至于公安人员都不清楚平常使用的到案措施究竟是什么。

② 办案机关在实际办案中，通常不会直接查阅《刑事诉讼法》，而只参照本机关自己的规范性文件执行，这一定程度上导致了法律虚化与解法典化的问题，本章第三节将予以详述。

法的任务"与"公安机关的任务"能否等同,这种规范方式至少形式上达成了职能化的目标。再如,《刑事诉讼法》第54条规定了公、检、法共同适用的取证规范,概略地对证据调取、行政证据转化、证据保密等程序作了说明。对此,《公安规定》第61—67条专门针对本机关收集、调取证据的程序作出规范,如第62条的内部批准程序、第64—67条的各类证据之原物与替代证据的收集规则等。

(二) 检察机关的解释

检察机关在刑事诉讼中的职能相当庞杂,按照《刑事诉讼法》第3条的规定,除批准逮捕、自侦案件侦查、公诉审查与起诉外,检察机关还负责"检察"的相关事项。"检察"根据人民检察院法律监督机关的定位,大致包括诉讼流程中所有法律监督事项以及法律规定可由检察机关行使的职能。检察解释涉及的范围宽广,因此2019年修正发布的《高检规则》是"三机关"刑事诉讼司法解释中条文数最多的,共计684条。

《高检规则》分为"通则""管辖""回避""辩护与代理""证据""强制措施""案件受理""立案""侦查""审查逮捕和审查起诉""出席法庭""特别程序""刑事诉讼法律监督""刑罚执行和监管执法监督""案件管理""刑事司法协助""附则",共十七章。与《公安规定》类似,《高检规则》的内容可被分为细化的专门规定与专门化的共通规定两部分。

《高检规则》涉及的检察机关专门职权,主要规定于"审查逮捕和审查起诉""出席法庭""刑事诉讼法律监督""刑罚执行和监管执法监督""案件管理"。有些是对《刑事诉讼法》条文的细化,有些则是与法律不同或法律未涉及的部分。就前者而言,如《刑事诉讼法》第178条规定了检察机关在作出不起诉决定后需要履行的程序规范,包括公开宣布、送达文书、立即开释等内容。《高检规则》第367条将之细化为三款:公开宣布不起诉决定,并对宣布活动予以备案;不起诉决定的生效时间为公开宣布之日;立即释放被羁押的被不起诉人。后者的情形,如《刑事诉讼法》第89条,一般案件审查逮捕的决定者为检察长，重大案件审查逮捕由检察委员会（以下简称"检委会"）讨论决定。然而，在推进检察官办案责任制后，检察机关的办案及责任主体已落实为独任检察官与检察官办案组，包括批捕权在内的一系列决定权，虽然形式上仍属于检察长，实际早已下放给具体办案人员。因此，《高检规则》对法律作出了变通处理，其第284条规定，在收到提请批捕的申请后，"人民检察院"审查认定犯罪嫌疑人符合逮捕条件的，应当批准逮捕。不难看出，《高检规则》第284条将《刑事诉讼法》第89条的批捕权决定主体，由明确的"检察长"或"检委会"替换为更加抽象的"人民检察院"，以便承办检察官直接决定并承担职责，这在某种意义上已实质改换法律规范内容。

同样，《高检规则》也对《刑事诉讼法》中的共通条款予以拆解，将其专门化为特供检察人员办案需要的规范。例如，《高检规则》第2条基于检察工作的实际，对《刑事诉讼法》第2条之任务条款进行专门化改造，规定检察机关的任务是完成法律规定的职责（如自侦、批捕、起诉等），进而"保证准确、及时查明犯罪事实，正确应用法律"。再如，在证据的收集与调取方面，《高检规则》亦不遗余力地将《刑事诉讼法》第54条细化为了第64条、第65条、第208条、第209条等条款。应当说明的是，因检察机关职能涵盖的范围较宽，这类内容在《高检规则》中所占比例较大。

（三）审判机关的解释

如果将刑事诉讼分为审判程序与审前程序，那么，人民法院负责的部分将全部集中于（狭义上的）审判，这与其他国家（无论是英美法系还是大陆法系）的情况有很大差异。按照司法解释职能化的思路，审判机关对《刑事诉讼法》的解释，基本围绕审判程序以及与之相关的其他事项展开。受此影响，《高法解释》涉及的内容便不像《高检解释》那般庞杂。但应注意，为实现审判权在定罪量刑之实体方面的正确实施，也需要法院在审判程序中处理某些审前程序造成或遗留的争议问题，因而，《高法解释》的范围亦不完全被限制于规定单纯的审判程序之运作，亦包含专门条款与共通条款的解释，这种情况和上面相同。

2021年修正发布的《高法解释》共27章655条，分为"管辖""回避""辩护与代理""证据""强制措施""附带民事诉讼""期间、送达、审理期限""审判组织""公诉案件第一审普通程序""自诉案件第一审程序""单位犯罪案件的审理""认罪认罚案件的审理""简易程序""速裁程序""第二审程序""在法定刑以下判处刑罚和特殊假释的核准""死刑复核程序""涉案财物处理""审判监督程序""涉外刑事案件的审理和刑事司法协助""执行程序""未成年人刑事案件诉讼程序""当事人和解的公诉案件诉讼程序""缺席审判程序""犯罪嫌疑人、被告人逃匿、死亡案件违法所得的没收程序""依法不负刑事责任的精神病人的强制医疗程序""附则"。与《高检规则》相比，《高法解释》缺少"通则"一章，似乎更符合司法解释"具体应用法律的解释"之定位。具言之，《高检规则》的"通则"章基本都是对《刑事诉讼法》规定的任务、原则的职能化改造，司法人员在刑事诉讼中很少实质地适用此类法条，更不必说产生法律适用问题。通过司法解释转化这些规定使之符合职能化的要求，其实际价值颇有疑问。就此而言，《高法解释》未对相应规定予以转化，反而有较高的针对性。

然而，最高法在解释《刑事诉讼法》时仍未能摆脱职能化的窠臼，采取了与公安部、最高检同样的操作模式，即，通过解释对既有法律规定加以细化与编纂，最终形成了一部具有内部法典样态的职能化刑事审判规范集合。

一方面，对刑事诉讼中专门针对审判职能的内容予以细化、完善乃至增设，以解决审判机关在司法活动中可能遇到的障碍。举例而言，2018年《刑事诉讼法》增设了缺席审判程序，规定对符合法定条件的案件，司法机关可以通过缺席审判予以处理。然而，相关法律条文的明确性与可操作性不足，对于程序的启动、庭审的流程、执行的方式以及送达、辩护、重审等规范语焉不详，导致审判机关很难正确理解与统一执行。比如，与对席审判相同，缺席审判案件的受理亦须经由人民法院审查，包括管辖、被告人信息、证据材料、涉案财物、被害人信息、辩护人与诉讼代理人信息、附带民事诉讼、法律手续与文书等。问题在于，因外逃型缺席审判案件的被告人已经逃离境外，其境外地址、联系方式等是否需要事先查明？由于法律并未作出规定，便需以司法解释解决该问题。对此，《高法解释》第598条、第599条规定，"对人民检察院依照刑事诉讼法第二百九十一条第一款的规定提起公诉的案件，人民法院应当重点审查……是否写明被告人的基本情况，包括明确的境外居住地、联系方式等"，"材料不全的，应当通知人民检察院在三十日以内补送；三十日以内不能补送的，应当退回人民检察院"。

另一方面，对刑事诉讼中既涉及审判机关又涉及其他机关的共通条款予以职能化处理，意图提高规范的可操作性，从而便利审判人员执行。例如，《刑事诉讼法》第56条规定了非法证据排除规则，要求各刑事诉讼机关对采取刑讯逼供等非法方法获取的证据予以排除。对此共通条款的理解与执行，《高法解释》在"证据"章中以一整节作出明确。具体而言，《高法解释》第123—126条规定了应予排除的非法证据之范围；第127—136条规定了审判机关处理非法证据的具体程序，第137条规定了处理结果，第138条规定了救济程序。据此，审判机关便可直接处理大多数非法证据排除的程序事项，不必实质性地适用法律。有趣的是，以"适用法律"的正确性为前提制定的司法解释，反而成为"适用法律"的阻碍——职能化的司法解释引发了法律的解构现象。

（四）其他机关的解释

除公安机关（以及国家安全机关）、检察机关、审判机关以外，某些机关也会独立或联合其他机关制定刑事诉讼司法解释。不过，由于不是主要参与机关，其制定的规范性文件一般采取"单行规范"的形式，与"三机关"的解释体例有明显差异。具体而言，这些机关一般仅对职权范围内涉及刑事诉讼的必要部分制定文件，如司法部《办理法律援助案件程序规定》就只对刑事诉讼中有关法律援助律师的申请、指派以及援助律师承办等事项作出了规定。

三 互涉部分的协商化

整体上看，刑事诉讼的司法解释文件在各机关间呈现出职能化的分隔样态，但某些事项上，分离的法律解释权又收束为一。这类事项大致系《刑事诉讼法》中涉及多个机关的条款或制度，构成了不同机关制定司法解释文件中的互涉问题。对于一些重要事项，互涉问题由全国人大常委会法工委牵头并联合其他机关制定司法解释文件加以解决。例如，"举证责任涉及人民检察院与人民法院职责以及当事人的权利义务，虽然属于检察与法院互涉条款，但因举证责任不仅仅涉及程序权利，而且涉及实体权利，应当由法工委协调检法来作出解释"[①]。但通常情况下，互涉问题由涉及机关自行协调，解决的办法主要是联合出台司法解释性质文件。

（一）互涉问题的由来：共通条款的交叉适用

《刑事诉讼法》的互涉问题，大体因共通条款的交叉适用而生。共通条款同时规范数个机关的司法活动，故职能所涉的中央机关在面临其引发的法律适用问题时，都有权进行解释。但是，法制统一的价值排斥"多头解释"，一旦不同机关对同一事项制定的规范性文件不一致，必将引发"以谁的解释为准"之问题。例如，根据《刑事诉讼法》第 56 条第 1 款、第 2 款，若公安机关、检察机关、审判机关发现案件口供是以"刑讯逼供等非法方法"获取的，则对该言词证据应当予以排除，不得作为后续诉讼行为的依据。"三机关"都适用此规定，但这里的模糊表述很难形成一致理解，若不同机关对"等非法方法"的理解不一，则既可能障碍诉讼的进行，也会减损法

[①] 王敏远等：《刑事诉讼法修改后的司法解释研究》，中国法制出版社 2016 年版，第 121 页。

律规范的价值。

上述情况仅为最明显的一类互涉问题，实际上，刑事诉讼中的互涉问题可能比想象的更复杂。整体而言，刑事诉讼是一个由依时序联结的各类诉讼装置构成的制度系统，许多次级制度之间都有密不可分的关系，位于后诉讼阶段的机关在适用法律时，往往面临前诉讼阶段中程序事实的效力确认问题。尤其对于那些贯穿诉讼全流程的制度，因程序之间的联系过于紧密，很难依靠各机关分头制定的司法解释文件解决其中的法律适用问题。例如，《刑事诉讼法》第15条规定，被追诉人认罪认罚的，可以依法从宽处理。作为一项贯彻"宽严相济刑事政策"的原则，认罪认罚从宽制度在判决前的全部诉讼阶段都应有所适用。[1] 是故，如何理解"自愿如实""罪行""承认""愿意接受""从宽处理"等法条中的关键词，就成为侦查机关、检察机关、审判机关需要共同考虑的互涉问题。另外，公安机关执行的认罪认罚相关程序虽属侦查机关的职权范围，但因直接关涉检察机关与犯罪嫌疑人的协商具结、审判机关对从宽幅度的认定等，[2] 需要后诉讼阶段的机关之认可，故实质上也属于互涉问题。

总之，因《刑事诉讼法》"总分"的体系结构、制度间的相互关联，各机关对于具体适用法律的互涉问题广泛存在。在司法解释职权化的分散样态下，为了保障刑事诉讼程序及规则的一贯遵守与执行，各刑事诉讼机关的中央机关基本都出台了适用于本条线内部的司法解释文件，但对于互涉问题，内部规范化模式却无力解决，反而可能造成各机关司法解释的冲突。面对此类互涉问题，中央机关在职权化刑事诉讼司法解释体制下，采取了联合解

---

[1] 参见陈光中、马康《认罪认罚从宽制度若干重要问题探讨》，《法学》2016年第8期。

[2] 参见朱孝清《侦查阶段是否可以适用认罪认罚从宽制度》，《中国刑事法杂志》2018年第1期。

释的方案。

(二) 互涉问题的对策：联合解释与部门协商

当牵连其他参与机关的职权时，若按职权化思路制定具有内部性的刑事诉讼司法解释文件，必将陷入外部化的困境。如前所述，抽象化的司法解释本身具有立法性质，而立法承担的是"规范稳定期望"的功能，即将规范预期在时间、社会、事实层面予以一般化，[1] 以回应"法安定性"的法治国要求。若不同机关出台的司法解释文件对互涉问题的规定大相径庭，便将破坏法的安定性，导致法律系统出现结构性的功能紊乱。为解决《刑事诉讼法》适用的互涉问题，司法解释的制定主体通过跨机关协商的方式，联合对共通条款乃至制度进行个别或整体的解释。

联合制定司法解释文件，其上位概念是政法体制下早有的"联合发文"或"联合通知"，将联合解释视为联合发文的一种特定形式亦无不可。例如，1950年最高法、司法部下发的《关于审级诸问题的批复》，1950年最高法、司法部下发的《关于诉讼费用问题的复函》，1956年最高法、最高检、公安部、司法部下发的《关于外籍案犯刑期计算问题的通知》，便分别对审级制度与上诉制度、诉讼费用征收问题、外籍罪犯的刑期等作出规定。1981年《决议》施行以后，司法解释体制逐渐成形，联合解释大有蔚然成风的趋势。近期，联合解释出台的频率越来越高，几乎每个月都有新的文件发布。[2] 就刑事诉讼领域而言，学界熟知的联合解释有很多，如"两个证据规定"、《六部委规定》《严格排非规定》《认罪认罚指导意

---

[1] 参见［德］尼克拉斯·卢曼《法社会学》，宾凯、赵春燕译，上海人民出版社2013年版，第129—130页。

[2] 如2020年8月发布的最高法、最高检、公安部《关于依法适用正当防卫制度的指导意见》，最高检、教育部、公安部《关于建立教职员工准入查询性侵违法犯罪信息制度的意见》，2020年7月发布的最高法、最高检、公安部《关于刑事案件涉扶贫领域财物依法快速返还的若干规定》，最高法、司法部、文化和旅游部《关于依法妥善处理涉疫情旅游合同纠纷有关问题的通知》，等等。

见》等。

从内容来看，刑事诉讼的联合解释大致可分为两种类型，其针对的互涉问题也有所差异。第一类由全国人大常委会法工委牵头其他刑事诉讼机关制定，具有前置性。它的内容不是针对法律适用的具体问题展开，而更多涉及《立法法》第 48 条"法律的规定需要进一步明确具体含义"之立法解释的范畴，如《六部委规定》对犯罪地、管辖、会见、羁押期限、技术侦查等条款的含义作出的解释。之所以需要全国人大常委会法工委牵头，是因为刑事诉讼机关在自行解释时，难免存在扩大本部门权力、限缩其他部门权力，甚至减损当事人权利的倾向。如此一来，刑事诉讼规范致力于达成的法治效果便会降低，这是立法机关不愿看到的。例如，2007 年《律师法》第 33 条规定，辩护律师持"三证"（即律师执业证、律师事务所证明、委托书或法律援助函），就得要求会见被羁押的犯罪嫌疑人、被告人。这条明确律师会见权的规定，在当时的司法实践中却沦为具文，看守所以及相关公权机关往往以"刑事诉讼法没有规定"为由抵制。① 事实上，即便立法机关工作机构对该问题作出了答复，② 律师持"三证"也很难及时会见到被羁押的当事人。执行机关所谓"刑事诉讼法没有规定"，毋宁是说"没有本机关内部下发的文件"。2012 年《刑事诉讼法》虽然将《律师法》涉及的规范内容完全吸收，但是相关规范的意旨似乎也无法被直接落实。因为，"看守所应当及时安排会见，至迟不得超过四十八小时"仍然存在解释的空间，若让公安机关自行解释，可能会解释为"在四十八小时内'安排'会见被羁押人"，而非"在四十八小时内安排'见到'被羁押人"。是故，立法机关为了会见条款的统一执行，除立法解释外，便只能通过联合解释，将涉及部门的中央机关一并纳入制定主

---

① 参见聂友伦《刑事诉讼法时间效力规则研究》，《法学研究》2020 年第 3 期。
② 参见《全国人民代表大会常务委员会法制工作委员会对政协十一届全国委员会第一次会议第 1524 号提案的答复》，《中国律师》2008 年第 9 期。

体之中。①

　　第二类联合解释则是由职能机关自行会同制定，其内容往往具有专题性质或政策导向。这类文件基本都是围绕一类案件或特定制度展开。例如，"两个证据规定"是刑事证据制度的联合解释、《认罪认罚指导意见》是认罪认罚制度的联合解释等。如前所述，联合解释所欲解决的互涉问题包括两类：一是统一规范的理解，二是理顺制度的适用。而在某一具体的司法解释性质文件中，针对这两种情况的规定则皆有之。例如，《严格排非规定》便是刑事诉讼各职能机关围绕《刑事诉讼法》第56—60条之非法证据排除制度制定的司法解释性质文件。该规定首先解决了刑事诉讼机关对"非法方法"认识的分歧问题，将"暴力""威胁""非法拘禁"等予以进一步细化。其次，该规定对关涉非法证据排除的具体程序，包括侦查机关的取证、检察机关的捕诉、辩护律师的辩护、审判机关的认证等，都作出了更明确的规定。在《严格排非规定》的规范背景下，刑事诉讼的参与主体在处理非法证据排除事项时，便能得到较明确的程序指引，避免因解释的差异而使制度运转陷入僵局。

　　在司法解释职能化的背景下，将分散于各职能机关的解释权合并行使，暗含着不同条线机关之间的博弈过程。互涉问题必须得到解决，而以哪一个机关的解释意见为主导，则因时因事而异。为解决互涉问题，公、检、法三机关的不同方案，必然基于各自立场提

---

① 有律师曾指出："侦查机关各自从部门的需要出发，对法律条文的字义和逻辑结构，作出有利于自己的解释。例如，法律明文规定律师会见犯罪嫌疑人除涉及国家机密案件外不需经过批准，而他们则规定需经过批准。《联合规定》非常明确地规定安排律师会见，不得超过48小时，但他们把此规定当作除外条款来执行。法律没有限定律师会见的次数和会见所需的时间，而他们认为律师会见只准一次，每次45分钟为限，如此等等。这种司法解释部门化，与保障律师的诉讼权利的法律要求是格格不入的。司法解释部门化，是有法不依、执法不严的表现，而其本质则是司法不公、司法腐败。从司法解释部门化，又会发展成司法解释地方化、私人化，从而导致更为严重的后果。因此，这是保障律师会见权必须解决的一个重要问题。"王崇槐：《艰难的历程——评律师对犯罪嫌疑人的会见权》，《律师世界》2001年第1期。

出，其规范结果也更倾向于本机关的利益。此时，各解释主体将在联合解释的起草过程中展开协商。有学者曾以管辖冲突理论对非法证据排除规范的演变逻辑作出了分析，其认为，在"三机关"各自对非法证据相关法律条款进行解释的过程中存在博弈与变化，"最高检逐渐由分界者转向维界者，而最高法则逐渐由合界者转向分界者，公安部则一直固守维界者的立场"[1]。当决策者认为互涉问题亟待解决时，"三机关"的立场就必须统一。比如，冤假错案的不断出现使得司法系统的公正性遭受公众质疑，当社会形成"冤假错案由刑讯逼供导致"的普遍共识后，势必要在制度层面加以防范，而制度完善的重点仍是非法证据排除。[2] 因而，公安机关与检察机关不得不作出妥协，大体按审判机关的要求扩展非法证据排除的范围。不过，对于重复供述的排除问题，公安机关、检察机关仍通过协商保留了例外，[3] 这也是博弈的必然结果，即协商只有在很少的情况下能贯彻某一特定参与者的意志。

四　解释权力的碎片化

司法解释权的职能化导致了解释权力的碎片化。在法律解释体制构建之初，法律解释权被设定为一项刚性而集中的权力。按照1954年《宪法》的规定，"解释法律"系全国人大常委会的专属职

---

[1] 吴洪淇：《非法言词证据的解释：利益格局与语词之争》，《法学家》2016年第3期。

[2] 参见徐隽《依法惩罚犯罪 切实保障人权》，《人民日报》2016年10月11日第11版。

[3] 为保障由足够证据追诉犯罪，重复供述排除留下了以下两个规则缺口：（一）侦查期间，根据控告、举报或者自己发现等，侦查机关确认或者不能排除以非法方法收集证据而更换侦查人员，其他侦查人员再次讯问时告知诉讼权利和认罪的法律后果，犯罪嫌疑人自愿供述的；（二）审查逮捕、审查起诉和审判期间，检察人员、审判人员讯问时告知诉讼权利和认罪的法律后果，犯罪嫌疑人、被告人自愿供述的。有律师认为，这种规范方式将使得重复供述排除规则的效果大打折扣。参见毛立新《严格排除非法证据规定的九大缺憾》，《中国律师》2017年第8期。

权。依此,任何有关法律的解释问题,无论是细化规范、明确依据还是具体应用,都应由全国人大常委会一体行权予以解决。1955年《决议》将审判活动中法律适用问题的解释权转授最高法审委会,此时司法解释的制定机关只有最高法,权力的碎片化现象并不显著。1981年《决议》将这种针对"具体应用法律问题"的解释权分授最高法、最高检与国务院及其主管部门后,解释权力碎片化的问题便在外部凸显。即便存在联合解释的集中行权方式,权力碎片化的总体样态仍维持不变。进一步地,在解释机关内部,以制定规范为行权方式的解释权亦基于内设机构展开分配而更为琐碎。在刑事诉讼领域,司法解释权的碎片化直接导致了解释权割据。法律问题不断出现,使不受控的分散权力不遗余力地制造司法解释文件,它们解决一些旧问题,但又造成新问题,使司法解释困于"钱穆制度陷阱"[1],加剧了刑事诉讼司法解释制度的内卷化。

(一) 谁负责、谁解释:解释权力在外部机关间分配

中国法律解释体制的基本逻辑是:"中央归中央,地方归地方""立法归立法,实施归实施"以及"审判归审判,检察归检察,行政归行政"。[2] 依此,《刑事诉讼法》的解释权势必被参与机关的职权分割,从而形成一种外部碎片化的样态。职权分配虽是国家治理体系之常理,但过于细密可能使制度整体运转产生问题,反致制度预设的价值无法实现。

根据《宪法》对国家机构的职能安排,法律解释权应属全国人大常委会专有,其规范内容体现了权力机关的意志。由于法律解释的宪法性职能定位使然,即便全国人大常委会将法律解释权转授审判、检察、行政机关,各职能机关也应尽可能确保其制定的解释性

---

[1] "钱穆制度陷阱"是钱穆提出的一种中国传统治理逻辑,即一个制度出了问题,就再制定一个制度来解决问题,结果导致制度叠床架屋,不仅造成制度的前后矛盾与执行困难,更造成制度体系的问题越来越多。参见钱穆《中国历代政治得失》,生活·读书·新知三联书店2001年版,第174页。

[2] 参见张志铭《关于中国法律解释体制的思考》,《中国社会科学》1997年第2期。

文件"符合立法的目的、原则和原意"。问题是，在解释权碎片化的状况下，解释主体很难受到前述原则的实际约束。虽然中国不实行"三权分立"，但国家机关的设置仍须采行"职权分工"的原则，① 全国人大是最高权力机关，它负责制定法律并由其常委会保证法律实施，而行政机关与司法机关则应当严格执行法律。但是，当全国人大常委会将法律解释权转授给行政、司法机关后，已分配的权力便不免产生混淆。

中央机关统一行使法律解释权，无论立法解释还是司法解释，难免具有抽象规则设定之立法性质。② 若由全国人大常委会统一行使解释权，则产出的规范性文件便将直接附随于法律并进入法律体系，其内容体现权力机关的意志，在理论上不太可能"违反立法的目的、原则和原意"。但是，由作为执行法律的审判机关、检察机关、行政机关各自制定规范性文件（而不是在法律适用过程中具体解释），则极有可能受其职能影响，使规范内容偏离立法机关的立场。上述问题在刑事诉讼领域极为明显。其一，审判机关作为"裁判员"，应当允许其对规则联系个案进行解释，但行使立法性质的权力必须慎重，否则将导致权力过于集中而产生专断与任意。其二，控诉机关作为"运动员"，其联系个案的解释没有最终的法定效力，更不应允许其制定对抗其他"运动员"即犯罪嫌疑人、被告人及其辩护人的规则，否则人权的司法保障将难以落实。申言之，由于本身扮演执行刑事法律的角色，具有一定预设立场，故审判机关、检察机关、公安机关各自制定的司法解释文件，在许多情况下，都可能与立法机关的观点不同。

例如，《刑事诉讼法》第 150 条规定了技术侦查的三项适用条件，包括案件条件、必要性条件与程序条件，其中规制的重点在于

---

① 参见许崇德主编《中国宪法》第四版，中国人民大学出版社 2010 年版，第 134 页。

② 参见聂友伦《论司法解释的立法性质》，《华东政法大学学报》2020 年第 3 期。

程序条件。根据本条，欲实施技术侦查，公安机关必须履行"严格的批准手续"。何谓"严格的批准手续"？从立法角度，关键是"严格"这一修饰语，这表明了技术侦查批准手续的特殊性质，也从侧面显示了相关措施对公民基本权利的影响程度。如学者所言："没有审批程序的保护，秘密侦查的立法就会异化为单纯的授权立法，这种单向度的立法取向如果不加以适度控制，带来的必将是对公民隐私权的严重挑战。"① 按照法律文义，在批准前加上"严格"的限定语，即表示此处的"批准"必然较其他措施的"批准"更加严格。一般而言，公安机关的批准程序由"公安机关负责人"决定即可，如《刑事诉讼法》第135条之侦查实验的批准、第143条之扣押邮件与电报的批准，等等。2020年《公安规定》第265条规定，技术侦查的批准权由设区的市（即地级市）以上的公安机关负责人行使，看似较一般批准更严格，但考虑到客观情况，真正有能力实际实施如监听、监控等技术侦查措施的公安机关，其最低层级就已经在"设区的市一级"了。② 质言之，这种"严格的批准"和其他的批准并无实质差别——执行者和决定者皆位于同一机关。规范上看，基于《宪法》中的公、检、法互相制约原则，从合宪性解释的进路加以理解，这里的"严格的批准"须被理解为"司法审查式"或"司法令状式"的批准，或至少由同级检察机关批准实施，才更加符合立法原意。③ 不难看出，当解释权出现外部碎片化的状态，规范性文件的制定主体为维护本机关利益，将有意无意地扭曲法律规范的目的、原则和原意——原本保证法律正确实施的司法解释，似乎难以实现其应然价值。

---

① 陈卫东：《推进侦查权配置的法治化》，《法制资讯》2011年第Z1期。
② 参见解芳、程雷《技术侦查与技术侦察之辨析——基于程序改革的正当化视角》，《四川大学学报》（哲学社会科学版）2018年第2期。
③ 参见孙煜华《何谓"严格的批准手续"——对我国〈刑事诉讼法〉技术侦查条款的合宪性解读》，《环球法律评论》2013年第4期。

（二）谁适用、谁解释：解释权力在内设部门间分配

除上述外部样态外，解释权力碎片化的另一表征位于次级层面，即，解释权力在职能机关内设部门之间分配，不妨称为解释权的内部碎片化。一般而言，司法解释文件的起草往往由制定主体的内设部门负责，而草案基本决定了最终内容。以审判解释的起草为例，根据《最高人民法院关于司法解释工作的规定》，司法解释起草主要由最高法下设的各业务庭负责，如刑庭负责刑事司法解释、民庭负责民事司法解释，涉及不同审判业务时，则由最高法研究室牵头起草。[①] 检察机关、公安机关的解释起草大体类似，如2015年最高检、公安部出台的《关于逮捕社会危险性条件若干问题的规定（试行）》、2016年最高检制定的《人民检察院办理羁押必要性审查案件规定（试行）》便由当时的最高检侦查监督厅组织起草。从结果来看，这是职能化的进一步体现。

内部碎片化将使得外部碎片化的既有问题更严重。由职能机关制定的解释性文件难免存在偏离立法机关立场的倾向，这是追求职权顺利行使、部门工作利益使然，而解释权进一步下放至内设机构将使得职能化的影响更为严重。虽然职能机关难免预设立场，但作为中央机关的最高法、最高检、公安部等，在争夺部门利益的同时，仍要将与其他部门的关系、立法机关的态度纳入考量。一旦将解释权力下放至次级的内设部门，对权力扩张的制约就会弱化。即便最终出台的释法文件，名义上须由各机关上会（如最高法审委会、最高检检委会）讨论通过，但文件的整体框架与具体内容，依旧很大程度取决于起草部门。法律解释权下放的情况下，"符合立法的目的、原则和原意"之要求，便更加难以保证。

除此以外，有时职能机关的内设部门还会直接越过司法解释的制定程序，径行以部门名义发布事实上的司法解释性质文件。这类文件一般以"复函""答复"等形式出现，虽然通常与具体个案相

[①] 参见江国华、吴展编著《司法法学》，武汉大学出版社2015年版，第159页。

联系，但仍具有普遍、反复适用的事实性效力。2015年最高法民一庭出台的《关于夫妻一方对外担保之债能否认定为夫妻共同债务的复函》、2014年最高法行政庭发布的《关于行政机关撤销或者变更已经作出的协助执行行为是否属于行政诉讼受案范围请示问题的答复》、2013年最高法刑二庭作出的《关于辩护律师能否复制侦查机关讯问录像问题的批复》等，皆属此类。由于不用经过制定程序，也不太受相关内部规范的规制，此类文件的灵活性极强，这越发加深了司法解释职权内部碎片化的情况。

（三）解释权割据及其后果

司法解释权过于分散，导致内设机构在起草规范性文件草案、制定主体在通过司法解释文件时，很难摆脱职能因素的影响，带有扩张法定权力、缩小法定责任的倾向。这种倾向至少造成了两方面的问题：其一，制定机关夹带为本机关职权服务的"私货"，使文件内容偏离法律原意，甚至在法律之外创造新制度以便利下级机关办案；其二，职能机关在制定抽象解释时普遍以前述倾向为基准，不同机关之间的规范宽严不一，造成解释权冲突。以上问题接连不断，一则使司法解释文件弱化法律规范的应有价值，二则使司法实践中不同办案机关程序难以衔接。在此基础上，职能机关又会制定新的司法解释文件，试图"回归"法律的规范价值、"弥合"机关间的认识分歧。但是，由于制定机关的立场未发生变化，新的解释性文件仍将不断地制造新的问题。

解释权割据的状况加快了司法解释文件的出台速度，加剧了"钱穆制度陷阱"的形成风险。具言之，与立法机关制定法律解释相较，办案机关内设部门的司法解释，已不太需要投入那么多资源，制定规范（潜在立法）的成本得到了显著降低。由于资源耗费较低，只要司法实践出现普遍性问题，抑或，决策层意图推动某些司法政策时，司法解释的制定主体通常皆欲尽快制定新规范，以解决具体问题或回应司法政策。然而，为一时之需出台的司法解释文件，因未经广泛讨论与严格论证，整体上却可能有害于法治的健全完善。

一方面，由于司法解释未经严格立法程序却具有立法的普遍效力，司法解释失当与立法失当具同质性，随着解释性文件连续不断出台，加剧了规范失当风险现实化的可能性；另一方面，司法解释的立法性质，构成社会规范化期待的来源，而因解释权割据，司法解释文件大量公布实施，反将造成规范化期待的稳定性难题，进而损及法的安定性。

权力碎片化导致的解释权割据，进一步造成了司法解释制度的内卷化。例如，2012年《刑事诉讼法》修正后，审判机关、检察机关、公安机关等出台的相关司法解释文件可谓汗牛充栋，这一定程度上表明法律本身可能存在大量问题，以致职能机关需要不断制定司法解释予以解决。但是，2018年《刑事诉讼法》的再次修正，却原样保留了旧法绝大部分条文，似乎又说明法律已臻完备，不必大规模修改。刑事诉讼司法解释制度的运行，在功能上无疑解决了一些"具体应用法律的问题"，但其另外创造的"具体应用司法解释的问题"恐怕不少。刑事诉讼司法解释制度看似在不断运作，并且生产出了一系列名为司法解释文件的产品，但这些产品的实际价值却颇为可疑。例如，简单一个"非法证据"的概念，就有包括《高法解释》《高检规则》《公安规定》，2018年《人民法院办理刑事案件排除非法证据规程》、《严格排非规定》以及2013年最高检出台的《关于切实履行检察职能防止和纠正冤假错案的若干意见》、2013年最高法制定的《关于建立健全防范冤假错案工作机制的意见》等多部司法解释文件进行界定。整体上看，刑事诉讼司法解释制度似乎已出现了内卷化的倾向，而这也正是司法解释体制发展至今的必然结果。

第二节　司法解释的涉及对象

"司法解释是法律解释，是对既有法律的解释，其对象只能是法律"①，这种说法并无理论问题，但未免有些笼统。根据《立法法》第 119 条，司法解释"应当主要针对具体的法律条文"之表述，立法者似乎为司法解释的对象作出了限制性规定。但是，此处"主要"这一修饰词却淡化了"针对具体的法律条文"之限制，几乎使得司法解释权能够随处施展——既不受法律范围约束，也不受法律条文限制。尤其就"解释""规定"这类司法解释而言，其在内容上脱离具体的法律条文甚至是不可避免的。② 为了实现"解释"与"规定"的制定目的，相关解释条文便不太可能完全针对既有的法律条文展开。

有学者对此表示疑虑，提出"为司法解释的权威考虑"，最高司法机关应主动限制权力，"就具体的法律条文进行司法解释"。③ 也有学者试图从语义学角度化解"主要针对"的不确定性，提出法律使用"针对"的表述，表明司法解释必须存在具体的对象，而能与"针对"搭配使用的概念仅得为具体法律条文，不能是抽象的整部法律或法律原则；"主要"的意思也并非指"可以不针对"，而是指在解释具体法律条文时，可以参考其他立法文献，而"对其他方面的解释必须通过具体法律条文进行"。④ 上述两种观点皆有罅漏，前者仅具建议性，后者的说服力也不强。从《立法法》第 119 条第 1 款文义来看，"主要针对具体的法律条文"，其实客观上表达的就是"最好'针对'，但也可以'不针对'"或"以'针对'为原则，以'不针对'为例外"⑤。欲扩张或限缩最明显的客观文义，要负很

---

① 孙佑海等：《司法解释的理论与实践研究》，中国法制出版社 2019 年版，第 8 页。
② 对于"解释"，一般是针对一部法律或一类案件的法律适用问题作出的；对于"规定"，"通常是因为审判中缺乏直接的法律依据，而根据法律的精神和原则制定的解释"。参见孙佑海等《司法解释的理论与实践研究》，中国法制出版社 2019 年版，第 9 页。
③ 参见王成《最高法院司法解释效力研究》，《中外法学》2016 年第 1 期。
④ 参见刘风景《司法解释权限的界定与行使》，《中国法学》2016 年第 3 期。
⑤ 聂友伦：《论司法解释的权力空间——我国〈立法法〉第 104 条第 1 款的法解释学分析》，《政治与法律》2020 年第 7 期。

重的论证责任，仅凭感觉或侧面的语义解说，实难达成法律解释的说服效果。"主要针对具体的法律条文"在规范价值上的虚化，进一步扩大了司法解释对象的随意性。况且，司法解释性质文件在规范上并不属于严格意义的司法解释，本身不受《立法法》的限制。准此，司法解释与司法解释性质文件并不仅仅指向"法律条文"，其涉及的直接对象无法准确界定，似乎只要出台的规范性文件与法律相关且不明显违反"立法的目的、原则和原意"即可。

不过，若作一个从事实到规范的观察，仍可在微观上总结出司法解释对象的类型。就刑事诉讼领域而言，大致包括整体的刑事诉讼法典、部分的刑事诉讼具体制度、个别的刑事诉讼法条。对刑事诉讼司法解释对象进行类型化处理，有助于我们进一步展开对其内在理路的分析。

一　整体之刑事诉讼法典

实践中常见的几部刑事诉讼司法解释文件，都是针对《刑事诉讼法》整体作出的，它们包括《公安规定》《高检规则》《高法解释》以及《六部委规定》等。这些文件内在的整体化倾向十分浓厚。具言之，前三部司法解释文件，均剥离了《刑事诉讼法》中涉及本机关以外的内容，并进一步完成了内部编纂。具体办案中，它们分别替代了公安人员、检察人员、审判人员所应适用的《刑事诉讼法》及其他相关法律，成为办案机关直接"遵照执行"的"法律"。至于《六部委规定》，前文已述，部分指向法律含义的确定，部分在于解决公、检、法之间的互涉问题，某种程度上发挥着"进一步明确具体含义"与"调停不同办案机关的法律认识分歧"的立法解释功能。

（一）整体解释的样态

整体解释，系指司法解释文件的制定主体针对《刑事诉讼法》整体作出的全面解释。从外观上看，包括《公安规定》《高检规则》《高法解释》在内的整体解释，都体现出一种整体性的法典化样态，而《六部委规定》则类似"法典"外的补充立法，体现为单行法律的形式。前文已对《公安规定》《高检规则》及《高法解释》的内容与结构作了介绍。宏观而言，前述三部整体解释，其编纂体例都仿造《刑事诉讼法》按职权类型化地分为章、节，具有明显的法典化特征。申言之，《公安规定》《高检规则》《高法解释》各自的制定主体将本机关在刑事诉讼中涉及的内容抽出并对其予以体系化，最终形成了一整套适用于本机关的内部法典。

一般而言，法典系指"在整理、编纂的基础上形成的，具有完备性与体系化的法律文件"①，而法典化（Codification）则是特定主体收集与整理有关某专门领域或者法律部门的法律规范并编为一部整体性法律的过程。很明显，《公安规定》《高检规则》《高法解释》这三部刑事诉讼司法解释文件，无论是从篇章结构还是编纂过程来看，都符合法典与法典化的定义。整体解释在结构上与作为法典的《刑事诉讼法》之类似性不言而喻，而在编纂上整体解释也完整地再现了法典化的过程。具言之，这些文件一方面是对《刑事诉讼法》已有规范的整理细化，另一方面是对未被《刑事诉讼法》所明确的事实性规范之吸收。编纂一部部门法法典，必须实现完备化与体系化的目标，前者要求整饬现存规范，在形式上初步解决不同规范之间的矛盾，后者要求制定新的规范，弥补既有规范的漏洞，以提高法律的系统性。例如，在2012年《高法解释》的编订中，规范的原始架构是1998年《高法解释》。以此为基础，司法解释制定者按照2012年《刑事诉讼法》对该解释予以修正，再吸收此前出台的"两个证据规定"、《坚决纠正超期羁押问题的通知》等文件的规定，最终完成了法典化的阶段性目标，形成了新的法典化司法解释。

至于《六部委规定》，因其大体上专为解决互涉问题，不具职能化导向，故并未体现为法典化样态，而更类似补充立法。例如，2012年《六部委规定》第2条规定，"刑事诉讼法规定的'犯罪

---

① 王启富、陶髦主编：《法律辞海》，吉林人民出版社1998年版，第1057页。

地'，包括犯罪的行为发生地和结果发生地"，本条规定看似解释法律概念，其实属于法律本应明确的内容。与此相较，《德国刑事诉讼法》第 7 条第 1 款将属地管辖规定为"犯罪行为地"，便明确了"犯罪地"仅限于"行为发生地"的情况，从而有效防止表意模糊。《意大利刑事诉讼法》第 8 条第 1 款规定，地域管辖取决于犯罪既遂的地点，即以绕过引入"犯罪地"这一模糊法律概念的方式，明确了地域管辖的方式。再如，2012 年《六部委规定》第 3 条规定可以并案处理的相关情形，如一人犯数罪、数人犯一罪、共犯犯他罪、数人犯关联数罪等。该规定关联案件合并及其管辖确定的问题，属于刑事诉讼管辖规范中十分重要的内容，理应由法律规定。《德国刑事诉讼法》第 2 条、第 3 条便分别规定了关于"相关联案件的合并与分离""相关联案件的含义"等内容，要求对关联案件，即一人犯数罪、共同犯罪的主从犯等案件予以合并，由具有优先管辖权的法院管辖。《日本刑事诉讼法》第 3—9 条分别对"相关联案件的合并、相关联案件的分离审判、相关联案件的合并审判"以及"牵连案件"的定义作出了规定，授权法院可以在一人犯数罪、共同犯罪与共谋犯罪等情形下，合并案件管辖。从规范上看，类似犯罪地确定、合并与分离管辖等事项，皆应由法律予以明确，但《刑事诉讼法》却遗漏了这些内容。《六部委规定》对这类事项以条款化方式明确规范，使其在外观与内容上呈现出补充立法的样态。

（二）整体解释的效果

司法解释的功能在于通过新增规范或细化法律，以抽象性的"司法立法"，达成统一法制、规范执法权、限制司法权等目的。虽然，整体解释仍在宏观上发挥此类功能，但从微观上看，其作用亦存特殊性。甚至，不同类型的整体解释，其具体功能也存在明显差异。

法典化的整体解释，包括《公安规定》《高检规则》《高法解释》，一方面起到明确或新增办案规范、规范司法人员执法行为的共性效果，另一方面是以内部法典形式，通过刑事诉讼办案规范的

"去法律化"，实现条线内部的"法制统一"，从而在便利办案人员执行法律的同时，强化司法人员对整体解释的依赖。

第一，作为司法解释，整体解释发挥着司法解释的共性功能。例如，《刑事诉讼法》第118条第2款规定，侦查人员对被羁押人的讯问应在看守所内进行。对此，2020年《公安规定》第198条第2款将"看守所内"明确为"看守所讯问室"，2019年《高检规则》第186条则进一步予以细化，增加了"应当填写提讯、提解证"的手续要求。再如，《刑事诉讼法》第156条规定，侦查羁押期限可在上一级检察机关的批准后延长一个月。本条属于授权性规则，但内容过于宽泛，公安机关如何申请、检察机关如何审查，皆付之阙如。为明确规范内容，2020年《公安规定》第148条规定，申请延长侦查羁押期限的，须由侦查人员起草"提请批准延长侦查羁押期限意见书"，在提交公安机关负责人批准后，于侦查羁押期届满前7日报送同级检察机关，由其报上一级检察机关批准。2019年《高检规则》第310条规定，审查批准侦查羁押期限的工作由负责捕诉的部门处理，先由受理申请的同级检察院审查，再将公安机关申请意见与检察机关审查意见层报有决定权的检察院决定。可以看出，整体解释起到了司法解释在统一司法权行使、限缩裁量空间乃至扩张司法职权的作用。

第二，整体解释的法典化特性，使其相较于其他类型的司法解释，额外发挥着为司法人员提供整套办案规范的功能。任何刑事诉讼机关，在办理刑事案件时都应以法律为规范指引，而《刑事诉讼法》是程序行为的最终归依。基本上，所有的程序行为都应按照诉讼法律展开，有学者称为"程序法定原则"[1]，这侧面说明《刑事诉讼法》之于办案机关的重要意义。但是，现实中的《刑事诉讼法》却无此地位，办案人员往往只按内部规定进行诉讼，很

---

[1] 万毅、林喜芬：《现代刑事诉讼法的"帝王"原则：程序法定原则重述》，《当代法学》2006年第1期。

少查阅法律。这种现象，归根结底无外乎整体解释的实效而已。由于办案单位的中央机关已经通过整体解释，将法律咀嚼消化，形成了职能化的司法解释文件。而且，相较于法律，整体解释的内容更加明确化、系统化且有针对性，办案人员照章办事，既不必解释抽象法条，也不会招致职业风险。同时，整体解释制定主体的权威性，使得其成为刑事诉讼必须遵循的依据，① 即便司法人员对法律的理解与整体解释不一致，也必须按照其规定执行，否则作出的决定极有可能被推翻，也将给本人带来如绩效考核、司法追责等不利后果。总之，法典化的整体解释，一方面为司法办案人员提供细致指引，使其在办案时不必再查阅法律；另一方面，整体解释的正式法源属性，使司法办案人员不得不遵循其规则，这进一步强化了共性功能的实现。

另一类整体解释，即以《六部委规定》为代表的司法解释文件，因其补充立法特性，使规范内容通行于刑事诉讼参与机关，发挥的功能与法律或立法解释并无差异，在此不赘。

（三）整体解释的疑问

就《公安规定》《高检规则》《高法解释》这类整体解释而言，其特殊功能在于为办案人员提供一套完整的办案规范，从而实现规范内部化的效果。但这同时诱发了一系列问题，如为维持结构的完整性，整体解释很难不搬用法律设计好的框架，因此，即便法律的某些规定晓畅明白，司法解释也会照录这些无须解释的条款。虽然这种操作使得各条线的办案人员，仅依照位于条线顶端中央机关制定的整体解释，便能处理好实践中的法律适用问题，弊端却更为严重——整体解释将导致法律权威的旁落。无须法

---

① 其中，《高检规则》《高法解释》为司法解释，《公安规定》为部门规章。就前者而言，《最高人民检察院司法解释工作规定》第 5 条、《最高人民法院关于司法解释工作的规定》第 5 条、第 27 条规定，司法解释具有法律效力，办案机关需要引用司法解释的，应当在司法文书中援引。对于后者，根据《宪法》《立法法》的规定，规章作为正式法源，存在法律效力自无疑问。

律便能完成相应法律适用活动,法律作为最高的规范形式便很难得到尊重与信仰。

在刑事司法实践中,办案人员只以司法解释为基准处理案件,视法律如无物,早已成为普遍现象——"大而全"的整体解释架空了《刑事诉讼法》,对法律的权威与尊严将造成严重负面影响。① 申言之,整体解释将法律按照职能分割为数个适用于办案机关的"内部法典",《刑事诉讼法》本身的价值被进一步虚化。不但如此,整体解释的出台无法解决所有的法律适用问题,也并不符合法治的建构逻辑。

第一,整体解释未必能在内容上完全取代法律,解释的问题依然存在。通过对法律的预先细化,整体解释纾解了办案人员可能面临的法律适用问题。而且,由于整体解释是各条线上的最高机关制定的具有法律效力的法典化规范,司法人员依其要求、按图索骥,形式上便得正确地执行法律。但是,即便制定了完备的整体解释,法律适用问题也无法得到消除。一方面,整体解释的部分条文,并未对法律规定作出任何解释,而仅将原文安置其中。诚如学者所述,司法解释应当发挥明确与规范法律适用的功能,照抄法律的司法解释无法解决任何问题,这是对司法解释本质属性的背离。② 另一方面,整体解释是不联系个案的抽象解释,其实施未免造成新的规范适用问题。有论者指出,一些司法解释不但未将法律具体化、明确化,提高其可操作性,反而使规范更加复杂,更难理解与操作。③

第二,整体解释导致法律的权威性减损。法律必须被信仰,否则将形同虚设。法治建设的关键在于培育全社会对法律的信仰,这

---

① 参见陈卫东《立法原意应当如何探寻:对〈人民检察院刑事诉讼规则(试行)〉的整体评价》,《当代法学》2013 年第 3 期。

② 参见万毅《检察机关证据规则的修改与完善——对〈人民检察院刑事诉讼规则(试行)〉"证据"章修改建议》,《中国刑事法杂志》2014 年第 3 期。

③ 参见袁明圣《司法解释"立法化"现象探微》,《法商研究》2003 年第 2 期。

是法律权威性的基础，也是法律权威化的目的。党的十八届四中全会指出，"法律的生命力在于实施，法律的权威也在于实施"，若法律不能在现实中得到实际执行，则法律权威势必减损。法律实施的有效性很大程度上取决于公权机关的执法情况。国家机关工作人员遵守法律的意识和行为，能够影响社会大众对法治的信念和信心。[1] 整体解释由法定制定主体依法发布实施，故在形式上可认为执行整体解释是一种间接的法律实施。但就实质而言，由于整体解释对法律的替代效应，使得法律在事实上被架空了。应当注意，刑事诉讼立法的目的本是给诉讼参与主体提供一套符合正当程序的规范体系，而在中国，《刑事诉讼法》似乎只是为了给司法解释机关提供一个解释的操作纲要。这是一种特殊形态的法律虚无主义——只要某一法律规定存在对应的司法解释，则该规定在实践中便不再被实际适用，最终成为"死去的法律"。[2] 换言之，架空了法律的整体解释似乎在法律之外构建了新的规则体系，法律在规范市场失去适用空间，而司法解释却大行其道。[3]

第三，整体解释不利于司法人员业务能力的提升。法律的适用，无外"认事"与"用法"两端，将事实归摄于法律，继而完成适法的任务。一般而言，在"用法"的过程中，司法人员须先寻找相关法律规范，再借由法律解释，使法律规范含义明确，经验丰富的法官往往能基于"前理解"快速完成此活动。[4] 然而，整体解释的存在使得司法人员的工作，无论"找法"还是"释法"，较国外同行都轻松许多。就刑事诉讼领域而言，一方面，整体解释已将《刑事诉讼法》内化为"大而全"的内部规范，司法人员在办案时拿出各自文件翻阅，便能简单锁定应适用的"法条"；另一方面，整体解释

---

[1] 参见公丕祥主编《社会主义核心价值观研究丛书·法治篇》，江苏人民出版社2015年版，第234页。

[2] 参见刘风景《司法解释权限的界定与行使》，《中国法学》2016年第3期。

[3] 参见邓修明《论我国司法解释模式的重塑》，《社会科学研究》2007年第1期。

[4] 参见杨仁寿《法学方法论》（第二版），中国政法大学2013年版，第35—37页。

对法律已作出较大程度的"预处理",很多须在诉讼过程中进行解释的法律,已被整体解释明确,使得司法人员可以不经"含义确定化"之过程,直接予以适用。在司法人员职业能力与业务水平不高的情况下,整体解释在提升司法质效方面确能起到一定作用,[①] 但长此以往,司法人员对整体解释形成的路径依赖,又将对其形成反向塑造,既使其丧失查阅法律规范的能力,又使其法律解释技术无法提升,这对于司法人员的专业化培养殊为不利。

此外,《六部委规定》的问题则集中于性质方面。由于全国人大常委会法工委既非法定立法主体,也不具备制定法律解释的权限,故由其牵头制定的司法解释文件在规范上其实并无法律效力,也不是司法机关可以援引作为办案或裁判依据的正式法源。但是,在实践中,由全国人大常委会法工委参与制定的规范性文件却具有很高的事实性效力,其权威程度甚至超过了作为正式法源的司法解释,这造成了法源理论与司法实践的矛盾。

二 部分之刑事诉讼制度

刑事诉讼司法解释中还存在部分解释,其对象是刑事诉讼中的某一特定制度或类型化的法律适用问题。例如,"两个证据规定"是针对刑事诉讼中取证、质证、认证以及非法证据排除等问题作出的专门规定,《严格排非规定》是对非法证据排除制度作出的进一步规定,《认罪认罚指导意见》则是对认罪认罚从宽制度所作的细化规定,等等。制定部分解释,目的或在于回应中央的改革与政策要求,或在于解决司法实践出现的集中问题。[②] 但因这类部分解释往往并无正式法源地位,也无强制的规范效力,其在规范上的定位较为尴尬。

---

① 参见汪海燕《"立法式"解释:我国刑事诉讼法解释的困局》,《政法论坛》2013年第6期。

② 参见刘思萱《论政策回应型司法解释》,《法学评论》2013年第1期。

（一）部分解释的样态

较之法典化的整体解释，《刑事诉讼法》的部分解释呈现出一种单行规范或者"集约化"①的样态。如果说整体解释是针对刑事诉讼全面的法典化规范，部分解释便是更为次级的，对整体解释展开的补充或说明。不过，这种补充说明通常也构成对整体解释的发展，在涉及具体制度或解决类型化问题之场合，部分解释与整体解释的规定可能并不一致，其对诉讼程序的操作标准往往会提出更高的要求。②

由于部分解释仅为对某一制度或问题作出的规定，故其条文体量一般少于整体解释。不过，部分解释的编纂体例依然延续条文方式，甚至还会分列章节。例如，2020年最高检、公安部联合制定的《关于加强和规范补充侦查工作的指导意见》（以下简称《补充侦查指导意见》）规定了22个条文；《认罪认罚指导意见》分为13节，共计60个条文；《严格排非规定》分为5节，共计42个条文；《死刑证据规定》分为3章，其中第2章分为8节，共计41个条文。相较于动辄规定数百条的整体解释，部分解释的条文数量明显较少，但因针对性更强，规范内容的细化程度通常更高。

就内容而言，部分解释可看作对整体解释的再解释，当其出台于整体解释之后时更是如此。形式上看，后出台的部分解释往往在文件首部就表明其"解释之解释"的定位，即指明部分解释是基于整体解释制定的。例如，《补充侦查指导意见》第1条指出，本指导意见是根据《刑事诉讼法》以及《高检规则》《公安规定》等有关规定，并结合办案实践制定的。再如，《严格排非规定》也指出，该规定是根据《刑事诉讼法》以及有关司法解释等规定并

---

① 参见陈兴良《刑法定罪思维模式与司法解释创制方式的反思——以窨井盖司法解释为视角》，《法学》2020年第10期。

② 参见聂友伦《司法解释性质文件的法源地位、规范效果与法治调控》，《法制与社会发展》2020年第4期。

结合司法办案的实际制定。进一步观察，则能发现部分解释与整体解释的依附或补充关系。例如，《高检规则》与《公安规定》皆对《刑事诉讼法》的补充侦查条款作出细化规定，这两个文件都用到了"补充侦查提纲"之概念，前者规定，检察机关应当对退回补侦的案件制作提纲并送交公安机关，后者规定，公安机关对于退回补侦的案件应当按照补侦提纲侦查。不过，就补侦提纲应有何内容、公安机关对补侦提纲存在异议应如何处理等问题，整体解释并未给出明确界定。鉴于此，《补充侦查指导意见》在第7条明确了补充侦查提纲一般应包含的内容，在第8条明确了对补充侦查提纲异议的处理方式。

考虑到部分解释的发展功能，其与整体解释的内容有时也存在不一致的情况。例如，《严格排非规定》统一了以往"三机关"在"等非法方法"的认定分歧，其实质乃对"等非法方法"作出了进一步阐释，扩大了原司法解释文件的表意范围。具言之，根据2012年《高法解释》第95条的规定，"等非法方法"的认定需满足使被追诉人的肉体或精神产生剧烈痛苦之条件；2012年《高检规则》第65条则对"等非法方法"采取了类比化的认定方式，要求其在违法与强迫的程度上与刑讯逼供相当；2012年《公安规定》未对此作出解释。很明显，"三机关"当时对该问题的认识并不一致，《高检规则》较《高法解释》对非法方法的认定范围更宽，[1] 但两者都是以造成犯罪嫌疑人、被告人的肉体或精神痛苦为出发点的，有学者更是形象地将之称为"痛苦规则"。[2] 《严格排非规定》对非法证据的认定方式则突破了"痛苦规则"，使非法证据的范围回归至依非法方法取得的证据，既明确了刑讯逼供、威胁的

---

[1] 参见吴洪淇《非法言词证据的解释：利益格局与语词之争》，《法学家》2016年第3期。

[2] 参见龙宗智《我国非法口供排除的"痛苦规则"及相关问题》，《政法论坛》2013年第5期。

具体指向，还将非法拘禁获得的供述直接归于排除范围，更进一步明确了针对"重复供述"的排除规则。[1] 客观上看，《严格排非规定》较"三机关"出台的整体解释，更符合《刑事诉讼法》的原意，[2] 但是，《严格排非规定》仅为司法解释性质文件（非正式法源），其目的却是以突破当时有效的司法解释（正式法源）为手段达成的，这一点应当留意。

（二）部分解释的功能

部分解释的功能，宏观上无外乎统一法制、规范执法权、限制司法权这类刑事诉讼司法解释的共有功能。而且，由于在体例上采取非法典式结构（也无法采取这种模式），其在功能方面与普通的刑事、民事以及行政司法解释并无二致。不过，由于部分解释所处的空间范围已有整体解释覆盖，其一般性功能反而体现出了某种特殊性。

最高法、最高检、公安部等中央机关，按照自己的理解制定关于《刑事诉讼法》的整体解释，赋予整体解释法典化特质。简言之，整体解释的制定机关认为，既然已经编纂出了适用于本条线内部的"部门刑事诉讼法典"，那么，就有必要保障诸如《高法解释》《高检规则》《公安规定》的"法典性"。这种保障"法典性"的倾向，突出体现在维护规范的安定性方面。某种程度上，法典化的整体解释与真正的法典一样，具有区别于其他司法解释的稳定性——这虽然只是司法解释制定机关的自我理解，但实践中也确实如此操作。从以往情况来看，只要法典化的整体解释出台，除非《刑事诉讼法》再次修改，整体解释将维持不变。宏观上可能是为了提高整体解释的权威性，微观上则可能为了防止因频繁修改导致司法人员错误使

---

[1] 参见万春、高翼飞《刑事案件非法证据排除规则的发展——〈关于办理刑事案件严格排除非法证据若干问题的规定〉新亮点》，《中国刑事法杂志》2017年第4期。

[2] 参见王爱立主编《〈中华人民共和国刑事诉讼法〉修改与适用》，中国民主法制出版社2019年版，第119页。

用，进而导致程序错误之考虑。①

若将整体解释作为部门法典对待，部分解释的功能必将由共性的规范细化延伸至个性的规范补充。由于制定机关固守整体解释的稳定性，一旦出现新情况，尤其当决策层提出新的改革意见或出台新的刑事政策，整体解释无法满足司法实践的需求时，制定机关便只得制定部分解释予以回应。质言之，部分解释的个性化功能是在维持整体解释不变的基础上，对其作出补充、细化甚至修改实现的。然而，如同单行法律或立法解释之于法典，前者对后者作出补充与细化不生问题，但前者绝不能明显地变更后者的规范内容，部分解释对整体解释可以进一步明确，但直接对整体解释予以修正将产生矛盾，尤其在整体解释为正式法源而部分解释仅为非正式法源的情况下，更是如此。

（三）部分解释的问题

上文略述，部分解释的问题主要在于其能否实质改变整体解释的内容。规范上看，整体解释除《六部委规定》以外，《公安规定》《高检规则》《高法解释》都是具制度性权威的正式法源。而部分解释，除少数由最高检、最高法经司法解释制定程序或公安部以部门规章制定程序出台的规范性文件，如 2014 年最高法发布的《关于刑

---

① 事实上，司法人员误用失效司法解释之怪现象并不少见。一类是形式错误，即裁判文书引用的条文是新司法解释的规定，但司法解释的名称却写成了旧司法解释。此类错误数量不少，如甘肃省宁县人民法院〔2019〕甘 1026 刑初 248 号刑事判决书、云南省镇雄县人民法院〔2019〕云 0627 刑初 496 号刑事判决书、河南省宝丰县人民法院〔2020〕豫 0421 刑初 32 号刑事判决书、湖南省常德市武陵区人民法院〔2019〕湘 0702 刑初 283 号刑事判决书等，明明引用的是《关于适用〈中华人民共和国刑事诉讼法〉的解释》之条文，名称却写作《关于执行〈中华人民共和国刑事诉讼法〉若干问题的解释》。另一类是实质错误，即裁判文书引用的司法解释及其条文都是废止的旧司法解释。例如，湖南省常德市武陵区人民法院〔2019〕湘 0702 刑初 283 号刑事判决书在阐述管辖事项时，直接引用了已废止的最高法《关于执行〈中华人民共和国刑事诉讼法〉若干问题的解释》第 2 条之 "以非法占有为目的的财产犯罪，犯罪地包括犯罪行为发生地和犯罪分子实际取得财产的犯罪结果发生地" 的规定。

事裁判涉财产部分执行的若干规定》（法释〔2014〕13号）、①《关于减刑、假释案件审理程序的规定》（法释〔2014〕5号）②，2014年公安部制定的《公安机关办理刑事复议复核案件程序规定》（公安部令第133号）③等以外，其余大都是缺乏制度性权威的非正式法源，即司法解释性质文件。以正式法源修改正式法源，在两者效力位阶相同时，适用"新法优于旧法"原则，并无疑问。但是，以司法解释性质文件变更作为正式法源的司法解释或部门规章，则与法源理论严重抵牾。

其实，上述问题的本质乃司法解释性质文件的效力问题，本书将在第五章予以详述，此处仅作简要说明。司法解释具有正式法源地位，而司法解释性质文件则无，如此一来，两者的效力位阶在制度面上便已明确——司法解释优位于司法解释性质文件，当司法解释性质文件与司法解释的内容产生冲突时，应当适用后者，且前者因效力性质自始无效。但实践情况却颇为复杂，规范性文件不同的事实性效力体现为对法律事实不同的规范效果，即"指引人之行动的规范对于行动者而言所具有的力量强度"④不同。司法解释性

---

① 该规定主要是对查封、扣押、冻结的涉案财产的执行规定，涉及的《刑事诉讼法》条文主要是第245条第3款"人民法院作出的判决，应当对查封、扣押、冻结的财物及其孳息作出处理"与第245条第4款"人民法院作出的判决生效以后，有关机关应当根据判决对查封、扣押、冻结的财物及其孳息进行处理。对查封、扣押、冻结的赃款赃物及其孳息，除依法返还被害人的以外，一律上缴国库"。

② 该规定就减刑、假释的办理程序作出了细化规定，主要针对的《刑事诉讼法》条文是第273条第2款："被判处管制、拘役、有期徒刑或者无期徒刑的罪犯，在执行期间确有悔改或者立功表现，应当依法予以减刑、假释的时候，由执行机关提出建议书，报请人民法院审核裁定，并将建议书副本抄送人民检察院。人民检察院可以向人民法院提出书面意见。"

③ 该规定针对的《刑事诉讼法》事项载于第2条，其规定："刑事案件中的相关人员对公安机关作出的驳回申请回避、没收保证金、对保证人罚款、不予立案决定不服，向公安机关提出刑事复议、复核申请，公安机关受理刑事复议、复核申请，作出刑事复议、复核决定，适用本规定。"

④ 朱振：《强制与解释法律规范性》，《北大法律评论》2017年第2期。

文件的事实性效力差异巨大，某些文件基于超过司法解释的事实性权威，获得了极强的规范效果，此时，司法者往往径行适用"无法律效力"的司法解释性质文件，反而有意忽略"有法律效力"的司法解释。在规范内容冲突的场合，类似做法虽几乎已成"惯例"，但这却造成了理论与实践的重大矛盾。质言之，以缺乏制度性权威的非正式法源架空正式法源，无论如何都是违背法治原则的。①

此外，部分解释在实践中还极有可能为办案机关所忽略。在以法典化整体解释为主的刑事诉讼规范体系下，办案人员仅根据整体解释处理案件的情况非常普遍。整体解释内容丰富、便于查阅、具有效力，以之办案通常不生问题。当整体解释使公安司法人员养成路径依赖后，部分解释的存在感便会变得相当薄弱。同时，由于部分解释的数量较多且存在重叠，并非所有的办案人员都能准确找到对应规范并予以适用，进而，对于同一事实适用不同规则的现象难免出现，这反而不利于统一办案标准。换言之，试图以部分解释解决整体解释的适用问题、更新整体解释的实质内容之努力，在司法实践中未必能达成实效。

三　单一之刑事诉讼法条

针对某一刑事诉讼法条文的细化规定，本书略称其为单一解释。宽泛地看，在整体解释与部分解释中，除纯粹增设规则的内容（如变更起诉制度、补侦提纲制度）外，许多条款都可在《刑事诉讼法》中找到对应法条，它们也可被理解为单一解释。但在此处，我们对单一解释作更狭义的理解，以便在形式上与前两类解释区分。简言之，单一解释是司法解释制定机关针对一个或数个刑事诉讼法条文作出的规定，主要体现为批复、答复等。客观上讲，考虑到

---

① 参见聂友伦《司法解释性质文件的法源地位、规范效果与法治调控》，《法制与社会发展》2020年第4期。

《立法法》第 119 条第 1 款要求司法解释"应当主要针对具体的法律条文",针对单一法条之适用问题所作解释,似乎最为符合法定的司法解释形式。然而,这类解释虽然形式上能普遍适用,但对于请示的个案而言却是具体的,在诉讼活动中对法条进行解释本是办案人员的责任,最高司法机关以批复等方式作出的规定,似乎有违司法机关独立行使职权原则之嫌疑。①

(一) 单一解释的样态

单一解释系指司法解释制定主体针对法律条文作出的专门规范性说明,此类解释大体包括批复与答复两种。批复类型,如 2016 年最高法《关于适用刑事诉讼法第二百二十五条第二款有关问题的批复》(以下简称《死刑案件发回问题批复》)、2013 年最高检《关于审查起诉期间犯罪嫌疑人脱逃或者患有严重疾病的应当如何处理的批复》、1998 年最高检《关于如何适用刑事诉讼法第二百二十二条的批复》等。答复类型,其制定主体主要是"两高"各自下属的研究部门或业务部门,如 2014 年最高法研究室发布的《关于交通肇事刑事案件附带民事赔偿范围问题的答复》、2002 年最高检法律政策研究室发布的《关于对同案犯罪嫌疑人在逃对解除强制措施的在案犯罪嫌疑人如何适用〈人民检察院刑事诉讼规则〉有关问题的答复》、2001 年最高法研究室发布的《关于监视居住期间可否折抵刑期问题的答复》等。

单一解释与整体解释、部分解释的外观有显著差异。首先,单一解释体量小,一般仅以简短语句对法律规范进行扼要说明。由于单一解释涉及的对象是明确的法律条文,内容毋庸长篇大论,体例无须分列条款,更不必分为章节。其次,单一解释的制定通常以存

---

① 任何形式的司法解释都将减损司法机关行使职权的独立程度,只不过单一解释对独立行使职权原则的侵入最为明显而已。中央机关通过司法解释向下级机关传递意志,下级机关基于制度与事实两方面的原因而不得不执行这些规范,此时,某种规训机制便随之形成。作为权力的规训结果,机关内部的科层结构将得到强化,而这无疑会削弱下级机关独立行使职权的能力。

在法律适用问题的请示为前提。制定机关很少主动作出针对个别法条的单一解释，这是其与法律执行机关之间的分离导致的，若不具体办理案件，自无发现具体法律适用问题的可能，故单一解释的来源几乎都是各地法院、检察院逐级上报的实践问题。最后，单一解释的载体通常体现为信函样态。① 不论是批复还是答复，文件的抬头皆为提交请示的单位，文件的内容一般是针对问题的分点说明，文件的结尾则注明"此复"。

应予注意，批复与答复虽皆为单一解释，但性质仍有所不同。一般而言，除了极个别文件②，"批复"作为"两高"各自《司法解释工作规定》明确的一种法定司法解释类型，是严格意义上的司法解释，具法律效力；而"答复"则是由最高法、最高检内设部门作出，如研究室、刑事审判庭等，因其并非司法解释法定制定主体，故"答复"只能被视作司法解释性质文件，系无制度性权威的非正式法源。

（二）单一解释的功能

如果说《刑事诉讼法》整体解释是"部门法典"、部分解释是"单行法规"，由下级请示而触发的单一解释，毋宁说更像真正的"司法解释"。不论是整体解释还是部分解释，都是由司法解释制定机关预先作出的抽象性规范，必然带有浓厚的立法性质。但是，若回归作为法律解释权转授依据的法律法规，不难发现整体解释与部分解释，都不太属于1981年《决议》中针对"具体应用法律、法令的问题"的解释或《立法法》中所规定的"具体应用法律的解释"——这是学者们早已发现的问题——"司法解释中的绝大部分内容，都是脱离具体案件、脱离具体的法律条文进行的全面、系统

---

① 使用信函格式的司法公文有三种类型，大体包括上级对下级的"批复"、下级对上级的"请示"、同级之间的"函"。参见《人民法院公文处理办法》第9条。

② 例如，2013年最高法刑二庭《关于辩护律师能否复制侦查机关讯问录像问题的批复》、2000年最高检《关于"骨龄鉴定"能否作为确定刑事责任年龄证据使用的批复》等。

且抽象的解释"[1]。

若对"具体应用"与"解释"作严格理解，司法解释至少应有如下特征：一是被动性，即只有在存在现实问题的情况下，才有进行司法解释的空间；二是解释性，即司法解释只能对法律进行"解释"，其权力空间须限缩于"立法的目的、原则和原意"之下，不能随意超越法律创设规则。但是，无论整体解释还是部分解释都不具备上述特征。如有学者指出，司法解释的解释程序具有主动性，"两高"往往倾向于将司法解释视为法律的配套规定，不待法律正式施行就准备好相关规范；司法解释的解释内容具创制性，在许多情况下，制定出的司法解释随意超越法律，甚至与法律的原意存在矛盾。[2] 相较于整体解释和部分解释，单一解释更加符合司法解释的上述特征：一方面，单一解释的制定以存在规范适用问题为前提，办案机关发现问题后以请示的方式层报最高司法机关，再由后者作出规定，这体现了程序的被动性；[3] 另一方面，最高司法机关针对法律适用问题的请示，通常是以明确具体办案依据或裁判依据的方式处理，即在批复或答复中规定请示情形中应当适用的法律、司法解释，一般不创设新规则，而是在解释已有规则。[4]

由于司法解释已对《刑事诉讼法》进行职能化拆解，司法人员在办理刑事案件时，作为办案依据的规范通常以整体解释为主体、部分解释为补充，但若其面临的法律适用问题未得前述预制规范所涵盖，一切又将回到法律条文待解释的初始状态。尽管制定机关已穷思极想，对《刑事诉讼法》预先作出整体解释与部分解释，但客观上的法律适用问题无法被完全预知并事先处理，一旦出现预料之

---

[1] 陈林林、许杨勇：《司法解释立法化问题三论》，《浙江社会科学》2010年第6期。
[2] 参见袁明圣《司法解释"立法化"现象探微》，《法商研究》2003年第2期。
[3] 参见侯学宾《司法批复衰落的制度竞争逻辑》，《法商研究》2016年第3期。
[4] 参见张建军《法律解释方法在最高人民法院批复中的运用》，《西北大学学报》（哲学社会科学版）2015年第1期。

外的问题，如何解决不无疑问。由是之故，司法解释制定机关保留了单一解释这种司法解释模式，①将其功能定位于整体解释与部分解释的"查漏补缺"。例如，《死刑案件发回问题批复》解决的是不核准死刑案件之发回的问题。2012年《刑事诉讼法》第225条（现第236条）规定，在原判事实不清、证据不足的情况下，第二审法院可以选择先撤销原判，再将案件发回原审法院。2012年《刑事诉讼法》第239条（现第250条）规定，对于不核准死刑的，最高法可以发回重新审判或者予以改判。实践中的问题是，当最高法不核准死刑并将案件发回第二审法院，第二审法院能否再将案件发回原审法院重新审判？2012年《高法解释》对此未作说明，构成了预制规范的遗留问题，此时通过单一解释的模式作出批复，明确"原则不发回、例外才发回"，②及时解决了前述具体法律适用问题。

（三）单一解释的质疑

虽然单一解释在解释程序内容上，较整体解释与部门解释更加符合法律对司法解释的界定，但这并不表明单一解释模式没有问题。事实上，以批复类司法解释为代表的单一解释，本身乃脱胎于法制建设初期的案件请示制度，其生存土壤是当时法律制度严重缺乏的

---

① 在中华人民共和国成立初期以及1955年《决议》后的很长一段时间，"如何具体应用法律、法令的问题"的解释基本上都是以单一解释（或个案解释）的模式出台的。规范性的整体解释、部分解释，反而是在1981年《决议》后才逐渐出现，进而成为主流的。

② 《死刑案件发回问题批复》指出："原则上不得再发回第一审人民法院重新审判；有特殊情况确需发回第一审人民法院重新审判的，需报请最高人民法院批准。"该批复符合体系解释的结论，也保留了一定程度的灵活性。最高法院不核准死刑而第二审法院又欲发回原审法院审判的，表明案件存在"原判决事实不清楚或者证据不足"的事由。但是，最高法已将案件发回第二审，说明此前第一审、第二审的判决存在问题，已被最高法院撤销。此时，由于第一审判决已被撤销，第二审法院无法再次"裁定撤销原判"，从而发回原审人民法院重新审判，只能"在查清事实后改判"。不过，由于最高法院可以选择将案件发回第一审法院或第二审法院，因而，经第二审法院报请最高法院批准后，则可以将案件再次发回第一审法院，此时视作案件直接由最高法院向第一审法院的发回。

状况。彼时的立法不仅操作性差、原则性强，且数量有限，而政策所特有的灵活性、去程序性特质，不但使普通群众无法了解实体及程序性规定，连司法人员也很难准确掌握基本的司法标准——如此一来，便只能遇到问题件件请示。① 然而，在中国特色社会主义法律体系已经形成的当下，请示报告制度及单一解释模式，是否仍然符合目前法治环境的要求？按理说，对于法律适用问题，司法机关应当依职权对法律、司法解释进行解释，并将事实归摄于规范，不得因规范缺乏拒绝适用法律。② 既然刑事诉讼法制已经日臻完备，相关司法解释数量亦汗牛充栋，司法人员在办理刑事案件时，何以因程序问题再行请示？

在当下，单一解释的必要性是存疑的，而且，其实践可能造成一定的结构性问题。单一解释的内容本是办案人员需要处理的、在实践中得出的结论，而由中央机关代行职责，未免导致司法系统权力运作混乱。

一方面，单一解释有损司法机关独立行使职权原则。中央机关代行办案机关职权，以单一解释替代"司法中的解释"，将造成司法系统权力错置，即最高司法机关以立法权方式行使了本该由办案机关独立行使的司法权。以审判机关为例，《宪法》第 131 条规定了人民法院独立行使审判权的原则，第 132 条明确了最高法与以下各级法院、上级法院与下级法院之间监督与被监督的关系，这表明，在下级法院具体的审判工作中，并无上级法院介入的空间。申言之，在办理刑事案件的场合，案件的承办法官应当依据法律、司法解释等正式法源，通过法律解释方法，实现由大前提之规范到小前提之事实的涵摄，最终作出正确的司法决定，上级法院乃至最高法不得干预。然而，请示与批复制度的存在，使司法权成为由单一解释连

---

① 参见汪世荣《司法解释批复四题》，《法律科学》2000 年第 4 期。
② 参见李浩《民事诉讼制度改革研究》，安徽人民出版社 2001 年版，第 293—294 页。

结的办案法院司法权与最高法司法解释权的复合型态，难免突破司法权独立行使原则。更重要的是，在司法体制改革背景下，请示批复制度及单一解释造成权责分离，为上下级法院推诿责任留下空间，这对于司法责任制的构建完善极为不利。①

另一方面，单一解释不利于司法人员职业素养的提升。最高司法机关代行"司法中的解释"职能，可能令司法人员养成对请示与批复制度的路径依赖。"法律的生命不是逻辑，而是经验。"② 在大陆法系国家，司法人员的职业素养主要体现于法律解释能力，而运用法律解释方法对规范进行妥当解释的能力，非假以时日在实践中不断积累经验，难以得到有效提升。前文已述，由于司法解释的制定机关已将《刑事诉讼法》预制为整体解释与部分解释，使得办案人员在绝大多数法律适用场合都无须诉诸实质的法律解释方法，缩减了法解释学的实践空间，不利于司法人员职业素养的形成。单一解释，即法律适用的请示批复制度，更将上述空间压缩至极为狭窄的地步。这造成了恶性循环。当出现整体解释与部分解释无法解决法律适用问题，承办人员可能会将问题上报，等待上级机关答复而避免解释操作，这导致司法人员业务能力无法得到提升。随之而来的是，由于司法人员的业务能力依然维持在较低水平，就会有一些根本难以称作法律适用问题的事项，被当作法律适用问题汇报上去。例如，前述《死刑案件发回问题批复》涉及的问题，通过文义解释与体系解释方法对《刑事诉讼法》第 236 条、第 250 条进行解释操作，便可得到切合法律原意的结论，而案件办理机关将之层层上报至最高法，无外乎职业素养不高、解释能力不强的表征而已。③

---

① 参见刘风景、温子涛《批复类司法解释的走向》，《人民司法》2014 年第 3 期。
② ［美］小奥利弗·温德尔·霍姆斯：《普通法》，冉昊、姚中秋译，中国政法大学出版社 2006 年版，第 1 页。
③ 应当承认，司法人员在已有解释结论的情况下，仍可能故意将法律适用问题上报，这是中国的科层制司法体系与施行广义司法责任制度所造成的必然后果。

第三节 司法解释导致的"解法典化"现象

根据前两节的论述，不难看出作为基本法律的《刑事诉讼法》已被司法解释所拆解。从纵向上看，各司法解释的制定机关按职权将《刑事诉讼法》中的相关内容予以析出，并对法律进行规则细化或规范新增。从横向上看，针对不同对象，刑事诉讼司法解释形成了整体解释、部分解释与单一解释三种类型，各办案机关面临的法律适用问题，将由办案机关所属的中央机关予以解决。就结果而言，《刑事诉讼法》已被最高法、最高检、公安部等司法解释文件的制定机关彻底解构。在法典解构后，《刑事诉讼法》在一定程度上失去其原有法治价值，从办理刑事案件应遵循的具体规范，退化为徒有形式的抽象宣示，不再是一部发挥实质作用的法律。当然，司法解释导致的解法典化现象并非仅关涉刑事诉讼法律部门，在民事诉讼、行政诉讼乃至实体法领域或多或少皆有体现。

一 刑事诉讼法解法典化的表征

所谓"解法典化"（Decodification），系指相对于法典化的反向过程，其字面意思是将现存法典"拆散"（Deleave）。[1] 解法典化现象最初出现在民事领域。进入20世纪以来，众多已有民法典的国家开始使用特别立法调整法典所涉事项，大量特别立法确立了如劳动关系、知识产权、公司行为、证券交易等有别于法典本旨的法律制度，它们不仅构成法典的补充，更直接与法典相竞争。[2] 在中国，刑

---

[1] 参见梁慧星《再谈民法典编纂的若干问题》，载何勤华主编《民法典编纂论》，商务印书馆2016年版，第103页。

[2] 参见［美］约翰·亨利·梅利曼、［委］罗格里奥·佩雷斯·佩尔多莫《大陆法系》（第三版），顾培东、吴荻枫译，法律出版社2021年版，第171—173页。

事诉讼法律部门中并无相互竞争的立法，但法典被司法解释拆散的结果又是显而易见的。

作为概念提出者的伊尔蒂认为，解法典化有如下渐进表现：首先，法典外出现大量特别立法；其次，特别立法将某些原本受法典规制的事项析出并归于其调整；最后，特别立法在析出的范围内形成自洽体系，而这些体系与法典本身之价值、逻辑有所不同。① 穆里约指出，解法典化描述了这样一种现象：法典之外的特别立法激增，后者从前者涵盖的领域"挪走"了大量内容，进而构建起全新的、不能容于法典结构的微观系统。② 从既有文献来看，几乎"所有关于解法典化的论述中都认为存在于法典之外的特别法是导致解法典化的直接原因"③。

与大陆法系国家民法典的解法典化相较，中国的法律往往并非由严格意义上的特别立法，而是由司法解释拆散的。鉴于司法解释的立法性质，且考虑到其内容须符合立法目的、原则和原意，将法律和司法解释的关系表述为上位法与下位法，可能更易为人理解。④ 不过，若非要以"一般/特别"这对二元符码标示，司法解释仍得作为法典外的特别立法加以认识。从结果看，司法解释确已导致实践中法典悬置，它比域外学者语境中的解法典化有过之而无不及，对《刑事诉讼法》而言尤是如此。

以梅利曼的论述为参照，有助于理解司法解释属于特别立法，也有助于厘清《刑事诉讼法》解法典化的过程。他写道：其一，特

---

① 参见［意］纳塔里诺·伊尔蒂《解法典的时代》，薛军译，载徐国栋主编《罗马法与现代民法》（第四卷）（2003年号），中国人民大学出版社2004年版，第88—100页。

② 参见［秘鲁］玛丽亚·路易莎·穆里约《大陆法系法典编纂的演变：迈向解法典化与法典的重构》，许中缘、周林刚译，孙雅婷校，《清华法学》2006年第2期。

③ 瞿灵敏：《从解法典化到再法典化：范式转换及其中国启示》，《社会科学动态》2017年第12期。

④ 王利明：《论〈民法典〉实施中的思维转化——从单行法思维到法典化思维》，《中国社会科学》2022年第3期。

别立法的产生并非与法典完全无关，许多特别立法是依据法典制定的，只不过是在外部调整法典涉及的事项；其二，特别立法的内容，一部分系对法典条文的具体化，明确既有规范的适用，另一部分大致属于对法典的变通，其构建了与法典异质的制度，与法典意旨不甚契合；其三，特别立法在某种程度上还包含法官造法——法典规定粗放、欠缺实施意义，使法官不得不根据个案裁判创设适用的"法律"——此时规范亦将改变。① 将刑事诉讼司法解释代入，不难发现其与特别立法颇为相似：其一，司法解释根据《刑事诉讼法》制定，其调整的法律关系范围处于法典之内；其二，有些司法解释对《刑事诉讼法》条文进行细化，有些新增了法律未规定且无法解释得出的规则与制度；其三，司法解释的司法机关内部规范属性，与法官造法有某种相通性。是故，刑事诉讼司法解释也会造成特别立法导致的解法典化效应。

与域外民法典的解法典化不同，司法解释对《刑事诉讼法》的拆解更加彻底。就前者而言，即便存在大量特别立法与法官造法，民法典中的大多数规范依然具有规范实效。换言之，民法典在经历解法典化后，虽已退却为了略显边缘的"剩余法"，② 但司法者仍有必要在大多数案件中诉诸其规范内容。对于后者，公、检、法等机关出台的整体解释将《刑事诉讼法》拆分为数个针对各自职能的"部门刑事诉讼法"，再加上作为整体解释补充的部分解释，以及对具体法律适用问题有求有应的单一解释，办案人员几乎不再需要正式的法律。申言之，由于各类司法解释基本满足了公安司法人员对办案依据的规范需求，使得《刑事诉讼法》连"剩余法"的地位都难以确保，直至成为事实层面被"悬置"（Iustitium）的法律。不

---

① 参见 [美] 约翰·亨利·梅利曼、[委] 罗格里奥·佩雷斯·佩尔多莫《大陆法系》（第三版），顾培东、吴荻枫译，法律出版社 2021 年版，第 171—173 页。

② 参见陆青《论中国民法中的"解法典化"现象》，《中外法学》2014 年第 6 期。

过，在形式上，《刑事诉讼法》仍将起到为诉讼活动提供权威依据的作用，即便公安司法人员完全依据司法解释办结案件，依然需要在各类正式文书中援引法律条文，因而，刑事诉讼法的解法典化还具有一定的潜在性。

二 刑事诉讼法解法典化的成因

宏观上看，法典一旦颁行即面临解构风险，这是由其性质所决定的。为满足体系性与安定性的要求，法典必须具备相当程度的稳定性。规范一经编列固定于法典中，除非有重大事由（如合宪性问题）及合理性依据，立法者不太可能对其进行修正或删改。在法典施行后的一段时间内，纵然出于社会发展或政策更迭等原因导致法典内容不再适应实践，决策者通常也仅会出台补救措施以维护法典体系的运转，如制定单行立法、立法性决定或出台立法解释、司法解释等，这些规范构成了法典解构的推动力。简言之，"'解法典化'现象的根源在于现代社会的复杂性所导致的立法膨胀"。[①]

不过，在微观层面，《刑事诉讼法》之所以出现如此彻底的解构现象，仍然存在发生学上的特殊性。为明确其特殊成因，须依序回答"为何需要解法典化""解法典化何以可能"以及"解法典化如何发生"三个问题。

首先，《刑事诉讼法》条文的粗疏创造了解构法典的需求。虽然任何法典都有解法典化的风险，但这种风险却未必会迅速得以现实化。例如，《拿破仑法典》颁行于19世纪初，直到20世纪中叶，法典解构现象才开始成规模出现。究其内因，主要是法典规定较精细，能长期满足法律关系调整的需要。反之，法典的条文越粗疏，规范密度越小，被拆解的可能性越高。1979年《刑事诉讼法》实施后不

[①] 石佳友：《解码法典化：基于比较法的全景式观察》，《比较法研究》2020年第4期。

久，便涌现大量有关刑事案件办理的司法解释文件，实际起到补充立法、二次规范的作用。①《刑事诉讼法》被司法解释迅速拆散的主要原因是，一方面，法典条文粗疏、不便操作，程序未细化、缺乏实践检验，业务水平参差不齐的公安司法人员很难据此妥善办理案件；另一方面，因法典条文粗疏引发的规范模糊，扩张了办案机关的裁量权，其在诉讼活动中往往采取于己有利的解释，导致规范价值无法实现。有学者指出，《刑事诉讼法》具体化、清晰化不足，一是条文数量过少，无法支撑起一整套完备的诉讼制度，二是条文表述含糊，具体的司法实践中经常产生理解和适用分歧，这些问题最终都将留给司法解释处理。②

其次，法律解释权的碎片化使《刑事诉讼法》的解构成为可能。解法典化由成规模的特别立法引发，若无生成特别立法的机制，则法典解构依旧缺乏可能性。刑事诉讼法的解法典化主要由司法解释完成，此处的机制即是包括司法解释在内规范性文件的制定制度。根据现行体制安排，全国人大常委会法工委、最高法、最高检、公安部等中央部委皆得以解释的名义，较不受限地制定司法解释文件。在法律条文粗疏的背景下，碎片化的法律解释权使得司法解释主体——次级的立法者——有权主动、预先对本部门将会适用的规范内容进行阐释、细化乃至增补。由此，刑事诉讼司法解释成为法典外的特别立法，随着解释数量的累积，引发后续的法典解构现象。质言之，现行的司法解释制度构成了刑事诉讼法解法典化的必要前提。

最后，公安司法机关的科层制组织架构与刑事诉讼的分工负责原则加速了法典解构。若仅存在前两项因素，解法典化可能发生，但不必然导致法典的彻底解构。刑事诉讼领域的特殊性在于整个法

---

① 参见万毅《法典化时代的刑事诉讼法变革》，《东方法学》2021 年第 6 期。
② 参见陈光中、于增尊《关于修改后〈刑事诉讼法〉司法解释若干问题的思考》，《法学》2012 年第 11 期。

典的完全肢解——办案人员只需把握部门的司法解释规定即可。这种效应一方面源自公、检、法机关各自条线的科层制结构，另一方面则受刑事案件办理分工负责原则的影响。在科层制系统中，最高机关为便于垂直管理，本就有出台内部规范的倾向，而组织成员则会逃避到这些内部规范中，要求为其提供稳定的行为预期，减少乃至消除工作中的不确定性与错误风险。加之《宪法》对刑事案件办理的明确分工，公安司法机关"各管一摊"的分隔倾向更加强化。在此基础上，刑事诉讼机关不遗余力地拆解《刑事诉讼法》，将涉及本机关职权的规范从法律中抽出，按照法典体例"编纂"各自适用的"部门刑事诉讼法"，以及联合制定涉及共通规范的"单行刑事诉讼法"，最终使刑事诉讼法的解法典化成为现实。

第四章

司法解释的制度逻辑

任何制度形成,背后都存在一定的支配性因素。回答司法解释制度何以形成这一问题,有助于深入厘清制度的建构基础、发展脉络甚至未来样态。一方面,制度为国家机关与社会主体提供解决问题的途径,在相关领域塑造了行为者的行为方式,继而直接对国家治理的运行情况与最终结果造成影响。[①] 另一方面,制度应与经济基础相匹配,稳定的制度是一种演化的结果,其实践性表明它与社会关系的契合程度。[②] 司法解释制度发端于一定的需求,其稳定存在的事实很大程度上表明了需求的持续与不可化约。本章将这些需求归结于社会、政治与历史三个相互重叠又有所递进的维度。

第一节 司法解释制度逻辑的社会维度

司法解释制度逻辑的社会维度,是指社会层面诸因素对司法解释制度形成与发展的影响。制度根植于社会之上,是社会复杂关系

[①] 参见周雪光《中国国家治理的制度逻辑:一个组织学研究》,生活·读书·新知三联书店2017年版,第9页。

[②] 参见张立进《政治学视阈的制度文明研究》,群言出版社2015年版,第172—179页。

与价值取向的外在表征。依历史唯物主义的观点,什么样的社会就会形成什么样的制度,而合适的制度,又会反哺孕育它的社会基础。司法解释制度无外乎生成于社会文化的圜局之中。就结论而言,司法解释制度发端于某些社会性因素,其功能必然与社会及其既有主体的需要相契合:第一,出于法制统一的固有价值,无论是社会公众、执法机关还是决策机构,都对法律解释存在需求;第二,基于法律职业理论,[1] 办案主体无法获得额外激励的情况下,将尽可能逃避承担责任,而司法解释对法律规范的预先明确,使办案主体能有效规避因法律适用错误或失当导致的司法责任;第三,为了保持国家治理的弹性,需要依靠灵活度高的措施,在依法治国的语境下构建司法解释这种介于政策与法律之间的规范性制度体系,也是司法解释赖以形成发展的重要组织社会学背景。

一 法律解释的实践需求

司法解释制度的构建基础是释法需求的稳定存在。如果将法律的功能理解为"稳定规范化预期"[2],那么法律解释的需求将散在于整个社会系统。概言之,社会生活充满行为的可能性,行为的过程必然包含选择。任何选择都存在风险,为了防止风险的现实化,保障行为指向主体意欲达成的结果,便需要一套系统来处理社会的预期问题。法律正是这样一种系统,其功能乃选择值得保护的预期

---

[1] 该理论认为,法官以及其他司法办案人员相对其他劳动者没有本质差距,因此学者可以从工作效率、薪资、晋升机制等执业境况出发研究司法决策,参见[美]李·爱泼斯坦、威廉·M.兰德斯、理查德·A.波斯纳《法官如何行为:理性选择的理论和经验研究》,黄韬译,法律出版社2017年版,第4页。一些经验研究证明了这些影响的存在,参见 Sverre A. C. Kittelsen and Finn R. Førsund, *Efficiency Analysis of Norwegian District Courts*, 3 Journal of Productivity Analysis 277, 277-278 (1992); Martin R. Schneider, *Judicial Career Incentives and Court Performance: An Empirical Study of the German Labour Courts of Appeal*, 20 European Journal of Law and Economics 127, 139-140 (2005)。

[2] 参见[德]尼克拉斯·卢曼《法社会学》,宾凯、赵春燕译,上海人民出版社2013年版,第134页。

并使之实现。① 但是，在法律表达模棱两可乃至缺乏必要规范后果的情况下，其功能依旧无法精准实现。这时，法律解释的需求出现了，它要求法律解释者明确法律规范的结构，厘清适用事实与产出结果，从而稳定社会的规范化预期。正如学者所言，法律要得到正确且妥善的适用，势必需要实施机关对其进行"常态化、权威性的解释"②，这即是以上需求的侧面表达。

（一）社会主体对法律解释的需求

对法律解释的需求弥散在社会系统的各种场合。社会主体有效的守法行为，以明确的规范指引为前提，当法律表意不明或存在空缺，法律解释即为必要。申言之，社会主体对法律解释的需求，与其对法律的需求具逻辑上的同质性。缺乏明确性的法律，在任何社会都难以起到实效，而在"宜粗不宜细"立法观念下产出的法律更是如此。欲使社会主体遵守与尊重法律，就应使其明白法律规范的精确意涵，令其知晓何种法律事实会产生何种法律效果，为此，粗疏的法律必须得到细化的解释。

一般而言，作为"限权法"的《刑事诉讼法》，它的直接规制对象虽是"国家刑罚权的实现活动"，即国家机关在刑事诉讼中的权力，③ 但统一、普遍的法律性质使其具有对世效力。质言之，《刑事诉讼法》不仅要让执法主体明白何种权力被限制、何种行为是允许的，也要让社会主体知晓法律的规范表达。一方面，民众亦可能随时落入刑事司法的"齿轮"，被绞磨得粉身碎骨，④ 若其不清楚《刑

---

① 参见罗文波《预期的稳定化——卢曼的法律功能思想探析》，《环球法律评论》2007年第4期。

② 张文显：《法理：法理学的中心主题和法学的共同关注》，《清华法学》2017年第4期。

③ 参见易延友《刑事诉讼法——规则、原理与应用》（第四版），法律出版社2013年版，第18页。

④ 参见［德］汤玛斯·达恩史戴特《法官的被害人：德国冤案事件簿》，郑惠芬译，卫城出版社2016年版，第28—31页。

事诉讼法》的规定，抑或不懂得规定意涵及其适用方法，国家刑罚权的潜在对象——不特定的民众——就无法有效保障自己的权利，毕竟，指望国家机关毫无保留地执行限制其权力的法律是不切实际的；另一方面，对权力的限制也就是对权利的确认，为了贯彻宪法"国家尊重和保障人权"之宗旨，也有必要将《刑事诉讼法》解释得明白透彻。总之，法律的粗疏使得依靠"法布于众"的公开效果很难落到实处，故需要对其作出解释，再经过次级的解释公布，以达成补充性的法律效果。

（二）适法主体对法律解释的需求

与社会公众相较，具体办理案件的适法主体对法律解释的需求更迫切。以刑事诉讼为例，社会公众只在特定条件、场合，才有可能卷入刑事案件，继而进入刑事司法规范的适用场域，此时，他们对《刑事诉讼法》的释法需求方为现实。刑事诉讼常规的适法主体则非如此，其适用法律的普遍性与日常性，使其释法需求比社会公众高得多。适法主体即是"法律职业共同体",[①] 包括法官、检察官、侦查人员以及辩护律师等，这类主体以法律适用为职业，进而参与刑事诉讼的各个环节。办理刑事案件时，适法主体需按照《刑事诉讼法》的要求作出相应行为，当法律规范的表达清晰明白，依法办事并无难度。问题在于，法律规范含义模糊、存在漏洞时，一些条款便难以得到实际运用或者发挥应有价值。

例如，根据1996年《刑事诉讼法》第96条第2款，在侦查阶段，"受委托的律师"（当时还未称其为"辩护律师"）有两项权利，一是向侦查机关问询情况，二是会见已被羁押的委托人。同时，本条款还对会见权规定了例外限制，如侦查人员根据案件情况可以

[①] 参见张文显、卢学英《法律职业共同体引论》，《法制与社会发展》2002年第6期；霍宪丹《关于构建法律职业共同体的思考》，《法律科学》2003年第5期；公丕潜、杜宴林《法治中国视域下法律职业共同体的建构》，《北方论丛》2015年第6期；葛洪义《一步之遥：面朝共同体的我国法律职业》，《法学》2016年第5期。

在会见中在场，会见涉及国家秘密案件的嫌疑人应事先经过批准等。就立法目的而言，该款规定无外乎在于实现"被告人有权获得辩护"的宪法要求，① 律师不能会见犯罪嫌疑人则无法实行有效辩护，这是不言自明的。申言之，会见条款是为了促进律师会见而非限制、限制公安机关权力而非扩张设置的。但是，表述的模糊性与抽象性，留给公安机关对规范曲解的空间，进而使得当时实践中的律师会见制度难以良好运作。② 这种情况下，辩护律师便对会见条款产生了解释需求，要求有权机关对此作更明确的解释。③

多数情况下，释法需求来自实际办理案件的公安司法机关，尤其是审判机关。④ 作为刑事案件的办理者，当规定明确完备时，无论公安人员、检察人员还是审判人员，径行执行程序规范即可，但若不存在规定或法律表意模糊的，案件办理则可能进退失据。以证据制度为例，《刑事诉讼法》第50条规定了八种证据的法定种类，从文义来看，似将刑事诉讼中可用的证据限定为这些类别，此外的材料皆不得作为定案根据。矛盾的是，一些能证明案件事实的材料具有新的表现形式，便难以归类至旧框架中。与1996年的旧法相较，2012年《刑事诉讼法》新增了"视听资料、电子数据"这类法定证据，可是，列举的立法技术有可能穷尽"法定证据种类"吗？⑤ 事

---

① 应予注意，某种程度上讲，虽然未被安置于宪法基本权利与义务一章，"获得辩护"也依然需要被理解为一项公民的基本权利。参见张翔《"近亲属证人免于强制出庭"之合宪性限缩》，《华东政法大学学报》2016年第1期。

② 有学者总结了律师会见权实现障碍的主要形式，包括：第一，对非国家秘密案件，增加"需要经过主管领导的批准"的会见条件；第二，以"案情重大""案情尚未查清""干扰侦查活动"等原因，拒绝律师会见；第三，随意解释"国家秘密"，将不涉及国家秘密的案件作为"国家秘密案件"；第四，增加律师持检察机关或审判机关的会见通知的条件。参见赵永林《律师会见权若干问题研究》，《法学杂志》2003年第5期。

③ 参见张定洲《律师刑事辩护"四难"及其解决》，《人民论坛》1998年第1期。

④ 参见张素莲《论法官的自由裁量权——侧重从刑事审判的角度》，中国人民公安大学出版社2004年版，第137—138页。

⑤ 参见陈瑞华《证据的概念与法定种类》，《法律适用》2012年第1期。

实上，实践中的问题已层出不穷。例如，微信或 QQ 的聊天记录，通常以截图或打印的书面方式呈现，此时它是书证还是电子数据？再如，讯问时的录音录像记录了犯罪嫌疑人的口供，它是视听资料还是犯罪嫌疑人供述和辩解？① 不同种类的证据适用不同的认证规则，证据归属不明往往会造成诉讼的障碍。② 再如，《刑事诉讼法》第 154 条规定了技术侦查所取证据的特殊认证规则，即，当证据使用存在严重风险，要么以技术方法做好保护措施，要么应允许法官对证据予以庭外核实。什么叫作"保护措施"，如何进行"庭外核实"？这些问题都有待进一步明确，而也正是因为相关司法解释的缺乏，③ 导致司法实践中大量技术侦查证据并未在诉讼中得到使用。④

可以看到，法律本身的抽象性与模糊性，不免导致适法主体在依法办事的过程中面临困境。虽然在一些场合，执行法律的公权机关在个案中随意解释法律以填补规范空缺，但这种做法既可能侵犯其他诉讼参与者的权利，也往往不符合法律应然的规范价值，更会妨害法制统一目标的实现。凡此种种，都会使适法主体产生对规范

---

① 参见郭烁《死刑案件证据适用实证研究——以 200 件故意杀人罪判决为例》，《青海社会科学》2017 年第 6 期。

② 当然，证据的法定种类是否真的存在规范性价值，不无讨论空间。有学者指出："证据法即使需要对证据种类进行区分的话，也应当选取一种符合其规范性目的的分类标准。但我国法定证据种类理论所沿用的所谓'性质''特点'等标准则丝毫没有考虑到规范的因素，这使得这种分类结果不具有法律上的意义。"孙远：《论法定证据种类概念之无价值》，《当代法学》2014 年第 2 期。

③ 在 2021 年《高法解释》出台前，唯有 2017 年最高法《人民法院办理刑事案件第一审普通程序法庭调查规程（试行）》对此进行了概略细化，规定："采用技术侦查措施收集的证据，应当当庭出示。当庭出示、辨认、质证可能危及有关人员的人身安全，或者可能产生其他严重后果的，应当采取不暴露有关人员身份、不公开技术侦查措施和方法等保护措施。法庭决定在庭外对技术侦查证据进行核实的，可以召集公诉人和辩护律师到场。在场人员应当履行保密义务。"但是，该规定并非严格意义上的司法解释，且在司法解释性质文件中也属于事实性效力最低的一类。参见聂友伦《司法解释性质文件的法源地位、规范效果与法治调控》，《法制与社会发展》2020 年第 4 期。

④ 参见程雷《技术侦查证据使用问题研究》，《法学研究》2018 年第 5 期。

解释的需求。总之，法律需要给适法主体带来规范化的期待，当这种期待不能落实，统一的法律解释就成为一种当然的选择。

（三）中央机关对法律解释的需求

作为决策者的中央机关为使司法系统正常运转、实现"同案同办"之公平公正的要求，必须采取一定方式消除法律条款粗疏带来的理解与适用分歧，而司法解释正是在该语境下被创造出的制度。

司法解释制度的主要目的在于统一法制，而法制统一包含由浅至深两层内涵。浅层内涵指国家层面存在可供适用的法律规范，深层内涵指既有的法律规范能够得到统一执行。改革开放以来，立法工作在中国共产党的领导下取得了一系列重要成就，中国特色社会主义法律体系已经形成，有法可依的目标基本实现。[1] 然而，基于法制建设初期"立法宜粗不宜细"的观念，立法机关制定的法律规范往往要言不烦，虽有助于加速法律体系的构建，但也随之使规范呈现出粗疏与模糊的特征，难免导致国家机关与社会主体在理解与适用法律时产生困惑。[2] 由于当时制定或预期制定的法律过于抽象化，导致法制统一的深层价值无法实现，故决策者势必需要构建一套专门针对法律实施问题的解决方案。此时，中央机关的任务之"维护法制统一"随即进阶为"解决法律的适用问题"。

按照1954年《宪法》的制度安排，处理此类问题的职权被称为"解释法律"，由全国人大常委会行使。但在1982年《宪法》赋予全国人大常委会立法权后，"制定和修改""补充和修改"法律与解释法律之间的界限逐渐模糊。通常法律粗疏的问题由立法完善，或由法官在实践中个案释法。不过，由于法律的粗疏程度过高，加之"四级两审制"的阻碍与判例制度的缺失，决策者只能采取立法手段解决问题。考虑到立法的相对稳定性，对法律不宜常态化地"制定

---

[1] 参见陈丽平、张媛《中国特色社会主义法律体系已经形成》，《法制日报》2011年1月26日第3版。

[2] 参见刘松山《中国立法问题研究》，知识产权出版社2016年版，第346页。

和修改"或"补充和修改",中央机关只能以延续与拓展"解释法律"的手段加以处理。① 质言之,只要实践中产生了较为普遍的法律适用问题,法制统一的价值实现便将受到威胁,此时,中央机关难免以解释法律纾解法律适用问题,这与社会主体、适法主体对法律解释的需求一脉相承。

二 办案主体的避责态度

法官不能以法无明文为由拒绝裁判。禁止拒绝裁判是审判制度乃至司法制度的一项基石性原则。具言之,只要案件处于审判机关管辖范围内,无论是否存在可供适用的法律规范,法官都必须针对事实或程序争议进行裁决。② 就刑事诉讼而言,由于《宪法》规定了公、检、法三机关"分工负责,配合制约"的原则,因而,检察机关与公安机关也在较弱的语境下负有禁止拒绝履行相关职权的义务。明白地说,当刑事案件发生并进入诉讼程序后,公安机关、检察机关、审判机关必须按法律的规定,走完必要的诉讼流程。在刑事诉讼中,办案机关应当依法完成一系列的诉讼行为并作出程序决定,这给行权者本身造成了业务负担。在法律条文粗疏、存在较大适用弹性的情况下,基于法律职业理论,办案人员将会尽量采取责任规避策略,降低本机关的资源投入并使预期利益最大化,而这既会与其他机关产生法律适用上的冲突,也往往损害被追诉人乃至其他诉讼参与人的权利,进而导致法律的规范目的无法实现。为防止上述风险现实化,限缩办案人员避责之空间,明确规范之权利义务关系乃可靠的应对之策,在立法之下构建专门的法律解释制度便不失为一种较为直接的解决方案。

---

① 需要重申,这里的"解释法律"本身是立法性而非司法性的,是"司法立法"而非"法官造法"。

② 参见[德]伯恩·魏德士《法理学》,丁小春、吴越译,法律出版社 2003 年版,第 358 页。

(一) 法律模糊下的怠职倾向

将动态的案件涵摄于静态的规范，必须经过适法者的解释——规范不可能自动适用于事实。正如拉伦茨指出的那样："解释是一种媒介行为，借助解释，解释者使得在他看来有疑义的文本的意义，变得可以理解。对于适用者而言，恰好就是考虑规范对某类案件事实的适用性时，规范文本变得有疑问。"① 法律解释的场域，理应存在于法律的实施环节，其核心关切乃是处于模糊状态的法律规范。② 换言之，当法律规范的表意模糊不清，为解决案件事实的法律适用问题，适法主体需要对法律进行解释。在一个完备的法律系统中，法律规范的模糊之处往往是立法者有意为之，其目的在于给适法者提供裁量空间，以便解决某些疑难复杂案件，但在中国，法律表意模糊之目的似乎并不在此，中央决策层依然不希望办案机关享有过大的裁量权。

一方面，由于办案人员的法治意识不强、职业素养不高，大量适法主体无法准确地对法律规范进行理解与适用。例如，《刑事诉讼法》规定了五类强制措施，但对于将犯罪嫌疑人带到办案场所应使用的到案措施，实践中侦查人员似乎并不清楚。笔者曾在调研中发现，大部分公安人员在抓捕犯罪嫌疑人尤其是现行犯时，并不明确其适用的是何种措施、其行为是根据哪一条法律作出的。虽然侦查人员的法律意识不足，但出于追究犯罪的热情或对业绩考核的考虑，仍会径行作出职业判断。然而，不同的强制措施对应着相异的适用条件、手续要求与程序后果，在依据不明的情况下执行干预处分，很难说是符合法律要求的活动。有公安人员表示，抓捕犯罪嫌疑人采取的是"传唤"措施，依据是《刑事诉讼法》第 119 条之规定；

---

① [德] 卡尔·拉伦茨：《法学方法论》（全本·第六版），黄家镇译，商务印书馆 2020 年版，第 393 页。

② 参见刘平《法律解释：良法善治的新机制》，上海人民出版社 2015 年版，第 36 页。

也有办案警察认为,抓捕犯罪嫌疑人采取的是"拘传"措施,依据是《刑事诉讼法》第66条之规定;还有人提出,抓捕犯罪嫌疑人采取的是"留置"措施,依据是《人民警察法》第9条之规定。① 可见,在规范模糊的情况下,受制于办案人员的法律解释能力,相关法律规范在执行上存在随意性,这不利于法律的规范价值实现。②

另一方面,办案人员的决策受资源投入、业绩考评、司法责任等因素影响,使其在解释法律时往往作出利己阐述。刑事诉讼中的适法主体,本质上与劳动力市场中的其他参与者无异,他们行为的影响因素包括薪水、闲暇、尊容感、满足感等。③ 概略地看,基于理性行为者的基本假设,我们可以认为,为了追求利益、防止损害,办案人员难免对模糊法律作出倾向性理解。这种倾向分为两个层次:第一,追求直接利益的倾向。办案人员对法律的解读若能使其本人获得利益,其肯定乐于为之。较典型的利益是闲暇,当办案人员通过曲解法律规范使自己不用履行某些职能时,他们便将获得这种利益。④ 第二,追求间接利益的倾向。当办案人员对法律的解释,可能影响诉讼中的其他主体,尤其是同为刑事诉讼办案者的公权机关时,通常会将与其他主体的关系纳入考量。类似情况相当普遍,前者如法院通过给辩护律师开具调查令,以替代法院调查证据的行为,后

---

① 事实上,以上理解皆存问题。对特定犯罪嫌疑人的抓捕,应当适用逮捕措施,只有在紧急情况下才能适用拘留措施。该结论可以通过体系解释与目的解释得出,在此不作展开。

② 应当承认的是,法律条文本身过于粗疏也会给办案机关造成无法解释的阻碍。例如,2012年《刑事诉讼法》新增了针对犯罪嫌疑人、被告人逃匿、死亡案件违法所得的没收程序,但此程序仅有4个条文,未能有效架构起一项新生制度的应有结构。不过,即便在司法解释对该程序予以细化后,实践适用此类程序的案件依然不多,这与外逃犯罪嫌疑人、被告人的数量形成了鲜明反差。

③ 参见[美]理查德·波斯纳《法官如何思考》,苏力译,北京大学出版社2009年版,第17—19页。

④ 对此,波斯纳等人曾以联邦最高法院的法官为例作了简要分析。参见[美]李·爱泼斯坦、威廉·M.兰德斯、理查德·A.波斯纳《法官如何行为:理性选择的理论和经验研究》,黄韬译,法律出版社2017年版,第33—39页。

者如法院配合检察院的撤诉申请同意撤诉的行为。①

出于以上两方面的原因,办案机关会产生较明显的怠职倾向——或因无法准确理解法律拒绝履行法定职责,或为自己利益故意曲解法律以规避负担法定义务。② 同时,司法责任的存在加剧了可能的怠惰状态,显然,在"不做不错""多做多错"的中国基层官僚体制固有逻辑下,激励办案人员审慎而正确地适用法律的措施并不充分。

(二) 法律解释对权责的明确

权责明确是确立工作目标、明晰工作内容、改善工作方法、提高工作效率的前提。事实上,不论是行政机构的治理,还是企业的运营管理,光讲统一领导而不讲分工赋权就没有活力和效率。③ 在刑事司法领域,由于相关规范内容的粗疏,使办案机关可以通过拒绝适用或故意曲解法律,规避妥当解释法律的责任,其根源乃法律未能对适法主体的权责作出明确细致的界分。

第一,《刑事诉讼法》为公安机关、检察机关、审判机关分配了职权,但未能完全阐明权力行使的条件、方式或程序。例如,《刑事诉讼法》第 95 条规定了羁押必要性审查制度,要求检察机关在批准逮捕后继续对羁押的必要性展开审查,一旦发现羁押必要性消失或自始不存在的,应当提出释放被羁押人或者变更强制措施的建议。准此,羁押必要性审查即为一项检察职权,但是,对该职权应当如何行使、有何程序要求却并未明确。尤其在《刑事诉讼法》第 96 条已经规定强制措施变更机制的情况下,羁押必要性审查的规范价值

---

① 应予注意,无论是调查令还是撤回起诉,都不是法定的规范内容。

② 惰怠是一个非常宽泛的概念,它不仅受到工作时间的影响,也受到工作强度(工作中需要投入的努力)的影响,还要加上各种可能影响工作舒适程度的因素,例如体力上或心理上的压力。参见 [美] 李·爱泼斯坦、威廉·M. 兰德斯、理查德·A. 波斯纳《法官如何行为:理性选择的理论和经验研究》,黄韬译,法律出版社 2017 年版,第 28 页。

③ 参见陈立之《帕金森定律》,台海出版社 2019 年版,第 90 页。

则更不明确。① 因被羁押者由看守所管理，检察机关无法实时掌握情况，故而，审查不太可能突然进行，而应具备启动条件。同时，即便存在审查羁押必要性的现实需要，是延续逮捕审查的书面封闭化方式，还是进行公开审查？② 再者，审查结果的效力规定也令人迷惑，作出逮捕决定主体本身就是检察机关，为何在后续发现已无"羁押必要性"后，反要"建议"公安机关释放或变更措施，而不直接予以撤销或变更？

第二，《刑事诉讼法》缺乏程序性后果的规定，在办案机关未严格按法定程序行使权力的情况下，法律往往对其不利后果语焉不详。相关问题有学者早在20世纪90年代就已有前瞻性研究。③ 然而，时至今日，虽然对一些明显违反诉讼规范、侵害被告权利、滋生错案隐患的程序性违法，如刑讯逼供、暴力取证等，法律规定了相应后果，但更多的程序瑕疵或者错误，则仍然缺乏制裁措施。例如，《刑事诉讼法》第81条规定，逮捕的适用应符合"具有五种法定社会危险性之一"的条件，但是，即便对明显无社会危险性的犯罪嫌疑人适用了逮捕措施，办案机关又会获致何种不利后果？法律对此没有规定。事实上，为了便利侦查办案、固定证据而强行将被告人解释为具有社会危险性的情况并不罕见。④ 比如，母亲失手将孩子摔死，检察机关以"可能自杀"为由认定其具有社会危险性，进而批准逮捕，对于这种明显不合目的的任意强制，即使得到纠正也不会招致任何不利的法律后果，甚至会被认为"有功无过"加以宣传。

---

① 《刑事诉讼法》第96条规定："人民法院、人民检察院和公安机关如果发现对犯罪嫌疑人、被告人采取强制措施不当的，应当及时撤销或者变更。"问题在于，当检察机关发现被逮捕人的羁押必要性已经消失时，依据本条规定撤销批捕决定即可，何妨再按羁押必要性审查条款"提出建议"？

② 有研究机构与最高检合作，在部分地区完成了羁押必要性公开审查的试点活动，成效较为显著。参见陈卫东《羁押必要性审查制度试点研究报告》，《法学研究》2018年第2期。目前，最高检已经出台文件，将公开审查的实践经验予以规范化。

③ 参见王敏远《论违反刑事诉讼程序的程序性后果》，《中国法学》1994年第3期。

④ 参见刘计划《我国逮捕制度改革检讨》，《中国法学》2019年第5期。

凡此各种因权责不明导致的办案机关拒绝适用法律和法律适用错误问题，势必需要回到立法上来，通过对法律内容的进一步明确予以缓解。换言之，明确法律关系中的权责，只能以立法或类似方式实现。考虑到立法的稳定性及现阶段立法技术的限制，法律的规范内容难以做到事无巨细，故而，转向制定带有立法性质的统一法律解释，可能是较为适宜的选择。[①] 从现有规范看，法律解释，主要是司法解释，确实对法律关系中权责的明确起到了突出作用。从逻辑上看，这种效应也十分明显，因为司法解释对法律的细化，必将限缩模糊条文与空缺规范为办案机关提供的操作空间，以致其无法拒绝或规避应履行的法定义务和应承担的法定责任。

三　弹性治理的政策文化

仅从释法需求与避责态度来论证司法解释制度的形成逻辑，难以在发生学层面实现有效说服。无论是满足各主体对制度的需求，还是防止执法机关拒绝履行职责，制定抽象的法律解释都可以起到相应作用，但这只是司法解释制度产生的支持理由而非必要条件。换言之，由于问题的原因在于法律规范的粗疏，所以法律解释能够处理原有的法律模糊问题。制定规范性法律解释的重点在于维护法律的稳定性，[②] 但稳定性不构成采取法律解释模式、构建司法解释制度的充分理由。因为法律的稳定性是相对的，在既有规范无法适应社会经济文化发展的情况下，法律自应得到修改或废止。而且，依据立法原意，将法律规范由模糊、缺失转化为精确、完善，也未必会大规模影响法安定性。由此，为何中国社会需要法律解释制度，而不由更为精准全面的法律直接替代抽象法律解释？

（一）"政策"与依法治国的张力

"文化大革命"结束后，党中央深刻总结了"前三十年"社会

[①] 参见聂友伦《论司法解释的立法性质》，《华东政法大学学报》2020年第3期。
[②] 参见徐向华主编《立法学教程》，上海交通大学出版社2011年版，第226页。

治理的路径偏误，提出了"为了保障人民民主，必须加强法制"①的指导思想，彻底抛弃了依靠群众运动实现人民民主专政的路线，转而朝向以法制保障民主的改革道路。随着依法治国基本方略的提出，法律这种较稳定的规范成为国家治理的基本凭依。虽然治国策略形式上由政策治国转向了依法治国，②立法机关也出台大量法律，建成了中国特色社会主义法律体系，但政策仍在治理方式中处于关键甚至核心位置——政策是党领导国家的重要方式，依然是"坚持党对一切工作的领导"③的主要抓手。本质上看，政策与法律之间并无矛盾——"党的政策和国家法律都是人民根本意志的反映，在本质上是一致的"④。即便如此，在全面依法治国背景下，形式法治已不再允许政策直接进入司法场域作为办案或裁判依据，政策须转化为正式法源才能发挥实效。法律所体现的规范目标、价值追求与党的意志是一致的，但党的意志仍需向国家意志转化，即通过法定程序使政策成为法律。例如，在司法体制改革中，党的十八届三中全会关于改革的宏观部署，便要经历上述"转化"——"司法体制改革要依法进行、于法有据"，"在法律的规范指引下进行改革"，"对于一些现行法律没有规定而又十分迫切的改革，经全国人大常委会授权进行试点，行之有效后再上升为法律"。⑤

---

① 邓小平：《解放思想，实事求是，团结一致向前看》，载《邓小平文选》（第二卷），人民出版社1994年版，第146页。
② 政策治国的优势是高效、灵活、果断，不仅可以不受以往政策的约束，也可以轻易地突破任何现行法律的约束；其缺点是法制薄弱，裁量权过大，任意性强，制度化程度低。参见周治滨、李翔宇、王科、伍颐园《现代政治学引论》（修订版），电子科技大学出版社2014年版，第59页。
③ 习近平：《决胜全面建成小康社会 夺取新时代中国特色社会主义伟大胜利》，《人民日报》2017年10月28日第1版。
④ 中共中央文献研究室编：《习近平关于全面依法治国论述摘编》，中央文献出版社2015年版，第20页。
⑤ 参见陈卫东《中国司法体制改革的经验——习近平司法体制改革思想研究》，《法学研究》2017年第5期。

政策与法律的理想关系应是：党提出政策，然后由权力机关制定、修改或完善法律，使其进入法律、具为条文，成为可供适用的正式法源。较为完整的过程参看监察体制改革。2016年党的十八届六中全会指出："各级党委应当支持和保证同级人大、政府、监察机关、司法机关等对国家机关及公职人员依法进行监督。"这种将监察机关地位前提的做法，表明决策者酝酿重大改革的意思。随后，中共中央办公厅印发了《关于在北京市、山西省、浙江省开展国家监察体制改革试点方案》这一政策性文件。继而，全国人大常委会以《关于在北京市、山西省、浙江省开展国家监察体制改革试点工作的决定》对前者进行了合法性授权。2017年，根据党的十九大精神与部署，全国人大常委会作出了《关于在全国各地推开国家监察体制改革试点工作的决定》，将监察体制改革在全国范围内推开。最后，2018年十三届全国人民代表大会第一次会议通过了《监察法》，使党的相关政策最终成为法律。

一些政策会通过上述理想方式上升为法律，而更多的政策因重要程度不足、存在时效性甚或不符合法治原则等缘由，本身很难或无法进入法律。一方面，党的政策需要发挥实效，另一方面，又要顾及依法治国的实践状况。实践中，现时的政策未必存在法律依据。"党的政策是国家法律的先导和指引，是立法的依据和执法司法的重要指导"[1]，准此，不难看出，政策先于法律，因而，在政策尚未成为法律的时候，政策系统与法律系统仍然存在张力。[2]

（二）"以解释代法"的政策弹性

法律解释制度的产生及发展，很大程度上是配合政策治国的一种应然结果。在中华人民共和国成立初期，由于法律制度极不完备且决策层未将法制作为社会主义建设重点，审判机关、检察机关、公安机关等在司法实践中往往"无法可依"。在彼时，代替法律发挥

---

[1] 李林：《论习近平全面依法治国的新思想新战略》，《法学杂志》2016年第5期。
[2] 参见张海涛《"国家法律高于党内法规"的理论反思与关系重构——一个社会宪治的分析进路》，《湖北社会科学》2020年第3期。

规范作用的准则，乃成规模的、涉及方方面面的政策性文件。公安机关、检察机关以及其他国家机关依据政策办理案件或执行职务，形式上没有严重问题，唯法院依据政策审理案件不合《宪法》的明文要求。1954年《宪法》第78条规定审判机关依法独立行使职权的原则，要求其"只服从法律"。"只服从法律"说明人民法院只能"依法裁判"，而不能"依政策裁判"，但法律的缺失又导致人民法院"无法裁判"。为解决此问题，1955年《决议》构建起法律解释制度，通过赋予最高法审委会解释法律的权限以纾解法律缺失带来的适用困难。如此一来，只要将政策与当时的法律、法令相连接，①并制定解释，司法实践便获得了可援引的规范依据。②质言之，政策通过司法解释进入司法程序，成为案件的裁判依据。

改革开放后，随着中国法制建设的进一步完善，无法可依、必须依靠政策办案的情况已逐渐消失。不过，政策在司法领域中的重要性未见降低，决策者仍在使用灵活的政策手段进行治理。在依法治国语境下，如何将政策转化为办案依据依旧是个问题。对此，决策者继续沿用1955年《决议》构建的法律解释制度，更是通过1981年《决议》将法律解释的主体从最高法，拓展至最高检、国务院及主管部门。其目的之一无外乎是在政策的法制化外，另行构建

---

① 中华人民共和国建立至改革开放这一时期的法律数量虽然不多，但法令的数量却甚为可观。参见全国人民代表大会常务委员会办公厅政法组、全国人民代表大会常务委员会法制委员会法律室编《中国人民政治协商会议第一届全体会议、中央人民政府、第一至第四届全国人民代表大会及其常务委员会制定或者批准的法律法令和其他文件目录（1949—1977）》，群众出版社1980年版，第3页以下。

② 以刑事诉讼为例，由于当时未制定实施刑事诉讼法，刑事诉讼程序大体依据《检察院组织法》《法院组织法》《逮捕拘留条例》《公安派出所组织条例》等进行，许多应由法律规定的程序事项付之阙如。此时，一旦审判出现了无法可依的问题，即需提交最高法作出解释以填补立法（代行立法）。具体个例如下，1956年1月31日江苏高院向最高法报告"关于反革命案被告人在判决未确定前病死狱中应如何处理的问题"，最高法在1956年6月26日答函"刑事案件的被告人在诉讼中死亡，如不牵连民事或其他财产问题，法院应以裁定宣告本案终止审理"。

一套非法制化或半法制化的政策实施路径——通过法律解释将政策引入法律系统，使政策成为司法解释文件，进而实际规制司法活动。

"以解释代法"，使政策进入司法领域的操作，在实践中效果显著。例如，2018年中央办公厅、国务院办公厅联合发布的《关于开展扫黑除恶专项斗争的通知》，开启了新一轮的黑恶组织治理运动。这场适时的专项斗争对刑事司法实践产生了深刻影响，但扫黑除恶的相关政策却未进入法律。"扫黑"政策乃是以司法解释的方式影响司法程序与裁判结果的。具体而言，最高法、最高检、公安部、司法部等中央机关基于"扫黑"政策出台了一系列司法解释性质文件，既涉及实体方面的定罪量刑也涉及特定案件的办理程序，包括2018年"两高两部"《关于办理黑恶势力犯罪案件若干问题的指导意见》、2019年"两高两部"《关于办理黑恶势力刑事案件中财产处置若干问题的意见》《关于办理恶势力刑事案件若干问题的意见》等。就程序而言，《刑事诉讼法》对于"黑社会"案件办理已有相关规范，除特别规定，如对黑社会性质的组织犯罪可以采取技术侦查措施、对证人可以采取证人保护措施以外，"涉黑"犯罪与其他犯罪的办理其实并无差别。然而，既然中央已作出决定，要求坚决开展扫黑除恶专项斗争，那么为保障该项政策的实效，就势必要对与扫黑除恶联系紧密的刑事诉讼制度予以适当变通。换言之，扫黑除恶政策主要处于导向层面，要使黑恶组织及其成员得到严厉而快速的司法处理，出台上述作为办案指引的解释性文件是必要的。从结果来看，扫黑除恶专项斗争已在全国范围内取得巨大成绩：2019年，全国检察院起诉涉嫌黑恶犯罪98236人，同比上升60.6%；[1]全国法院审结涉黑涉恶犯罪案件12639件，共83912人。[2] 其实，除刑事政策

---

[1] 张军：《最高人民检察院工作报告——2020年5月25日在第十三届全国人民代表大会第三次会议上》，《中华人民共和国全国人民代表大会常务委员会公报》2020年第2号。

[2] 周强：《最高人民法院工作报告——2020年5月25日在第十三届全国人民代表大会第三次会议上》，《中华人民共和国全国人民代表大会常务委员会公报》2020年第2号。

以外，民商事以及行政管控方面的政策，很多也需要以解释性文件的方式进入司法系统。①

司法解释制度的重要意义之一在于为政策进入司法系统提供入口，保有国家治理的灵活性，这是相对僵化、固定的法律无法单独实现的功能。回顾前述有关司法解释制度的充分性论证，可以发现，司法解释的灵活性为此提供了较具说服力的理由——司法解释构成了党的领导与依法治国之间的纽带——党若要在依法治国的语境下进行有效领导，此类转换机制就是必需的。党的领导要靠政策发挥作用，当来不及制定、修改法律或无须变更实定的法律秩序时，通过司法解释便可实现政策实效，尤其是那些"运动式"的整治政策，更须依靠司法解释制度加以落实。② 总之，为了实现国家治理的灵活性，在法治中国的建设中全面深入贯彻党的领导，就势必需要司法解释，而拒斥法律本身过度的精密完善。③

第二节　司法解释制度逻辑的政治维度

上节论证的主要内容是：为了解决法律表述模糊、规范欠缺等问题并保有政策治理弹性，有必要在法律系统下构建司法解释子系统，使之承载细化规范与国家政策的内容，并基于其规范性文件地

---

① 相关研究，可参见张红《论国家政策作为民法法源》，《中国社会科学》2015年第12期；陈甦《司法解释的建构理念分析——以商事司法解释为例》，《法学研究》2012年第2期。

② 例如，最高检在向全国人大报告扫黑除恶专项斗争的成绩时，就直接将"会同有关部门制定8个指导性文件"作为了重要成果。参见张军《最高人民检察院工作报告——2020年5月25日在第十三届全国人民代表大会第三次会议上》，《中华人民共和国全国人民代表大会常务委员会公报》2020年第2号。

③ 事实上，我国法律与政策已经形成了一种默契的关系。法律的模糊可能是立法机关为了给政策调整留下空间，当针对性政策提出后，有权机关便会将其转化为司法解释文件，从而对司法产生实质影响。

位对司法实践造成实质影响。然而，仅以此而论，司法解释制度的产生与发展在发生学上仍是不清楚的，因为，统一的法律解释制度可以形成诸多形态，最终未必会发展成现行的多元化、职能化、协商化甚至碎片化的司法解释制度。本节将基于政治维度对司法解释制度产生发展的充分性进行正反两方面的论证，回答为什么决策者要采取现行司法解释制度的问题。

一 人民民主专政的集权政治体制

人民民主专政是我国的立国之基。在人民民主专政理论指导下建立起的共和国，一切权力属于人民，而根据民主集中制的要求，人民拥有的国家权力需要通过全国人大与地方各级人大间接行使。其中，全国人大是"全国人民实现最高国家权力的机关"，其行使的权力系最高权力，所有的国家权力均须溯源至此。[1] 全国人大享有国家立法权，与之相关的权力，包括法律的制定、修改、废止及解释权，最终都将追溯至全国人大。在集权体制下，要有效行使法律解释权，必须处理好行权主体的设定以及行权方式的选择问题，问题的解决基于政治维度的逻辑推演，势必与职权分配相关。

（一）集权体制下的法律解释权

在人民民主专政语境下，若将法律解释权设定为制定统一规范性文件的权力，则此类权力将附随于立法权而归于最高权力机关。这种逻辑带有一定政治意涵，毕竟，国体与政权组织在法律体系构建前已经确定。经由民主选举，人民将国家权力赋予首届全国人大，后者由此获取政治权力，[2] 并基于此权力通过1954年《宪法》，实现了共和国的基本建构。[3] 从形式上看，1954年《宪法》完成的国

---

[1] 参见中国人民大学法律系国家法教研室编《中华人民共和国宪法讲义（初稿）》，中国人民大学出版社1964年版，第200页。

[2] 参见宋连胜、董树彬《协商中国》，吉林大学出版社2014年版，第48页。

[3] 参见韩大元《"五四宪法"的历史地位与时代精神》，《中国法学》2014年第4期。

家建构任务，主要内容在于分配职权，从而形成中国的国家机构体系。1954 年《宪法》将国家机构的职权划分为五个板块，主要包括：全国人大的立法权、决定权、任免权、监督权等，国家主席的统帅权、荣典权、命令发布权等，国务院的行政权，最高法的审判权及最高检的法律监督权。① 其中，法律解释权由全国人大常委会行使（1954 年《宪法》第 31 条第 3 项），很明显，1954 年《宪法》中的法律解释被设定为一项统一行使的权力，与"司法中的解释"或"行政中的解释"不同，无法归结于行政权或司法权中。②

既然法律解释权既非司法权也非行政权，其权力性质如何？法律解释权由立法机关的常设机关行使，据此可产生三种理解路径：若立法权包含解释权，则立法机关同时是解释机关；若立法权伴生解释权，则立法机关可被推定具解释法律的权力；若解释权是一项独立权力，则立法机关未必有权解释法律。③ 前文从现行规范出发，得出"立法机关的法律解释职能只能被解读为一种立法权"的结论，不过，在 1954 年《宪法》的场合，该命题似乎须被重新审视。根据 1954 年《宪法草案》起草者之一田家英的解读，此处的解释法律与立法权并无实质差异："一般法律是可以解释内容的，但此种解释本身就成为法律。"④ 但是，该观点却与以上理解路径都不相容。根据 1954 年《宪法》，全国人大是唯一立法机关，但没有法律解释权，全国人大常委会仅为立法机关的常设机构，没有立法权却拥有法律解释权，而且，作出的法律解释将"成为法律"，又使之成为事实上的立法机关。对此，似乎只能进行功能主义的理解，将法律解释与立法进行程度上的解读，即将全国人大常委会行使的法律解释权与全国人大行使的"制定法律"的权力皆视作立法权的应然内涵。质

---

① 参见朱福惠《"五四宪法"与国家机构体系的形成与创新》，《中国法学》2014 年第 4 期。
② 参见聂友伦《论司法解释的立法性质》，《华东政法大学学报》2020 年第 3 期。
③ 参见周旺生《中国现行法律解释制度研究》，《现代法学》2003 年第 2 期。
④ 韩大元：《1954 年宪法制定过程》，法律出版社 2014 年版，第 101 页。

言之，法律解释权与法律制定权是两项平行的权力，前者在改变法秩序的程度上弱于后者，两者都是立法权的有机组成部分。

现行宪法基本维持了1954年《宪法》对国家机构职权的划分，除将立法权划分为国家立法权与地方立法权、设置中央军委领导武装力量、新建国家监察委员会行使国家监察权外，立法、行政与司法中央机关的职权范围并未产生实质变更。就法律解释权而言，根据现行《宪法》第67条第4项的规定，依然由全国人大常委会行使。前文已述，从外观上看，法律解释的"抽象性、对外性、事先性、普遍性、反复适用性"，无疑表明了其立法性质。实际上，除某些宪法性法律外，全国人大常委会并不实际适用法律，将法律解释权授予全国人大常委会，则其对法律的解释必然呈现出抽象样态。而且，从法律适用者的角度看，立法机关制定的规范性文件，无论是法律、决定还是立法解释，皆为"要实施的法律"[①]。但是，法律解释与立法仍有不同。立法机关无法通过法律解释推翻法律规范的基本意思与基本目的——两者之间仍存在程度差别。总之，在人民民主专政的集权体制下，宪法对国家权力的分配集中于中央机关层面，授予全国人大常委会的法律解释权无外乎一种立法权。就应然而言，它需要行使这种权力以解决法律适用问题，而行权结果之法律解释应作为法律之补充而存在。

（二）全国人大常委会的行权能力

为了解决法律适用问题，满足各类主体释法需求，全国人大常委会理应负担宪法职责来解释法律。然而，囿于行权能力不足，全国人大常委会难有余力行使此项权力：客观上看，全国人大机关的人力资源储备与常委会的法定工作方式，无法支撑释法资源供给的任务；主观上看，全国人大常委会远离法律适用场域，对实践中的法律适用问题知之甚少，也无法保证解释有的放矢。

---

① 陈金钊：《何谓法律解释——对〈立法法〉中设置"法律解释"一节的认识》，《法学论坛》2001年第1期。

就前者而言，首先，全国人大机关的人力资源明显难以承担起普遍性、日常化的法律解释工作。根据北大法宝数据库的收录情况，截至2023年年底，最高法、最高检单独或联合其他机关发布司法解释、司法解释性质文件共计7162件。让工作人员极为有限的全国人大常委会法工委来制定这些规范性文件，是一项不可能完成的任务。其次，根据《全国人民代表大会常务委员会议事规则》，全国人大常委会主要以会议表决的方式行使权力。召开会议是全国人大常委会行使法律解释权的前提，然而全国人大常委会会议每两个月召开一次，难免出现手段与目的的适配难题。正因如此，连立法机关工作人员都承认，受实际情况所限，全国人大常委会能够针对一些意义重大或者存在部门争议的法律问题作出解释已经不错了。[①]

对于后者，全国人大常委会仅在很少的场合适用特定的法律（如《立法法》《监督法》等），实践中绝大多数法律适用问题都无法为其直接知悉。一方面，欲使全国人大常委会主动了解法律适用问题，存在相当的难度。理论上，作为法律的起草者，立法机关在立法时无法料到法律在实践中产生的适用问题，否则这些问题在立法过程中就应当得到解决。[②]除非时空格局发生剧烈变化，之前制定的法律已明显落后于现实社会的实际状况，立法机关难以主动发现法律条文本身存在的问题。另一方面，法律适用问题不易通过上报使全国人大常委会知晓。由于法律解释主体是中央立法机关，而且在隶属关系和工作内容上与实际适用法律的审判机关、检察机关以及行政机关并无交叉，因而反馈路径存在障碍。一般而言，在条线内部，法律适用问题容易得到整理、汇总，进而引发位于条线顶端中央机关的注意，但从政法口再转报到人大存在诸多限制。

虽然宪法规定法律解释权由全国人大常委会行使，但常委会因组织局限性很难有效行使这项权力。有鉴于此，在1954年《宪法》

[①] 参见蔡定剑、刘星红《论立法解释》，《中国法学》1993年第6期。
[②] 参见魏胜强《法律解释权研究》，法律出版社2009年版，第43页。

规定了全国人大常委会之法律解释权的次年,全国人大常委会就作出决议,将法律解释权的部分内容转授给最高法。改革开放初期,法制逐渐恢复建设,大量法律颁布实施,为有效供给法律解释、预防与解决办案机关的法律适用问题,决策者继续沿用了1955年《决议》的转授权模式,并将其直接升格为基本法律——1979年《法院组织法》第33条先行确认了最高法的法律解释权。两年后,全国人大常委会于1981年再次作出决议,将法律解释权授予更多法律适用机关——这形塑了当前中国的司法解释制度。

司法解释制度形成当下样态的原因,通过国家权力分配逻辑可以分析至此。由于模糊的法律需要统一解释,而作为法定解释机关的全国人大常委会无力达成法律解释制度在设计之初欲取得的效果,故只得将其转授权至实际适用法律的职能机关之中央机关,希望后者能妥善行权,以处理条线内部的法律适用问题。不过,为什么法律解释权要归口转授,而不是按照1955年《决议》的做法将其集中转授至最高法,仍是需要回答的问题。

二 国家治理质效及灵活性的保障

较之1955年《决议》,1981年《决议》对法律解释的授权带有明显的职能化特征,这宏观上是为匹配依法治国政策及法律大量出台作出的制度预备。[①] 虽然1954年《宪法》规定了一些法治原则,但在后续实践中,不但没有制定出作为制度基础的必要法律,连法

---

① "为了保障人民民主,必须加强法制。必须使民主制度化、法律化,使这种制度和法律不因领导人的改变而改变,不因领导人的看法和注意力的改变而改变。现在的问题是法律很不完备,很多法律还没有制定出来……应该集中力量制定刑法、民法、诉讼法和其他各种必要的法律,例如工厂法、人民公社法、森林法、草原法、环境保护法、劳动法、外国人投资法等,经过一定的民主程序讨论通过,并且加强检察机关和司法机关,做到有法可依,有法必依,执法必严,违法必究。"邓小平:《解放思想,实事求是,团结一致向前看》,载《邓小平文选》(第二卷),人民出版社1994年版,第146—147页。

治本身都被大肆抨击，宪法法律的规定在国家生活中形同具文。[1]"文化大革命"后，决策层清晰地认识到政策治国的严重缺陷，[2] 提出"两手抓，两手都要硬"[3] 方针，将法制化作为社会主义建设的重点。在此背景下，法律大量进入实践，但缺口显而易见：一方面，法制化要求"以法律为准绳"；另一方面，在改革开放伊始，除个别法律与单行条例外，中国法律体系基本上"是个空白"。[4] 以上因素必然造成法律供给的规范资源全方位短缺——适法主体或没有适格的法律可供适用，或"速成"的法律过于粗疏难以适用——极有可能导致法制的虚化。应予注意，法律适用此时已不仅是审判机关的问题，而是公权机关都必须面对的挑战。为一揽子解决适法问题，重回1955年《决议》的"法律解释权转授"模式，并将转授权的对象扩张至检察系统、行政系统的中央机关，再次成为决策者的方案。

不过，若仅就刑事诉讼领域考察，上述逻辑则未必成立。前文已述，根据司法最终原则，刑事诉讼中涉及犯罪嫌疑人、被告人的

---

[1] "这个变化的关键是1957年的反右派斗争。这场斗争把一些要求发展民主、健全法制的正确意见，统统作为'右派'言论加以批判。当时《人民日报》等报刊发表的一系列批判文章说：法律界右派分子向党进攻的总口号是要'法治'；提出要改变'无法可依''有法不依'的状况是'要为反动的旧法复辟'；要求进一步扩大民主，健全法制，抓紧制定刑法、民法和各种单行法，是妄图'以法律代替政策'，否定党的领导，等等。从此，宪法明文规定的一些原则，如公民在法律上一律平等、法院独立进行审判、检察院独立行使检察权等，都被当作成错误的东西进行批判，律师辩护制度也被取消了。1959年又撤销了司法部、监察部和国务院法制局。这是法制建设的一场大灾难。"王汉斌：《王汉斌访谈录——亲历新时期社会主义民主法制建议》，中国民主法制出版社2012年版，第6—7页。

[2] 邓小平同志在南方谈话中坚定地指出："还是要靠法制，搞法制靠得住些。"邓小平：《在武昌、深圳、珠海、上海等地的谈话要点》，载《邓小平文选》（第三卷），人民出版社1993年版，第379页。

[3] "搞四个现代化一定要有两手，只有一手是不行的。所谓两手，即一手抓建设，一手抓法制。"邓小平：《在中央政治局常委会上的讲话》，载《邓小平文选》（第三卷），人民出版社1993年版，第154页。

[4] 王汉斌：《王汉斌访谈录——亲历新时期社会主义民主法制建议》，中国民主法制出版社2012年版，第8页。

一切实体与程序争议,皆应由司法机关经"审判"作出最终决定。① 因而,将法律解释权转授给最高检、公安部等,是否存在实际意义不免存疑。侦查人员、检察人员办案中作出的法律行为是审判人员的审查对象,故最高法有权对相应法律作出解释。受制于司法最终原则,只有审判机关作出的裁决具有最终效力,换言之,检察机关、侦查机关等按照其他中央机关制定的解释作出的诉讼行为与决定,依然可以被审判机关依照法律与最高法制定的司法解释所审查与推翻。刑事诉讼司法解释权的安排,更多可能是基于治理有效性或稳定刑事诉讼顺利进行的导向。当然,这种导向某种意义上也是政治的底层逻辑——"稳定压倒一切"② 之结果。

（一）对刑事政策效果的追求

刑事司法的功能,对决策层而言,与其说是"惩罚犯罪,保障人权",毋宁说是贯彻落实党对国家治理的特定意图。事实上,惩罚犯罪与保障人权本身就是两类难以调和的价值,因为,惩罚犯罪的手段和结果本身就是以犯罪嫌疑人、被告人、罪犯的权利干预甚至剥夺为代价的。《刑事诉讼法》虽然规定了一系列制度和诉讼程序,但在价值取舍上不甚明确,理论上亦未能形成通说。有学者持"惩罚犯罪与保障人权应当并重"的观点,认为应当"坚持惩治犯罪与保障人权相结合";③ 也有学者旗帜鲜明地指出,"既然人权是指不受恣意侵犯的权利,这种权力就不应当受到权衡","尊重和保障人权是刑事诉讼法的根本任务";④ 目前的多数说则认

---

① 参见陈瑞华《刑事诉讼的前沿问题》（第五版）（上下册）,中国人民大学出版社 2016 年版,第 280 页。

② 参见邓小平《压倒一切的是稳定》,载《邓小平文选》（第三卷）,人民出版社 1993 年版,第 284—285 页。

③ 陈光中:《坚持惩治犯罪与保障人权相结合 立足国情与借鉴外国相结合——参与刑事诉讼法修改的几点体会》,《政法论坛》1996 年第 6 期。

④ 易延友:《刑事诉讼法——规则、原理与应用》,法律出版社 2013 年版,第 74—75 页。

为，维护法制、保障人权是刑事诉讼基本任务，是各刑事诉讼机关必须遵守的总任务之一，"与之相应的各项具体诉讼制度和诉讼程序中都不得与之相违背，它是作为刑事司法的'红线'和'标线'存在的"①。

然而，概括的论说无法完全解决立法遗留的问题，保障人权还是惩罚犯罪更多体现于司法实践的权衡，而这成为国家刑事治理最重要的着力点。例如，《刑事诉讼法》第81条规定了逮捕的三项条件：证据条件、刑罚条件与社会危险性条件。逮捕条件看似清楚明白，一旦进入司法实践面临复杂事实，规范的模糊性即会显现。即便按事实予以涵摄，往往也只能得出"可捕可不捕"的结论。出于惩罚犯罪的考量，逮捕并羁押犯罪嫌疑人、被告人，能够维护社会稳定、震慑犯罪、固定口供，②继而保障有罪指控"诉得出"、有罪判决"判得下"。但从人权保障角度出发，大量的犯罪嫌疑人、被告人缺乏社会危险性，预期行为不致影响诉讼顺利进行，③对其批准逮捕有违"少捕慎捕"之法治理念。从结果上看，追求惩罚犯罪还是保障人权，办案人员在不同时期、场合给出的答案并不相同。就前述"可捕可不捕"的案件而言，最终决定因时、因地、因人而异，很难为立法精准控制，这给政策"或左或右"留下空间。

为了实现治理意图，对于刑事司法系统的运转，执政者不可能完全将其置于"法律自治"的氛围，而仍要在法制框架内外施以管控。党的政策依旧需要在刑事司法领域发挥很大作用。1983年开始的"严打"是依法治国起步阶段，政策对法制施以影响的典型例证。20世纪80年代初期，面对社会治安混乱、刑事案件尤其

---

① 《刑事诉讼法学》编写组：《刑事诉讼法学》，高等教育出版社2019年版，第11页。

② 参见刘计划《逮捕功能的异化及其矫正——逮捕数量与逮捕率的理性解读》，《政治与法律》2006年第3期。

③ 参见刘计划《逮捕审查制度的中国模式及其改革》，《法学研究》2012年第2期。

抢劫、杀人等恶性案件大幅增加的局面，党中央作出了"严厉打击刑事犯罪活动"的决策。① 1983 年 8 月 25 日，中共中央办公厅下发了《关于严厉打击刑事犯罪活动的决定》，直接作出了"关一批、杀一批"的指示。旋即，1983 年 9 月 2 日，全国人大常委会通过了《关于严惩严重危害社会治安的犯罪分子的决定》与《关于迅速审判严重危害社会治安的犯罪分子的程序的决定》，对司法机关特别授权，直接突破《刑法》《刑事诉讼法》的双重限制。一方面，授权人民法院可在法定最高刑以上量刑，上不封顶，直至死刑；另一方面，取消或缩短刑事诉讼中各项期限要求，如送达期限不受限制、上诉期限缩短为三日等。值得注意的是，彼时距《刑法》《刑事诉讼法》施行尚不足四年。

在社会主义法制体系已经建成、依法治国理念深入人心的当下，以直接突破法律的方式实现刑事政策效果已不合时宜。前文提到，决策者如今往往会基于政策发布，继而经法律解释使其意志绕过（而非通过）立法程序，进入法律适用场域，影响司法系统乃至社会主体的行为方式，以期实现治理意图。需要考虑的是，法律解释由哪些机关出台更有利于政策迅速落实？《宪法》规定全国人大常委会解释法律，但全国人大常委会既无力作出明确细化的解释，也无法保障出台后解释文件的实效。按照 1955 年《决议》的安排，应由最高法作出具体法律应用的解释，但是，如何确保与之"分工负责"的检察机关、公安机关执行它的解释同样存疑。为解决此问题，法

---

① 1983 年"严打"发端于邓小平同志在北戴河同公安部负责同志的谈话。谈话中，邓小平同志指出："我们说过不搞运动，但集中打击严重刑事犯罪活动还必须发动群众……对严重刑事犯罪分子，包括杀人犯、抢劫犯、流氓犯罪团伙分子、教唆犯、在劳改劳教中继续传授犯罪技术的惯犯，以及人贩子、老鸨儿等，必须坚决逮捕、判刑，组织劳动改造，给予严厉的法律制裁。必须依法杀一批，有些要长期关起来。还要不断地打击，冒出一批抓一批……现在是非常状态，必须依法从重从快集中打击，严才能治住。搞得不疼不痒，不得人心。我们说加强人民民主专政，这就是人民民主专政。要讲人道主义，我们保护最大多数人的安全，这就是最大的人道主义！"参见邓小平《严厉打击刑事犯罪活动》，载《邓小平文选》（第三卷），人民出版社 1993 年版，第 33—34 页。

律解释权被转授权给各刑事诉讼机关的中央机关，由其分别按职权解释并负责文件的施行，以细化落实党的政策。

1981年《决议》隐含的政治逻辑在于，将刑事政策的推行委诸官僚组织或科层系统，由其作出具体决策安排，并按条线关系层层下压，从而获得实效。官僚组织的基本特点在于，其一，存在权力关系明确、等级差序分明的组织结构，其二，通过公务员和规章制度贯彻落实自上而下的政策指令。[①] 在中国，国家机关通常受条块关系限制，一方面须受同级地方党委政府领导，另一方面也由上级直属机关管辖。司法机关较行政机关更多地受后者影响，[②] 司法机关的纵向管理权，主要体现在人事安排和资源调配的权力，尤其在司法体制改革推进省级以下司法机关人、财、物统一管理，缓解"司法地方化"影响后，这种纵向支配越发强烈。当然，通过人员安排、职业激励等方式实现上对下紧密管控的模式，在中国的国家机关与政府组织中是普遍现象。党中央欲推行刑事政策，使决策层的意志得到司法机关的一致贯彻，仅取道全国人大常委会的法律解释或最高法的司法解释是不够的，将权力按职能分配给各刑事诉讼机关的中央机关，要求最高法、最高检、公安部等各自出台解释，并由其负责在条线内部予以贯彻，才能更好地实现政策效果。具体而言，在惩罚犯罪与人权保障之间，决策层基于已有信息加以研判，选取某一个价值平衡点，然后针对具体事项出台政策，再由各部门制定司法解释、司法解释性质文件予以落实。有关非法证据排除、"扫黑除恶"、打击网络电信诈骗等一系列刑事政策的推行，无一不是通过上述途径实现的。

（二）对司法解释实效的重视

从司法解释的政策性导向来看，依靠官僚组织的结构与层级，

[①] 参见周雪光《中国国家治理的制度逻辑：一个组织学研究》，生活·读书·新知三联书店2017年版，第21页。

[②] 例如，从经验上不难看出，法院、检察院乃至公安机关的工作人员，其工作岗位一般仅在本系统内部调整，除非达到一定行政级别，很少会有跨机关的工作调动。

将政策归口并往下层层传递，能够推动实现决策层意图。若将视角置于司法解释对法律的细化上，不难发现，按照"谁适用、谁解释"的职能路径，将法律解释权分别授予最高法、最高检与公安部等，可以提高司法解释的有效性，进而提升司法治理的实效。这里所说的有效性，一是制定层面能有效、及时起草发布司法解释，二是实施层面能有效贯彻落实司法解释。

司法解释制定的有效性提升源自"发现问题—解决问题"机制的直接展开。就功能导向而言，法律解释起到的作用主要在于解决法律模糊与规范缺失带来的法律适用问题。囿于全国人大常委会的行权能力，其既难发现实践难点，也无力以规范性的方式解决全部问题，继而将法律解释权转授给司法、检察、行政这些法律适用机关的中央机关，更加有利于问题的解决。一方面，在任何科层组织结构中，都存在既有的问题反馈机制，下级机关将一些无法处理的棘手问题反馈至上级机关，由上级机关研究并提出解决方案，再交由下级机关实施，司法、检察、行政系统莫不如此。同时，上级机关工作人员在与下级机关工作人员非正式交流的场合，如课题调研、学术会议乃至私人活动时，下级也会提出某些业务问题，而法律适用问题亦有可能经此获得上级的重视，加之同系统人员的交往远较不同系统人员频繁，这种非正式沟通往往会对问题解决产生意想不到的效果。[①] 另一方面，最高法、最高检、公安部的编制数量与工作人员远超全国人大常委会，这为职能机关通过制定司法解释有效解决法律适用问题提供了坚实的人力资源保障。前文已述，司法解释的起草往往是以制定主体内部发包的形式完成的，即由立项者指定研究室或业务部门单独或联合起草，这很大程度上消除了解释制定

[①] 有学者基于上下级机关相互博弈的立场，将前者称为"正式权威基础上的谈判"，将后者称为"非正式的、社会关系为基础的谈判"。参见周雪光《中国国家治理的制度逻辑：一个组织学研究》，生活·读书·新知三联书店 2017 年版，第 172—175 页。

的人力资源需求问题。①

　　某种程度上讲，刑事治理实效取决于司法解释规范内容的质量与制定出台司法解释的效率。若司法解释针对性强，出台与施行及时，则原本因办案依据模糊或缺失导致的适法问题便将得到有效解决，涉及的个案刑事诉讼程序也将较为稳妥地顺利推进。"发现问题—解决问题"机制能够"直接地"发挥作用，而间接的处置，难免使效果大打折扣。按 1955 年《决议》的思路，仅将法律解释权转授给最高法，虽在解决审判机关法律适用问题方面，能够实现直接性要求，即在审判系统内部完成问题收集（下级机关向中央机关上报问题）与问题处理（由中央机关给出问题解决方案）的流程。但是，该机制不易对其他机关的法律适用问题发挥作用。就前者而言，最高法从各级人民法院收集法律适用问题的渠道是通畅的，而其他机关如何反馈问题至审判系统不无疑问。② 毕竟，不同机关条线之间的信息传递难免存在壁垒与障碍。③

　　虽然 1955 年《决议》仅赋予最高法解释法律的职权，但以最高检为代表的中央机关，也在自发地通过类似方式出台解释。例如，1957 年最高检《关于人民检察院决定不逮捕而起诉的案件法院应否受理的批复》规定，"经征求最高人民法院的意见……经人民检察院起诉的刑事案件被告人，并不是都需要加以逮捕的，某些人民法院

---

　　① 以最高法为例，刑事方面的司法解释往往是由刑庭负责起草，民事方面的司法解释往往是由民庭负责起草。有关内部发包模式的规范，可以参见"两高"各自的司法解释工作规定。例如，《最高人民法院关于司法解释工作的规定》第 16 条规定："司法解释起草工作由最高人民法院各审判业务部门负责。涉及不同审判业务部门职能范围的综合性司法解释，由最高人民法院研究室负责起草或者组织、协调相关部门起草。"

　　② 应当重申，基于司法最终原则，其他机关涉及的法律适用问题，由于在刑事、行政以及民事诉讼中也无外乎审判机关的审查对象，故此类问题的性质仍得间接地归为"审判过程中"的"如何具体应用法律、法令的问题"，只不过这类问题一般难以在审判中显现或现实化而已。

　　③ 参见马翠军《中国行政层级关系微观研究》，河南人民出版社 2016 年版，第 53—55 页。

把逮捕被告人视为起诉的条件是错误的"。本属审判机关的法律适用问题却由最高检出台解释，这种情况可能源自发现问题的层次，也可能出在解决问题的阶段。其一，虽然法律适用的主体是审判机关，但法院不受理未逮捕的案件，对其而言并不造成困扰，此时，案件积压在公诉机关，为其案件处理带来麻烦。而亟须解决问题的检察院，则难以将其提交最高法作出解释。因此，作为法律解释主体的最高法，可能无法知晓这类问题的存在。其二，鉴于难以将问题反馈至最高法，检察机关便只能通过条线内部渠道层报至最高检，要求最高检给出解决方案。① 由于问题明显属于审判机关适用法律的范畴，最高检便通过函告向最高法提出，而最高法亦复文提出解决方案。然而，这一问题来源于与最高法同级的最高检，若最高法直接出台文件，似乎不太符合政治伦理——最高法无论是答复最高检，还是答复省级检察院，都不合适。故而，最终的规范性文件仍经最高检出台，由最高检答复省级检察院。

由此可见，对于其他机关面临的适法问题，最高法似乎更多只能从与之平级的中央机关获得信息，而即便发现问题并确定了解释内容，也不太适合直接发布。② 质言之，欲使最高法一家机关解决所有的法律适用问题，关键的障碍其实在于职权分离的体制及其构筑

---

① 例如，《关于人民检察院决定不逮捕而起诉的案件法院应否受理的批复》开篇写道，"本院连续接到浙江、江西、云南省人民检察院来函请示"，即是这种现象的体现。

② 条线对口产生于"部门藩篱"与"级别差异"的体制格局。在人民代表大会制度下，国家权力集中于全国人大，行政机关、监察机关、审判机关、检察机关平行地按照科层制结构设置，此时，各机关的权力行使更多地在本机关条线内部展开，以完成宪法、组织法为其设定的任务，当出现法律适用问题时，办案机关将倾向于诉诸直接上级，而不是越级请示或跨机关请示。这与权力分立制度下可能产生的结果极不一致。在本章第三节的讨论中，我们会看到，在民国"五权宪法"的体制下，由于司法院行使的法律解释权是一项原生性权力，故中央与地方各级法院、检察部门、政府部门等，往往都会直接将法律适用问题报送司法院处理，并无制度或观念上的障碍。

的科层结构上。

除了"条线对口"的形式限制,将法律解释权转授各中央职能机关,由后者分别作出解释,还是基于实施有效性的考量。单就刑事诉讼司法解释而言,即便规范质量较高、出台速度较快,也未必能实现提升刑事治理质效的结果。要将司法解释的规范内容落实至实践,还须诉诸科层结构的内在权力运作机制。现代科层制存在以下几个突出特征:官职管辖制、职务等级制、即事主义、文牍主义、官员职业制等。① 科层组织最重要的特质之一在于等级化的权力体制,其中,"等级与权力相一致,职位按权力等级组织,自上而下,由最高层延伸至最基层,形成一个统一的指挥链条"②。在此基础上,下级从事具体办案活动的人员必须遵守相应的规章制度,工作人员升迁与薪酬亦在一定程度上与工作活动相挂钩。③ 中国的法院、检察院与公安机关之组织及运作,基本可以套用韦伯的现代官僚制理论加以诠释。而且,考虑到政法体制的特殊性,权力的合法性并非完全来源于法理权威,更多由治理者的"绩效"提供辩护。为实现社会治理的有效性,上级机关对下级机关的管控程度较其他条线有过之而无不及。

当下,司法机关的垂直管控主要通过案件管理平台与配套的业绩考核机制实现。一方面,基于信息技术,公、检、法三机关分别构建了平台化的案件管理系统,案件所处的节点、相关信息、承办人的活动,都将可视地反映在案管系统中。上级监督者经过点击浏览即可明确所属办案人员的执法情况,检查其是否按规范行事。另一方面,业绩考评形塑了办案人员服从上级机关指令的基本形态。早在 20 世纪 80 年代,一些地方便开始试点司法机关人

---

① 参见 [德] 马克斯·韦伯《经济与社会》(第二卷),阎克文译,上海人民出版社 2020 年版,第 1321—1324 页。
② 范文:《中外行政体制理论研究》,国家行政学院出版社 2014 年版,第 29 页。
③ 参见林志扬、陈福添、木志荣编著《管理学原理》,厦门大学出版社 2018 年版,第 150 页。

事考核，学界也有人提出，根据党的十三大精神，应参照行政机关的公务员管理模式，在司法机关中构建相应制度。① 时至今日，司法机关的考核围绕规范目的、评价目的、激励目的，构建起了精细而复杂的考评体系，而在司法责任制改革推行后，相关考核系统与技术更是越发精密。② 基于数字化、一体化的案管平台，承办人的业务活动状况为监督者一目了然，受制于考核压力，这种"全景敞视"的构造进一步加深了司法系统内部"上命下从"的行为模式。

科层组织的存在与强化，促进了司法解释在内部的执行实效。质言之，中央机关出台相应司法解释文件后，在条线内部能够有力推进与监督其落实，而地方机关的工作人员须严格按规范行事，否则可能招致考核上的不利评价。上述提升司法解释有效性的机制，基础在于科层体制营造的上下级关系，这在1955年《决议》仅由最高法出台司法解释的制度框架下，是很难得到实现的。

（三）对法院独家行权的疑虑

刑事诉讼司法解释制度之所以形成当下的职能化形态，不仅与正向的政策效果与规范实效有关，也与负向的司法体制之限制存在关系。前文的重点在于，将法律解释权按职权分配给不同职能机关，可以获取何种程度的积极效果。而此处的问题是，将法律解释权仅授予审判系统，为何难以为决策层所接受。③

从宏观上看，将最高法设定为全国人大常委会下唯一有权针对

---

① 参见刘平生、周士敏《对实行法官责任制问题的思考》，《现代法学》1988年第3期。

② 参见胡常龙、冯俊伟、孙晓梁《刑事诉讼专门机关业绩考评制度研究》，山东大学出版社2020年版，第14—17页。

③ 学界一直有人主张"由最高人民法院统一行使规范性的司法解释权"之观点。参见陈金钊《法治与法律方法》，山东人民出版社2003年版，第242页；魏胜强《法律解释权研究》，法律出版社2009年版，第245—249页。应予说明，笔者并不反对这种设想（参见本书第六章），此处只是站在决策者角度对司法解释权按照职权分配作出的事实性分析。

"具体法律适用问题"制定规范性解释的机关,可能导致观念形态转向司法裁判主义,而这与中国目前的政法体制,尤其是刑事司法体制存在矛盾。司法裁判主义,大意系指将社会生活的大部分争议,都诉诸审判机关最终解决的一种体制安排。[①] 这在刑事诉讼领域体现为审判中心主义。严格意义上的审判中心主义,既包括"以审判为中心"改革直接涉及的"庭审实质化",更指在审前程序中贯彻法官参与。[②] 准此,诸如羁押审查、辩方证据保全、特殊侦查措施使用甚至重罪案件的公诉提起等程序事项,都应由审判机关决定。[③] 审判中心主义本身并无理论问题,亦是中国刑事司法改革的大方向,但是,由审判权主导整个刑事诉讼,似乎无法与目前的政法体制相容,也难以为决策者所接受。质言之,在政治体制上,令最高法独家行使司法解释权,存在难以妥善解决、决策者也未必意欲解决的障碍。

  首先,将法律解释权的行使主体归于最高法,会导致何种结果?前文已述,由于全国人大常委会行权能力较弱,当其作出决议将法律解释权转授给某机关后,该职权就实际移转至被授权对象。若最高法独家获得司法解释权,它就拥有了解释代理人的地位。在刑事诉讼中,侦查机关、检察机关在进行侦查、检察活动时面临的法律适用问题,也将由最高法负责解释。在此类问题的场合,受制于"条线对口"的形式限制,公安机关、检察机关最可能将适法问题汇总至对应的人民法院,再由后者层报最高法处理。于是,法院系统将获得解释不直接属于"审判工作中具体应用"之法律的权力,取得相较于侦查机关、检察机关的优势地位,侦查权、检察权将成为

[①] 关于司法裁判主义的表征,参见陈卫东《程序正义之路》(第一卷),法律出版社2005年版,第290页。

[②] 参见张建伟《审判中心主义的实质内涵与实现途径》,《中外法学》2015年第4期。

[③] 参见孙长永《审判中心主义及其对刑事程序的影响》,《现代法学》1999年第4期。

一种完全受制于法院系统的权力,这被认为将打破公、检、法三机关政治地位现状。

其次,上述结果与政法体制及其基本制度存在哪些不相容性?从外部观察者视角看,将司法解释的行权主体单独授予最高法值得鼓励。尤其在已被阶段化的刑事诉讼中,位于末端的审判机关地位并不高,似乎只是为了确认侦查机关、检察机关构建好的事实而存在——难以制约逐渐膨大的国家公诉权,更无力对封闭的侦查活动展开规制。[①] 不过,一般认为,类似问题却存在如下难以处理的现实障碍:

第一,由最高法独家行使司法解释权不符合民主集中制下的职权分配原则。按照人民民主专政的国体设置,一切国家权力归于人民代表大会,其将在中央层面分配具体权力。已分配的权力被规定在宪法中,如国务院系统行使的行政权、监察系统行使的监察权、法院系统行使的审判权、检察系统行使的检察权;未完全分配的权力往往由全国人大及其常委会暂时保留,其中最重要的就是法律解释权。根据宪法精神,国家职权分配的目的主要在于实现权力之间的相互制约,以防某些机关拥有垄断性的权力以破坏国家的权力结构,最终导致国家秩序的失序;而在"分工"意义上,则在于保障国家治理的有序进行。将法律解释权单独授予最高法,在前述两方面皆不合目的。一方面,司法解释权集中于最高法,无疑使其既有权力过分膨胀,致其侵入其他机关的职权范围。同时,集中行使的司法解释权,缺乏其他机关的权力制约,在人大监督力量比较薄弱的现况下,容易造成权力滥用。另一方面,法律解释权是通过创制规范以解决法律问题的权力,其运作遵循一种"发现问题—解决问题"的机制,而法院系统对于发现其他机关法律适用问题存有体制障碍,令其独家进行法律解释,不利于其他机关执法活动的开展。

[①] 参见陈卫东、李奋飞《论侦查权的司法控制》,《政法论坛》2000年第6期。

第二，最高法独家行使司法解释权与"独立行使审计监督权""独立行使监察权""独立行使检察权"这三个独立性的适法权力存在矛盾。在刑事司法领域，矛盾集中于审检之间。独立行使检察权的意涵在于保障检察权尤其是法律监督权、公诉权行使之公正与适当。① 为了维持检察权行使的独立性，应赋予检察系统自己解释法律的职能，若将解释权交付其他机关，则必将"受别人左右和干涉，就不可能履行法律监督的职责"②。申言之，检察机关在办案中面临大量法律适用问题，其中一些问题直接涉及犯罪嫌疑人、被告人的基本权利，如适用强制措施的标准、决定不起诉的标准等，让最高法出面解决这些问题，既超出其能力范围，也可能动摇检察机关的独立性。③ 值得注意的是，在1955年《决议》的时空场合，因1954年《宪法》没有规定这些独立行权原则，将法律解释权转授给最高法可能还有相对合理性，但这已是明日黄花，在此不赘。

第三，最高法独家行使司法解释权，有违反"分工负责，配合制约"原则的嫌疑。"分工负责，互相配合，互相制约"之意涵，按照全国人大常委会法工委的说法，是"在各自的职责范围内，各司其职，各负其责……在履行各自职责的基础上，互相支持……通过程序上的制约，以保证案件质量，正确应用法律惩罚犯罪"④。不难看出，只有明确公安机关、检察机关、审判机关的分工，才有后续的配合与制约。换言之，配合与制约内嵌于刑事诉讼制度之中，是制度化的程序制约，而不是随意超越法制的制约，否则就动摇了分工负责的基础。例如，现代刑事诉讼原理秉承着控诉对审判的制

---

① 参见龙宗智《论依法独立行使检察权》，《中国刑事法杂志》2002年第1期。
② 金默生、吴杰、廉希圣、齐珊编写：《宪法常识》，中国青年出版社1983年版，第153页。
③ 参见孙谦《最高人民检察院司法解释研究》，《中国法学》2016年第6期。
④ 王爱立主编：《〈中华人民共和国刑事诉讼法〉修改与适用》，中国民主法制出版社2019年版，第35页。

约，主要以公诉事实为依托、以"不告不理"原则为表征。[①] 根据《刑事诉讼法》第 186 条的规定，法院受理公诉案件的形式条件是起诉书载明了指控的犯罪事实。本条中的"犯罪事实"属于需解释的概念，其决定了"案件"的范围。然而，若由法院系统独自对概念进行解释，可能导致案件范围的不当扩张，因为法院为减少工作量，势必会将与犯罪事实存在薄弱关联的事项都纳入审理范围，而这将使得控诉对审判的制约程度降低。

总之，延续 1955 年《决议》，将法律解释权单独授予最高法，不但不利于解决其他机关法律适用问题，也与民主集中制下的权力分配原则不太相符，难以实现权力制约与行使的效果，也和 1982 年《宪法》中的"独立行使检察权""分工负责，互相配合，互相制约"等原则相抵触。在此背景下，将法律解释权按职权授予最高法、最高检、国务院及主管部门，能够防止上述矛盾现实化，并依各不同条线的科层组织使司法解释得到更好的执行。不过，这种分散的、平等的、"雨露均沾"式的授权，却隐含着严重的问题，尤其是职权大量涉及公民与法人权利的公权机关，令其解释意在规制其职权的法律，难免导致规范效果的减损，甚至侵犯人权的后果，这在刑事司法领域并不少见。就此而言，在宪法秩序允许的范围内调整法律解释权的分工，以更好地实现科学治理与价值平衡，仍然十分必要。

第三节 司法解释制度逻辑的历史维度

司法解释制度是如何生成的？若观察中国的情况，前文讨论的形成逻辑似乎完全成立。概言之，首先，立法的主观粗疏与客观局

[①] 参见孙远《"分工负责、互相配合、互相制约"原则之教义学原理 以审判中心主义为视角》，《中外法学》2017 年第 1 期。

限，导致通过法律解释的"再规范化"成为必然。① 其次，议行合一的国家体制与职能机关的分工负责使法律适用问题被按块分配给不同部门解决，② 所谓"立法归立法，实施归实施""审判归审判，检察归检察，行政归行政"③ 是也，其中"司法机关由于要解决具体问题，势必占主要部分"④。再次，作为单一制国家，法律及其适用的统一性乃国家统一的内在要求，故司法解释也必须统一作出，这即"要求将司法解释集中于国家最高司法机关"⑤。最后，司法人员普遍业务水平较低、理论素质较差、法治观念落后，"离开了司法解释就无法办案"，也被认为是司法解释制度存在的理由。⑥

然而，若做不同法域间的横向比较，前述逻辑脉络便不再清晰，反将凸显中国司法解释制度的独特性。为在法制统一的基础上解决法律适用问题，各国产生过不同的运作模式，如英美法的判例制度，大陆法普鲁士的"法规委员会"（Statutes Commission）、法国的"上诉法庭"（Tribunal of Cassation）与"上诉法院"（the Court of Cassation）、德国的"复审制"（Revision）等。⑦ 这些制度或以非司法的专门机构统一解释法律，或直接将问题委于法院系统，借由审判、上诉、审级等司法机制予以处理。各国在历史上未必不面临与中国早先相同的法制短缺、责任规避、职能约束、组织局限等境遇，但无一实行类似的司法解释制度。由此可见，制度的形成发展绝非依简单的需求或权力分析即得阐明。虽然基于规范与体制，可演绎司

---

① 参见周道鸾《论司法解释及其规范化》，《中国法学》1994年第1期。

② 参见洪浩《法律解释的中国范式——造法性司法解释研究》，北京大学出版社2017年版，第1页。

③ 张志铭：《关于中国法律解释体制的思考》，《中国社会科学》1997年第2期。

④ 孙佑海等：《司法解释的理论与实践研究》，中国法制出版社2019年版，第44页。

⑤ 董皞：《司法解释论》（修订版），中国政法大学出版社2007年版，第8页。

⑥ 参见陈兴良《司法解释功过之议》，《法学》2003年第8期。

⑦ 参见［美］约翰·亨利·梅利曼、［委］罗格里奥·佩雷斯·佩尔多莫《大陆法系》（第三版），顾培东、吴荻枫译，法律出版社2021年版，第47—50页。

法解释制度的应然状态，但逻辑推理往往仅在制度演化层面具有说服力，难以阐明制度由来的现实原因——可能并非真实情况的反映。

司法解释制度似乎在未经检视的情况下，直接进入中国的法治系统，成为法制建设的一块基石。为正本清源，此处有必要厘清的问题是，中国统一法律适用的制度为何在起点上便被设定为司法解释，而这必须诉诸历史维度的分析。

一　近代司法解释制度的代际传递

大部分制度皆有延续性，纵使政权更替，一些行之有效的国家制度也会实现代际性传递，"汉承秦制""清承明制"即是如此。故而，探讨司法解释制度之缘起，先应上溯本国历史。在古代，成文法解释工作主要由官吏与学者完成，前者如秦代《法律答问》与唐代《永徽律疏》，后者有叔孙宣、郑玄注汉律，明代《律解辩疑》《读律管见》，清代《大清律辑注》《读例存疑》等。时至明清，法律解释逐渐受到统治者重视，官方开始从皇帝诏令与御批判决中提取抽象规则，形成解释或补充律文的条例。[①] 虽然条例的本质是规范性解释，但其毕竟不是"司法"的，当代意义的司法解释[②]到清末方才出现。

（一）近代中国司法解释制度的源起与发展

中国的现代法制进程肇于清末，司法解释制度亦由此更始。清末修律运动产出了较为先进的法律，形成了基本的法律体系，其中部分制度颇具创新，司法解释正是典型。1906年《大理院审判编制法》第19条规定："大理院之审判，于律例紧要处表示意见，得拘束全国审判衙门。"在此，虽然大理院有权提出的法律意见并非抽象解释而是具体解释，但其确定了司法解释的主体及效力，成为最高司法机关统

[①] 参见［美］德克·布迪、［美］克拉伦斯·莫里斯《中华帝国的法律》，朱勇译，江苏人民出版社2008年版，第59页。

[②] 司法解释系最高司法机关对法律作出的统一解释，这其实是民国以来的主流理解。如"司法解释者，最高司法机关依法行使其职权，对于法律所下之解释"。池彪：《论法律解释》（上），《法令月刊》1958年第4期。

一释法的先声。1909年《法院编制法》更进一步，将大理院在具体审判中作出拘束性解释的权力，扩张至了制定抽象的、不以个案为基础的司法解释层面。1909年《法院编制法》第35条规定："大理院卿有统一解释法令必应处置之权，但不得指挥审判官所掌理各案件之审判。"大理院规范性司法解释权的设立系近代中国的法制创举，"此种权限颇为广大，殆为当时各国最高法院所未有"①。

明确最高司法机关对法律的统一解释权，其动因大致有以下四方面：

第一，法律体系的缺漏甚多。清末修律虽以移植整编的方式进行了现代法制建设，但因保守势力阻滞等原因，许多基本法律未得制定，施行的法律也存在漏洞过多、不应实际的问题。为在实践中完善法制，及时推行新法，解决适法问题，赋予大理院司法解释权处理法律适用中的疑难，不失为一种可行方案。时有法官赞曰："当此一切法律未备时代，大理院之法律解释尤足以补助一切适用之不足。故大理院解释法律文件，吾辈法曹宜奉为圭臬也。"②

第二，统一法律适用的需要。法律以相同标准适用，有利于新法推行及维护法制权威。在适用法律的过程中，对法律的理解难免存在分歧，此时便需一主体加以统一。考虑到新式法科人才稀缺的状况，相应需求甚为急迫。③质言之，"同一法律而法院解释不同，

---

① 黄源盛：《民初大理院（1912—1928）》，《政大法学评论》第60期。
② 曹凤箫：《读大理院解释法律文件书后》，《司法月报》1916年第3期。
③ 清末民初，虽有《各级审判厅试办章程》（1907年）、《法院编制法》（1909年）、《暂行法院编制法》（1912年）、《县司法公署组织章程》（1917年）等法律要求组织各级法院并选任专职法官，但基层司法机关始终未能普遍设置。至北洋时期结束时，大部分基层司法事务仍由欠缺现代法律知识的县知事兼理。参见唐仕春《北洋时期的基层司法》，社会科学文献出版社2013年版，第75—84页。与之相对，作为全国最高司法机关的大理院，法官队伍可谓人才济济。如1912年大理院组建时，推事（含院长、庭长）共计13人，皆有国外大学法科留学背景，其中不乏东京帝国大学（章宗祥）、芝加哥大学（胡诒谷）、伦敦大学（林行规）、早稻田大学（姚震、汪羲、张孝栘）等名校毕业者。参见毕连芳《北京民国政府司法官制度研究》，中国社会科学出版社2009年版，第124页。

同一法院而各司法官解释又不同，人各异说，不能统一，亦其缺点。然以解释之故，而法律遂生异同，势有必至无足怪。至求法意之统一，则设最高法院使专任解释。"①

第三，日本实践教训的吸取。1908年《大理院审判编制法》、1909年《法院编制法》皆以日本1890年《裁判所构成法》为蓝本，其起草者均系谙熟日本法的专家。② 起初，因日本《裁判所构成法》仅言"大审院裁判，于法律之点所表意见，羁束下级裁判所诉讼一切之事"，故1906年《大理院审判编制法》未就最高司法机关的统一解释权作出规定。日本1890年《裁判所构成法》仅对最高法院的具体解释权作出规定，盖因抽象解释权已归属司法省民事和刑事局。解释权分散导致的问题明显，"以日本经验考之，往往因解释意见之不同，司法省与裁判所每启争议"③。为防止多头解释影响法律统一适用，起草者在1909年《法院编制法》中径行将此权力赋予大理院。④

第四，本国制度经验的总结。1906年《大理院奏审判权限厘定办法折》即已言明，法院系统的职权设置不仅参考国外，亦"取中国旧制详加分析"，司法解释制度亦复如此。明清两代的官方释法主要有笺注与条例两种形式，前者系直接对律文用语的解释性加注，后者则是将重要判例、皇帝上谕、御批奏疏中的内容抽象为规范附于律文后。条例勾连着律文与实践，对法制完善颇有实效。最高司法机关制定统一法律解释，虽在规范渊源、表现形式等方面异于条

---

① 王黼炜：《法律解释论（续）》，《司法公报》1912年第2期。
② 如1909年《法院编制法》即由东京帝国大学教授冈田朝太郎起草，留日学生汪荣宝、章宗祥、陆宗舆修订而成。参见吴泽勇《清末修订〈法院编制法考略——兼论转型期的法典编纂》，《法商研究》2006年第4期。
③ 沈宝昌：《法院编制法释义》，嘤鸣社1911年版，第66页。
④ 即便如此，大理院与司法部在法律解释问题上依旧产生争端，1913年部院关于《禁革买卖人口条款》有效性的争议即是一例。参见严昌洪《试论民国初年部院之争》，《华中师范大学学报》（人文社会科学版）2003年第5期。

例,但两者以"规范"释法的本质一致,无怪乎时有学者直陈"昔所谓条例者,今日乃成为解释例"①。

辛亥革命次年,清帝逊位,五族共和。民国肇建,为因应新式法律缺乏的状况,北洋政府继承了清末修律的遗产,要求"除了与民国国体抵触各条应失效外,余均暂行援用"②。由于诸法政出多门,保留最高司法机关的司法解释权,以解决适法问题、统一法律适用、奠定法制基础,亦是应时之需。根据1915年《法院编制法》第35条,大理院被再次赋予统一法令解释权,其作出的解释例体现了各部门法律原则,已与造法类似。③ 至此,由最高司法机关制定规范性司法解释的做法基本得以固定。国民政府设南京最高法院,继续沿用北洋政府司法解释制度。1927年《最高法院组织暂行条例》第3条规定:"最高法院院长有统一解释法令及必要处置之权。"但由于政治纲领迥异,根据"总理遗教"之"五权宪法"的要求,国民政府仍需对司法解释权行使作出调整。④ 1928年《国民政府组织法》初步构建了"五院制"框架,紧接着《司法院组织法》颁布,其第3条规定,"司法院院长经最高法院院长及所属各庭庭长会议议决后行使统一解释法令及变更判例之权"。为规范司法解释权,1929年司法院还专门制定了《司法院统一解释法令及变更判例规则》,对司法解释的申请条件、解

---

① 芮沐:《司法院解释例之检讨》,载《芮沐文集》,北京大学出版社2020年版,第102页。

② 谢振民编著:《中华民国立法史》(上册),张知本校订,中国政法大学出版社2000年版,第54页。

③ 参见聂鑫《近代中国的司法》,商务印书馆2019年版,第160页。

④ 按"五权宪法"的设想,司法权应由"五院"之一的司法院行使,最高法院行使司法解释权乃政权过渡期间的临时安排。如居正所言:"在未设司法院以前,系由最高法院解释,及司法院成立,依其组织法规定,应由司法院院长经最高法院院长及所属各庭庭长会议议决后行使统一解释法令之权。"居正:《十年来的中国司法界》,载范忠信、尤陈俊、龚先砦选编《为什么要重建中国法系——居正法政文选》,中国政法大学出版社2009年版,第352页。

释程序作了规定。①

清末民国，司法解释制度不仅存于纸面，更通过最高司法机关不间断的行权成为行动中的法律。实践中，最高司法机关作成的解释例数以千计。1912—1927 年，大理院共发布"统字"解释例计 2012 则。1927—1928 年，最高法院共解释法令 245 则，冠以"解字"。1928—1948 年"行宪"，司法院解释例则冠以"院解字"，共计 4097 则。② 为数众多的司法解释，不仅对形塑民国时期的司法规范体系产生了重要影响，也展现出司法解释制度旺盛的生命力。

(二) 近代中国司法解释制度的主要特点

受政权更迭与组织调整影响，民国时期司法解释制度几经变迁，其关键部分——由最高司法机关统一作出规范性解释——却一直延续着清末《法院编制法》的设计。准此，可以将近代中国司法解释制度作为整体加以分析。

首先，司法解释制度的本质是立法制度，其产出的解释例乃正式法源，具有统一性、权威性、抽象性。自清末《法院编制法》始，相关组织性法律均规定了最高司法机关的"统一解释法令权"，细究之其有两层含义。其一，司法解释权系立法者专门授予最高司法机关的权力，若无授权则不能为统一解释。按大陆法系传统，最高法

---

① 司法解释权虽形式上属司法院，但实质仍由最高法院把持。如丘汉平即指出："当国民政府设立南京之初，以最高法院为解释机关。其后司法院独立一院，乃政归司法辩理，以司法院名义操司法解释之权，惟实权上仍是最高法院主持其事也。"丘汉平：《法学通论》，载程波点校《法意发凡——清末民国法理学著述九种》，清华大学出版社 2013 年版，第 502 页。

② "行宪"后，司法解释权转由"大法官会议"行使。1947 年《中华民国宪法》规定，"司法院解释宪法，并有统一解释法律并命令之权"，"司法院设大法官若干人，掌理本宪法第七十八条规定事项，由总统提名，经监察院同意任命之"。"大法官会议"制定的司法解释标"释字"号，其在大陆地区发布解释例 2 则。不过，由"大法官会议"统一解释法律的体制一直为中国台湾地区沿用至 2021 年年底，共计发布解释例 813 则。

院只能依审判权个案释法，无权"统一"制定或发布法律解释。① 既然司法解释权是独立于审判权的权力，相应的行权方式与规范载体即有其特性。为统一各主体对法律的认识，最直接的办法是对外发文，针对法律适用中的问题给予解答。其二，司法解释权系一种集中行使的权力，唯最高司法机关有权依法作出解释，故解释例应权威且有效力。"'统一'二字，当然有拘束一切之效力，纵事实上或有反对之见解，而法律上不能认反对有效，盖不如是，不足以达统一之目的。"② 除 1919 年《大理院办事章程》第 203 条明确规定解释例"就同一事类均有拘束之效力"外，最高司法机关还在此后的司法解释中不断声明其释法权，或者直接援引先前的解释例，③ 这进一步确证并强化了司法解释的权威——"秉法之人无不人手一编，每遇讼争，则律师与审判官皆不约而同，而以'查大理院某年某字某号判决或者解释如何如何'为讼争定谳之根据"④。此外，相对的抽象性也是解释例的重要表征。法律在规定最高司法机关"统一解释法令权"时，专门作出了"不得指挥审判"

---

① 就传统而言，大陆法系国家的最高法院虽可作个案释法，且该解释事实上具有约束下级法院的效力，但从原则或制度上看，下级法院完全可以不遵守，甚至本身就不被鼓励去遵守最高法院的先例解释。参见 [美] 约翰·亨利·梅利曼、[委] 罗格里奥·佩雷斯·佩尔多莫《大陆法系》（第三版），顾培东、吴荻枫译，法律出版社 2021 年版，第 49 页。

② 刘恩荣：《论大理院之解释与其判例》，《法律评论》1924 年第 37 期。

③ 前者如 1913 年统字第 23 号"司法部解释法律之命令，不问何级审判衙门皆不受其约束"（否定司法部法律解释的效力），1919 年统字第 944 号"查本院审判案件适用法律，依法有最高解释之权，不受他种机关解释之拘束"，1944 年院字第 2757 号"各省选举监督所为之解释，并非统一之解释，统一之解释，自应仍由本院行之"；后者如 1914 年统字第 125 号"服食含有鸦片烟丸药，仍应查照本院二年统字第 58 号解释，依刑律第 266 条处断"，1929 年院字第 25 号"查赎产案件……其上诉所声明之债权数额既系不满百元。仍应依照本院解字第 209 号解释……予以驳斥"，1930 年院字第 225 号"来文所称情形，见院字第 1 号解释，并参照最高法院解字第 61 号解释"。

④ 胡长清：《中国民法总论》，王涌校勘，中国政法大学出版社 1997 年版，第 35—36 页。

的要求。若既要解决法律适用问题，又不侵扰各级法院审判权之独立行使，司法解释的表现形式便只能是剥离事实的抽象规范。因而，就具体案件的法律适用，最高司法机关会专门将事实与规范分离，只处理规范而不解决事实问题，至于仅有事实问题的，"概不答复"。[①] 正是由于具备适用上的统一性、制度上的权威性以及规范上的抽象性，解释例成为正式法源，获得了类似法律的地位。

其次，司法解释制度的目的，在于解决法律适用问题，维护法制统一。统一法制的手段包括完善立法、加强监督以及上诉与审级等制度，但欲常态、迅速确保法律以相同标准实施，法律适用中疑难问题与理解分歧的处理机制不可或缺。因为，若法律清晰明白、表意适切公允，不生适用问题，则无碍法制统一；反之，若法律有漏义歧义、不应时代变迁，始生适用问题，则有损法制统一。法律适用问题的解决是统一法制的基础，职是之故，最高司法机关统一解释的客体便被设定为存在适用问题的法律。根据《大理院办事章程》第202条，大理院行使统一解释法令权的动因有二：其一，解答质疑；其二，为维持国家公益，径行纠正公署及人员关于法令之误解。本条一方面明确了司法解释的问题来源包括被动接受质疑与主动发现误解两类，一般以各级行政、司法部门及其工作人员的申请为前提，但最高司法机关亦得直接发布解释，以纠正公权机关对法令的错误适用；[②] 另一方面确认了法律适用问题的标准，即仅涉法律应用，无关案件事实。此外，考虑到立法不完备的情况，《大理院办事章程》第205条规定"就法令明文规定之事项请求解答者，不得拒绝解答"，将法律漏洞也纳入了司法解释的对象范围。其后，1929年《司法院统一解释法令及变更判例规则》对上述问题进一步

[①] 如1914年统字第98号"本院向例关于具体案件，概不答复"，1914年统字第105号"查本院虽有统一解释法律之权，而对于特定案件之质问，向不答复"，1928年解字第81号"属于特定案件之质问，本院自未便予以解答"。

[②] 参见聂鑫《近代中国的司法》，商务印书馆2019年版，第161页。

作出细化。①

最后，司法解释权的行使，对外体现为制发规范性文件，在最高司法机关内部则遵循"接收—分派—起草—讨论—议决—公示"的程序。如前所述，欲以非司法形式实现解释的统一性，直接方案是制发解释文本以形成普遍外部效力。实践中，最高司法机关便采取此方案，并出台了内部规范予以规制。根据《大理院办事章程》第 206—210 条，解释例制发流程如下：第一，国家机关及其工作人员与适格的公法人，向大理院提出与其履职相关的释法请求；② 第二，大理院收到请求后，先登记再由院长按法律部门分类，下发民事或刑事庭庭长；第三，庭长收到请求后草拟解释方案，并将该方案与系争法律一并分发民事或刑事庭诸推事审阅；第四，若无异议的，则解释例定案，若有异议的，经意见主张者提议，得召开民事或刑事庭推事全会讨论决定；第五，解释例作成后，大理院以其回函提请机关，同时登载于《政府公报》。最高法院与司法院时期，在维持前述程序框架的基础上，增加了最高法院院长、司法院院长复核以及统一解释法令会议审议等流程，③ 制发司法解释的规范性与严谨性进一步提升。

（三）统一司法解释的模式选择及其制度惯性

1949 年后，中国的法制运作呈现出与国民党"伪法统"划清界限的态势。不论是意识形态还是政治宣教，革命事业都不能与作为

---

① 1929 年《司法院统一解释法令及变更判例规则》第 3 条规定："凡公署、公务员及法令所认许之公法人，关于其职权，就法令条文，得请求解释。请求解释以抽象之疑问为限，不得胪列具体事实。请求解释法令，须具备下列要件：（1）声请解释法令，限于公署或公务员或法令认许之公法人；（2）须与其职权有关之事项；（3）须为法令条文之疑义；（4）须为抽象之疑问。"

② 并非所有适格人员皆可直接向大理院提出解释请求，提请释法通常需要高等审判厅、总检察厅、司法部或其他机关转呈。有学者对相关情况进行了分类统计，参见方乐《民国时期法律解释的理论与实践》，北京大学出版社 2016 年版，第 241—257 页。

③ 参见钱端升、萨师炯《民国政制史》（上册　中央政府），商务印书馆 2018 年版，第 324 页。

"反动统治工具""镇压人民武器"的旧法相容。当时主流观点认为:"国民党反动政权……把历史上一切反动的法律,特别是清末、北洋军阀半殖民地半封建的法律继承下来……随时随地效法帝国主义国家统治人民的反动伎俩……国民党的法律乃是集古今中外反动法律之大成,是中国封建法律、外国资本主义法律和法西斯法律三位一体的混合物。"[1] 旧法的这些"特质"使其必然成为革命的对象,换言之,为了获得并保有新政权的政治合法性,民国遗留的"法制遗产"便应当彻底抛弃。1949年1月,根据毛泽东讲话精神,[2] 中共中央发布了《关于废除国民党〈六法全书〉与确定解放区的司法原则的指示》,要求完全废除旧法。9月,《中国人民政治协商会议共同纲领》颁布,其第17条规定:"废除国民党反动政府一切压迫人民的法律、法令和司法制度,制定保护人民的法律、法令,建立人民司法制度。"

然而,旧法虽废、新法未立,在此背景下开展司法工作,既要正确执行党和政府的政策方针,又要确保裁判尺度整齐划一、维护社会公平正义,可谓难上加难。彼时各级人民法院面临的实践困境,实与民国初年地方审判厅的境遇颇为相似。后者纾解问题主要依靠统一的司法解释,从结果看,大理院解释例至少发挥了如下作用:第一,阐述规范意义,确定适用范围和标准,弥补法律疏漏;第二,借由解释的拘束力,统一各级法院法律见解,避免无法可依与同法异判之弊,建立基本的法律秩序;第三,以个案为着眼点,作出符合公平观念的解释,使当事人间的公平正义及社会经济的妥当性获至实效。[3] 当同类问题再现,相同的制度模

---

[1] 中国人民大学国家与法权历史教研室编:《中国国家与法权历史讲义(初稿)》(第二分册),中国人民大学出版社1965年版,第221—222页。

[2] 1949年1月,毛泽东在《关于时局的声明》中就已经提出了"废除伪宪法""废除伪法统"的主张。参见毛泽东《中共中央毛泽东主席关于时局的声明》,载《毛泽东选集》(第四卷),人民出版社1991年版,第1389页。

[3] 参见黄源盛《民初大理院(1912—1928)》,《政大法学评论》第60期。

式自然会成为理性的选择——"人民政权已经建立,社会纠纷需要解决,法院工作需要开展,为使审判工作顺利进行,最高法不得不发布一系列规范性文件指导各地法院的工作,通过'司法立法'的方式建立法院工作的依据"①。中华人民共和国成立初期,法律并未对司法解释作出规定,但各级地方机关、社会主体仍不断向最高司法机关提出法律适用问题,而最高法亦从善如流,径行通过答复等规范性文件对外输出普遍规则,并以之作为办案依据。

司法解释产生的制度惯性,一方面源自治理传统上的路径依赖,另一方面则由其内在有效性决定。经验告诉我们,法律制度在新旧政权轮替之间存在某种延续,这符合历史唯物主义的观点。② 学者普遍观察到,即便在法制激烈变革的时代,新制度也必然受旧制度的影响,深深根植于之前的法律传统。③ 旧法中契合物质生活、生产条件以及组织职权的妥当规定或有效做法,仍会自发留存。这些"法律"是人为无法废除的,即便形式上"死亡",其"生命"实质也将延续。比如,第二次世界大战后诞生的社会主义国家保留了许多旧法——除阶级特征明显的条款外,一些法律制度并未被抛弃,因为其包含了广受推崇和信赖的文化遗产。④ 司法解释便是这样一种"良好的"制度遗产:"这部分工作做得非常平稳,至今除了少数学者对个别的解释例加以批评或表示疑问外,这制度本身却从没有人发生怀疑过。法国巴黎大学教授爱司加拉 Jean Escar-

---

① 胡岩:《司法解释的前生后世》,《政法论坛》2015 年第 3 期。

② 参见 [德] 恩格斯《"社会主义从空想到科学的发展"英文版导言》,载《马克思恩格斯全集》(第 22 卷),中共中央马克思恩格斯列宁斯大林著作编译局译,人民出版社 1965 年版,第 352—353 页。

③ See Konrad Zweigert and Hein Kötz, *An Introduction to Comparative Law*, Translated by Tony Weir, North-Holland Publishing Co., 1977, Vol. 1, pp. 156-158.

④ See René David and John E. C. Brierley, *Major Legal Systems in the World Today: An Introduction to the Comparative Study of Law*, Simon and Schuster, 1978, p. 183. 一个以外部视角观察苏联法变迁的例子,参见 Edward Lea Johnson, *An Introduction to the Soviet Legal System*, Methuen & Co. Ltd., 1969, p. 3.

ra——前一度为立法院顾问的——且会推崇备至,称为中国司法制度中良好的固有产物。"① 一套运转多年且行之有效的制度,在依据缺失的情况下依旧具备强适应性,司法解释之"遗产"便如此实现了代际传递。

二 苏联司法解释制度的法律移植

单看中华人民共和国初期的司法解释实践,能明显感知其与民国对应的制度的亲缘关系。不过,只沿上述脉络理解仍是不完整的。自 1954 年《宪法》颁行后,司法解释制度展现出新的变化。尤其在体制方面,法律解释主体被规定为全国人大常委会,最高法、最高检凭借前者转授的司法解释权分别就审判、检察领域的法律适用问题作出解释,并受其监督,形成了立法解释下"二元一级"的司法解释体制。事实上,在清末修律首创司法解释制度后不久,苏联(俄)也建立起了统一的法律解释制度,而中华人民共和国司法解释制度的早期发展亦多受其影响。

(一)1954 年《宪法》中法律解释条款的设置

中华人民共和国成立前夕,党中央决定采取"一边倒"政策,这个政策不仅对外,更有内部意义。当倒向以苏联为首的社会主义阵营后,国家上层建筑的搭建势必步入苏维埃制度中国化的进程。就法制而言,《六法全书》一开始就被废除,社会主义法律必须重新制定。② 人民的新法律往何处寻?处于首位的法治资源并无本土性,而是基于马列主义以及 1936 年《苏联宪法》构建出的、已近成熟的苏联法律体系,这几乎是现成答案。

---

① 芮沐:《大法官的解释权》,载《芮沐文集》,北京大学出版社 2020 年版,第 215 页。

② 1962 年,毛泽东在听取政法工作汇报时便明确指出:"不仅刑法要,民法也要,现在是无法无天。没有法律不行,刑法、民法一定要搞。不仅要制定法律,还要编案例。"参见中国社会科学院法学研究所民法研究室编《马克思恩格斯列宁斯大林毛泽东关于社会主义民法、经济法问题的论述》,1980 年,第 59 页。

苏联法律对中华人民共和国法制建设的根本影响源自宪法制度的移植。早在革命根据地时期，中国共产党就仿造苏联早期立法，结合斗争实际，制定过一系列宪法性文件。中华人民共和国成立后，苏联对中国宪制的塑造则更全面深入。一方面，宪法制定是在苏联"建议"下启动的。1952年刘少奇率团参加苏共十九大，10月20日他向斯大林提出了拟暂不制定宪法的意见，而斯大林则在10月24日和28日与刘少奇的两次谈话中明确建议中国应尽快制定宪法。10月30日，刘少奇将斯大林的建议转达中共中央。11月，中共中央即作出决定，"立即准备召开全国人大并制定宪法"。① 另一方面，宪法制定直接参照了苏联宪法文本。在决定制宪后，毛泽东指示中央有关领导同志，深入阅读1936年《苏联宪法》、1918年《苏俄宪法》及相关立法史材料。② 其后，实际的制宪过程"参考了苏联的先后几个宪法和各人民民主国家的宪法"，"对我们有很大的帮助"。③ 从结果上看，1954年《宪法》与1936年《苏联宪法》极为相似，④ 前者的大量规范都取自后者——两部宪法基本相同的条文有33条，相似的有29条，共占总条文数的60%左右。⑤

这些移植来的规范便包括法律解释条款。根据1936年《苏联宪法》第49条，苏联最高苏维埃主席团有权"解释苏联现行法律"（第3项）。该规定被直接转化为1954年《宪法》第31条，规定"解释法律"（第3项）的职权由与苏维埃主席团对应的全国人大常委会行使。将统一的法律解释权赋予最高权力机关的常设机关（而

---

① 参见孙泽学、贺怀锴《斯大林、苏联与新中国"五四宪法"的制定》，《中共党史研究》2019年第8期。

② 参见毛泽东《宪法起草工作计划》，载《毛泽东文集》（第六卷），人民出版社1999年版，第320—321页。

③ 刘少奇：《关于中华人民共和国宪法草案的报告》，载《刘少奇选集》（下卷），人民出版社1985年版，第145页。

④ 参见法学教材编辑部《宪法学》编写组《宪法学》，群众出版社1983年版，第97页。

⑤ 参见韩大元《1954年宪法制定过程》，法律出版社2014年版，第118页。

非最高司法机关），是由人民民主专政的国体所决定的。一方面，"一切权力归苏维埃"，依照苏维埃制度及社会主义政治组织原则，特别是依决定苏维埃国家机关组织结构的民主集中制原则，最高苏维埃具有领导国家生活"至上至大的全权"。[1] 对于法律适用争议这种或出现在国家机关之间，或普遍影响社会生活的问题，由最高权力机关的常设机关行使"一锤定音"的最终解释权乃极稳妥的安排。[2] 另一方面，正如田家英解说的那样，"一般法律是可以解释内容的，但此种解释本身就成为法律"——统一的法律解释权具立法权内涵，是立法权放射出的次级权力，[3] 因此也必须将该权力归于立法机关。

虽自 1949 年最高人民法院就已展开司法解释实践，但在 1954 年《宪法》规定法律解释条款后，由于权力主体的确定，相关工作的对象与内容便需作出调整。当然，该调整也是参照苏联法律进行的。

（二）苏联司法解释制度的形成脉络

十月革命胜利后，苏俄政府同样面临法律规范缺失与适用标准混乱的问题。根据 1917 年《关于法院的第一号法令》，一方面，旧司法系统被废弃，要重新选举法官、任命办案人员；另一方面，旧法又在很大限度上得到保留，那些符合"革命良心""革命的法律意识"的法律仍具效力。[4] 折中的做法导致了如下问题：其一，新司法人员以政治标准为主要考量，业务能力难获保证；其二，旧法

---

[1] ［苏联］特拉伊甯等：《苏联国家法教程》（下册），彭健华译，大东书局 1951 年版，第 385—386 页。

[2] 参见张立刚等《法律解释体制重构研究》，光明日报出版社 2014 年版，第 144 页。

[3] 参见聂友伦《论司法解释的权力空间——我国〈立法法〉第 104 条第 1 款的法解释学分析》，《政治与法律》2020 年第 7 期。

[4] 参见［苏联］Л·Н·古谢夫编、С·А·郭伦斯基审定《苏联和苏俄刑事诉讼及法院和检察院组织立法史料汇编（1917—1954）》（上册），王增润、赵涵先、范宏源等译，法律出版社 1958 年版，第 66—68 页。

被革命需要所拆解，法律体系不完整引发了规范的短缺；① 其三，审判员被赋予很大裁量权，而"革命良心""革命的法律意识"标准无法精准界定，难免造成法制混乱。

　　为确保法制统一并解决法律适用问题，苏俄决定由专门机关统一解释法律。1918年《关于法院的第二号法令》规定，上诉法院作出的法律解释若相互冲突，由最高审判监察处制定统一解释。② 该规定有两层意思，其一，上诉审法院可以解释法律，但这显属司法权行使范畴，是与个案联系的"司法中的解释"，而最高审判监察处作出的解释，则被视为"决定"，其功能不仅在于解决具体问题，更在于作成确定规则；其二，本款看似仅将最高审判监察处解释的效力限定于上诉法院，而一旦解释被作为上诉法院的裁判依据，基于审级制的传递效应，即获普遍效力。应予注意，最高审判监察处并非司法机关，其由下级法院选出的任期制代表组成，不直接受理案件，主要职能仅是解释法律。③ 最高审判监察处行使法律解释权构成了苏联司法解释制度的雏形。按照决策者原意，最高审判监察处应逐渐成为最高审判机关，但该机关"实际上

----

① 在这段时期，突破法律的实践层出不穷，以致1918年工农代表苏维埃专门作出《关于严格遵守法律的决议》，对"不可避免地要采用未经现行立法作出规定的或者同现行立法有出入的一些紧急手段"给予合法化授权。随后，1918年《苏俄人民法院条例》严令法院不得援引旧政府通过的任何法律，即便审判中争议事实没有对应新法可供适用，审判者也不得参酌旧法，而应以社会主义法律意识为依据作出裁判，这使得规范短缺的情况变得更加严重。参见［苏联］Л·Н·古谢夫编、С·А·郭伦斯基审定《苏联和苏俄刑事诉讼及法院和检察院组织立法史料汇编（1917—1954）》（上册），王增润、赵涵先、范宏源等译，法律出版社1958年版，第140—141、148页。

② 参见［苏联］Л·Н·古谢夫编、С·А·郭伦斯基审定《苏联和苏俄刑事诉讼及法院和检察院组织立法史料汇编（1917—1954）》（上册），王增润、赵涵先、范宏源等译，法律出版社1958年版，第88页。

③ 此外，最高审判监察处还具有立法动议权，这是法律解释权的配套性权力。《关于法院的第二号法令》规定："最高审判监察处发现现行法律同人民法律意识之间有不能解决的矛盾时，即向立法机关建议必须颁布适当的新法律。"

没有成立"。①

苏俄内战结束后，法律解释问题重新得到苏俄高层重视。1921年《苏俄最高审判监督条例》规定，司法人民委员部有权对各审判机关的工作进行一般监督，并就现行法律传达指导性的解释和指示。② 1923年《苏俄司法人员委员部条例》规定："司法人民委员部……根据中央和地方各机关的质询和根据全俄中央执行委员会、人民委员会和劳动国防委员会的委托解释法律。"③ 据此，司法人民委员部将获得极宽的法律解释权，特别是在革命法院与人民法院并轨后，其法律解释将成为全国法院裁判依据。实践中，虽然司法人民委员部"在建立各人民法院审判实践的统一工作中""起到过积极的作用"，但"它并没有成为各级法院的领导中心"。④

随着局势稳定，战时法律"在很多方面都已不符合新经济政策下的新条件"，国家"迫切要求将大批的社会主义的法规范统一起来，要求将该项规范编制成为一个体系"。⑤ 对法制及其统一化的需求，促成了法律的颁布与改革的推行，而司法解释制度亦在此时定型。1922年的两部组织法律明确了司法解释职能：其一，《苏俄检察监督条例》第9条规定，共和国检察长是检察机关的最高领导，其领导与监督全国检察人员，对于检察工作中出现的任何法律适用

---

① 参见［苏联］Д·С·卡列夫《苏维埃法院组织》，中国人民大学刑法教研室译，法律出版社1955年版，第77页。

② 参见［苏联］Л·Н·古谢夫编、С·А·郭伦斯基审定《苏联和苏俄刑事诉讼及法院和检察院组织立法史料汇编（1917—1954）》（上册），王增润、赵涵先、范宏源等译，法律出版社1958年版，第362页。

③ 参见［苏联］Л·Н·古谢夫编、С·А·郭伦斯基审定《苏联和苏俄刑事诉讼及法院和检察院组织立法史料汇编（1917—1954）》（上册），王增润、赵涵先、范宏源等译，法律出版社1958年版，第545页。

④ 参见［苏联］Д·С·卡列夫《苏维埃法院组织》，中国人民大学刑法教研室译，法律出版社1955年版，第93页。

⑤ 参见［苏联］Д·С·卡列夫《苏维埃法院组织》，中国人民大学刑法教研室译，法律出版社1955年版，第95页。

问题，检察长有权直接给与解释和指示；① 其二，《苏俄法院组织条例》第 60 条规定，最高法院全体会有权根据各庭或某庭个别审判组成人员的要求，或根据最高法院主席团、共和国检察长及其助理的提议，对审判中的法律问题作正确解释。② 1924 年《苏联宪法》进一步明确最高法院的司法解释权，规定其有权"对各加盟共和国最高法院作出全联盟立法问题上的领导性解释"。

1936 年前后，关于司法解释的职权分配基本完成。首先，司法人民委员部的法律解释权上收最高苏维埃主席团。1936 年《苏联宪法》第 49 条规定，苏联最高苏维埃主席团有权对联盟所有现行法律作出解释，这标明了法律解释权的归属与来源。其次，最高法院获得了解释审判工作中法律适用问题的授权。1933 年，苏联中央执行委员会主席团（最高权力机关的常设机关）授权最高法院，对各加盟共和国最高法院审判中的问题发布指令。③ 1938 年《苏联法院组织法》第 75 条规定，"苏联最高法院全体会有权根据苏联最高法院曾经审理各案所作的判决，关于审判实践问题及苏联司法部转交它处理的问题给与苏联及各加盟共和国各级审判机关以指示"④，进一步确认最高法院的司法解释权。最后，为了确保法律监督的统一实施，联盟检察长在检察工作中的法律解释权得到了维持。根据 1933

---

① 参见［苏联］Л·Н·古谢夫编、С·А·郭伦斯基审定《苏联和苏俄刑事诉讼及法院和检察院组织立法史料汇编（1917—1954）》（上册），王增润、赵涵先、范宏源等译，法律出版社 1958 年版，第 507 页。1923 年，《苏俄检察监督条例》大体上被作为一整章（第十二章）纳入了《苏俄法院组织条例》。

② 参见［苏联］Л·Н·古谢夫编、С·А·郭伦斯基审定《苏联和苏俄刑事诉讼及法院和检察院组织立法史料汇编（1917—1954）》（上册），王增润、赵涵先、范宏源等译，法律出版社 1958 年版，第 536 页。

③ 参见［苏联］Л·Н·古谢夫编、С·А·郭伦斯基审定《苏联和苏俄刑事诉讼及法院和检察院组织立法史料汇编（1917—1954）》（上册），王增润、赵涵先、范宏源等译，法律出版社 1958 年版，第 536 页。

④ ［苏联］Д·С·卡列夫《苏维埃法院组织》，中国人民大学刑法教研室译，法律出版社 1955 年版，第 154 页。

年《苏联检察院条例》，联盟检察长一体领导检察工作，有权对检察机关下达指令，回应相关法律适用问题。① 随着 1936 年检察系统独立建制，其法律监督机关定位更加巩固，不仅"具有监督切实执行法律的基本义务""具有包罗万象的性质"，其最高机关还有对最高法院解释的异议权。②

（三）苏联司法解释制度的体制格局

司法领域内，苏联的法律解释制度大体形成如下格局：由三个解释主体，按权力性质与职权分工对略显差异的事项分别行使统一的法律解释权。

第一，立法机关的法律解释。在苏俄时期，法律解释权主要由司法人民委员部行使，其隶属于最高行政机关，相当于司法行政部。但是，由于最高权力机关全俄苏维埃代表大会及其常设机关未设相应工作部门，使得本属其职权范围的日常性工作，如发布立法决议、起草法律草案、监督法律执行、处理司法机关与其他机关法律争议等事项，被直接委诸于司法人民委员部。③ 当这些立法性权力被赋予司法人民委员部时，它便不再是纯粹的行政机关，而获立法机关的属性。④ 根据 1923 年《苏俄司法人民委员部条例》，要求司法人民委员部解释法律的动议，不仅包括来自各级职能机关的函询，更有全俄中

---

① 参见［苏联］В.Г.列别金斯基、Д.И.奥尔洛夫编《苏维埃检察制度（重要文件）》，党凤德、傅昌文、邹信然、邱则午、方蔼如译，中国检察出版社 2008 年版，第 342—343 页。

② 参见［苏联］特拉伊宁等编《苏联国家法教程》（下册），彭健华译，大东书局 1951 年版，第 560 页。

③ 参见列宁《关于司法人民委员部在新经济政策条件下的任务》，载《列宁全集》（第 42 卷），中共中央马克思恩格斯列宁斯大林著作编译局译，人民出版社 2017 年版，第 435—440 页。

④ 司法人民委员部作为权力机关的授权对象，一直具有立法机关工作部门的性质。1920 年《苏俄各人民委员部及各中央机关中的司法顾问室条例》还设立了各部的司法顾问室与司法人民委员部的总顾问室，要求其行使"解释苏俄法令与司法人民委员部决议"的职权。参见［苏联］В.Г.列别金斯基、Д.И.奥尔洛夫编《苏维埃检察制度（重要文件）》，党凤德、傅昌文、邹信然、邱则午、方蔼如译，中国检察出版社 2008 年版，第 116 页。

央执行委员会与人民委员会的委托。连最高权力机关的法律问题亦由其解释，足见其解释权具有立法权内涵，某种程度上应被视为立法机关的决定。1936 年后，司法人民委员部的法律解释权转由立法机关（最高苏维埃主席团）亲自行使，进一步明确了其立法性质。立法机关作出的法律解释效力等同于法律，较其他主体解释的层级更高，若存在解释争议应以之为准，故其亦有司法解释监督者的地位。

第二，审判机关的司法解释。按最初设计，司法人民委员部还兼任最高审判监督机关，但因非司法机关且解决审判实践问题能力有限，该职能逐渐淡化。相关职能被实际赋予了新组建的最高法院。[①] 依据 1922 年《苏俄法院组织条例》，最高法院获得了审判领域的法律解释权。具言之，首先，司法解释的主体是最高法院全体会，由最高法院全体审判员通过会议行使权力。[②] 其次，权力行使的前提，一是各审判庭或其审判员提出了解释要求，二是最高法院主席团、共和国检察长或其助理提出了解释议案。再次，司法解释的对象为"审判实践"中的法律问题，该形式限制因审判涉及的法律问题宽泛，且提出解释请求无须以个案为基础，并未构成行权的实质限制。[③] 最后，最高法院有权监督、指导各级法院，可以驳回或更改下级法院判决，因此，审判解释在系统内具有规范效力，系全国司法机关必须适用的法律渊源。[④]

[①] 参见王海军《苏维埃政权下的俄罗斯司法》，法律出版社 2016 年版，第 43 页。

[②] 最高法院全体会的召开须过半数审判员出席，由最高法院院长或副院长担任主席，共和国检察长或其高级助理应当出席。参见［苏联］Л·Н·古谢夫编、С·А·郭伦斯基审定《苏联和苏俄刑事诉讼及法院和检察院组织立法史料汇编（1917—1954）》（上册），王增润、赵涵先、范宏源等译，法律出版社 1958 年版，第 536 页。

[③] See Judah Zelitch, *Soviet Administration of Criminal Law*, University of Pennsylvania Press, 1931, p.65.

[④] 仅此而言，苏联与民国的司法解释制度颇为类似。时有学者便指出："恰当地说，尽管中国与苏联在相关制度的详细规定方面存在差别，但两者的基本精神则是相似的。"杨兆龙：《中国司法制度之现状及问题研究——与外国主要国家相关制度之比较》，载杨兆龙著，艾永明、陆锦璧编《杨兆龙法学文集》，法律出版社 2005 年版，第 41 页。

第三，检察机关的司法解释。苏联检察制度立基于"大检察"理论，主要目的在于维护国家法制统一。按照列宁的构想，共和国检察长的职责系保证全国范围内的公权活动依法进行，有义务对违法行为提出反对，虽然该反对缺乏直接效力，但检察长仍须提出并采取措施，以保证法律适用获得统一。① 为实现法制统一的目标，最高检察机关必须对法律进行解释。根据 1922 年《苏俄检察监督条例》的一体化组织安排，共和国检察长领导全国检察官，当后者面临法律适用问题，前者有必要给出解释。因此，检察长实质成为了另一司法解释的有权主体，但其局限在于，检察解释仅在系统内有效，对外仅有建议性质。如列宁指出，检察机关有权抗议但无权决定，最终仍需将法律争议提交有权主体解决。② 但从对外的反对权仍得引申出另一项职权，即对于审判解释，其有权提议最高法院变更或撤销，也有权就前述解释向最高权力机关的常设机关提出异议。③

中华人民共和国司法解释制度对苏联对制尤其体制方面的移植是显而易见的。1954 年《宪法》规定，全国人大常委会行使法律解释权，1955 年《决议》旋即出台，赋予最高人民法院对审判涉及法律适用问题的司法解释权。其后，为了统一检察机关的法律适用，1981 年《决议》又将司法解释权转授最高人民检察院，以

---

① 参见列宁《论"双重"领导和法制》，载《列宁全集》（第 43 卷），中共中央马克思恩格斯列宁斯大林著作编译局译，人民出版社 2017 年版，第 200 页。

② 参见列宁《论"双重"领导和法制》，载《列宁全集》（第 43 卷），中共中央马克思恩格斯列宁斯大林著作编译局译，人民出版社 2017 年版，第 202 页。

③ 1922 年《苏俄检察监督条例》第 9 条规定："共和国检察长的职权如下：（1）监督各人民委员部及其他中央机关和组织的工作是否合法，并提议撤销或变更它们所发布的违法命令或决议；（2）向人民委员会及全俄中央执行委员会主席团抗议上述的命令和决议，并要求将其撤销；但检察长提出的抗议并不停止所抗议的决议或决定的执行……"［苏联］Л·Н·古谢夫编、С·А·郭伦斯基审定《苏联和苏俄刑事诉讼及法院和检察院组织立法史料汇编（1917—1954）》（上册），王增润、赵涵先、范宏源等译，法律出版社 1958 年版，第 507 页。

解决检察工作中的法律适用问题。此外，出于定纷止争、统一法制的考虑，《监督法》第42条还专门规定，由全国人大常委会处理审判解释与检察解释的分歧。以上规定在苏联法律中均有原型，法律移植最终使中国形成了立法解释下"二元一级"的司法解释体制。

三 中国司法解释制度的历史形成

从历史的视野看，中国今天的法律明显具有三大传统：古代的、现代革命的和西方移植的。三者在中国现当代史中形成一个有机体，缺一便不可理解中国的现实。[①] 中华人民共和国成立之初，一方面"消极"承继近代中国的部分制度遗产，另一方面"积极"借鉴苏联的国家法制方案，前者融合了古代与西方，后者则带有鲜明的革命色彩，共同催生出一系列法律制度，而司法解释制度正是其中典范。换言之，之所以将司法解释作为统一法律适用的制度起点，乃是前述双重因素作用的结果。

（一）对近代中国司法解释制度的承继

中华人民共和国成立伊始，民国司法解释传统大体延续。最高法于1949年10月22日挂牌成立，旋即开始履行法律解释职权，在本年度最后两个月便制定了《关于北京市、天津市法院今后案件判决须于判决载明向何法院提起上诉的命令》《关于经县法院判处死刑的犯人因病死亡是否需要复核问题的指令》《关于对天津〈进步日报〉转来读者李素贞询问诉讼问题的函》《对人民日报转来读者全德林所提有关程序问题的复函》等司法解释性质文件。随着各级法院审判工作步入正轨，实践中亟待解决的问题频繁出现，再加上最高法分院成立，统一法律适用的能力有所增强，制定的释法文件数量急剧上升。据笔者不完全统计，在1955年《决议》出台，最高法

[①] 参见［美］黄宗智《过去和现在：中国民事法律实践的探索》，法律出版社2009年版，"序"第4—5页。

尚未获得解释法律的正式权限①前，其（包括分院）便已制定并发布了司法解释性质文件300余则。

　　缺乏依据的权力行使有违公权运作的基本伦理，通常会被严格禁止，但最高法却径行作出司法解释，这应当归结于民国司法解释制度带来的惯性结果。《关于废除国民党〈六法全书〉与确定解放区的司法原则的指示》规定，由于新法尚未制定，法院在工作中应当先按照纲领、法律、命令、条例、决议的规定作出判决，若无相关规定的，应按新民主主义政策处理。上述规定列出的法律渊源极为零散抽象，要求司法人员依此裁断案件难免产生问题。比如，新民主主义政策相当含糊，其具体内容亦时常发生变化；当时的规范性文件也比较简约，尤其对于诉讼程序，几乎没有作出任何安排。解决手段包括由政府临时出台法令或一体实施法律监督（如参照苏俄早期的做法），何以径行采取司法解释？如前所述，理论上，治理的路径依赖与司法解释的实效决定了模式的选择。从实践看，司法解释制度的承继被进一步确证：中华人民共和国成立初期施行的，由最高司法机关统一对法律作出规范性解释的做法，基本就是民国时期司法解释制度的翻版。

　　将民国和中华人民共和国成立早期的司法解释制度比较，不难发现这种承继关系：第一，解释主体具有对应性。民国时期行使司法解释权的主体依次为大理院、最高法院、司法院，皆是国家最高司法机关，随着政权更替，该机关为最高法替代，继续从事司法解释工作。第二，行权方式具一致性。民国最高司法机关发布解释例，即通过制发规范性文件行使司法解释权，而最高法亦是如此。第三，

---

① 虽然《中央人民政府组织法》第26条明确了最高法作为最高审判机关的地位，但这不能导出其拥有制定规范性法律解释的权力。作为负责审判的机关，其行使的职权仅为司法权，这与中央人民政府委员会行使的立法权有明显区隔。不过，从前文所举文件的内容可以看出，最高法明显代位行使了立法机关的职权，创制了诸如包括第三人规则、刑期折抵规则等在内的一系列事实性规范。

解释程序具类似性。司法解释由业务庭起草，相关负责人员审核，召开会议审议通过，类似制定流程从民国延续至中华人民共和国，几乎未发生变化。第四，解释内容具有问答性。中华人民共和国成立初期的司法解释，基本都是针对具体的法律适用问题作出的，带有问题批复或法律答问的性质，大体包括说理与结论两部分内容，与过去的解释例无实质差别。① 第五，问题来源具有普遍性。中华人民共和国成立初期由于缺乏法律规定，各地法院、其他机关及其工作人员等，皆可就法律适用问题请求最高法解释，与民国的司法解释来源基本相同。② 第六，解释效力具有普遍性。民国最高司法机关的解释例依法具有拘束下级法院的效力，而最高法解释法律虽无规范依据，但凭借其司法系统地位，制定的司法解释仍须为各级法院遵守。

（二）对苏联司法解释制度的借鉴

中华人民共和国成立后，苏联既有的法律文本及其构建的司法模式，直接成为了立法活动及相关制度建设的范本，深刻塑造了中国发展至今的法治进程。③ 司法解释制度受苏联影响同样显著。前文已述，1954 年《宪法》大体以 1936 年《苏联宪法》为模范，前者关于法律解释的规定与后者保持一致，事实上，早在 1949 年《中央人民政府组织法》中，法律解释便已被规定为最高权力机关常设机

---

① 如《关于审级组织领导系统诸问题的指示》针对广东省人民法院提出的三项问题，包括审级制、法院与政府及不同层级法院之间领导关系、不同层级法院及人民法院与人民法庭的业务关系等，作出了初步解释。再如，《对被告在诉讼中死亡的裁判问题及裁判前羁押日数的折抵问题之意见》针对华东分院提出的未决羁押之刑期折抵问题提出了处理方案，认为出于公平考虑，应当在判决书内明确羁押一日折抵刑期一日。

② 如《关于契约及继承问题解释的复函》是针对西北分院的问题呈报作出的，《翼城县政府司法工作报告中请示薛凤娥、杨桂英命案问题和赵兰英军婚问题的批复》是针对司法行政机关的问题请示作出的，《对孟力生所提婚姻问题及其处理意见的答复》的问题来源则是公务人员的函询。

③ 参见公丕祥《中国司法革命 60 年》，载邓正来主编《中国社会科学辑刊》（2009年 12 月冬季卷）（总第 29 期），复旦大学出版社 2010 年版，第 53 页。

关的职权。就司法解释而言，早期最高法虽在行使此项权力，但却无任何规范依据，这与苏联的情况有所不同。

苏联早期并未明确统一的法律解释权，1924年《苏联宪法》仅规定最高法院的"领导性解释"职能，然其规范内容（全联盟的立法问题）与释法对象（加盟共和国最高法院）都存在一定限制，与具有立法属性和普遍约束力的"解释"相去甚远。1936年《苏联宪法》将"解释苏联现行法律"的职能归于立法机关后，其实并未取消最高法院的司法解释权，而是将依据转移至组织性法律。根据1938年《苏联法院组织法》，最高法院可就具体的法律适用问题对下级法院作出指示，① 这与立法机关的解释权并无抵触，反而构成了法律解释制度的重要组成部分。② 较之1924年体制，苏联最高法院的法律解释权在1936年《苏联宪法》框架下扩张，此前最高法院"不过也只就全联盟的立法问题予以指示"，到了后一阶段，则是"将实现社会主义法制之统一的最重要机能，课予它了"。③ 质言之，苏联最高法院的司法解释不仅在实践中发挥重要作用，其行权的法律依据也是明确的。

囿于最高权力机关常设机关的组织局限性，以法律解释解决具体司法工作中的法律适用问题缺乏现实可能。按照苏联经验，通过立法将司法解释权转授最高司法机关，应是解释权行使必要的配套措施。对此，1955年《决议》将法律解释权的部分内容转授最高法，要求其自行解释审判过程中的法律适用问题。彭真对前述决议作过概略说明：在宪法施行以后，全国人大常委会陆续收到了大量来信，要求对

---

① 参见［苏联］В. Г. 列别金斯基、Д. И. 奥尔洛夫编《苏维埃检察制度（重要文件）》，党凤德、傅昌文、邹信然、邱则午、方蔼如译，中国检察出版社2008年版，第371页。

② 参见［苏联］特拉伊甯等编《苏联国家法教程》（下册），彭健华译，大东书局1951年版，第554页。

③ 参见［苏联］特拉伊甯等编《苏联国家法教程》（下册），彭健华译，大东书局1951年版，第552—553页。

法律进行解释，对此，常委会第十七次会议作出了决议，以"正确处理这些问题"。① 字面上看，彭真的说明在逻辑层面是存在问题的。1954年《宪法》已明确将解释法律的职权排他地授予全国人大常委会，那么，无论是人民群众还是国家机关致函常委会请求其对系争法律作出解释，完全是按照宪法指引作出的行为，继而，全国人大常委会在收到问题后作出有针对性的法律解释，是依宪行事，前后皆不存在"正确处理"的问题。事实上，彭真所言"为了正确处理这些问题"，与其说是"正确处理"，毋宁说是"妥善处理"，因为全国人大常委会客观上无法独自完成这项庞杂的宪法任务。

1955年《决议》的出台，标志着中国司法解释制度的正式诞生。宪法规定由立法机关行使法律解释权，而为弥补全国人大常委会行权能力的不足，该决议借鉴了1938年《苏联法院组织法》的制度设计，将法律解释权处于审判领域的部分转授最高法。1955年《决议》采取的权力转授模式，很大程度上决定了制度的发展方向。此后，司法解释制度的基本框架变动不居，逐渐形成了以全国人大常委会为监督主体，最高法、最高检为行权主体的体制。

总之，从历史维度来看，民国司法解释的制度惯性与苏联相关制度的直接移植相结合，共同孕育了中华人民共和国的司法解释制度。具体而言，近代中国的司法解释制度形塑了司法解释的最初样态，在行权方式、规范内容等诸多方面留存了相当浓厚的民国色彩；对苏联法制的借鉴则确立了司法解释的运作体制，在性质上保有苏联样态的权力属性。中华人民共和国成立初期的决策者们，对两类既有制度予以批判性扬弃，经过不断发展完善，最终形成了具有中国式现代化特征的司法解释制度。

---

① 参见彭真《关于法律解释问题》，载全国人民代表大会常务委员会办公厅编《中国人民政治协商会议第一届全体会议、中央人民政府委员会、全国人大及其常委会制定或者批准的法律及部分文件（1949—1956年卷）》，中国法制出版社2004年版，第227—228页。

第 五 章
司法解释的制度问题

　　司法解释在实践中发挥了重要作用,这是制度设计欲达成的积极结果。在微观上,司法解释使司法人员的办案依据得到相对明确,法律的适用标准得到相对统一,一定程度上实现了法制统一的目标。[①] 在宏观上,由于具有立法性质,司法解释发挥着细化法律规定、填补法律漏洞甚至回应中央政策等功能。[②] 然而,现行司法解释制度并不完备,其问题之多可能超乎预计。首先是司法解释与立法之间的隐藏冲突。出于多方考量,最高权力机关将法律解释权按职能转授给中央司法机关与行政机关,各机关各自分工行权,针对有关其职能的法律规范作出整体解释、部分解释及单一解释,导致了解法典化现象与诸多治理矛盾。其次,司法解释突破法定界限的情况层出不穷。虽说司法解释具立法性质,但这绝非指有权机关可以利用司法解释超越既有的法制框架,此类"立法权"具有明显的受制性。而确定司法解释的权力空间并非易事。此外,关于那些不是司法解释的"司法解释",即司法解释性质文件,则存在效力不明与

---

　　① 参见苗炎《司法解释制度之法理反思与结构优化》,《法制与社会发展》2019年第2期。

　　② 参见聂友伦《司法解释场域的"央地矛盾"及其纾解——以"地方释法"为中心的分析》,《法律科学》2021年第1期。

"非法治化"的问题。它们发挥着司法解释实际效果，但又不具备司法解释的法定地位，造成了理论与实践的重大矛盾，如何予以调控亦须详加考虑。

第一节　司法解释分工制下的治理矛盾

司法解释制度具有制定主体多元化、规范内容职能化、互涉内容协商化、解释权力碎片化等特质。这些特质由如下逻辑所联结：制定主体的多元化加之不同机关的分工负责，导致司法解释的规范内容职能化与互涉内容协商化，最终反馈至权力样态上形成解释权力的碎片化结果。问题的核心在于司法解释权存在的职能化分隔。在此背景下，首先出现的是解法典化——司法解释文件充斥且支配着司法实践，法律几乎起不到直接作用。然后，各机关将在法律模糊的地带隐性扩张权力，进而变更法律划定的职权界限，甚至挤压无解释权主体特别是诉讼参与人的权利。再者，从司法组织上看，制度的职能化特征难免强化机关内部"上命下从"的权力运行样态，影响司法权的独立行使。

一　司法解释分工制与法制化的矛盾

司法解释的分工制已经导致了法律的解法典化现象。这种特殊类型的解法典化，其显著表征在于"以规代法"，进而造成"架空法律"的事实性问题。由于司法解释权按职权分配，各中央机关有对相关的部门法律规定予以细化和汇编的动力。就刑事诉讼领域而言，公、检、法三机关都形成了具有效力的"内部法典"与"单行立法"。从办案人员角度看，根据这些精密的司法解释，即可对案件予以迅速处理，而不必再去参照更抽象的法律条文。对于中央机关来说，通过编纂部门化的司法解释，可以有效地向下传递权威，维护其在条线顶端的地位。依托司法解释权，最高法、最高检、公安部等机关，其实在法律外又构建了一套"副法"①或"司法法"②体系，至此，办案机关的行为依据被取代，《刑事诉讼法》已被架空。

(一) 刑事诉讼法典的重要性

作为法典的《刑事诉讼法》具有系统性、体系性、价值统一性等性质，③能够发挥出不同于单行立法、分散立法的重要功能。中华人民共和国成立后很长一段时间，虽有过几次官方组织的起草工作，但刑事诉讼立法并未被决策者真正提上日程，④支配当时刑事司法活动的业务规范，分散于《法院组织法》《检察院组织法》《逮捕拘留条例》《人民警察条例》及《各级人民法院刑、民事案件审判程序总结》之中。依靠这些零碎的程序规则，各级刑事司法机关虽可勉强对案件予以处理，但问题也很明显。由于刑事程序缺少必要的规定，办案人员不得不随意就一些程序问题做出处理，这导致了法制不统一的情况。而且，此类零散规范权威性不足，不能对各机关产生明显约束作用，办案人员往往基于权威性更高的政策作出司法行为，导致司法办案中违反法律、侵犯人权的情况极为普遍。因此，决策层在决定恢复法制建设后，便立刻组织制定了1979年《刑事诉讼法》并加以施行。

《刑事诉讼法》的重要性首先是其为刑事司法提供了一套统一的权威规范，建立了整体的刑事诉讼法秩序。在中国，法律是由最高权力机关及其常设机关制定的，而《刑事诉讼法》是全国人大通过的基本法律，位阶仅次于《宪法》及宪法性法律，⑤下位法与之抵

---

① 刘风景：《司法解释权限的界定与行使》，《中国法学》2016年第3期。

② 陈兴良、周光权：《刑法司法解释的限度——兼论司法法之存在及其合理性》，《法学》1997年第3期。

③ 参见樊崇义《迈向理性刑事诉讼法学》，中国人民公安大学出版社2006年版，第232—233页。

④ 参见陈卫东《刑事诉讼法治四十年：回顾与展望》，《政法论坛》2019年第6期。

⑤ 参见韩大元、刘松山《宪法文本中"基本法律"的实证分析》，《法学》2003年第4期。

触便将自动失去效力。申言之,《刑事诉讼法》为规范权力、保障权利构建了基本框架,除行使立法权的全国人大及其常委会,所有其他国家机关都不得突破该框架的实际限制。《刑事诉讼法》的权威不仅在于规范层面,也在于事实层面。"法律必须被信仰,否则将形同虚设。"① 代表人民的权力机关制定出法律,通过法律公布,社会主体可以接触并了解法律规范,然后,借由刑事司法机关的严格执法,民众将确证法律的实效,从而构建起法律的权威。但是,若权力机关以外的其他机关在实施法律时"夹带私货","新增""变通"甚至消极地"废止"法律,上述法律权威的获取路径就会阻断,法律的权威性也将面临降低乃至丧失的风险。

《刑事诉讼法》建立的法秩序还体现在法律本身的稳定性方面。"法律必须稳定,但又不能静止不变。"② 法律作为上层建筑必须对经济基础的改变作出反应,但须以维持其相对稳定为前提。稳定性极度欠缺的法律,至多仅得被理解为应因突发事件而下达的特别措施,缺乏法律逻辑上的自洽性与连续性,进而很难被作为法律对待。③ 法律的稳定性不仅是法治概念的基本要素,更具有某种程度的优位性。④ 维持法律稳定性的根本目的在于稳定公众预期,只有当发生了值得变更法秩序的社会变迁或政策转向时,立法者才能制定新法、修正旧法。公众已经形成的预期必须加以保障,否则法律的适用将产生混乱。就《刑事诉讼法》而言,法典化样态有效地维持了刑事诉讼法秩序的稳定性,这与中华人民共和国成立初期由分散规

---

① [美]伯尔曼:《法律与宗教》,梁治平译,生活·读书·新知三联书店1991年版,第14页。

② [美]罗斯科·庞德:《法律史解释》,邓正来译,商务印书馆2013年版,第4页。

③ 参见[美]E·博登海默《法理学:法律哲学与法律方法》,邓正来译,中国政法大学出版社2004年版,第339页。

④ 参见[德]G·拉德布鲁赫《法哲学》,王朴译,法律出版社2005年版,第228页。

范构建的秩序形成鲜明对比。由于缺乏统一的法律,公权机关假托"社会主义革命"以及各种政策制造了大量刑事诉讼制度(如隔离审查等),使得规范的随意性很大。《刑事诉讼法》的出台杜绝了此类情况,此后法秩序如要发生变动,必须由国家权力机关作出决定——1996 年、2012 年、2018 年的三次修法便是如此。法典对于维持刑事诉讼法秩序稳定,保有公众的规范预期,起着重要作用。

《刑事诉讼法》能够保持程序规范在价值取向上的整体一致性。《刑事诉讼法》第 2 条规定了本法的任务,一是准确、及时地追究犯罪,二是提升公民的守法意识,三是维护法制、保障人权。法典化样态下,《刑事诉讼法》是刑事诉讼得以运转的基本法律依据,本法的任务即可理解为刑事诉讼任务。上述三项任务中,核心是最后一项,它是"刑事诉讼法的根本任务,或者说是总任务"①,因为,前两项任务的最终目的仍将落足于维护法制、保障人权。任务条款统领着整部法典,相关立法均围绕着法制与人权这两项价值展开,无论是侦查、检察还是审判规范,其价值取向皆定位于此。然而,若将《刑事诉讼法》打散,由作为"特别立法"的部门规范取代,那么,因缺乏科学的立法规划、立法程序和监督机制,不同起草机构难免添附部门利益,②导致维护法制与保障人权的价值难以在刑事诉讼中得到贯彻,从而背离刑事诉讼的基本价值要求。

从立法技术上看,法典化的《刑事诉讼法》还为刑事诉讼规范的逻辑性与体系性提供保障。一方面,刑事诉讼具有连续性,侦查、起诉、审判、执行这些阶段环环相扣,需要成套制度加以规范。例如,规制侦查取证活动的制度,与后续检察机关与审判机关的证据审查活动便有紧密联系。另一方面,刑事诉讼具整体性,一些共通

---

① 王爱立主编:《〈中华人民共和国刑事诉讼法〉修改与适用》,中国民主法制出版社 2019 年版,第 28 页。

② 参见张小军《民法典解构及当代中国民事立法的理性选择:适度法典化——以比较法为视角》,《理论月刊》2011 年第 5 期。

规则需公权机关共同遵守。《刑事诉讼法》的总则条款大都属于此类。作为刑事诉讼领域的基本法律，《刑事诉讼法》涵盖了刑事司法活动的所有场域，立法者在制定与修改本法时，不易受到具体问题、当下时事的左右，而是站在超脱业务机关的客观视角，综合地考虑问题与布局制度，最大限度降低规则、制度之间产生矛盾或失当的可能性。非法典化的规范往往容易受到具体问题的牵引，即便在起草时考虑到与既有规范的联系，但囿于规范的问题导向，它仅限于对个别规则进行调整，而不会作出全局性修改。[①] 于是，规范之间必然会出现割裂，这正是法典化的体系性能避免的问题。

（二）"以规代法"的宏观影响

《刑事诉讼法》的法典化样态本身就具有法治意义。概言之，本法承载着提供基本规范、创建整体法秩序、稳定规范化期待、确定法治价值、构建程序体系等一系列功能。不过，这些重要功能似乎很少受到认真对待。在前文中，笔者反复叙述这样一个事实：以整体解释为主体、以部分解释为补充的刑事诉讼司法解释，基本上已将实践中的法律架空。正如学者指出："这些规范的位阶低于法律，但实际作用却大于法律，长此以往，不可避免会出现架空法律、严重损害法律实施的倾向。"[②] "以规代法"的现象在宏观上起码造成了以下影响：第一，减损了刑事诉讼法的权威；第二，破坏了刑事诉讼法的稳定；第三，扭曲了刑事诉讼法的价值；第四，动摇了刑事诉讼法的体系。

首先，刑事诉讼司法解释对《刑事诉讼法》的取代，一定程度上解构了法律的权威基础，造成了严重的消极影响。法律权威可以区分为制度性权威与事实性权威。就《刑事诉讼法》而言，它的制度性权威，来源于《宪法》《立法法》规定的立法程序。《刑事诉讼法》被依法制定并加以施行后，将自动获得制度性权威。本法的事实性权

[①] 参见朱淑丽《欧盟民法法典化研究》，上海人民出版社2013年版，第152页。
[②] 刘松山：《中国立法问题研究》，知识产权出版社2016年版，第375页。

威，来源于制定机关的权威地位，主要体现为法律实施的规范效果。然而，司法解释在制度与事实两方面均减损了《刑事诉讼法》的权威性。按理说，刑事诉讼司法解释仅是通过法律解释权转授获得的不完全的立法权，因而，它们的制度性权威要远低于法律。不过，由于刑事诉讼机关实际适用的是司法解释而非法律，这会给办案人员乃至公众带来司法解释的效力要高于法律的错觉。[1] 司法解释通过适用，更是获得了可能超过《刑事诉讼法》的事实性权威，而事实性权威的不断累积，甚至将威胁到后者的制度性权威。要言之，司法解释的实效突破了它的效力范围，暗中解构了法律的权威性。

其次，刑事诉讼司法解释形式上不受法安定性原则的约束，但在实践中又能起到实质变更法秩序的效果，破坏刑事诉讼法秩序的稳定。理论上，严格符合法定限定条件的司法解释，不会造成刑事诉讼法秩序的变动。根据《立法法》第119条第1款对司法解释的限定，[2] 司法解释被限制于狭窄的权力空间内：若法律存在明确规定，司法解释的内容仅应涉及对条文表意的解读，禁止突破法律规定的范围；若法律条文比较抽象，司法解释则必须以符合立法的目的、原则和原意为标准进行解释。[3] 换言之，司法解释附随于法律，它本身不是法律，不得创设、修改或废止法律规则。[4] 然而，"符合立法的目的、原则和原意"却并非一个明确的规则，落实到具体条文的解释上，更会直面不同学说与观点之冲突。例如，《刑事诉讼法》规定的非法证据排除规则，其"立法的目的、原则和原意"究竟如何？究竟是为保障人权、发现真实还是阻吓违法？仅根据法条以及法学研究的一般方法，无法得到确切结论。此时，司法解释实

---

[1] 如前所述，《律师法》规定的律师会见权得不到办案机关遵守，直到相关刑事诉讼司法解释文件出台后，会见权问题才逐渐纾解。

[2] 参见王成《最高法院司法解释效力研究》，《中外法学》2016年第1期。

[3] 参见乔晓阳主编《〈中华人民共和国立法法〉导读与释义》，中国民主法制出版社2015年版，第322页。

[4] 参见聂友伦《刑事诉讼法时间效力规则研究》，《法学研究》2020年第3期。

质上被赋予了造法的权力，它选择任何既有的学说，都能在理论上获得支持，也无法确定其是否违反了法定的限制条件。在司法实践通常按甲学说对某条刑事诉讼法条文进行理解时，基于乙学说制定的司法解释突然实施，这当然应被归属于实质意义上的法律变更，继而破坏既有刑事诉讼法秩序的稳定。

再次，不同办案机关的立场不一致，若每个机关都朝有利于本部门的方向解释，难免扭曲法律统一的价值表达。法律内含全体人民的整体意志，其体现的价值具有相对确定性。由立法机关解释法律，一般不生价值层面的错乱，① 但是，司法解释的操作者并非民意机关，何以保证经其加工过的"法律"符合原本的价值取向？在司法解释权割据的情况下，保证法律既定的价值取向，显然不太现实。《刑事诉讼法》的总任务在于维护法制、保障人权，但司法解释是否贯彻了这一价值呢？虽然刑事诉讼的三部整体解释在开头大体照抄《刑事诉讼法》第 2 条的任务规定，但具体规范仍不乏为了办案便利而偏离法制维护与人权保障的情况。例如，根据法律规定，逮捕应当以犯罪嫌疑人具有五种社会危险性之一为其批准要件，由于逮捕及其附随的羁押是最为严厉的强制措施，出于保障人权的立场，应尽可能地对社会危险性予以严格解释。② 如"可能毁灭、伪造证据，干扰证人作证或者串供"，就应考察犯罪嫌疑人主观方面是否存有这种倾向，而不应基于与该倾向无关的其他事实横加揣测。③ 但是，2019 年《高检规则》第 131 条第 3 项，却将"证据尚未收集到位"

---

① 立法机关（准确地说是国家权力机关）对法律的解释，其实无所谓合不合乎"立法的目的、原则和原意"的问题。若立法机关欲现实化的规范，与现行法律的客观意思明显不合，其就会直接采取狭义上的立法措施。只有对于那些可以在客观上容纳于现行法下的法秩序变更，立法机关才会作出解释，而这一定会被认为是符合法律价值的做法。上述问题，类似于法律是否合宪的探讨。参见洪世宏《无所谓合不合宪法 论民主集中制与违宪审查制的矛盾及解决》，《中外法学》2000 年第 5 期。

② 参见聂友伦《审查逮捕应以社会危险性审查为核心》，《法制日报》2018 年 1 月 3 日第 11 版。

③ 参见刘计划《我国逮捕制度改革检讨》，《中国法学》2019 年第 5 期。

作为存在上述社会危险性的表征，以该解释推断其追求的价值，显然是打击犯罪而非人权保障。再如，《刑事诉讼法》第 56 条规定，采用刑讯逼供等非法方法收集的犯罪嫌疑人、被告人供述应当予以排除。基于维护法制、保障人权之立场，对于"等非法方法"应作严格解释，将与刑讯逼供强度类似的行为均予纳入。2012 年《高检规则》采此正确观点，明确"其他非法方法是指违法程度和对犯罪嫌疑人的强迫程度与刑讯逼供或者暴力、威胁相当而迫使其违背意愿供述的方法"。与之相对，最高人民法院的解释更为苛刻，不仅限定方法必须造成"痛苦"，还额外要求"迫使被告人违背意愿供述"，这显已背离了非法证据排除强调正当程序的价值追求。①

最后，司法解释动摇了《刑事诉讼法》的体系结构。法律的体系化包括概念、规范与制度的匹配衔接，通过法典编纂技术的适当应用，法律才能形成一个富有逻辑的有机整体。《刑事诉讼法》的条文结构是以诉讼发展为线索设置的，体系性比实体法更高。该法以总则统领侦查、起诉、审判等分则程序，形成了较为精密的规范框架。② 然而，司法解释只是一个部门制定的或几个部门针对一类问题制定的规范性文件，即便考虑到了法律的整体逻辑，也往往限于机关内部或个别调整的层面，使其极有可能突破法律的体系限制。例如，《刑事诉讼法》第 201 条第 2 款规定，在出现以下情况时，检察机关可以对量刑建议进行调整：其一，审判机关认为检察机关提出的量刑建议明显不当的；其二，被告人、辩护人对量刑建议提出异议的。从文义上看，检察机关调整量刑建议并不是审判机关量刑的必经程序，即该款规定"并非强制性规范，未给审判机关施加任何通知或沟通的责任"③，但《认罪认罚指导意见》第 41 条却给人民

---

① 参见吴洪淇《非法言词证据的解释：利益格局与语词之争》，《法学家》2016 年第 3 期。

② 参见刘计划《刑事诉讼法总则检讨——基于以审判为中心的分析》，《政法论坛》2016 年第 6 期。

③ 陈卫东：《认罪认罚案件量刑建议研究》，《法学研究》2020 年第 5 期。

法院增加了"应当告知人民检察院"的义务，且要求其"应当采纳"调整后的适当量刑建议。《刑事诉讼法》乃至《宪法》都明确规定，审判机关是法院而非检察院，检察院是求刑者、法院是量刑者，但根据《认罪认罚指导意见》第41条，似乎检察机关与审判机关调转了地位，审判权已交由检察院行使，这违背了刑事诉讼的基本构造。再如，《刑事诉讼法》第61条规定，证人证言必须在法庭上经过控辩双方质证并查实后，才能作为定案根据；第192条第1款规定，证人证言符合"有异议、有影响、有必要"三项条件的，证人应出庭作证。前者是总则条款，构成后者的解释语境。从"在法庭上""质证""查实"的表述看，分别对应证人原则上必须"出庭"接受"对质"与"交叉询问"的意思。① 准此，"证人应当出庭作证"即须被合目的地解释为"（关键）证人应当以出庭的方式（而非以提供证言的方式）作证"，否则证言不得作为定案根据。然而，2012年和2021年的《高法解释》均未如此理解，规定即便关键证人不出庭，依然可以采信其庭前证言，这直接诱发了实践中证人不出庭的恶果。此外，在各机关的整体解释中，针对同一事项的规定不相一致，这既导致了诉讼程序在流转上的困难，也会使《刑事诉讼法》的逻辑体系陷于断裂。

（三）"以规代法"的微观效应

司法解释的泛滥架空了《刑事诉讼法》，其产生的解法典化现象，一定程度上解构了法典内生的权威性、稳定性、价值统一性以及体系性。解法典化反映在微观的司法实践中，体现出的是一种类似"制度竞争"结果的"劣币驱逐良币"效应。即便在规范上出现了"以规代法"的现象，司法解释也未必能得到切实的执

---

① 立法机关工作部门持类似观点："一般来说，证人都必须通过言词的方式，当面向法庭提供证人证言……并接受控辩双方的质证，来确定证人证言的可靠性和证明力。"王爱立主编：《〈中华人民共和国刑事诉讼法〉修改与适用》，中国民主与法制出版社2019年版，第127页。

行。但很明显，在刑事诉讼规范领域，"以规代法"确已现实化了。将其放在司法解释的制度语境下，不难理解其发生的原因——司法解释的制定，本身就内含着取代法律的意思。整体解释与部分解释不但完全将《刑事诉讼法》的相关规定加以内化，而且细化、新增了一些程序，如此一来，在刑事司法实践中，侦查机关、检察机关、审判机关仅凭各类司法解释文件以及内部工作规范，便几乎能完成对所有刑事案件的办理。与之相反，若仅依据《刑事诉讼法》办案，不仅将受限于模糊的法律规定，使适法者在具体操作中寸步难行，更无法预知司法解释中法律没有规定的程序，最终将引发事实上的错误。

一方面，《刑事诉讼法》条文的模糊性使办案人员自发转向司法解释。在社会维度的逻辑分析中，本书曾描述办案人员对法律解释的偏好形成。办案人员是否敢于按自己理解的"法律"对事实加以适用？按《宪法》《刑事诉讼法》的规定，司法机关有权且应当依法独立行使职权，其中包含司法人员具有法律解释权限的意思，"司法中的解释"乃是司法权的应有之义。然而，公安机关、检察机关甚至审判机关都处于科层化结构之中，为了确保上级机关对下级机关的控制，必将伴随产生责任与考核制度。这类制度基本以结果为导向，如针对上诉率、改判率、刑拘转捕率、胜诉率等的考评，皆属此类。如此一来，办案人员自主决定法律的理解与适用，就必然面临未知评价的风险，比如下级法院的法官对某法条的适用与上级法院的理解不一致时，便可能出现上诉改判的情况，进而导致前者受到考核上的负面评价。在此背景下，公安司法人员就不太愿意额外承担解释责任，以致法律适用产生悬置。例如，技术侦查适用的法定程序要件为"经过严格的批准手续"，不同侦查机关对该规定的理解必然存在差异，难免使得实践操作进退失据。质言之，当中央机关作成的司法解释能够起到明确法律的作用时，办案机关当然会适用司法解释。①

另一方面，司法解释新增的制度使办案人员不得不抛弃《刑事诉讼法》既有的规定。这种情况虽不常见但仍然存在。由于司法解释的正式法源地位以及司法性质解释文件的事实性效力，办案人员不得不在实践操作中遵循规范性文件新增的规定。上述情形以公诉撤回制度为典型。根据2019年《高检规则》第421条，法庭根据公诉人的建议而同意延期审理，若检察机关在补充侦查期限内无法完成起诉条件之要求的，应当撤回起诉。若不考虑司法解释的规定，公诉撤回就会变得无法可依。按照《刑事诉讼法》第205条，庭审似乎将自动在补充侦查期限届满后恢复，但若果真以此行事，反将造成法律适用的事实性错误。严格意义上的司法解释如果可以在裁判文书中直接引用，理论上便将形成"有法律的适用法律，没有法律的适用司法解释"的实践样态。根据《关于裁判文书引用法律、法规等规范性法律文件的规定》第3条，刑事裁判文书可以引用的裁判依据范围仅为法律、立法解释与司法解释。在此处，司法解释被规定为与法律、立法解释并列的规范依据，即便司法解释规定的制度法律中并不存在，若司法人员在办案中需要适用，直接引用即可，而无须考虑司法解释新增的制度是否合乎立法的目的、原则和原意。

刑事诉讼司法解释之所以能在微观上起到取代法律的实效，主要是司法解释内在的权威性所致。② 司法解释的权威性理论上低于法律，但在事实层面，司法解释的权威未必不如法律。其一，科层制

---

① 当然，这里并不排除司法解释实效不佳的情况。某些限制公权机关权力或程序设置不合理的司法解释，在司法实践中也难以得到落实，但这基本上是源于法律条文本身的问题所致。

② 该逻辑与司法解释性质文件对司法解释的取代、"批复"类司法解释的衰落，具有相似性。参见聂友伦《司法解释性质文件的法源地位、规范效果与法治调控》，《法制与社会发展》2020年第4期；侯学宾《司法批复衰落的制度竞争逻辑》，《法商研究》2016年第3期。

的压力强化了司法解释的规范效果。中国的刑事诉讼机关，无论公安机关还是人民检察院、人民法院，其实都内嵌于不同程度的科层制结构之中。科层制讲求的等级化结构，形成了"分部—分层""集权—统一""指挥—服从"等组织形态特征，[1] 使得在刑事诉讼各机关的内部结构中，上级对下级的影响与控制都是一种现实存在，而且，来自内部的压力要远高于外部。质言之，司法人员在同时面对本系统中央机关制定的司法解释与外部机关制定的法律时，势必将更为偏向司法解释，不会过多考虑权威性与效力貌似更强的法律。其二，司法人员难以基于法律反对或悬置司法解释。虽然《监督法》明确了司法解释与法律抵触的现实可能性，但是，具体适用法律的司法人员很难在现有的法律框架下，按照自己对法律的合理化解释反对司法解释的效力。即便他们意识到某些司法解释的内容与法律存在"目的、原则和原意"上的不一致，由于既无权对司法解释的合法性进行审查，也缺乏渠道有效解决此类疑问，故只能在相应的情形下予以适用。

以司法解释取代法律的微观效应正不断扩大，由下至上地对整个法治系统造成影响。首先，司法人员将很少真正解释法律，他们在办理具体案件时，"找法"与"释法"这个必要的二阶化的活动，很大程度上将为检索适用的司法解释一个步骤所代替，司法解释对法律的预先处理使得法律被进一步确定化的工作变得极为简单。长此以往，司法人员的法律适用能力将大打折扣，一旦缺乏对应司法解释，案件办理就有可能因其释法能力不足而陷入僵局。反过来看，司法人员对司法解释的需求也将大幅增强。其次，司法解释在实践中取得良好实效，这会进一步促使决策者使用内部规范实现社会治理，导致司法解释大量制定与发布。由于前文列举的理由，刑事诉讼司法解释得到了比较好的贯彻，这构成了中央机关制定司法解释的正向激励。从现实情况来看，最高司法机关乃至行政机关制定带

---

[1] 参见陈涛《侦查组织体制理论研究》，研究出版社2019年版，第86页。

有法律解释性质的规范性文件的数量越来越多，法官、检察官以及公安人员在法律适用中的问题，也会更直接地得到解决。最后，司法解释制度的地位越发稳固，其将在刑事司法的各方面取代原本需要由法律发挥的作用，最终造成国家机关之间权力结构的破坏，弱化全国人大及其常委会的权威地位。刑事诉讼司法解释经过"制定—适用—再制定—再适用"的过程，形成了一整套的运作体系，而司法人员对司法解释每一次的直接适用，实际上便是一次对法律微观的架空行动。可以看到，在《刑事诉讼法》存在形式上的稳定性且司法解释具有立法性质的情况下，后一种由职能机关自己制定的正式法源便势必隐性地侵蚀立法机关的权力空间，导致立法权被司法机关、行政机关拆分。

二 司法解释分工制与权力制约的矛盾

刑事诉讼司法解释的职权化分配，带来的另一个问题是公权机关的权力扩张。任何权力都存在着膨胀的特性。罗素曾言"权力欲，如同虚荣心，不达无限权力是永远无法满足的"，"喂它的东西越多，他就越膨胀"。职能机关利用司法解释权解决法律适用问题，其间难免"夹带私货"，通过司法解释扩张其在刑事诉讼中的权力范围。分工化的刑事诉讼司法解释制度，已经将司法解释权按照公安机关、检察机关、审判机关的职能范围进行切分，划定了各机关的"势力范围"。各机关都存在性质与效果相似的权力，如此一来，在权力行使的交叉场域，不同机关将在解释起草与相互协调中基本实现具体职能的定界。[①] 但应注意，刑事诉讼的参与者，只有是公权机关的，才有相应中央机关为其解释法律。申言之，在刑事诉讼司法解释的场域，公权参与者都有代表其权力的中央机关，而作为诉讼参与人

---

① 如针对非法证据的解释，"几乎变成了最高人民法院、最高人民检察院、公安部之间的博弈"。参见陈瑞华《非法证据排除的中国难题》，《中国改革》2010年第7期。

的当事人、辩护人、证人等，却无相应机关专门为其解释法律，使得其权利容易成为权力扩张的对象，这难免造成法定权利被司法解释不当限缩的结果。

（一）各自解释的扩权倾向

通过司法解释扩张权力是公、检、法三机关一直暗自进行的操作。权力扩张在任何领域，都是反复发生的事实。正如孟德斯鸠所言："一切有权力的人都容易滥用权力，这是万古不易的一条经验。"① 权力在未受控制的自然状态下，类似一种自由流动、不断高涨的能量，其往往将造成破坏性结果。② 质言之，在不受制约或制约有限的情况下，权力主体势必将通过各种方法扩张权力，而司法解释，亦被相应职能机关用作扩张刑事诉讼权力的手段。

权力具有扩张倾向，公权力更是如此，这是其内含的一系列特性所决定的。其一，公权力具有用益性，权力的行使能为行权主体带来利益。"人们一般不是为权力本身才去谋求权力的。"③ 其目的无外乎通过扩张后的权力获得更大的利益。其二，公权力具有主体间性，它以行使权力的主体为目的。刑事诉讼的运行乃多种权力交织的过程，这是一种抽象理性的结果，若还原至司法实践的真实样态，则仍需将其归于行使权力的人，如法官、检察官、公安人员等。作为实际的行权主体，理性人将代表所在机关追求利益，更精确地讲，其要实现"以最小成本获得最大收益"的理性目标。以上两种特性相结合，必然造成权力的扩张。首先，权力与利益挂钩，具有更多的权力，就将获得更多的潜在利益；其次，立法人员、法官、检察官等是权力的实际行使者，但他们不免都是有着个人利益的经

---

① ［法］孟德斯鸠：《论法的精神》（上册），张雁深译，商务印书馆1961年版，第154页。

② 参见［美］E·博登海默《法理学：法律哲学与法律方法》，邓正来译，中国政法大学出版社2004年版，第373页。

③ ［美］加里·沃塞曼：《美国政治基础》，陆震纶、何祚康、郑明哲、杨景厚译，中国社会科学出版社1994年版，第5页。

济人，绝非除社会利益外别无他求。① 如此一来，他们在行使权力时，不免考虑到成本收益的因素——为了获得更多利益，就必须扩张权力。公权机关扩张权力，为其带来的利益相当可观。一方面，扩张后的权力将拓展公权机关的职权范围，带来更多的财政资源。而拥有更多的财政资源，将会间接使其政治地位得到提高、管理能力得到强化。② 另一方面，权力的扩张还会直接提高行权主体的政治地位。在政治生态中，各机关相对权力的大小，决定了其政治地位的高低，若某个国家机关获取了更多的权力，则有助于本系统的政治地位得到提升，进而获得更多的政治资源与政治化的经济资源，而这对于整个机关系统的工作人员都具有极强的诱惑力。

具体到刑事诉讼的办案机关，上述原理同样适用，无论公安机关、检察机关还是审判机关，都有在刑事司法领域扩张权力的倾向。根据《宪法》第140条规定，办理刑事案件是为了准确有效地执行法律。若要合目的地理解这条规范，此处的法律应当狭义地解释为《刑法》而非《刑事诉讼法》，因为按照《刑事诉讼法》的规定，本法的立法目的乃在于"保证刑法的正确实施"，它的着重点毋宁位于"准确有效地执行"这一部分。在此意义上，人民法院、人民检察院和公安机关只要不明显违反《刑事诉讼法》，实现对犯罪分子进行处罚之刑法适用，便完成了刑事案件办理的任务。刑事诉讼奉行分工原则，将侦查、检察、审判之权力分配给了不同的机关，在行使这些权力时，公、检、法都要考量到成本与收益的问题，此时，它们将会尽力奉行"最小成本、最大收益"的行动纲领。例如，对于任何案件的被追诉人，刑事诉讼机关都有着将其羁押的倾向。由于羁押已经形成了单独的"规模经济"，不会耗费本机关过多的成本，但

---

① 参见［美］詹姆斯·M. 布坎南《自由、市场和国家——20世纪80年代的政治经济学》，吴良健、桑伍、曾获译，北京经济学院出版社1988年版，第38页。

② 参见周耕妥《论政府权力扩张的形成原因》，《江西行政学院学报》1999年第1期。

就完成定罪量刑的刑事诉讼任务而言，带来的利益却是巨大的。羁押不仅能保证犯罪嫌疑人、被告人始终在案，防止因逃跑、监管、通知到庭等带来的额外成本，更可以实现口供突破、证据固定、深挖犯罪等非法定利益的实现。[①]

《刑事诉讼法》本身的限权法性质，为刑事诉讼主体的权利义务构建了框架，使得公权机关在权力行使方面不能漫无限度地扩张。[②] 不过，《刑事诉讼法》的模糊性，仍给职能机关留下了拓展权力的空间，只要不明显违背法律规定，权力的行使依旧可以减少成本、扩大收益。申言之，若相应行使权力的职能机关，能够通过解释法律的方式软化法律规范的限制，使法律程序更加简化、行使职权不受约束、节约工作成本开支，这种做法就会受到青睐。由于司法解释权按职能分配，人民法院、人民检察院、公安机关的中央机关，都可以对《刑事诉讼法》进行解释，那么，以司法解释来实现部分权力的有限扩张，便很容易成为现实。此类权力扩张不是个别性的、作用于具体办案人员的额外授权，而是带有制度性质、普遍且一致化的职权拓展。正因如此，中央机关在行使司法解释权时，极有可能按照经济人假设行事，以减少成本、增加收益为导向展开。质言之，司法解释的制定者看似是在解决法律适用问题，却又都考虑到了本机关的成本收益，与其说它们在解决法律适用问题，不如说是在以便利其系统整体的方式"解决问题"。

就具体的操作方法来看，上述扩权的过程极具技术性与隐蔽性，有些刑事诉讼司法解释，若不仔细分析，甚至很难看出其存在扩张权力倾向。概括地讲，这类扩权操作存在如下三种方式。

[①] 参见刘计划《逮捕功能的异化及其矫正——逮捕数量与逮捕率的理性解读》，《政治与法律》2006 年第 3 期。

[②] 通过法律限制权力扩张，是古今中外各国皆采取的治理方案。当权力进一步扩张时，法律便会成为独裁者改造的对象。孟德斯鸠曾言，"专制的国家，喜爱简单的法律"，便是这种结果精妙总结。参见 [法] 孟德斯鸠《论法的精神》（上册），张雁深译，商务印书馆 1961 年版，第 94 页。

第一，对于法律的授权性规定增加内容，或者采取不完全列举的保留方案。例如，《刑事诉讼法》第 66 条、第 67 条规定，对于不可能判处监禁刑以及缺乏社会危险性的犯罪嫌疑人，可以直接由公安机关取保候审。但是，2020 年《公安规定》第 82 条却对此作出了额外限制，要求不得对累犯、首要分子以及自伤（残）逃避侦查的、严重犯罪的犯罪嫌疑人适用取保候审的措施。应当注意，由于取保候审是非羁押措施，限制取保候审反而有利于降低侦查风险的监视居住与逮捕措施之适用，从而在另一方向上实质扩张公安机关的权力。再如，《刑事诉讼法》第 54 条规定，公安机关有权向社会主体收集和调取证据，后者应当如实提供。本条并未规定不提供证据的后果，而且，根据《刑法》《治安管理处罚法》的规定，[①] 即使在刑事诉讼中拒绝提供证据的，也不必然产生法律责任。2020 年《公安规定》第 61 条第 3 款却规定，"隐匿证据……应当追究其法律责任"，这在形式上扩张了公安机关权力行使的范围。

第二，对于法律的限权性规定，要么不作解释或作概略解释，要么将限制减少到法律容许的最小限度。如众周知，弹性过大的"口袋规范"在实践中通常只有两种结果，当规范属授权（力）性质时，公权机关往往用足用尽，而若规范属限权（力）性质，便极易沦为鸡肋。[②] 事实上，出于权力扩张的意图，司法解释往往会采取类似的策略对法律进行处理。例如，《刑事诉讼法》第 119 条为传唤、拘传设定了禁止性规定，要求公安机关必须保障被传唤人或被拘传人的饮食和休息，且不得以连续执行措施为手段进行变相羁押。该款规定的目的，在于限制公权机关对拘传措施的适用。此处需要

---

① 《刑法》只规定了"拒绝提供间谍犯罪、恐怖主义犯罪、极端主义犯罪证据罪"，而且在构成要件中要求行为人有"明知"的要求。《治安管理处罚法》规定"伪造、隐匿、毁灭证据或者提供虚假证言、谎报案情，影响行政执法机关依法办案的"需要负法律责任，但在刑事诉讼中，公安机关的身份明显不是"行政执法机关"。

② 参见聂友伦《司法解释场域的"央地矛盾"及其纾解——以"地方释法"为中心的分析》，《法律科学》2021 年第 1 期。

明确的概念是，何为"饮食和必要的休息时间"？按照日常理解，饮食应以三餐计，休息时间亦不应少于每天连续 8 个小时。但是，出于权力行使的有效性，公安机关显然不会照此解释，故其直接在《公安规定》中照搬了法律条文，以避免规定过于细化，进而对侦讯工作造成限制。再如，《刑事诉讼法》第 138 条第 2 款规定，公安机关在逮捕或拘留犯罪嫌疑人时，若出现紧急情况，可以不受搜查手续的限制径行进行无证搜查。"紧急情况"属于权力行使的限制性要件，若从保障人权或正当程序的角度出发，这里的"紧急情况"应当作出非常严格的解释。[①] 然而，无论是《公安规定》还是《高检规则》，对"紧急情况"的解释都留有余地，皆规定了作为兜底情况的"其他突然发生的紧急情况"，这未免突破了法律的原意。

第三，在法律未予明确的场合，新增带有授权性质的制度。根据法理与《立法法》的专门规定，作为公法性质的《刑事诉讼法》，必须贯彻"法无授权不可为"的诫命，当法律未给公权机关授予一定行为的权限时，其不得作出相应行为。当司法解释在《刑事诉讼法》没有作出明确规定的情况下，通过新增制度赋予公权机关新的权限时，会直接导致权力的扩张。例如，《刑事诉讼法》在公诉制度中，并未规定任何有关检察机关在审判阶段可以变更或补充起诉的规定，但 2019 年《高检规则》第 423 条却规定了这两项制度：其一，若发现起诉书记载的被告身份或者起诉书指控的罪名、事实与真实情况不符的，检察机关可以变更起诉；其二，若起诉书遗漏罪行或遗漏涉嫌共同犯罪的其他被告人，且不影响起诉的事实与罪名的，检察机关可以补充起诉。相关规定系起诉便宜主义之贯彻，也符合诉讼原理的要求，但是，因《刑事诉讼法》无相关条文，该解

---

① 这款规定本身的意义有多大，同样值得讨论。因为在执行逮捕与拘留时，犯罪嫌疑人往往已被侦查人员控制在侦查机关，并可能经历了较长一段时间的审查，几乎无法遇到"紧急情况"。参见周洪波、潘利平《无证搜查：立法与实践的背离及其完善》，《西南民族大学学报》（人文社科版）2008 年第 8 期。

释不免存在扩权之嫌，违反了《立法法》关于"诉讼制度"必须以法律规定之的要求。连当时参与起草司法解释的专家都认为，《刑事诉讼法》的后续修正未将前述制度纳入其中，导致其一直处于法无据、自我授权的状态。①

(二) 权利限缩的必然结果

权力的扩张往往会导致权利的限缩，这种效应的发生具有必然性。西方国家的资产阶级革命虽然瓦解了封建君主的统治，但在某些特定的领域，封建阶级保有的部分私人权力却过渡到了资产阶级手中，在国家权力与纯粹的私权利之外，留存了巨大的由社会主体共享的权力板块，如金融权力、舆论权力、文化权力等在很大程度上便不由国家所掌控。中国的情况则殊为不同，在社会生活中占统治性的儒家学说要求"天下为公"，在政治生活中占统治性的法家学说要求"一断于法"，"外儒内法"的意识形态结构促成了"公权中心主义"的确立。"自秦朝开始，中国基本上就是'百代秦制'，只有公权力和民权力这两大权力板块。"② 所谓"公家"与"自家"的划分，便是由此而来。从这个角度上看，由于几乎不存在第三种权力，公权力的绝对性扩张必然导致私权利的限缩。

就刑事诉讼机关的权力扩张而言，其结果亦不例外，即必然导致诉讼参与人权利的限缩。出于权力的扩张倾向，职能机关一定会想方设法扩大自己的权力，以实现成本的降低与收益的增加。权力扩张存在两个不同的方向：其一，横向扩张，即通过压缩其他职能机关的权力空间，使本机关权力"占领"原本属于其他机关的"一亩三分地"；其二，纵向扩张，即通过限制诉讼参与人的诉讼权利，将原本法律上其可自由行动的空间，纳入本机关规制范围。就前者而言，人民法院、人民检察院、公安机关在数十年的刑事司法实践中，基于中央规范以及相互协商、彼此尊重等实践方式，大体确定

---

① 参见张建伟《刑事诉讼司法解释的空间与界限》，《清华法学》2013 年第 6 期。
② 文扬：《人民共和国》，上海人民出版社 2018 年版，第 125 页。

了各自在刑事诉讼中的权力边界,除非出现新制度或发生改革(如认罪认罚从宽制度、监察体制改革),由侦查权、检察权、审判权的界分所固定的权力空间,便大体上处于变动不居的状态。刑事诉讼机关的权力扩张,在横向上窒碍难行,故而往往只能朝着减损诉讼参与人权利的方向行进。

如前所述,通过司法解释扩充权力,乃刑事诉讼机关自发的路径选择。司法解释容易被用作扩权手段。由于司法解释具立法性质,可以调整法律规定或尚未规定的权利义务关系,而作为司法解释主体的中央职能机关,难免会在制定司法解释时,通过"自我授权"或"违背立法精神对权利进行变相限制"等方式实现本职能机关刑事诉讼权力的扩张。① 作为限权法的《刑事诉讼法》,其主要意图在于通过限制公权力,实现维护法制与人权保障的价值,而公权机关在进行权力扩张时,必然降低法律在权力规制方面的效果。事实上,上文所举之司法解释,几乎都导致了诉讼参与人权利限缩。其一,将累犯、首要分子以及自伤(残)逃避侦查的、严重犯罪的犯罪嫌疑人排除适用取保候审的范围,减损了部分被追诉人被依法适用非羁押措施的权利;其二,不对模糊的"饮食和必要的休息时间"概念作出解释,不利于犯罪嫌疑人的人权保障,在实践中将潜在地侵害其身体健康权;其三,在对紧急情况下的搜查进行解释时,留下了口袋条款,使得公安机关在实践中几乎可以不受限制地予以适用,这降低了对公民人身自由及住宅、财产的保护程度;其四,检察机关自我授予的变更与补充起诉权,为公诉人员的突击起诉提供了空间,并不符合《刑事诉讼法》构建的法官职权主义与起诉法定主义模式,可能对被告人辩护权的有效行使造成威胁。

不难看出,通过司法解释实现的权力扩张,某种意义上是以削

---

① 参见韩旭《限制权利抑或扩张权力——对新〈刑事诉讼法〉"两高"司法解释若干规定之质疑》,《法学论坛》2014年第1期。

弱法律对权利的保障价值实现的，这是中央机关权力主导，加之分工制下司法解释制度的必然结果。如孟德斯鸠所言，"当一个人握有绝对权力的时候，他首先便是想简化法律。在这种国家里，他首先注意的是个别的不便，而不是公民的自由，公民的自由是不受到关注的"①。在司法解释权由各中央职能机关主导的模式下，非公权力性质的诉讼主体，并无代表其权利的机关对法律作出有利于他们的有权解释。国家制定《刑事诉讼法》的根本任务在于保障人权，②按理说，在立法框架下，无论是细化、明确还是新增规范，都应当秉持有利于维护诉讼参与人尤其是犯罪嫌疑人、被告人权利的立场。全国人大常委会作出的解释，很大程度上会将人权保障纳入考量。然而，法律解释权按职权分割，解释的客观性与公正性便难以得到保障。③某一机关出台的相关规范性文件，势必会以便利本机关办案为导向，相对地，其在刑事诉讼中的权力将难免发生纵向扩张，进而导致限缩权利的结果。

刑事诉讼机关的权力具有不断扩张的倾向，但各机关职权在横向上仍会相对定界。在此基础上，要通过司法解释扩张权力以降低成本、增加收益，各机关便只能侵蚀诉讼参与人的权利。根据涉及的规范客体不同，可以概略分为两种情况。

其一，当法律适用仅涉及某一职能机关，该机关的中央机关通

---

① ［法］孟德斯鸠：《论法的精神》（上册），张雁深译，商务印书馆1961年版，第76页。

② 参见王爱立主编《〈中华人民共和国刑事诉讼法〉修改与适用》，中国民主法制出版社2019年版，第28页。

③ 在刑事诉讼中，公安机关、检察机关和法院分别享有侦查权、检察权和审判权。按理说，出于人权保障的要求，这三种权力不能是相互配合的。但在中国当前的解释机制下，公安机关、检察机关却变相享有了刑事审判权，审判机关的中立性在这种配合中也难保完整。这就使刑法解释活动在最高国家机关的层面上成了一种"流水线作业"的模式，从作为起点的侦查机关开始在规范理解的层面上形成了一种合力。参见王帅《刑法解释分歧的司法化解》，中国人民公安大学出版社2018年版，第158页。

过单方面的司法解释限缩诉讼参与人的权利。例如,《刑事诉讼法》第 173 条规定,检察机关审查案件,应当听取辩护人、被害人及其诉讼代理人的意见。所谓"应当听取",本义应是面对面地接待这些诉讼参与人,并且当面听取他们的意见。但是,2019 年《高检规则》却强行将这里的"听取"拆分为"直接听取"与"间接听取"两种类型,其第 262 条规定,直接听取意见存在困难的,可以远程(通过电话、视频的方式)听取意见,也可以接受书面提出的意见。令人费解的是,当面接待辩护人等会存在何种普遍的"困难"?显然,检察机关通过司法解释,单方面限缩了部分诉讼参与人当面提出意见的法定权利。①

其二,当法律的适用涉及数个职能机关,依托其中央机关各自的司法解释权,在法律之外形成"共谋",限缩诉讼参与人的权利。例如,根据《刑事诉讼法》第 56 条的规定,以刑讯逼供等非法方法获取的口供不得在刑事诉讼中使用。时至今日,真正以"酷刑"方式获取口供的情况基本已经绝迹,但在犯罪嫌疑人的讯问中,公安机关往往会采取疲劳审讯的战术。以剥夺休息时间为手段的取证方式,很难不被解释成一种虐待性的非法取证,但《严格排非规定》在列举非法取证的方式时,偏就遗漏了疲劳审讯这种最为普遍的非法讯问手段。起先,在由最高法起草的《严格排非规定》的征求意见稿中,疲劳审讯被作为了一类非法方法予以明确,其规定,不能保障被讯问人每日连续 8 小时休息时间的讯问属于非法,所获口供应当排除。诡异的是,这条贯彻制度目的、保障被追诉人权利的正确解释,却在后续其他机关的意见下被"权衡"掉了。不难看出,在面对涉及数个机关的制度时,联合行使的司法解释权同样会对诉讼参与人的权利造成限缩。

刑事诉讼司法解释看似仅是通过细化、明确以及补充立法以实

---

① 参见韩旭《限制权利抑或扩张权力——对新〈刑事诉讼法〉"两高"司法解释若干规定之质疑》,《法学论坛》2014 年第 1 期。

现刑事程序在全国范围内的统一,① 但就实质而言,却可能以背离刑事诉讼根本任务、减损诉讼参与人的权利为代价。在以整体解释为基础、以部分解释及单一解释为补充的刑事诉讼司法解释体系下,法律不再真正被适用——除了前文所述的"架空法律"之问题,司法解释的泛滥还将导致诉讼参与人权利的普遍限缩。《刑事诉讼法》的模糊性给了法律适用较大的可能。法律解释权按职权分割,各机关势必将基于权力扩张的立场执行相关业务,从而未免使立法机关为人权保障设置的各种机制之效果大打折扣——当下的司法解释制度阻碍了刑事诉讼法治的现代化,这是未来必须解决的一个问题。②

三 司法解释分工制与司法机关独立行权的矛盾

司法解释分工制导致的另一个问题在于最高司法机关与地方司法机关的关系方面。其一,作为正式法源,一旦严格意义上的司法解释或部门规章被制定实施,下级职能机关在司法活动中就必须遵照执行;其二,其他类型的司法解释文件,虽不是正式法源,但因其背后存在事实性权威的支撑,在实践中仍存在规范效果,下级职能机关亦不得不遵守。继而,司法解释的制定机关,尤其是最高法,似乎可以通过司法解释向下传递指令,成为下级法院实质意义上的业务领导者,这似乎与审判机关独立行使职权原则不甚相符。而最高检,虽处于下级检察机关的最高领导者地位,但考虑到检察机关独立行使职权原则以及办案责任制的要求,其对下级机关的领导,似乎也不宜过分强调。基于司法解释"上命下从"的实践效果,循环往复的司法解释制定与司法解释适用强

---

① 参见王敏远《2012年刑事诉讼法修改后的司法解释研究》,《国家检察官学院学报》2015年第1期。

② 即便在立法过程中,刑事诉讼机关基于本系统职能执行的有效性,也会对一些保障人权的改革措施提出反对意见。虽然整体上看,法律的规定较过去有所进步,但受制于职能机关的影响,对某些具体制度仍然作出了一些不合理的规定。

化了各职能系统的科层结构,而这其实已经与司法机关"去行政化"的大方向相背离了。

(一) 最高人民法院:从"监督"到"领导"

根据《宪法》规定,最高法与下级法院的关系主要体现在审判工作上,是"监督与被监督"的关系。结合 1954 年《宪法》《法院组织法》予以解读,"监督"主要指两方面的内容:其一,最高法不得干涉下级审判机关对具体案件的办理工作,除判决死刑立即执行的案件外,所有经下级审判机关作出的判决裁定,皆不另行报最高法复核;其二,除依法受理按正常审级渠道上诉和抗诉的案件外,最高法仅得通过再审程序对下级审判机关错误的生效裁判作出纠正。[1] 1982 年《宪法》虽然延续了 1954 年《宪法》的规定,但由于最高法职能产生变迁,"监督"的含义与过去有所不同。参照法律释义书的说法,"监督"主要指法律适用的监督,即监督的对象被限定为下级审判机关在具体案件办理中的法律适用活动。[2] 根据现行《法院组织法》的规定,最高法对下级法院的监督一般是"个案的、事后的",[3] 必须依法进行,这在实践中体现为监督下级法院的生效判决和裁定(通过提审和指令再审)、监督下级法院的死刑判决(通过死刑复核程序)等。

上下级法院之间的监督关系,是宪法法律作出的组织性职权安排。是故,最高法通过制定司法解释与司法解释性质文件对下级法院实行的实质意义上的规制,也是监督的一种具体表征。法律释义书指出,根据上下级法院的监督关系,最高法有权针对法律的具体适用问题进行司法解释,以纠正下级审判机关错误的法律

---

[1] 参见陈航平《历史视野下的上下级法院关系》,《人民政协报》2013 年 1 月 7 日第 8 版。

[2] 参见全国人大常委会办公厅研究室政治组编《中国宪法精释》,中国民主法制出版社 1996 年版,第 279 页。

[3] 参见杨万明主编、最高人民法院研究室编著《〈中华人民共和国人民法院组织法〉条文理解与适用》,人民法院出版社 2019 年版,第 92 页。

适用活动;① "除了办理上诉、再审、抗诉或死刑复核案件等,它还可以发布司法解释指导地方各级人民法院审判活动中的法律适用,发布指导性案例等"②。以上两种释义性论说皆存在无法弥合的自洽性矛盾。前者的真实意思只能指"司法中的解释"而非"司法解释",司法解释是无法起到纠错功能的。若最高法真如论者所述,通过司法解释的方式对审判过程中发生的法律适用错误进行了纠正,则这种方式的实质便与上诉、再审、抗诉、死刑复核具备一致性,将其归入"最高法对下级法院的监督"之中,不生疑问。但是,上述情况在实践中断然不可能发生,因为司法解释几乎都明确了生效施行的时点,而且,考虑到判决的既判力,已经生效的裁判通常也并不会因新的司法解释出台而得到"纠正"。对于后者,其问题在于扭曲了司法解释的功能。司法解释是正式法源,具有法律效力。针对特定事实,人民法院必须适用相关的司法解释,且在裁判文书中加以引用并以之作为司法依据,此处并无回旋余地。申言之,这里的司法解释并非发挥着"参照适用"之"指导"作用,而是强制性的规范功能。不过,这样一来,司法解释就很难被归于"监督"的内涵之中了。

监督,从其最基本的文义来看,意为"监视""督促",其以存在监督对象为前提,而审判工作中的监督对象一定是某些具体的司法行为。③ 如果把监督作广义的、扩大化的理解,它就不再是一个法律概念了。④ 在此语境下,最高法对下级法院的监督,应当被理解为

---

① 参见全国人大常委会办公厅研究室政治组编《中国宪法精释》,中国民主法制出版社 1996 年版,第 279—280 页。

② 杨万明主编、最高人民法院研究室编著:《〈中华人民共和国人民法院组织法〉条文理解与适用》,人民法院出版社 2019 年版,第 92 页。

③ 参见聂友伦《检察机关批捕权配置的三种模式》,《法学家》2019 年第 3 期。

④ 参见但伟、姜涛《侦查监督制度研究——兼论检察引导侦查的基本理论问题》,《中国法学》2003 年第 2 期。

关于个案的、涉及司法行为的监督，不仅包含着对事实审查的内容，也须将案件具体的法律适用纳入检视范围。① 那么，最高法通过司法解释实现的对下级法院的规范作用，究竟能否被理解为监督？司法解释的直接作用，在于通过制定规范、明确依据，解决审判过程中具体的法律适用问题，而上下级法院之间的监督关系，主要内容是上级法院对下级法院在审判活动中的法律适用情况进行监督。② 就此而言监督与司法解释似乎存在弥合的空间，因为，两者的对象具有一致性，都指向具体的法律适用问题。但是，从逻辑上讲，将司法解释归入监督方式的一种，仍然存在无法解决的矛盾。当最高法发现或下级法院上报了审判中具体应用法律的问题，前者随即制发司法解释（主要是批复），后者依据司法解释对案件的法律适用作出处理，在这种情况下，还勉强可以说最高法起到了监督下级法院的作用。但更为普遍的情况是，最高法制定的司法解释是不以个案事实为基础的抽象规范，此时，事后被认为错误的法律适用已发挥效力，再出台司法解释也无法对其予以纠正，而未来的法律适用行为则尚未出现。监督必须有具体的对象，通过抽象性司法解释实现的"监督"，其对象并不存在，无法将其称为"监督"。质言之，实践对司法解释抽象化、规范化样态的塑造，导致了司法解释与监督关系的合致性产生了偏离。

通过司法解释构建的最高法与下级法院关系，绝非一种监督关系，而是一种"上命下从"的"领导"或"指挥"关系。其实，下级法院执行最高法的司法解释，某种程度上并非考虑到司法解释的制度性权威，而是在官僚体制下基于"向上负责制"自生自发地产生的以"指挥—服从"为模式的事实性政治逻辑。③ 下级法院未必是处于"被监督"的立场才遵循司法解释，因为从"监督"不能推

---

① 参见乔新生《上下级法院之间到底是一种什么关系》，《中国审判》2011 年 3 期。
② 参见蔡定剑《宪法精解》（第二版），法律出版社 2006 年版，第 442 页。
③ 参见黄韬《最高人民法院的司法文件：现状、问题与前景》，《法学论坛》2012 年第 4 期。

导出"命令"、从"被监督"也不能延伸出"服从"的意思。在制定与执行抽象性司法解释的语境下，制定者与执行者之间会创生出"领导与被领导"的关系，而这与法定的监督关系无法相容。之所以会出现这种现象，可从历史的角度作出解释。1954 年《宪法》《法院组织法》出台时，司法解释尚未得到制度化，彼时的司法解释实践几乎全都是最高法作出的带有个案性质的指导，将其归入监督关系问题不大。但是，随着司法解释制度的演化，原本以个案为基础的解释逐渐被抽象的规范性解释所取代，① 司法解释立法化的实践样态开始显现，使其再也无法为监督关系所容纳。

抽象性司法解释大量出台，早已使最高法与下级法院的关系出现了扭曲。司法解释存在制度与事实层面的双重效力，加之模糊的法律为司法解释留下了过大的操作空间，最高法往往可经司法解释向下级法院发号施令，要求统一认识或落实政策，而下级法院也不得不遵照执行。② 在此，最高法与下级法院的关系明显成为"领导"与"被领导"，至于真正意义上的监督关系，似乎沦为次要关系。就实践而言，下级法院很少与最高法直接发生业务上的监督关系：其一，在两审终审制之下，由高级法院一审的案件本就不多，而上诉至最高法的案件更是寥若晨星；③ 其二，虽然向最高法提出再审申诉的案件很多，但通过最高法的审判监督程序实现提审或指令再审的案件却少得可怜；其三，判处死刑立即执行的案件需要报最高法核准，但此类案件无须开庭审理，工作的重心似乎也不是法律适用的

---

① 参见侯学宾《司法批复衰落的制度竞争逻辑》，《法商研究》2016 年第 3 期。

② 参见聂友伦《司法解释性质文件的法源地位、规范效果与法治调控》，《法制与社会发展》2020 年第 4 期。

③ 根据历年《最高人民法院工作报告》，最高法受理的案件数量，约占全国法院受案总数的 1% 强。比如，2019 年最高人民法院受案 38498 件，全国法院受案数则达到了 3156.7 万件。参见周强《最高人民法院工作报告——2020 年 5 月 25 日在第十三届全国人民代表大会第三次会议上》，《中华人民共和国全国人民代表大会常务委员会公报》2020 年第 2 号。但事实上，最高法实质审理的案件远远少于上述统计数据。根据中国裁判文书网的检索统计，最高法在 2019 年全年作出判决的案件数量仅为 1757 件。

审查，而"在于事实认定和证据核实"①。与之相较，最高法通过司法解释与司法解释性质文件的规则输出工作，却能直接与所有下级法院产生联系。质言之，并非传统意义上的审判监督活动，而是司法解释在有力地塑造最高法与下级法院的关系。

不过，应当承认，最高法与下级法院的真实关系由"监督"转向"领导"，一定存在更为深刻的政治经济因素之影响。甚至可以说，受制于权力配置的格局，内嵌于社会主义国家严格科层体制下的法院系统，上下之间从未真正地形成过以"监督与被监督"为主导的关系。但是，仍然不能否认的是，司法解释制度的存在，为法院科层结构的进一步强化、最高法与下级法院领导关系的形成，提供了制度层面的推动力。

(二) 最高人民检察院："领导"地位的强化

最高检出台司法解释，在体制上产生的效果与审判系统具有类似性，即强化上下级之间的科层结构，使下级办案机关服从于中央机关的权威。司法解释作为权力的载体，不断重复着"上级命令、下级服从"的过程，进而将下级办案机关规训为更加驯顺的组织单元。从规范上看，前述规训效应并不会造成任何问题，反而有助于检察系统中"领导与被领导"关系的构建与强化。然而，这种结果是不利于检察机关独立行使职权的。在认罪认罚从宽制度推进，最高检"积极发挥检察机关的主导作用"②的背景下，检察官的法官化成为一个颇具时代感的命题，③而这也给检察官独立行使职权提出了新的要求。检察官办案责任制的推进，被学界视为是实现检察官独立行使职权的一大举措，④其目的在于还权于检察官个体，破除检

---

① 左卫民：《死刑控制与最高人民法院的功能定位》，《法学研究》2014 年第 6 期。

② 检察日报社评：《积极发挥检察机关的主导作用》，《检察日报》2018 年 11 月 19 日第 1 版。

③ See Erik Luna and Marianne Wade, "Prosecutors as Judges", 67 *Washington and Lee Law Review* 1413, 1486-1496 (2010).

④ 参见龙宗智《检察官办案责任制相关问题研究》，《中国法学》2015 年第 1 期。

察系统内部的行政化、科层化组织结构。但是，司法解释的权力运作却给检察官独立办案造成了隐性阻碍，在最高检制定司法解释，检察系统由上至下传递中央机关权威、贯彻中央机关意志的过程中，作为办案主体的检察官不可能真正独立行使职权。质言之，司法解释的制度运作，将强化上级检察院尤其是最高检的领导地位，不免使得下级办案机关特别是检察官的自主性削弱，最终将给检察体制的现代化发展造成阻碍。

与法院系统不同，最高检与下级检察院，直接被宪法法律确立为"领导与被领导"的关系。现代检察制度一般被认为产生于大革命之后的法国，[①] 制度设计者将审判机关（即纠问制法官）的部分权力析出，并以其为基础组建了新的检察机关。[②] 1808年《拿破仑治罪法典》构建起的检察体制具有显著的科层制特点，上下级检察机关之间等级分明，下级的权力来自总检察长，权力依照等级的序列向下传递。[③] 法国的检察制度很快席卷欧洲大陆。例如，1846年普鲁士便仿造法国创立了检察机关，在法律中明确了检察官参与刑事诉讼、检察机关垄断公诉权以及检察机关组织架构等内容。[④] 德国统一后，1877年颁布的《帝国刑事诉讼法》与《帝国法院组织法》

[①] 精确地说，现代检察制度的规范确立是在1808年《拿破仑治罪法典》颁行之后。在大革命期间，共和政府以海峡对岸的英国作为刑事司法改革蓝本，颁布了1791年法令与1795年《罪刑法典》，在刑事诉讼中引入了治安法官、陪审团等制度。然而，由于上述制度无力因应大革命带来的社会治安恶化，使得公诉官与预审法官再次回到了历史舞台。See A. Esmein, *A History of Continental Criminal Procedure*：*with Special Reference to France*, Little, Brown and Company, 1913, pp. 413-414, 444.

[②] 1808年《拿破仑治罪法典》构建的检察制度，其实是1670年《路易十四刑事条例》与大革命后英国法制移植运动混合的产物。参见［美］约翰·亨利·梅利曼、［委］罗格里奥·佩雷斯·佩尔多莫《大陆法系》（第三版），顾培东、吴获枫译，法律出版社2021年版，第147页。

[③] See Roger Perrot, *Institutions Judiciaires*, 12e edition, Montchrestien, 2006, p. 140.

[④] See Erhard Blankenburg and Hubert Treiber, "The Establishment of the Public Prosecutor's Office in Germany", 13 *International Journal of the Sociology of Law* 375, 376 (1985).

进一步促成了现代检察制度的完善,前者将公诉权排他地赋予检察机关,后者则明确了检察制度的体制性规范,如检察职权与法院分立、检察组织垂直统一设置、检察长负责制等。① 同样,俄罗斯在1864年也借鉴法国与德国的经验对检察制度进行了改革,按照一体化的原则加以组建。中国的检察制度仿效苏联,而苏联的检察制度则在很大程度上承继着从大陆法系国家移植而来的沙俄体制,在这一谱系下的检察体制仍保留着原初的形态:"检察体制的构建奉行检察一体原则,按照阶层式的建构思路予以设计,强调上命下从。"②

从历史演进的逻辑来看,检察机关的设置之所以奉行一体化原则,最重要的原因在于受该制度的根源——国王检察制度的影响与塑造。检察制度的雏形为源于法兰西王国的"国王代理人"制度。为了强化君权、维持治安,对抗各地贵族势力分散控制的法院,菲利普四世创立了此项制度,其在巴黎高等法院设置"总检察长",在地方王室法庭派驻"国王检察官",授予其对犯罪案件提起公诉的权利;到了16世纪路易十二时期,国王检察官更被广泛地赋予了受理控告、监督司法行政、侦查犯罪以及参与民事诉讼等职能。为此,整个检察官体制必须被设置为"上命下从"的一体化组织结构。一方面,检察官作为国王的代理人,权力直接来源于国王,而王权的权威性、统一性、不可分性等特点,决定了国王检察官必须形成一整套上下一致的体系。根据1670年《路易十四刑事条例》的规定,检察官直接从属于国王,以国王的名义实现刑事司法领域法令的统一适用,从而维护国王的利益。③ 另一方面,国王检察官本质乃是国王贯彻其意志的工具,为使王权得到统一落实,选择一体化的组织

---

① See Erhard Blankenburg and Hubert Treiber, "The Establishment of the Public Prosecutor's Office in Germany", 13 *International Journal of the Sociology of Law* 375, 383 (1985).

② 陈卫东、李训虎:《检察一体与检察官独立》,《法学研究》2006年第1期。

③ See Philippe Sueur, *Historie du droit public francais*, 2e edition, Montchrestien, 2006, p. 48.

设置即为必然。由于法国当时的法官职位既可以世袭又可以转卖，故在地方上，司法权几乎都被各地领主所垄断。为了维护地方大地主与大商人的利益，国王颁布的法令在这些法官手中往往难以落实，他们会采取一系列技巧，巧妙地将法律内容解释为有利于地方上的既得利益者。[①] 尤其在判决犯罪时，法官枉法裁判、滥用私刑的情况极为常见，这虽然形式上维护了地方贵族的利益，但对整个国家统治十分不利。为了对抗地方势力，构建一体化的检察制度，使各地都存在维护国王利益的主体，也是因应央地矛盾的现实做法。

在历史语境下，上下级检察机关之间的领导关系，更多地体现为一种传统，而非顺应时代潮流作出的理性选择。检察的旧制度在大革命后迅速与人民主权原则相结合，检察官的角色也从国王代理人变为了法律守夜人。虽然维护王权、制约地方的功能已是无本之木，但检察机关奉行的一体化组织原则却并未动摇，其合法性通过基础概念的转化以及全新职责的引入，仍然维持在一个观念上可证成的位置。[②] 如今，"检察一体"似乎已经被作为某种不言自明的教条，它要求检察权必须维持一体化模式，防止可能出现的权力碎片化倾向，在检察组织内部，上级检察机关对下级检察机关、检察长对检察官具有完全的职务领导权。但与此同时，各国也注意到了"检察一体"存在的问题，尤其在"检察官法官化"的后现代刑事司法发展趋势下，检察官在某些方面已逐渐被赋予了类似法官的独立地位。[③] 就中国的情况而言，1954年《检察院组织法》将检察机关定位于垂直领导体制，到1978年《宪法》又将其变更为双重监督体制，1982年《宪法》修正后，检察机关受上级检察机关领导、受

[①] 参见〔美〕约翰·亨利·梅利曼、〔委〕罗格里奥·佩雷斯·佩尔多莫《大陆法系》（第三版），顾培东、吴荻枫译，法律出版社2021年版，第19—20页。

[②] "检察一体"的合法性，一方面建立在保障国家法律统一执行之上，另一方面则通过检察官客观义务得到加强。See Robert Vouin, "The Role of the Prosecutor in French Criminal Trials", 18 *American Journal of Comparative Law* 483, 487（1970）.

[③] 参见邵晖《检察一体的历史与现实》，《国家检察官学院学报》2013年第1期。

同级权力机关监督的体制才被固定下来。① 值得注意的变化是，党的十八大后，在决策层部署下，检察机关推行了办案责任制的改革，此项改革意图"赋予检察官以相对独立性"，疏解"检察一体"带来的弊端。② 此外，伴随着认罪认罚从宽制度的持续推进，检察官的独立行权也越来越成为业界共识。

最高检制定司法解释有助于加强"检察一体"，但不利于检察官独立行使职权。前文已述，在审判系统中，司法解释作为最高法的权力载体向下级法院传递权威，长此以往，最高法与下级法院的关系便将从"监督"产生向"领导"的变迁。但是，根据上文论述，检察机关之间一体化的领导关系，可能更多只是历史残余，在刑事司法制度从现代向后现代过渡的当下，固守"检察一体"的教条，似乎已经不合时宜。例如，在席卷世界的协商性司法浪潮下，检察官在刑事诉讼中发挥了更大作用。对于认罪案件，一般要求控辩双方在审前就进行协商，基本确定罪名与刑量，而法官则被要求退至一个协商审查者的角色。③ 此时，检察官实质提前行使了审判权，它们不但有权确定犯罪，甚至在很多场合下连量刑权都替法官一并行使了。④ 为了因应此种变革，检察系统未来的走向应当以去科层化、提高检察官独立性为目标，而强化科层制与领导关系的司法解释，显然与此存在内在矛盾。

第二节 司法解释权力空间的界定困难

司法解释在权力运作方面的突出问题，在于难以从客观上对其

---

① 参见许崇德主编《中国宪法》（第四版），中国人民大学出版社 2010 年版，第 251—252 页。

② 参见朱孝清《检察官相对独立论》，《法学研究》2015 年第 1 期。

③ 参见魏晓娜《背叛程序正义：协商性刑事司法研究》，法律出版社 2014 年版，第 13 页。

④ See Gerard E. Lynch, "Screening versus Plea Bargaining: Exactly What are We Trading off?", 55 *Stanford Law Review* 1399 (2003).

越权或违法作出准确判断,以致大量司法解释逾越在法律的框架之外,这不但使得前述治理矛盾更加严重,也违反了法治原则。司法解释权由立法机关转授而来,因而理论上权力的边界是一种现实存在,只能作用于立法机关授权的范围内。然实践情况却并非如此,而是呈现出司法解释替代立法解释甚至法律的样态。① 学者们大多认为众多司法解释已经"侵入立法领域"②,但相关论述往往止步于概括性的现象描述,③ 对司法解释的权力空间何以定界的关键问题,则鲜有论述。2015年《立法法》新增了关于司法解释的限权条款,司法解释权正式被完整纳入基本法律的规制范畴,这使得权力定界的规范研究成为可能。鉴于此,本节拟针对该款规定进行解释学分析,在文义与体系两个层面厘清该款的规范内涵,围绕司法解释权力空间的界定问题展开探讨。

一 司法解释限权的实质条件

有学者围绕《立法法》第119条规定的规则要素,系统梳理了"法条的内容与形式、结构与功能",认为司法解释权须满足如下限制:第一,制定主体为最高司法机关;第二,启动因由为司法工作中具体应用法律;第三,解释对象为"具体的法律条文";第四,除外情形为应当出台立法解释的事项(《立法法》第48条第2款);第五,解释标准为"符合立法的目的、原则和原意";第六,监督机制为接受全国人大常委会的备案审查。④ 这种释义性观点虽对司法解释的行权规范进行了全面描述,具有体系化意义,但其归纳成果似乎规范价值不足,未能凸显《立法法》第119条限制司法解释权的实质方面。首先,司法解释是一种制定规范性文件的立法性权力,

---

① 参见乔晓阳主编《中华人民共和国立法法讲话》(修订版),中国民主法制出版社2008年版,第194页。
② 袁明圣:《司法解释"立法化"现象探微》,《法商研究》2003年第2期。
③ 参见胡岩《司法解释的前生后世》,《政法论坛》2015年第3期。
④ 参见刘风景《司法解释权限的界定与行使》,《中国法学》2016年第3期。

欲由最高司法机关行使此类权力，就必须先有法律提供专门授权，[①] 而法律从未规定其他司法机关拥有解释法律的权力——除"两高"外，其他主体制定的释法文件并非司法解释。其次，司法解释的备案审查程序亦不构成实质限制。备案审查只是一种"程序"要素，并未提出任何可供外界判断司法解释是否越权或违法的"实体"要件。最后，立法解释的保留范围，因其与司法解释"不构成真实的区分"[②]，本身就是需通过解释《立法法》第119条解决的问题，若不加分析直接纳入限制条件，亦无法起到限权的作用。

另有学者认为，《立法法》第119条第1款对司法解释作出了如下限制：第一，司法解释应当主要针对具体的法律条文；第二，司法解释应当符合立法的目的、原则和原意；第三，司法解释不得进入应由立法解释处理的问题范围。[③] 通过法解释学分析，论者认为最高司法机关的司法解释只能针对具体的法律条文，这是司法解释权最基本的限制条件。较前一种释义性观点而言，该学说更具针对性，但遗憾的是，因未能选择适当的解释方法，其解释结论反而误导了对司法解释限权条款的理解。论者首先承认，仅从文义解释出发，无法区分"具体应用"与"条文本身"；然后，他转向了体系解释，认为综合第一项、第三项限定以及1981年《决议》的规定，由于针对"条文本身"的明确界限或补充规定乃立法解释的控制范围，因而"两高"仅可就"具体的法律条文"对司法工作中的应用问题进行解释；最后，通过目的解释——法律须限制最高司法机关的司法解释权——论者认为其解释结论"司法解释只能针对具体的法律条文"得到了侧面确证。[④] 文义解释在所有法律解释方法中位于优先地位，不得基于其他解释目的的反对或

[①] 参见周道鸾《论司法解释及其规范化》，《中国法学》1994年第1期。
[②] 张志铭：《关于中国法律解释体制的思考》，《中国社会科学》1997年第2期。
[③] 参见王成《最高法院司法解释效力研究》，《中外法学》2016年第1期。
[④] 参见王成《最高法院司法解释效力研究》，《中外法学》2016年第1期。

修正法律的文义。① 很明显，论者对体系解释与目的解释的方法适用不当，其解释结论直接略过了条文中"主要"的限定语，已偏离法律的客观表意。同时，上述解释似乎仅是将相关法条的规范内容进行了形式上的关联，未对《立法法》第119条第1款的内在理路予以深入剖析，反会使人们产生现行司法解释实践（大多未针对具体法律条文）大规模违反法律的错觉。②

学界虽然围绕《立法法》第119条的规定，对司法解释的限制因素予以阐述，但未能厘清司法解释限权的实质内容。概括的释义论说，可能具有规范权力运作的功能，却无法达致实质限权的效果；而不当的解释结论，更无益于相关规范的理解与适用。不过，从《立法法》第119条第1款切入，无疑是正确的解释方向。笔者认为，本条给出的司法解释限权条件是明确的，它主要体现在本款规定的前半部分。"最高人民法院、最高人民检察院作出的属于审判、检察工作中具体应用法律的解释，应当主要针对具体的法律条文，并符合立法的目的、原则和原意"表达了一个完整的规范意思，据其文义可析出三项限权条件，分列如下。

条件一：司法解释应当在审判或检察工作具体应用法律的范围内作出；

条件二：司法解释应当主要针对具体的法律条文；

条件三：司法解释应当符合立法的目的、原则和原意。

限制司法解释权的实质标准乃其能够为审查主体提供反对司法解释合法性之法定理由。形式上看，司法解释须同时符合三项条件，否则权力机关可据此认定其越权违法，并决议撤销、要求制定机关废止、修改相应司法解释或直接制定立法解释予以代换。但关键在

---

① 参见［德］卡尔·拉伦茨《法学方法论》（全本·第六版），黄家镇译，商务印书馆2020年版，第406页。

② 参见汤善鹏《"新的情况"应限于法律过时——以〈立法法〉第45条第2款第2项与第104条为分析基础》，《法学》2019年第7期。

于，上述条件是否都能满足实质标准的要求，以获得限制司法解释权行使的实效？

就条件一而言，结合 1981 年《决议》以及《法院组织法》《检察院组织法》的规定，应理解为就司法解释对象范围的限制，然审判与检察具体应用法律的范围能否预先确定？作为适用法律的部门，司法机关适用法律的范围没有也不应受到限制。例如，《刑事诉讼法》中的侦查条款主要规制公安机关的侦查活动，最高法的司法解释基本未予涉及，但这并不表明审判机关无权援引并适用侦查条款。前文已述，不论是刑事案件，还是民事、行政纠纷的处理，都遵循司法最终原则，这使审判机关的法律适用范围涵盖了所有法律部门。至于检察机关，因其行使的法律监督权覆盖面更广，亦得将所有部门法纳入适用范围。同时，司法解释制定程序与表现形式的立法样态使"两高"可预先对属于"具体应用法律"的问题予以规范，不以现实问题的存在为限。以上两方面叠加，最终导致的结果是，司法解释几乎不受对象范围的约束，都可归于"具体应用法律"之类，也即，条件一难以对司法解释权的行使造成实质限制。

本来，条件一应起到确定"属于审判、检察工作中具体应用"法律范围的作用，条件二再将司法解释权大体限定于针对前述法律条文的空间内。但是，在条件一本就未能明白圈定"可解释"的法律范围之情况下，条件二的"主要针对"更是雪上加霜——准此，司法解释可以任意超越法律，对大部分调整法律关系的规范作出额外规定。如学者指出的那样，因司法解释的制定普遍存在事先性，不以具体法律适用问题的现实存在为前提，使得解释者所处环境实与立法者类似，"从而使它在主观和客观上都不太会囿于法律文本的约束"[1]。

条件三对前两项条件实质性不足的问题提出了补救，虽其实体内涵仍待讨论，但表意明白，符合限权条件的实质要求。司法解释应当符合立法的目的、原则和原意，包含了正反两层含义：其一，

---

[1] 张志铭：《法律解释概念探微》，《法学研究》1998 年第 5 期。

司法解释必须符合立法原意；其二，司法解释不得变更法律的实质内容或规定与法律明显抵触的内容。① 应予注意，单是正面"应当"的表述，尚不足以证立该条件的实质性，因为从结果导向看，限制司法解释权的实质标准必须是可被援用的，即立法机关得以违反该条件为依据，宣告司法解释无效。《监督法》第 43 条规定，司法解释与法律抵触的，应当予以修改或废止。② 根据学界通说，"同法律规定相抵触"的意思包含了违反立法原意（规范内容意思相反、不兼容）与违反立法目的、立法原则的内容。③ 如此，权力机关当然得以"不符合立法的目的、原则和原意"为由，依法要求"两高"予以修改、废止或直接作出立法解释。质言之，"符合立法的目的、原则和原意"是司法解释限权的实际条件。

综上，对《立法法》第 119 条第 1 款前半部分的文义解释结论是，"符合立法的目的、原则和原意"乃司法解释权的限制中唯一具实质性的条件。至于条件一与条件二，则仅存形式上的规范价值，限权的实质性付之阙如：一方面，哪些司法解释不属于审判或检察具体应用法律的范围，根本是一个无法回答的问题；另一方面，就不针对具体法律条文的司法解释而言，亦无法直接认定无效，因为其并不违反"主要针对"的规定，况且，现行大部分司法解释本身也未针对具体法律条文。然而，随之而来的问题是，《立法法》第 119 条第 1 款后半部分是否在前半部分以外，构成限制司法解释权的独立条件？"遇有本法第 48 条第 2 款规定情况的，应当向全国人民

---

① 参见孙谦《最高人民检察院司法解释研究》，《中国法学》2016 年第 6 期。

② 《监督法》第 43 条规定："全国人民代表大会宪法和法律委员会、有关专门委员会、常务委员会工作机构经审查认为最高人民法院或者最高人民检察院作出的具体应用法律的解释同宪法或者法律相抵触，或者存在合宪性、合法性问题需要修改或者废止，而最高人民法院或者最高人民检察院不予修改或者废止的，应当提出撤销或者要求最高人民法院或者最高人民检察院予以修改、废止的议案、建议，或者提出由全国人民代表大会常务委员会作出法律解释的议案、建议，由委员长会议决定提请常务委员会审议。"

③ 参见胡建淼《法律规范之间抵触标准研究》，《中国法学》2016 年第 3 期。

代表大会常务委员会提出法律解释的要求或者提出制定、修改有关法律的议案。"从文义来看，该规定表达的意思并未超出1981年《决议》的范围，即司法解释不得涉入立法解释的权力空间。虽在形式上，可以将"不属于条文本身需要进一步明确界限或作补充规定"作为一项限权条件列出，但囿于"'条文本身'与'具体应用'不构成真实区分"的问题始终存在，很难基于文义判断其与前三项条件的关系，故需要进一步转入体系解释的探讨。

二 司法解释授权的范围边界

通过文义解释可以明确司法解释限权的实质条件，但依然无法回答"司法解释权何以定界"的关键问题。简之，限权条件仅为反向的必要性论证，在诠释司法解释的权力空间上缺乏充分性。对于定界问题，仍须回归司法解释授权本身的分析。

确定司法解释授权边界，核心在于区分司法解释与立法解释的范围。理论上授权的边界是客观存在的。全国人大常委会向最高司法机关转授的权力有所保留，保留的范围即为立法解释——对"条文本身"问题进行处理的权力空间。然而，前文已述，"明确规定含义"与"明确适用依据"并未超出"条文本身"之范畴，无法与"具体应用"进行有效区分。就连立法机关工作机构都承认，2000年《立法法》"对具体应用法律的解释进行规范的努力没能实现"[①]。2015年《立法法》修正后，学界仍大体持上述看法。有论者认为，由于本法对司法解释权主要采取负面否定的限制方式，实质未脱离2000年《立法法》确定的立法解释范围，使得司法解释与立法解释依然处于"具体应用"与"条文本身"的虚假对立，此时通过义务性条款（第119条第1款后半部分）禁止"两高"针对第48条第2款规定的立法解释之法定情形作出司法解释，要么会将司法解释的

[①] 乔晓阳主编：《中华人民共和国立法法讲话》（修订版），中国民主法制出版社2008年版，第204页。

空间压缩至不存在，要么将彻底改变司法解释的制度现状，无论如何都是不符合逻辑的。论者继而指出，之所以《立法法》很难对司法解释权产生有效规制，主要便是因立法解释与司法解释的界限不清所致。①

事实上，结合《立法法》第 119 条第 1 款后半部分及第 48 条第 2 款之规定，通过体系解释方法的运用，并非不能对司法解释与立法解释的范围进行区分。论者得出否定结论，可能是忽略了前述规定中某些规范要素所致。

《立法法》第 119 条第 1 款后半部分的规定虽属命令性质，但在此场合，"向全国人民代表大会常务委员会提出法律解释的要求或者提出制定、修改有关法律的议案"之"或者"的表述却赋予了"两高"对"规定动作"的选择权。既然第 48 条第 2 款规定的是立法机关保留的解释权空间，当"两高"发现实践中出现此类情形时，仅应提请全国人大常委会进行立法解释，为何提出立法、修法的议案也同时成为"两高"的选项？对此可以认为，《立法法》第 119 条第 1 款将立法解释与立法、修法并列的规定，其实乃对第 48 条第 2 款的反向诠释，明确了立法机关在处理"条文本身"问题上的机制选择权。明白地说，对于第 48 条第 2 款规定的情形，全国人大常委会既可依本款作出立法解释，也可以直接依本法其他规定启动立法程序。同时，该体系解释的结论亦不违反第 48 条第 2 款的文义。"法律有以下情况之一的，由全国人民代表大会常务委员会解释"乃《宪法》第 67 条"解释法律"职权的具体化，显然为授权性规范，并未给立法机关施加任何在此情形下"应当"作出立法解释的义务。为因应"条文本身"的问题，立法机关直接采取立法措施并无不可。质言之，《立法法》第 48 条第 2 款所载明立法解释的情形已涉入了立法的权力空间。可见，立法解释与立法的性质与指向存在一致性，

---

① 参见苗炎《司法解释制度之法理反思与结构优化》，《法制与社会发展》2019 年第 2 期。

制定立法解释就是一种变更法律的立法活动。

其他法律规定以及立法机关工作机构的法律释义，亦可为上述解释结论提供体系性佐证。根据《监督法》第43条，当司法解释与法律相抵触或存在合宪性、合法性问题且司法解释制定机关不予修改或废止的情况下，立法机关有三种处理方案，一是撤销相关司法解释，二是以通过修改案、废止案的方式要求制定机关执行，三是以通过法律解释案的方式自行解决。在这里，法律似乎隐约表示：司法解释与法律相抵触时，可由立法解释替代，而立法解释与法律的抵触，某种程度上是允许的。法律释义书对此作出了进一步肯认。立法机关工作人员认为，法律出现需要通过修改来解决的问题，一般应修改法律，但若问题不大且修法尚未列入计划的，可以先由全国人大常委会作出解释，在后续修法时一并作出处理。[1] 不难看出，在立法机关看来，立法解释与立法可能仅有程度区别，绝无性质差异——不仅在立法解释的场合可以直接立法、修法，应由立法解决的问题也可通过立法解释予以预先处理。[2]

较之立法解释，司法解释不具备在实质上立法或修法的权限，虽其本身也带有某种次级的"立法性质"，但不得与既有法律、立法解释相抵触——"司法解释同全国人大常委会的解释不一致的"，即行失效。[3] 综合体系解释的观点，《立法法》第119条第1款后半部分关于禁止"两高"围绕立法解释涉及的事项作出解释，实指"司法解释不得与立法解释相抵触"，而由于立法解释与立法的性质混同，两

---

[1] 参见乔晓阳主编《〈中华人民共和国立法法〉导读与释义》，中国民主法制出版社2015年版，第185页。

[2] 至于立法机关倾向于使用何种方式改变法律，则可能受问题性质、严重程度甚至立法计划的影响，在此不赘。参见林维《论刑法立法解释权与立法权和司法权的纠葛》，《当代法学》2006年第5期。

[3] 参见全国人大常委会法制工作委员会国家法室编著，李飞主编，郑淑娜、武增副主编《〈中华人民共和国各级人民代表大会常务委员会监督法〉释义及实用指南》，中国民主法制出版社2013年版，第109页。

者共同形塑了"立法"的概念,该规定便得被进一步解读为"司法解释不得与立法相抵触"。如此,司法解释授权的范围边界,其实又回到了《立法法》第119条第1款前半部分给定的实质限权条件:司法解释应当符合立法的目的、原则和原意。若"两高"不遵守上述规则,针对《立法法》第48条第2款的情形作出了司法解释,则制定机关将可能承担司法解释被全国人大常委会撤销、要求修改、废止甚至由立法解释直接代换的消极后果,绝非如论者提到的那样,认为即便最高法不遵守上述规定,也没有相应后果。① 更何况,"不到万不得已,人大不会出手",理论上可能产生的后果还比较严重。

在实践中,既有的司法解释与立法解释也基本印证了作为两者界限的"立法的目的、原则和原意"之现实存在。以立法解释较为集中的刑事实体法领域为例,"立法的目的、原则和原意"大体囊括于罪刑法定原则(《刑法》第3条、《立法法》第11条)之中,任何突破后者的规则设定,既直接违反立法原则,又是对立法原意的超越。概言之,"刑法司法解释限度的总标准就是罪刑法定原则"②。当新的不法类型需要被纳入刑事规范体系,即,须突破"立法的目的、原则和原意"时,实践便大多至少以立法解释而非司法解释进行处理。

《刑法》第30条规定,单位从事的行为具有社会危害性,且法律将其明确为单位犯罪的,该单位应负刑事责任。基于罪刑法定的诫命,若《刑法》未规定某犯罪可由单位实施的,刑事诉讼机关便不得按照该罪追究单位刑责。当单位为其利益实施了不属于单位犯罪类型的犯罪,法律的适用便将产生疑难。起先,最高检与最高法针对单位盗窃与单位拒不执行判决、裁定案分别作成了两个司法解

---

① 参见苗炎《司法解释制度之法理反思与结构优化》,《法制与社会发展》2019年第2期。

② 陈兴良、周光权:《刑法司法解释的限度——兼论司法法之存在及其合理性》,《法学》1997年第3期。

释，要求直接对此类案件中涉及的单位负责人与直接责任人追究刑责。但是，由于《刑法》并未明确这一罚则，以上司法解释扩张了《刑法》的适用范围，实已突破罪刑法定原则的限制，① 为此，2014年全国人大常委会专门制定《关于〈中华人民共和国刑法〉第三十条的解释》，其规定，若单位实施了《刑法》未规定为单位犯罪的活动，须按自然人犯罪予以处理。可见，该立法解释事实上突破了《刑法》的立法原意，在维持罪刑法定原则的基础上，将非法定单位犯罪主体的犯罪行为认定为自然人犯罪，从而保证入罪化处理的合法性与合理性。②

《刑法》第384条规定，国家工作人员挪用公款归个人使用的，分不同情形以挪用公款罪论处。为解决"归个人使用"的认识分歧，最高法出台的《关于审理挪用公款案件具体应用法律若干问题的解释》规定，无论是"挪为己用""挪为他用"还是"挪为私营公司使用"，皆属"归个人使用"。当时的反对观点认为，该解释将私有公司作为个人对待，超越法律原意、有违罪刑法定。③ 之后，最高法又专门制定《关于如何认定挪用公款归个人使用有关问题的解释》，重新将"归个人使用"的后两种情形界定为：其一，以个人名义挪用公款给他人或无法人资格的企业使用；其二，为谋取个人利益，以个人名义挪用公款给其他单位使用。文义上看，《刑法》条文中"归个人使用"不包括"为谋取个人利益"的要素，最高检因此认为该司法解释"超越了其司法解释权限"，并向全国人大常委会提交

---

① 在起草《关于审理单位犯罪案件具体应用法律有关问题的解释》的过程中，最高法的工作人员便认为："对于单位实施纯正自然人犯罪的行为，无论它是立法者有意为之，还是立法的疏漏，在法律作出修改、调整以前，必须坚持罪刑法定原则的基本要求。"孙军工：《〈关于审理单位犯罪案件具体应用法律有关问题的解释〉的理解与适用》，载《刑事审判参考》（1999年第3辑），法律出版社1999年版，第88页。

② 参见刘宪权、吴舟《单位犯罪新立法解释与相关司法解释的关系及适用》，《法学杂志》2015年第9期。

③ 参见熊选国《关于挪用公款案件司法解释的理解和适用》，《人民司法》1998年第6期。

释法请求。① 就结果言，立法机关与最高法的观点大体一致，作出的《关于〈中华人民共和国刑法〉第三百八十四条第一款的解释》基本维持了司法解释"以个人名义""谋取个人利益"的构成要件要素。之所以专门作出立法解释，而不直接驳回最高检的议案并维持最高法解释的效力，主要系因该司法解释确已超越权限，不符合"立法的目的、原则和原意"，仅得由立法机关处理。如此，"为谋取个人利益"这种超越立法的构成要件要素便经由立法解释合法化，《刑法》第384条的原意亦随之发生了改变。

综上，《立法法》第119条第1款之体系解释的结论是，"符合立法的目的、原则和原意"不仅是司法解释限权的实质条件，更区分了立法解释与司法解释的应然界限。明白地说，立法解释是一种可以改变"立法的目的、原则和原意"的立法方式，其与严格意义上的立法无本质区别，而司法解释则不得改变"立法的目的、原则和原意"，只能在既有法律与立法解释体系下展开。此外，司法解释并不是必须针对具体的条文。在法律规定构成的制度体系中，存在无数的制度空隙与规范留白，司法解释权即可施展于此，不必绝对以法律条文为凭依。形象地说，若整个法律体系是一张以众多法律规定为丝线织成的"法网"，立法解释的作用就是增减丝线或改变丝线的走向，而司法解释的权力空间则在于丝线之间的孔洞中。

三 "立法的目的、原则和原意"的规范解读及问题

经由对《立法法》第119条第1款的法解释学分析，司法解释的权力空间可得明确。司法解释不得突破"立法的目的、原则和原意"，如若突破，便自始无效。然而，该表述所指的实体方面仍显模糊。根据法律释义书的表述，"符合立法的目的、原则和原意"被解

---

① 参见黄太云《全国人大常委会关于"黑社会性质的组织"和挪用公款"归个人使用"的立法解释简介》，《人民检察》2002年第7期。

读为"不得同法律规定相抵触"。① 具体而言,司法解释的对象若是具体的法律条文,则解释的内容应限于法律条文规定的范围,不得任意作出扩大解释或缩小解释;司法解释若不以明确法条为对象的,则解释的内容应当在宏观上符合立法的目的、原则和原意。但无论是"规定的范围"还是"立法的目的、原则和原意",都陷入了循环解释的圈套。对"立法的目的、原则和原意"之解读,仍须回到规范体系内予以展开:"立法"究竟指什么?"目的、原则和原意"应如何界定?

"立法"指的是司法解释所针对的具体条文,或者作为司法解释对象的相关法律,还是法律体系内的所有法律?首先可以排除的是指向过窄的具体条文。绝大部分法律条文都是规则,虽反映了一定的立法目的与原意,但无法包含原则的要素,在文义上无法与"原则"相搭配。立法原则,至少须针对一部完整的法律或法规而言,如《刑法》的罪刑法定原则、罪责刑相适应原则等,这是单一的条文无法承载的。更何况,实践中司法解释的抽象化样态早已切断了其与具体条文的必然联系,根本无法以之为限。其次,法律释义将"立法"概括理解为包括《宪法》在内的所有法律同样存在问题。如众周知,法律之间可能存在冲突,若甲法的若干条款与乙法冲突,甲法的司法解释将不可避免地不符合乙法的"目的、原则和原意"。例如,《物权法》与《担保法》关于抵押物转让的规定存在冲突,在担保法并未失效的情况下,对物权法相关条款制定司法解释,必然违背担保法的立法原意。② 鉴于此,应当将"立法"缩小解释为不与解释对象冲突的法律。此外,根据前文的体系解释结论,立法解释与法律具有同质性,加之效力亦与之相同,其本身即已进入解

---

① 参见乔晓阳主编《〈中华人民共和国立法法〉导读与释义》,中国民主法制出版社2015年版,第322页。

② 参见许明月《抵押物转让制度之立法缺失及其司法解释补救——评〈中华人民共和国物权法〉第191条》,《法商研究》2008年第2期。

释对象，成为解释对象的一部分，故立法解释也属于"立法"的内涵。总之，"符合立法的目的、原则和原意"须首先理解为，司法解释应当符合除与解释对象冲突的法律以外所有法律及立法解释整体的"目的、原则和原意"。

解决"立法"的界定问题后，如何确定"立法的目的、原则和原意"？对此的理解因指涉对象不在同一层次，需要分别予以探讨。

首先，就立法目的而言，虽有明文却不明确，其指向十分宽泛。根据中国的立法惯例，大部分法律都在第一条设置了立法目的条款。① 例如，《刑法》第 1 条规定："为了惩罚犯罪，保护人民，根据宪法，结合我国同犯罪作斗争的具体经验及实际情况，制定本法。"从应然层面看，立法目的无疑是理解与适用本法时涉及的因素，而且，法律解释应避免与制定法的明显目标发生冲突。② 不过，由于尚未实行立法理由书制度，法律的立法目的较为笼统，仅略指法律关系调整的大致方向，司法解释只要不明显超出解释对象所调整的法律关系范围，一般不会构成立法目的之违反。

其次，立法原则存在矛盾性与模糊性的问题，难以在客观上准确把握。通常而言，法律在总则部分会规定一些原则条款，如《刑事诉讼法》第一编第一章"任务和基本原则"规定了职能分离原则（第 3 条、第 4 条）、独立行使职权原则（第 5 条）、分工负责与配合制约原则（第 7 条）、审判公开原则（第 9 条）、获得辩护原则（第 11 条）、非经依法判决不得确定有罪原则（第 12 条）、认罪认罚从宽原则（第 15 条）等。③ 即便如此，判断司法解释是否符合立法原

---

① 参见刘风景《立法目的条款之法理基础及表述技术》，《法商研究》2013 年第 3 期。

② 参见［美］卡尔·N·卢埃林《普通法传统》，陈绪纲、史大晓、仝宗锦译，中国政法大学出版社 2002 年版，第 179—180 页。

③ 参见《刑事诉讼法学》编写组《刑事诉讼法学》，高等教育出版社 2019 年版，第 72—86 页。

则仍非易事。其一，立法原则的具体内涵并不完全明确，如前述独立行使职权原则①、分工负责原则②、无罪推定原则③等，理论中存在较大争议。其二，某些部门法必须普遍遵守的原则未载明于法律中。如涉及刑事诉讼基础构造的国家追诉、检察控诉、法庭调查等原则等，虽然刑事诉讼的具体制度设置受其指引，但《刑事诉讼法》却未明文规定。其三，不同原则之间存在无法回避的价值冲突。如分工负责原则与独立行使职权原则旨在通过公、检、法的职能定界形成权力制约，以保证公正司法价值的实现，而认罪认罚从宽原则更多偏向于效率价值，在后者指引下构建的认罪认罚从宽制度即会与前者产生冲突。业界围绕"人民法院'一般应当'接受人民检察院量刑建议"产生的争议便是这种原则冲突的集中体现。④ 由此可见，因立法原则的模糊性与矛盾性，使得其概念内涵弹性过大，"司法解释应当符合立法原则"的客观规范效果亦较缺乏。

最后，如何确定立法原意？理论上存在主观说与客观说的对立：前者认为立法原意乃立法者在立法时内含的主观期望，需要借助立法史材料查明；后者认为仅应从法律本身的用语出发，围绕客观含义，不应诉诸外在材料。⑤ 虽然存在学说上的对立，但通常情况下，立法者所欲表达的意思、法律条文体现的客观含义、用法者对法律作出的解释并无较大差别，⑥ 因而，可以将立法资料（如经过立法

---

① 参见陈卫东《司法机关依法独立行使职权研究》，《中国法学》2014年第2期。

② 参见王超《分工负责、互相配合、互相制约原则之反思——以程序正义为视角》，《法商研究》2005年第2期。

③ 参见顾永忠《〈刑事诉讼法修正案（草案）〉中无罪推定原则的名实辨析》，《法学》2011年第12期。

④ 参见陈国庆《刑事诉讼法修改与刑事检察工作的新发展》，《国家检察官学院学报》2019年第1期；魏晓娜《结构视角下的认罪认罚从宽制度》，《法学家》2019年第2期；胡云腾《正确把握认罪认罚从宽 保证严格公正高效司法》，《人民法院报》2019年10月24日第5版。

⑤ 参见张志铭《法律解释概念探微》，《法学研究》1998年第5期。

⑥ 参见陈春龙《中国司法解释的地位与功能》，《中国法学》2003年第1期。

机关同意的有关该法的说明、报告等立法史材料）与法律文本客观含义（如序言、总则、条款甚至标点符号）相结合，实现立法原意理解的"主客观相一致"。然而，现实往往超过理论预设，尤其当立法机关意图达成的解释结论既无法通过法律文本的客观含义得出，也无相应的立法资料支撑时，其亦可能转向带有政治色彩的目的解释，通过某种"目的实质主义的立法意图论"完成对立法原意的修正性诠释。在全国人大常委会对《香港特别行政区基本法》之"居港权"的解释中，就使用了这种超越立法原意的方法。[①] 在释法机关与立法机关合一、立法与立法解释同质的制度体系下，立法原意最终取决于立法机关当下而非立法时的认识，这既留给立法机关变通余地，也给探寻立法原意带来困难。不过，立法机关的现时认识，难以与法律文本客观含义或权威的立法史材料直接相悖，否则即应修改法律或作出立法解释。据此，仍可勾勒出确定立法原意的三个步骤：（1）法律文本客观含义的可能范围；（2）立法机关在立法时的主观意图；（3）立法机关当下的主观意图。

可见，预先精准确定"立法的目的、原则和原意"的内涵不具有现实可能。换言之，作为判断司法解释是否越权或违法的标准，"符合立法的目的、原则和原意"虽具实质性，但其内容依旧处于不确定状态。在此之下，由于全国人大常委会可通过"不符合立法的目的、原则和原意"概括否定司法解释的合法性，确定概念内涵的权力便极大程度上归于立法机关的主观认识——只有当立法机关认为司法解释不合标准时，司法解释才能确定越权而无效。不过，在客观层面，至少可以确定越权司法解释最低限度的实体标准：其一，司法解释明显超越了作为解释对象的法律文本客观含义及其可能范围，或直接与法律、立法解释文本明确的客观含义产生了抵触；其二，司法解释明显违反了解释对象的立法意图，如与经全国人大常

[①] 参见强世功《文本、结构与立法原意——"人大释法"的法律技艺》，《中国社会科学》2007年第5期。

委会确认的立法说明、报告所载明的立法理由、解释理由相悖等。

受制于法解释学封闭的"解释资源体系"①，对"立法的目的、原则和原意"这一不确定法律概念的解释，只能尽量压缩可能的指向空间，无法准确界定客观的概念内涵。在标准的设定主体与审查主体皆为立法机关的背景下，全国人大常委会对司法解释的合法性判断拥有绝对的垄断性——即便某一司法解释与解释对象文本的客观含义明显相左，若无立法机关出面叫停，则该司法解释在实践中亦将持续有效。② 权力垄断直接导致了司法解释权力空间的弹性化。比如，立法机关可能对不同司法解释适用宽严相异的审查标准，甚至，在某些法律适用问题具有"敏感性"，需要立法解释的场合，立法机关还会主动扩张司法解释的权力空间，暗示最高法、最高检先搞司法解释进行"试点"。③ 总之，囿于现行制度的固有缺陷，欲限制与明确司法解释的权力空间，仍须诉诸其他解释资源，这个问题我们将留待本书第六章处理。

第三节　司法解释性质文件的地位不明

出于行文简洁的考虑，笔者在论述时对概念的适用多采概括性

---

① 杨铜铜：《论不确定法律概念的体系解释——以"北雁云依案"为素材》，《法学》2018年第6期。

② 例如，最高检于2006年出台的《人民检察院审查逮捕质量标准（试行）》规定了"附条件逮捕"制度，后在2013年通过《关于人民检察院审查逮捕工作中适用"附条件逮捕"的意见（试行）》予以了进一步明确。然而，"附条件逮捕"明显违反了刑事诉讼法载明的逮捕条件，且超越了《立法法》之"诉讼制度事项只能制定法律"的规定。直到2017年，有律师代表向全国人大常委会法工委提出了对前述规定的审查申请后，经法工委与最高检"沟通"，争议11年的"附条件逮捕"制度才得以终止。参见胡建淼《"法规"本身必须"合法"——全国人大公布十大备案审查案例》（上），《人民法治》2018年17期。

③ 参见刘风景《司法解释权限的界定与行使》，《中国法学》2016年第3期。

表达，将严格意义上的司法解释、司法解释性质文件以及公安部的规章等皆概略地称为司法解释。这些概括意义上的司法解释，在形成逻辑与实践问题等层面，有着很大程度的共性。然而，如果回归本体论即可发现，那些不属于司法解释的"司法解释"仍然存在个性问题。司法解释性质文件，从根源上看，是由司法解释制度形塑而成的。概言之，司法解释制度构造了一种在条线内部由上级机关解决下级机关法律适用问题的"释法机制"。在规范上，立法者将该机制的适用限制于作出"审判、检察工作中具体应用法律的解释"（即司法解释）的场合，一方面要求在程序上必须经由向全国人大常委会进行备案（《立法法》第119条第2款），另一方面禁止最高法、最高检以外的其他司法机关对法律作出规范性解释（《立法法》第119条第3款）。但是，无论中央司法机关还是地方司法机关，其实都在超越限制，对释法机制随意适用，产出内含释法性质但不具备司法解释地位的司法解释性质文件。就结论而言，司法解释性质文件的问题主要因相关主体的不当行权所致，这导致了司法解释乃至法源体系的紊乱。不过，中央司法解释性质文件与地方司法解释性质文件之问题侧重点存在较大差异，① 需要分开论述。

一 中央司法解释性质文件的问题

在第二章中，本书基于与司法解释的比较，定义了司法解释性质文件的概念，并讨论了司法解释性质文件的法源地位问题。为使读者能更清楚地认识司法解释性质文件的问题所在，我们将先对其理论基础予以重申与补充，然后再转入具体问题的探讨。

---

① 参照规范性文件的表述习惯，本书在使用"司法解释性质文件"时，专指中央机关即最高法、最高检制发或参与制发的"中央司法解释性质文件"，而论述地方法院、地方检察院制发或参与制发的司法解释性质文件时，使用"地方司法解释性质文件"或"地方释法文件"等表述。

（一）司法解释性质文件的概念及其法源地位

1. 司法解释性质文件的概念

1955年《决议》赋予了最高法审判中具体应用法律问题的解释权，此后，最高法正式开始制发带有法律解释性质的文件。在法治实践中，这部分由最高法发布的解释性文件，被逐渐略称为司法解释。[1] 为明确正式司法解释的范围，最高司法机关又引入了"司法解释性质文件"的概念，意图将不属于前述范围但又具有司法解释性质的文件分离出去。[2] 但应注意，不论司法解释还是司法解释性质文件，其实都不是规范用语，法律对相应文件的表述乃"具体应用法律的解释"，这才是需要集中讨论的部分。

1981年《决议》将司法解释权授予最高检、最高法，故而，有权作出"具体应用法律的解释"的主体具有确定性。由"两高"以外其他机关参与制发的司法解释性质文件，一律不是"具体应用法律的解释"。但是，1981年《决议》除对制定主体作出限制外，并未对"解释"作出其他规范要求，这使得在较长的一段时间内，最高法和最高检制发的司法规范性文件，基本都被当作了"具体应用法律的解释"。2006年以后，随着《监督法》施行，"具体应用法律的解释"被固定化为需要向全国人大常委会备案的司法解释，继而，未报送的司法解释性质文件，便不再是"具体

---

[1] 例如，1992年最高法研究室《关于对刑法、全国人大常委会的决定和司法解释中有关规定应如何理解问题的电话答复》、1993年最高检《关于废止部分司法解释和业务文件的通知》（此时最高检已由1981年《决议》授予了涉及检察工作的法律解释权）、1994年最高法《关于废止1993年底以前发布的部分司法解释的通知》等规定，就是在这个概念上使用"司法解释"的。

[2] 例如，1987年《批复》，即以司法解释性质文件指称地方法院制定的带有司法解释性质但非司法解释的文件。再如，2012年，"两高"分别出台的《关于废止1979年底以前制发的部分司法解释性质文件的决定》《关于废止1979年底以前发布的部分司法解释和司法解释性质文件（第八批）的决定》，则进一步拓展了司法解释性质文件的概念范围。换言之，司法解释与司法解释性质文件的概念差别不仅在于制定主体之层级差异——"两高"自己制发或参与会签的解释性文件，亦非皆为司法解释。

应用法律的解释"。① 此时，最高检、最高法单独或联合制定的释法文件出现了内部的规范化分野，"具体应用法律的解释"仅指那些报送了的或将要报送备案的规范性文件，它们才是规范意义上的司法解释。② 其实，司法解释性质文件的出现，与"具体应用法律的解释"在规范上的逐步明确与限缩，本身就处于同一个反向同体性的过程。

2. 司法解释性质文件仅具事实性权威

立法者仅授予最高法、最高检作出"具体应用法律的解释"的权力，因此，那些不属于"具体应用法律的解释"的司法解释性质文件缺乏法律依据。继而，司法解释性质文件由于无法获取制度性权威，不能产生规范效力。但是，在事实上，司法解释性质文件又是"具体应用法律的解释"，这是由其内容——对法律条文、法律规范、法律制度作出实质性的细化——所决定的。既然司法解释性质文件存在规范性内容，又是中央机关所制定的，那么，它就不可能完全没有效力。从实践来看，司法解释性质文件在司法活动中仍然具有约束法官、检察官之"效力"（甚至是很强的效力），但这种效力却不是制度性的（法律效力/规范拘束力），而只是事实上的。具有事实性效力的意见、指引、先例等准则并非司法者必须适用的正式法源，但出于内含的权威性，若司法者不予遵守，虽不至违法，往往也会导致如公诉败诉、判决被撤销等不利后果。③ 宏观上看，司法解释性质文件的事实性权威存在两方面的来源：其一，"两高"及参与制发的机关在国家权力体系中所处

---

① 参见聂友伦《司法解释性质文件的法源地位、规范效果与法治调控》，《法制与社会发展》2020 年第 4 期。

② 2015 年《立法法》对"具体应用法律的解释"作出了进一步规范，但依然维持了以"备案"作为界分司法解释与司法解释性质文件的准据。

③ 应予注意，规范性权威与事实性权威有着层次性差异，具有规范性权威的准则一定具有事实性权威，反之则未必然。这涉及一个法律规范性的争议问题，参见苗炎《哈特法律规范性理论再研究》，《法制与社会发展》2010 年第 6 期。

的位置；其二，执政党的文件、国家政策等非规范性的指导意见或纲领。①

就"权力位置"带来的事实性权威而言，一则来源于制定机关在国家权力系统中的位置，二则来源于最高司法机关在次级的权力系统——司法系统内所处的位置。对于前者，因这类文件的制定者乃中央机关，不但系统中处于最上层，且较下级的法律适用机关更为"接近法律"（在层级上靠近立法者），它制定的准则可能更符合法律原意或立法者的意思。申言之，越接近最高权力机关的主体，其所参与制定的司法解释性质文件就有着越高的事实性权威。② 对于后者，因"两高"在司法系统中的"最高"地位，加之审级制度、上诉机制以及检察系统上下级的领导关系，下级司法机关缺少违背或忽视司法解释性质文件的意愿与能力。同时，受制于司法责任制、司法考核以及人财物管理等多重压力，下级司法机关几乎不可能故意对最高司法机关出台的规范提出挑战。

基于制定机关的"权力位置"，司法解释性质文件的事实性权威基本树立，而文件内容的政治色彩与政策导向，则进一步强化了这种权威。国家治理角度来看，司法解释性质文件与严格意义上的司法解释在一定程度上均是作为政策的载体而存在的，换言之，司

---

① 此外，最高司法机关于内部对司法解释性质文件的效力确认也可认为是事实性权威的一项来源，但具体来说亦可归于"权力位置"之类别。如1986年最高法《关于人民法院制作法律文书如何引用法律规范性文件的批复》规定："最高人民法院提出的贯彻执行各种法律的意见以及批复等，应当遵照执行，但也不宜直接引用。"本款的后半部分"不宜直接引用"，实际上即说明了事实性效力与规范拘束力的差别。

② 例如，全国人大常委会法工委参与制发的司法解释性质文件，因制定主体的性质，使得文件内容极为接近"立法原意"（或使其他机关认为这类文件的内容就是立法机关的解释），从而获得较高的事实性权威及事实性效力。再如，司法部作为主要起草机关制发的司法解释性质文件，因制定主体在权力系统中的位置较为边缘，文件的事实性权威以及对司法人员的事实性效力显得并不高。不难看出，司法解释性质文件所具事实性效力差异极大，个别文件的事实性效力甚至超过了司法解释。

解释性质文件"具有政治性"①。作为国家治理中解决矛盾、化解纠纷的重要机制,司法一直是传统政治活动中的必要组成部分,时至当代,司法在被要求发挥消极的裁判功能外,更被赋予了某些形构社会政策的积极职能。② 中国最高司法机关(本身亦是政治机关)作出的带有导向性质的具体或抽象行为,都应当贯彻党和国家的意志,落实执政党文件中的政策指引与工作方向。由此,作为司法政策的重要载体,"两高"制发的司法解释性质文件实质承担着具体化宏观政策的功能。③ 应当坦言,中国政治的权威层级中,执政党与国家的政策文件在事实性权威方面可能远超制度化的规范,而依附于此类指导意见或纲领的司法解释性质文件,也获得了较高的事实性效力。

3. 司法解释性质文件的非正式法源定位

当然,无论司法解释性质文件的事实性效力多高,也不能推论出其亦具有"规范上的拘束力"。基于事实与规范之二元分离(方法二元论)的观点,所谓"事实的规范拘束力"并不存在。④ 在形式法治的语境下,某一文件的规范拘束力与事实性效力并不处于同一层级:前者无论如何都具有优位性,不得在司法活动中故意忽略或偏离,否则便是违法;⑤ 至于后者,司法人员则可依据实质理由偏

---

① 彭中礼:《最高人民法院司法解释性质文件的法律地位探究》,《法律科学》2018年第3期。

② 参见[日]小岛武司等《司法制度的历史与未来》,汪祖兴译,法律出版社2000年版,第27—28页。

③ 例如,有学者以最高法院应对金融危机的系列举措、落实国家知识产权战略为例,分析了司法解释性质文件在执行宏观政策方面的行为模式。他认为,最高法院在以"党领导的公共政策执行机制"中更多地迎合了能动趋向,事实上成为全方位参与社会治理的"国家政策执行法院"。参见安晨曦《最高人民法院如何统一法律适用——非正规释法技艺的考察》,《法律科学》2016年第3期。

④ 参见吴从周《试论判例作为民法第1条之习惯法:为我国判例制度而辩护》,《台大法学论丛》2010年第2期。

⑤ 由于规范拘束力极强(在中国近乎绝对),偏离制定法的论证负担非常大。如果存在可适用的制定法而不适用,至少从表面看就违反了适法者的法律义务。参见雷磊《法律论证中的权威与正确性——兼论我国指导性案例的效力》,《法律科学》2014年第2期。

离，虽因文件事实性权威的大小不同，偏离的难度存在差异。

例如，拉伦茨在论述德国联邦最高法院判例中法律解释的效力时写道：最高法院判例中包含的法律解释具有一定的效力，这种效力源自法安定性、判决延续性以及对判决的信赖保护，因前述价值的保障存在重要性，故而，法官应当尊重判例（法律解释）设定的规则。① 然而，这并不代表最高法院解释完全禁止偏离，拉伦茨指出："他（指法官）不应'盲目地'接受裁判先例。他不仅有权利，甚至是有义务放弃裁判先例，如果他确信裁判先例中的解释不正确，或者是裁判先例进行的制定法续造的理由不够充分，再或者是昔日被正确裁决的问题，由于规范环境的变迁或者总体法秩序的演变，今天必须作出不同的裁决。"②

类似于先例判决，就司法解释性质文件而言，司法人员并非必须完全遵照执行，偏离有时是必要的。就那些较陈旧的司法解释性质文件而言，在新的类似准则出台、中央政策调整之后，甚至可以直接束之高阁——援引与适用反而可能造成适法性问题。即便对一些新出台的司法解释性质文件，若其事实性效力不高，司法人员也可诉诸某些制度性权威规范予以变通执行（当然，他们通常不会这么做）。至于司法解释，情况则完全不同。司法解释是具有规范拘束力的正式法源，司法人员无权在个案办理中以任何实质性理由来反对司法解释，③ 他不仅须妥切地予以适用，而且应直接在司法文书中援引，否则，不但司法决定将被推翻，本人也可能承担相应司法责

---

① 参见［德］卡尔·拉伦茨《法学方法论》（全本·第六版），黄家镇译，商务印书馆 2020 年版，第 544—545 页。

② ［德］卡尔·拉伦茨：《法学方法论》（全本·第六版），黄家镇译，商务印书馆 2020 年版，第 540 页。

③ 司法解释经备案程序获得规范拘束力，在全国人大常委会作出反对性决议或者制定者主动决定修改或废止之前，司法解释始终具备普遍效力，法官无权对其进行司法审查。不过，当司法解释与法律、其他司法解释抵触时如何适用冲突规范，则是另外的课题。相关研究，参见王成《最高法院司法解释效力研究》，《中外法学》2016 年第 1 期。

任。总之，司法解释性质文件的"效力"有着明确的限度，其仅存在于事实层面，并无规范上的"法律效力"。

前文已述，法律已在制度上授予最高司法机关作出"具体应用法律的解释"的权力，且通过备案审查制度，权力机关在实践中确认了司法解释的形式符合上述授权。此时，通过"授权—行权"与"取效—予效"机制，司法解释制度性权威框架构建完毕。质言之，司法解释得到了规范体系下的制度化与完备的制度性权威，成为中国法制体系中的正式法源，具有规范性质的"法律效力"。与之相比，由于缺少法律作为制度化基础，司法解释性质文件未能获得制度性权威，并无正式法源的地位，只能作为一种非正式法源存在。然而，司法解释性质文件仍有不同程度的"事实性效力"，司法实践一般应当遵照其设定的规则进行，但在某些情况下，司法人员也可以透过实质性理由偏离部分规则，这其实已经划定了司法解释性质文件的效力界限。

（二）司法解释性质文件的规范效果及其问题

1. 事实性效力不同的司法解释性质文件的三种类型

在最高司法机关颁布的释法文件中，不同形式、作用的文件之法律地位不尽相同。[①] 不是所有的司法解释性质文件的效力皆处于同一层级。由于其背后的事实性权威源于制定机关在权力系统中的位置高低，所以事实性效力亦存差别。由此，根据制定机关的权力位置，可将司法解释性质文件划分为事实性效力不同的三种类型。

一是全国人大常委会法工委参与制定的"强效型司法解释性质文件"。如《六部委规定》以及《关于劳教工作干警适用刑法关于司法工作人员规定的通知》等。根据权力位置理论，由于全国人大常委会法工委是立法机关工作机构，此类文件的内容往往被认为极为接近"立法原意"，或使办案机关认为其就是立法机关作出的正式

[①] 参见曹士兵《最高人民法院裁判、司法解释的法律地位》，《中国法学》2006年第3期。

解释。同时，依据《立法法》第 64 条的规定，全国人大常委会法工委具有针对关于具体法律适用问题询问的答复权，从而进一步强化了全国人大常委会法工委的权威地位。有鉴于此，强效型司法解释性质文件获得了极强的事实性效力，甚至"被一些学者视为'立法解释'"①。

二是最高法、最高检共同制定或联合其他部委制定的"中效型司法解释性质文件"。一般而言，当司法工作存在检法互涉或涉及行政机关职能的法律适用问题，且"两高"不便直接制定司法解释时，最高司法机关便会尝试共同或会同相关部委制定联合解释。② 较之强效型司法解释性质文件，联合解释的制定主体缺少立法机关工作机构，因而无法通过"立法原意"或"答复权"获得极高的事实性效力。不过，联合解释自身所具有的"君子协定"性质及其制定主体在各领域中的最高地位，仍可为其提供较高的事实性权威。例如，《严格排非规定》的事实性权威源自"两高三部"的权力位置，各下级机关须一体遵守。再如，由于 2016 年最高法、最高检《关于民事执行活动法律监督若干问题的规定》（以下简称《民事执监规定》）基于"两高"各自的权力位置而获得了事实性权威，故法院在民事执行中须接受检察院依此所进行的检察监督。此外，一些联合解释由于与执政党的机构存在直接联系（如《严格排非规定》由中央全面深化改革领导小组审议通过），故其事实性权威还会得到进一步强化。

三是最高法或最高检单独制定的"弱效型司法解释性质文件"。此类文件由最高法或最高检单独出台，如最高法《全国法院民商事审判工作会议纪要》、最高检《人民检察院检察建议工作规定》等。

---

① 熊秋红：《刑事证据制度发展中的阶段性进步——刑事证据两个规定评析》，《证据科学》2010 年第 5 期。

② 参见王敏远《2012 年刑事诉讼法修改后的司法解释研究》，《国家检察官学院学报》2015 年第 1 期。

此类文件的事实性权威来源于最高法或最高检在单一系统与各自条线内的"最高"地位，仅在制定机关内部发挥规范作用，缺乏使其他机关执行它的能力与动因，事实性效力较弱。相较之下，联合解释的事实性权威来源更广，可扩张至与审判或检察相关的其他权力领域，其规定内容亦为所有制定机关共同遵守，被普遍认为具有更高的事实性效力。

2. 司法解释性质文件与司法解释的规范效果冲突

司法解释与司法解释性质文件的规范效果冲突在司法实践中普遍存在，但尚未得到业界的充分关注。前述三类事实性效力不同的司法解释性质文件与司法解释的规范效果冲突在实践中大致呈现为以下三种样态。

第一，在强效型司法解释性质文件与司法解释冲突的场合，实务界与理论界皆认为前者的规范效果更强。例如，为了协调解决"刑诉法实施中的意见分歧"[①]，"两高三部"与全国人大常委会法工委联合发布了 1998 年《六部委规定》，因制定主体"不适格"且非法定的备案对象，故该文件不是司法解释，仅为司法解释性质文件。[②] 然而，该规定却在末尾直接强调，其他职能机关制定的规范与本规定不一致的，以本规定为准，这表明《六部委规定》的"法律效力似乎又超越了一般司法解释"[③]。前文已述，此类规定属于刑事案件办理机关之间的"互涉条款"，立法机关工作机构下场参与制定，乃是为起到协调作用，进而保证规范能够得到一体遵守，使其通畅适用于刑事诉讼中的所有职能部门。[④] 至于 2012 年《六部委规

[①] 熊秋红：《刑事证据制度发展中的阶段性进步——刑事证据两个规定评析》，《证据科学》2010 年第 5 期。

[②] 参见汪海燕《论刑事诉讼法律规范的合法性危机》，《中国政法大学学报》2011 年第 1 期。

[③] 罗书平：《中国司法解释的现状与法律思考》，《中国律师》2000 年第 7 期。

[④] 参见王敏远《2012 年刑事诉讼法修改后的司法解释研究》，《国家检察官学院学报》2015 年第 1 期。

定》，其虽未在文件中明确宣示效力，但因其内容具有共识性，且由全国人大常委会法工委牵头制定，故其规范效果仍被认为强于司法解释。

第二，对于中效型司法解释性质文件与司法解释的冲突，业界通常认为两者规范效果大致相同，一般适用"新法优于旧法"的原则。比如，2010年"两高三部"联合发布了《死刑证据规定》《非法证据规定》，前者对证据的审查认定作出了进一步规定，超越了旧有司法解释的内容，① 后者更是创制了法律尚未明确的"非法证据排除规则"，突破了1998年《关于执行〈中华人民共和国刑事诉讼法〉若干问题的解释》设定的限度。② 2012年，《刑事诉讼法》修正后，"两个证据规定"的主要内容被纳入法律及随后生效的《高法解释》《高检规则》，而2017年的《严格排非规定》则再次部分变更了司法解释中的相关规定。③ 在民事与行政领域，2011年最高法、最高检《关于对民事审判活动与行政诉讼实行法律监督的若干意见（试行）》（以下简称《民行审监意见》）将民事调解书规定为检察机关的抗诉客体。虽然当时的《民事诉讼法》对此未予明确，④ 且该意见也明显超越了2008年最高法《关于适用〈中华人民共和国民事诉讼法〉审判监督程序若干问题的解释》第30条的规定，但此后司法机关却开始执行对民事调解书的抗诉规定。到了2012年，修正后的《民事诉讼法》将上述内容吸收，在最高法出台新的司法解释以后，《民行审监意见》随即被虚置。⑤

---

① 参见陈瑞华《实物证据的鉴真问题》，《法学研究》2011年第5期。
② 参见龙宗智《两个证据规定的规范与执行若干问题研究》，《中国法学》2010年第6期。
③ 例如，明确了"等非法方法"的内涵，扩张了非法证据的排除范围，新增了重复自白排除规则，等等。参见张建伟《排除非法证据的价值预期与制度分析》，《中国刑事法杂志》2017年第4期。
④ 参见汤维建《论民事抗诉制度的完善》，《人民检察》2007年第9期。
⑤ 参见李浩《民事调解书的检察监督》，《法学研究》2014年第3期。

第三，就弱效型司法解释性质文件与司法解释的冲突而言，业界基本认为前者的规范效果弱于后者。通常来说，最高法或最高检单独制发的"意见""规程"乃至"纪要"等文件，仅得为司法机关"参照适用"。对于此类文件，制定者一方面要求各级办案人员"遵照执行"或"统一贯彻执行"，另一方面又设定了"不宜直接引用"的限制，所以其规范效果较司法解释更弱。例如，2013年最高法《关于建立健全防范刑事冤假错案工作机制的意见》就非法证据排除问题作出了进一步规定，但因事实性效力不足，该文件在实践中基本只起到"参照"作用。类似文件还有2017年最高法《人民法院办理刑事案件排除非法证据规程》，该规程虽对制度完善起到了推进作用，[①] 但其事实性效力仍受到了不少质疑。有学者明白指出，这类规范性文件"大多具有指导性，没有法律效力"[②]。由此可见，在实践中，弱效型司法解释性质文件的规范效果不及司法解释。

从司法实践对待不同司法解释性质文件的立场可知：其一，即便司法解释性质文件并无法律效力，也会产生一定的规范效果；其二，事实性效力较高的司法解释性质文件的规范效果等于甚至强于司法解释。然而，司法解释性质文件非正式法源，纵使其事实性效力再高，亦不可修正甚至替代司法解释。此处应然与实然形成了分野——由于中央部委在权力系统内处于各条线顶端，某些缺乏制度性权威的司法解释性质文件在规范效果上超越了司法解释，这直接扰乱了司法解释的制度体系。质言之，中央司法解释性质文件有规范效果却无"规范"地位，乃理论与实践之矛盾的根源所在。

[①] 参见熊秋红《"三项规程"对非法证据排除规则的推进》，《证据科学》2018年第5期。

[②] 董坤：《非法证据排除规则若干新问题释疑——以〈关于办理刑事案件严格排除非法证据若干问题的规定〉为分析场域》，《兰州大学学报》（社会科学版）2018年第2期。

二 地方司法解释性质文件的问题

司法解释制度的主要功能在于统一法制，各条线机关由上至下都应贯彻代表中央机关意志的司法解释，以实现法律的统一适用。然而，地方司法机关受到条块关系的双重约束，不仅须受上级主管部门的指挥，亦应满足地方党委、人大、政府的治理需求。当中央机关的法律解释无法满足地方的释法需求时，便产生了司法解释场域的"央地矛盾"。

地方司法解释性质文件即诞生于上述矛盾之中。一方面，地方司法机关是统一法制最重要的功能单元，应按最高司法机关出台的司法解释、司法解释性质文件对个案事实及争议适用法律，尽可能保证"同案同判"或"同案同办"，从而维护国家司法的公正性与权威性。[①] 另一方面，地方司法机关肩负辖区内案件办理任务，需要通过化解纠纷实现地方司法治理的政治效果、社会效果、法律效果，而当司法解释文件不够明确、存在漏洞或与本地"经济基础"不相匹配时，地方司法机关便可能产生对司法解释文件的偏离。虽然"法制统一"与"司法治理效果"之间存在冲突，但地方司法机关却仍试图将两者折中调和。地方司法解释性质文件——一种由地方司法机关单独或联合其他机关出台的，旨在达成地方司法治理的积极效果，又试图保证司法辖区内"法制统一"的地方性规范应运而生。然而，缺乏法律依据且可能造成地方司法"割据"的"地方释法"，显然存在一系列问题。

（一）地方司法解释性质文件的规范分析

研究"地方释法"，应先进行规范层面的分析。在垂直向下的条

---

① "同案同判"是法律适用平等原则的体现。司法实践越趋近"同案同判"，便越能朴素回应宪法规定之"中华人民共和国公民在法律面前一律平等"的权利规范，达致"同等情况同样对待"的一般正义原则，以此获得社会公众的支持。参见白建军《同案同判的宪政意义及其实证研究》，《中国法学》2003年第3期；陈景辉《同案同判：法律义务还是道德要求》，《中国法学》2013年第3期。

线关系中,中央机关通过行使最高层级的立法权、司法权以及行政权,领导、指挥、监督地方机关之行为。① 就司法解释场域而言,为维护国家法制统一,中央机关理应出台规定,禁止地方司法机关制定释法性质的规范性文件。从中央层级的相关规范来看,无论立法还是司法机关都展现出了对"地方释法"的禁止态度。然而,规范内容的模糊性给地方司法机关留下极大的弹性空间,司法实践充斥大量的"土办法"与"类解释"。不论是客观规制失败还是主观有意放纵,中央机关对"地方释法"的规制远未达到有效程度,各地司法规范的"方言岛"似乎已经形成。

1. 规制"地方释法"的中央机关规范

出于法制统一的价值取向,中央机关发布的司法解释、工作文件乃至法律,都表明了对地方司法机关制定释法文件的禁止立场。在第一章中,本书已经初步讨论了这些规范性文件,它们包括:1987年《批复》、2012年《通知》以及2015年《立法法》等。立法机关工作机构的法律释义书进一步指出,地方司法解释性质文件"内容大多是对法院如何具体开展审判工作、如何具体应用法律或司法解释的规定",涉及范围广、适用普遍,直接影响当事人权利义务,导致各地的法律适用出现不统一的状况,"与我国现行法律制度不符";不过,法律释义同时认为,出于规范司法行为的考虑,应当允许地方司法机关基于司法经验制定相关规范性文件,但这些文件并无任何法律效力,"不得作为裁判依据,不得在裁判文书中援引"②。

从历史上看,中央机关关于"地方释法"规制呈现出越来越严格的禁止态势。自1987年《批复》的原则性禁止(不宜制定),到

---

① 参见杨海坤、金亮新《中央与地方关系法治化之基本问题研讨》,《现代法学》2007年第6期。

② 乔晓阳主编:《〈中华人民共和国立法法〉导读与释义》,中国民主法制出版社2015年版,第323—324页。

2012 年《通知》的全面性禁止（一律不得制定），最后由 2015 年《立法法》将其升格为基本法律条款——似乎出于维护法制统一的目的，中央已完全禁绝地方释法文件的制定权。"不得作出具体应用法律的解释"实质乃"两高"司法解释范围的直接投射，即无论是细化法律规定、统一法律理解还是弥补法律漏洞、延展法律范围，① 皆不得由地方司法规范所涉及。申言之，基于严格解释的立场，任何与业务相关的司法规范其实都带有司法解释性质。但很明显，相关规制规范并未被严格解释，其使用的模棱两可的概念与表述，为"地方释法"创造了极大的弹性空间。

2. "地方释法"规制规范的操作弹性

中央机关看似对"地方释法"持强烈的反对立场，然而无论是 2012 年《通知》还是 2015 年《立法法》，既无法消除地方司法机关制定"解释"的动机，也未能严格禁止"地方释法"。实践中，地方司法机关（尤其是高级人民法院）制发的释法文件并不在少数。② 事实上，中央的禁止态度更多表现为消极而非积极性质，相关规定仅具宣示作用而缺乏规范价值——依照上述规定，根本无法确定何种地方司法规范属于被禁止的"地方司法解释性质文件"——最高司法机关好像只为展示其位于条线关系顶点的权威，而从未有意真正禁绝"地方释法"。

地方司法解释性质文件并非法律用语，仅在全国人大常委会法工委的工作报告以及"两高"的工作文件中简短出现过寥寥数次。③ 这难免使得地方司法解释性质文件与其他规范性文件形成混同。根据 2012 年《通知》与 2010 年《关于规范上下级人民法院审判业务关系的若干意见》（以下简称"2010 年《意见》"）的规

---

① 参见周道鸾《论司法解释及其规范化》，《中国法学》1994 年第 1 期。
② 参见刘风景《司法解释权限的界定与行使》，《中国法学》2016 年第 3 期。
③ 参见石春雷《地方司法解释性文件的困境与出路》，《华南理工大学学报》（社会科学版）2017 年第 4 期。

定，出于司法工作、行政管理等需要，地方司法机关有权通过制定规范性文件的形式，实现对辖区内司法人员、司法行政人员业务指导、行为监督、行政管理等目的。然而，无论从文件的名称还是性质切入，皆难在大量地方司法规范中对地方司法解释性质文件进行有效识别。①

一方面，无法以名称判断地方司法机关出台的司法规范是否属于司法解释性质文件。2012年《通知》规定，地方司法机关不得制定"指导意见""规定"等司法解释性质文件。但是，该规定明显缺乏限制作用，地方司法机关只要规避这两种名称，形式上便不违背要求。在过去，地方司法解释性质文件确实常以"指导意见""规定"②为名，如《广东省高级人民法院关于审理婚姻案件若干问题的指导意见》《北京市高级人民法院关于办理各类案件证据问题的有关规定》等，时至今日，此类形式违规的释法文件已较少出现，许多实质上的地方司法解释性质文件开始以"会议纪要"的样态示人。③

另一方面，"具体应用法律的解释"无法作为界定司法解释性质文件的标准。如前所述，"具体应用"与"条文本身"的区别难以厘清，而且，即便《立法法》对"具体应用"设置了限

---

① 即便"两高"发布的公文，其类型与性质也是一本糊涂账。参见邓巍《关于"两高"与国务院部委联合发文的思考》，《甘肃政法学院学报》2014年第4期。

② 事实上，根据《人民法院公文处理办法》，"规定"并不属于法院主要使用的公文种类。

③ 参见吴睿佳、王瑞君《刑事司法裁判中会议纪要的应用、反思及规范化建议》，载陈金钊、谢晖主编《法律方法》（第25卷），中国法制出版社2018年版，第267页。地方司法解释性质文件之所以会转向"会议纪要"的形式，可能是1987年《批复》带来的指引效果。1987年《批复》规定："对审判实践中遇到的一些具体问题，建议你们在调查研究的基础上，写一些经验总结性的文章，供审判人员办案时参考；也可以召开一定范围的会议，交流经验。"事实上，最高法只是建议通过会议交流经验，而以会议纪要解释法律显属该建议的异化形态。此外，许多带有司法解释性质的地方会议纪要既未记载会议名称，也未记载与会人员，根本不符合"会议纪要"这种公文形式的要求。

制，不但大量司法解释并未针对具体法律条文，是否符合法律的"目的、原则和原意"也要打一个问号。虽然可以在形式上将"具体应用法律的解释"与"司法解释"画上等号，但前者所指的对象与范围并不清楚，这未免令人"在理解和操作时进退失据"①。质言之，只要地方司法规范涉及法律调整的关系范围，其实都可被解释为"具体应用"，也可被排除于"具体应用"的范围外。

中央机关对"地方释法"的暧昧姿态，在2012年《通知》与2010年《意见》对地方释法文件的区别对待中极为明显。其一，禁止地方司法机关制定"指导意见""规定"等司法解释性质文件；其二，允许地方司法机关制定"其他规范性文件"（或"审判业务文件"），以实现在业务上指导下级司法机关的目的，只是不得在法律文书中援引；其三，最高法发现地方司法机关制定的规范性文件与法律、司法解释相抵触的，应当责令纠正。同样，法律释义也指出，地方司法机关"制定了大量用以指导审判、检察工作的文件，对于正确适用法律、规范司法行为、公正处理案件，发挥了重要作用"（允许性表述），但"其中有很多属于具有司法解释性质的规范性文件"（禁止性表述）。② 类似表述的真实目的在于创造并维持中央机关对"地方释法"规制的弹性：首先，禁止地方制定司法解释性质文件，表明其具有处理"地方释法"问题的权限；其次，允许地方司法机关制定其他规范性文件，给地方留下释法空间；最后，未明确司法解释性质文件与其他规范性文件的界限，将文件定性的权力留在中央，随时可对其认为不适当的地方释法文件予以处理。

---

① 姚魏：《地方"两院"规范性文件备案审查的困局及纾解——以法律效力为中心的制度建构》，《政治与法律》2018年第11期。

② 参见乔晓阳主编《〈中华人民共和国立法法〉导读与释义》，中国民主法制出版社2015年版，第323页。

3. "地方释法"规制规范的运行效果

由于有关"地方释法"规制规范的弹性过大，加之各级司法机关的消极态度，使其在运行中的积极效果有限。现在，各地仍在制定发布实质上的司法解释性质文件，有些甚至直接与法律、司法解释文件相抵触。这不但造成了地域间的规范差异，更可能因内容不适法而导致整个司法辖区出现制度性错案，成为本就羸弱的司法系统之"不可承受之重"。

理论上看，在"地方释法"的规制规范允许地方司法机关以"其他规范性文件"为名制定具有事实性效力的释法文件时，其失范的结果便已注定。虽从形式与内容上皆无法有效识别地方司法解释性质文件，但2012年《通知》仍在观念上区别了（禁止的）司法解释性质文件与（允许的）其他规范性文件。根据法律释义的解读，之所以禁止前者，乃因其影响了当事人的权利义务、造成了法制不统一的情况，而后者之允许，则是出于规范与指导司法的目的。[①] 然而，上述阐释存在自洽性漏洞，因为后者对司法的地方性规范与指导，不管是"与法律、法规及司法解释的规定相抵触以及不适应经济社会发展要求"（违法释法）还是"司法实践中迫切需要、符合法律精神又无相应的司法解释规定"（越权释法）皆难免导致法制不统一的状况。对此，中央机关给出的解决方案是"不得在法律文书中援引"，以"不具有法律效力、不得作为裁判依据"作为后者的合理化根据。但是，该方案却无法解决任何问题。一方面，即便是确定的地方司法解释性质文件，也因缺少法律依据而无法律效力，之所以将其援引至法律文书甚至作为司法依据，实乃基于制定机关事实性权威而产生的事实性效力。另一方面，虽然2012年《通知》禁止在法律文书中援引其他规范性文件，但由于其具备规范的指导性内容，事实性效力并未减损，地方司法人员在办案中仍将遵循其

[①] 参见乔晓阳主编《〈中华人民共和国立法法〉导读与释义》，中国民主法制出版社2015年版，第323—324页。

要求，否则司法决定极有可能在日后遭到上级司法机关的不利评价，甚至可能引起司法追责机制的启动。① 这样，允许地方司法机关制定的其他规范性文件，难免成为与地方司法解释性质文件同质、司法人员不得不严格执行的隐性"地方司法解释"。②

"地方释法"的实践现状充分说明了规制规范的效果缺乏。2018年，李步云教授曾致信全国人大常委会法工委，提出对浙江高院《关于部分罪名定罪量刑情节及数额标准的意见》中部分内容的审查建议，认为该文件将"非医学需要鉴定胎儿性别3人次以上，并导致引产的""因非医学需要鉴定胎儿性别受过行政处罚，又实施该行为的"作为非法行医罪之"情节严重"的构成要件是在最高法《关于审理非法行医刑事案件具体应用法律若干问题的解释》外扩张犯罪圈的越权行为。③ 随后，经浙江省人大常委会与浙江高院沟通，后者表示文件的性质为司法解释性质文件，确需予以清理，将协调检察机关、公安机关停止执行。④ 问题在于，既然浙江高院已经认定该文件属于"应该清理的带有司法解释性质的文件"，为何不予整体清理而仅以停止执行"李步云条款"作罢？⑤ 且无论该文件是在2012

---

① 从实际情况来看，基层法官已经习惯于直接适用地方政府红头文件、上级法院的会议纪要办案，因为它们内容具体，便于操作，而且可以大大降低案件的改判发回率。参见胡亚球、章建生《起诉权论》，厦门大学出版社2012年版，第132页。

② 同时，因地方司法解释性质文件禁止被援引但又潜藏于司法公开的背后，反致"司法文书说理不足"，亦不利于司法治理的效果。参见夏正林、李新天《高级人民法院发布抽象规范性文件问题研究》，《政治与法律》2019年第11期。

③ 参见朱宁宁《纠正地方法院越权制定司法解释性质文件》，《法制日报》2018年8月14日第9版。

④ 参见张笛扬《李步云：能在6点准时打鸣的"金鸡"》，《南方周末》2019年2月14日第11版。

⑤ 该违法条款的省域适用更是导致了制度性错案的产生。几年来，浙江当地法院以此为依据作出的有罪判决多达1000多例，仅永嘉县人民法院即作出过190多例有罪判决，200多名当事人被判有罪而获刑。虽然浙江高院表态将"妥善处理"依此条款的定罪的案件，但周知的是，错误定罪造成的后果是无法弥补的。参见朱宁宁《"法治三老"李步云的立法故事》，《法制日报》2018年11月8日第5版。

年《通知》下发后出台的,即便在上述事件发生后,浙江高院仍单独或联合其他机关出台《关于提高刑事二审案件开庭率的规定(试行)》《关于办理"套路贷"刑事案件的指导意见》等规范性文件,其中一些内容明显属于司法解释性质。①

除了"指导意见""规定"这类 2012 年《通知》明令禁止的文件形式,浙江司法机关的"释法"更多以"会议纪要"为载体。例如,浙江省公、检、法分别于 2012 年、2017 年、2019 年三次发布关于办理"醉驾"案件的会议纪要,② 对醉酒驾驶的立案标准、强制措施、相关概念、证据要求、刑事处罚等各类在处理"醉驾"案件中涉及的内容予以规定,在内容上涉嫌以解释法律为名变更法律、司法解释文件,③ 更直接明文要求办案机关"执行"④,早已进入司法解释性质文件的范畴。地方机关制定的司法解释性质文件可通令全省,甚至还能"一而再、再而三"不断修改更新至 3.0 版本,殊难令人相信中央机关的规制规范对"地方释法"起到了起码的限制效果。

---

① 例如,《关于提高刑事二审案件开庭率的规定(试行)》第 3 条、第 4 条分别对《刑事诉讼法》规定的"可能影响定罪量刑的上诉案件""其他应当开庭审理的案件"进行了列举式说明。《关于办理"套路贷"刑事案件的指导意见》更是在刑法之外制造了所谓"'套路贷'犯罪"的概念,甚至阐释了其"构成要件"的内容。

② 三个会议纪要的名称分别为《关于办理"醉驾"犯罪案件若干问题的会议纪要》《关于办理"醉驾"案件的会议纪要》和《关于办理"醉驾"案件若干问题的会议纪要》,下文简称为 2012 年《浙江纪要》、2017 年《浙江纪要》和 2019 年《浙江纪要》。

③ 例如,2019 年《浙江纪要》规定,"经呼吸测试或抽血检测,血液酒精含量在 80 毫克/100 毫升以上的,公安机关应当予以刑事拘留"。《刑事诉讼法》第 82 条对拘留规则的设定本为授权性的"可以先行拘留",该纪要却将其直接改换为命令性的"应当予以拘留",显已涉及"延展法律范围"的司法解释层次。

④ 虽然三份《浙江纪要》均在文件首部使用了"参照执行"的表述,但正文中却出现了"本纪要自下发之日起执行"或"本纪要内容如与法律、司法解释以及上级有关规定不一致的,以法律、司法解释及上级机关有关规定为准"的规定,实质即为示意司法人员对纪要内容严格遵守。

(二) 地方司法解释性质文件的生长逻辑

在中央表明禁止立场的情况下，地方释法文件何以持续"野蛮生长"？探讨这一问题，必须理解"地方释法"的生长逻辑。从内部视角来看，地方司法机关的首要目标在于妥善行使司法权以完成地方治理任务，对地方党委负责，当法律、司法解释文件存在表意模糊、规则漏洞或不应实际的情况时，自行制定释法文件往往成为实现地方司法治理效果的优先选项。以外部视角观之，虽然"地方释法"的自发性倾向不利于全国法制统一，但考虑到地方司法治理本为全国司法治理的有机组成，若"地方释法"能够有效维持或提高地方司法治理的政治效果与社会效果，中央亦在某种程度上乐观其成，如此，最高司法机关对地方释法文件"睁一只眼闭一只眼"的默许态度便不难理解。

1. 内生因素：地方司法治理的自发性

地方司法机关释法其实与"两高"制定司法解释的动因并无本质差异。建立司法解释制度的初衷在于"统一各级法院（检察院）的法律适用"[①]，实践中，司法解释的目的逐渐被"通过明确裁判（办案）依据，在各级法院（检察院）之间统一裁判（办案）尺度"[②]所具体化。为实现司法尺度的统一，最高司法机关须针对多种情形制定司法解释，如法律表意模糊、规则存在漏洞、社会现况需要匹配等。地方司法机关同样面临上述情形，这便使其产生了以制定释法文件解决问题的倾向。

首先，地方司法机关面临着中央规范表意模糊的情况。在一部法律通过后，立法机关工作机构往往会组织编写法律释义，以期统一法律理解与适用；而一部司法解释文件实施后，制定机关或牵头

[①] 曹士兵：《最高人民法院裁判、司法解释的法律地位》，《中国法学》2006年第3期。

[②] 苗炎：《司法解释制度之法理反思与结构优化》，《法制与社会发展》2019年第2期。

单位通常也会组织人员撰写释义性文章或书籍，用以指导司法行为。不难看出，即便法律存在配套司法解释，司法人员在具体适用时仍不免产生困惑。甚至，有些司法解释文件还带来了"司法解释的适用问题"，使规范的歧义更为严重。例如，2013年最高法、最高检、公安部《关于办理醉酒驾驶机动车刑事案件适用法律若干问题的意见》（以下简称"《醉驾意见》"）规定"机动车"适用《道路交通安全法》的规定，系指"以动力装置驱动或者牵引，上道路行驶的供人员乘用或者用于运送物品以及进行工程专项作业的轮式车辆"，但是，实践中经常出现争议的"超标电动车"应否视为机动车，则不无讨论空间。对此，2017年《浙江纪要》规定，未造成他人轻伤以上后果的，醉驾超标电动车的行为可以不作犯罪处理，从侧面对模糊法律概念予以了明确。

其次，地方司法机关面临着中央规范存在漏洞的情况。法律漏洞系指"法律整体内部的一个令人不满意的不完整性"[1]。质言之，法律漏洞无论如何都必然存在，即便通过司法解释文件对其"规范补充"[2]，法律漏洞仍大量遗留，而司法解释文件本身又会创造出新的漏洞。仍以醉酒驾驶的相关规范为例，《醉驾意见》将"无驾驶资格驾驶机动车"作为"醉驾"的从重情节，但驾驶分数已被扣完的驾驶人是否属于"无驾驶资格"？就此问题，相关法律与司法解释未予明确，应被视为规范遗留的漏洞。2017年《浙江纪要》以司法办案经验对其进行填补，将之明确排除在"无驾驶资格"的范围以外。

最后，中央规范的内容不符合地方社会状况，执行反而不利于地方司法治理的效果。部分司法解释文件考虑到了类似问题，如

---

[1] ［德］卡尔·恩吉施：《法律思维导论》，郑永流译，法律出版社2004年版，第168页。

[2] 彭中礼：《最高人民法院司法解释性质文件的法律地位探究》，《法律科学》2018年第3期。

《关于办理盗窃刑事案件适用法律若干问题的解释》便授权省级法院、检察院基于本地经济与治安情况，在解释规定的幅度内，确定具体的定罪量刑数额标准。上述司法解释通过授予地方司法机关确定"数额较大""数额巨大"与"数额特别巨大"的权限，意图使司法规范契合各地实际状况。不过，更多的中央规范未能注意此类情形。在条块关系下，地方法院受同级党委领导，使其在客观上不可能脱离地方治理的实际情况随意行权，"决定了地方法院服务的'大局'首先只能落足于本地区经济社会发展的大局"①。为了达成地方治理的效果，实践中便出现了各地司法机关根据本地情况、司法经验主动变通司法解释文件的做法。例如，《醉驾意见》对机动车采取"一刀切"的评价模式，即，无论驾驶人驾驶的是货车、客车还是三轮汽车、摩托车、拖拉机，只要血液酒精含量达到80毫克/100毫升，皆予定罪处罚。但是，醉酒驾驶不同类型的机动车所造成的社会危害性存在显著差异，应分类处理为宜。对此，2019年《浙江纪要》根据当地社会状况对醉酒驾驶摩托车的情形作出变通规定，甚至将其刑罚门槛提高到了200毫克/100毫升。同时，为了匹配社会状况的变化、吸收司法实践的经验、提高司法治理的水平，地方司法机关还需对已有的地方释法文件进行动态调整。以先后出台的三部《浙江纪要》为例，明显可以看出其对"醉驾"逐渐"松绑"的态势：免予刑事处罚或不起诉的上限，从2012年的酒精含量90毫克/100毫升提高到2017年的140毫克/100毫升再到2019年的170毫克/100毫升；对"醉酒挪车"②的处理，从2012年的无特别

---

① 徐子良：《地方法院在司法改革中的能动性思考——兼论区域司法环境软实力之提升》，《法学》2010年第4期。

② 事实上，业界一直存在"酒后挪车不应入刑"的观点，认为其缺乏成立犯罪必需的社会危害性。在"郎永淳醉驾案"后，公众对酒后挪车的看法逐渐发生改变，普遍认为不应入刑。近年来，上海、江苏、湖南、湖北等地都纷纷出台了类似的规定，回应了社会状况及司法治理的需求。参见沈彬《酒后挪车不入刑是一种精细治理》，《光明日报》2019年10月14日第11版。

规定（按"醉驾"处理）到 2017 年的"可以不作为犯罪处理"再到 2019 年的"不属于在道路上驾驶机动车"，等等。

基于统一办案尺度的需求，最高司法机关在法律解释体制内外不断制定司法解释与司法解释性质文件，试图完成"给法律注入更多血肉、让其更富适用性和实效性、使其更具生命力、为诸多新问题的解决'发现'法律依据的解释工作"①。然而，因法律解释模式的先天缺陷，抽象的司法解释文件依然无法彻底解决规范表意模糊、规则存在漏洞以及制度实践的适应性等问题。换言之，即便存在一系列法律与司法解释文件，地方司法机关仍将在实际的司法治理中陷入上述困境。由于政法体制的影响与释法制度的惯性，地方司法机关采取了与中央相同的处理模式，通过规范性文件释法，统一下级机关的办案尺度，以满足地方司法治理的需求。质言之，只要出台法律解释还是中央机关统一法制最重要的机制、发布司法解释仍为最高司法机关统一办案尺度最主要的手段，"地方释法"的自发性就不会消失。

2. 外部因素：中央司法机关的矛盾性

在规范分析中，我们研究了中央机关对"地方释法"的规制策略——禁止地方制定司法解释性质文件，又允许地方制定其他规范性文件。然而，由于从形式与性质上皆无法对两者进行有效区分，使得相关规制规范弹性过大而失之实效。实践中，地方司法解释性质文件"野蛮生长"，最高司法机关虽禁止司法文书援引，但因其具有事实效力，仍实质形塑了地方司法活动的生态。地方司法的"方言岛"现象越演越烈，而中央机关，至少最高司法机关是心知肚明的。

最高司法机关对"地方释法"所展示的暧昧姿态，本质乃其价值追求矛盾性的体现。一方面，作为司法系统的中央机关，"两高"

---

① 徐子良：《地方法院在司法改革中的能动性思考——兼论区域司法环境软实力之提升》，《法学》2010 年第 4 期。

需要通过制定司法解释实现本系统内部自上而下对法律的一贯理解与执行,以实现维护法制统一的价值;另一方面,最高司法机关的司法治理绩效取决于地方司法机关的业务情况,司法治理效果也是其必须考量的价值。遗憾的是,这两种价值处于冲突之中。明白地说,"两高"出台的司法解释文件既难以消除法律本身的模糊性,也无法填补所有的法律漏洞,地方面对的法律与司法解释文件,依然处于需要解释的状态,加之地方差异带来的司法发展不平衡,[①] 中央下发的统一司法规范未必契合当地社会状况,一概执行反会给地方司法治理带来负面效果。

欲严格维护法制统一,就需防止地方对司法解释文件的偏离,地方制定释法文件的行为应一律禁绝。最高司法机关虽循此路径,却只走了半步,继而偏向了追求司法治理效果的价值。中央之所以默许地方司法机关制定释法文件,乃因其清楚知道,仅靠法律与司法解释文件,地方(尤其是基层)司法机关的业务活动恐将窒碍难行。首先,法律、司法解释文件中的模糊表述与规则漏洞为司法人员留有较大的操作空间,如对《醉驾意见》中"机动车""驾驶资格"的规定,不同司法人员的理解可能大相径庭,进而"同案异判",导致司法的法律效果受损。其次,过大的操作空间反而影响司法人员独立行权,一方面可能迫使其向上级请示报告,强化司法行政化的倾向,另一方面则为地方党政机关干预司法提供方便,加剧司法地方化的问题。最后,对于某些不适应本地社会状况的中央规范,地方司法机关亦无从调整,一概适用不免影响司法治理的社会效果。

"法制统一"与"司法治理效果"这两项价值缺乏明确的位阶关系,相较于"法制统一"这种"大词",[②] 成效明显的"司法治理

[①] 参见张榕《对地方法院司法创新之初步反思——以"能动司法"为叙事背景》,《法学评论》2014年第4期。

[②] 何博:《从政法传统看中国的地方变通——以宅基地流转试验为切入点》,《政法论坛》2012年第2期。

效果"似乎更受最高司法机关青睐。然而出于政治正确的考量，有关机关必须体现出对法制统一的重视，其专门出台相关规范禁止"地方释法"，但又不期待规范的规制效果，仅保留对地方释法文件的处理权，以应对个别的突发事件。① 有关机关这种"名禁实允"的做法，虽在实践中产生的影响有限，却给法治建设带来了巨大困扰：第一，大量越权的、违法的地方释法文件发挥着事实上的效力，逾越在现有的法治轨道外；第二，由于法律理解、社会状况的不同，各地释法文件对同一事项的规定往往存在差异，使得司法规范形成"地方割据"，虚化了法制统一的价值。

（三）地方释法的本质是资源的供需矛盾

在地方制定释法文件的过程中，横向的地方司法治理需求与纵向的上级司法机关的默许缺一不可。② 在内外部因素的共同作用下，地方出台了大量旨在解决实践问题的释法文件，并取得了一定的治理效果。但是，这些地方司法解释性质文件既无合法地位，又导致各司法辖区形成制度割据，使司法解释场域的央地关系陷入难解的法治困局。在此，仍需进一步追问的是，"地方释法"的问题源自何处？

事实上，在司法解释场域，中央与地方司法机关的关系本质乃一种"供需关系"。出于细化法律规定、填补法律漏洞甚至回应中央政策等目的，最高司法机关应当对法律进行解释，统一系统内部的办案尺度；而地方司法机关在办案过程将面临一系列法律适用问题，需要更为精确的规范指引。质言之，最高司法机关是释法的供给方，地方司法机关是释法的需求方，供给的产品（公共资源）便是司法解释文件。然而，如前所述，由于中国法律解释的体制性问题，司

---

① 即便最高司法机关自我赋予了针对地方司法解释性质文件的"处理权"，在实践中却极少行使，如在"李步云上书事件"中，"两高"便一直处于"隐身"状态。
② 参见何博、夏立安《地方法院"造法"的逻辑——以温州等地宅基地流转试验为切入点》，《政治与法律》2012年第2期。

法解释文件未能满足地方释法需求，理想的供需平衡状态无法达致。在司法解释供给匮乏，明确化、个性化的释法需求难以满足的情况下，地方司法机关便会自发地转向"地方释法"，试图自行弥补司法解释的资源缺口，以在其司法辖区内保证司法治理效果以及地方性的"法制统一"。

"地方释法"的产生源于司法解释资源的供需失衡，但其滥觞与发展却无充分合理性。由于地方释法文件仅具"地方性"，其直接目的在于解决当地司法实践的问题，使得制定者的着眼点和落足处存在局限，[①] 而不同地区针对同一问题作出的解释大相径庭，更直接威胁法制统一目标的实现。正因如此，中央专门出台了相关规范予以禁止，但因最高司法机关本身在价值选择上的矛盾，规制规范的弹性过大，产生无效的结果不足为奇。迄今为止，央地之间司法解释资源的供需失衡仍未在法治环境中得到缓解，如何解决乃当下决策层必须面对的另一难题。

[①] 不过，一些地方司法解释性质文件的内容仍不失其合理性，对后来的中央规范产生了积极影响。例如，三部《浙江纪要》均将驾驶车辆的种类、行驶的道路种类、实际损害后果规定为了量刑的考量因素，这些内容后来基本被 2017 年最高法《关于常见犯罪的量刑指导意见（二）（试行）》以及 2023 年最高法、最高检、公安部、司法部《关于办理醉酒危险驾驶刑事案件的意见》所吸收。

第六章

司法解释的制度完善

司法解释制度存在诸多有待解决的问题。从制度运行上看，司法解释因过于泛滥导致架空法律、因权力扩张导致限缩权利、因强化管控导致侵蚀独立司法。同时，司法解释的制度设计未能清楚规定必要且有效的限权条件，给权力行使在内容上突破法定范围提供了空间，使得前述问题更易现实化，后果也更为严重。此外，司法机关的部分释法活动在形式上突破了法定条件，其基于事实性权威在法制框架外制造了众多层级各异的司法解释性质文件，对司法实践造成了重大影响。本章主要旨在针对司法解释制度及其关联问题，结合目前的实践状况，给出一套尽可能科学、细化的完善方案。就涉及层次不同，以下将该方案分为前提层面、体制层面和机制层面加以论述。

第一节 前提层面：国家立法权行使的实质化

司法解释具有立法性质，国家的司法治理极为依靠司法解释，司法机关的司法活动大都按司法解释的规定进行，法律只在形式上充当司法依据。司法解释取代法律的现象，在中国司法实践中普遍存在。也就是说，国家立法创制规范的任务，很大程度上已经由最高权力机关部分移转至最高法、最高检、公安部等职能机关。那么，全国人大及其常委会是否在尚未妥善完成立法任务的情况下便提前隐退了？当下法律普遍存在粗疏、模糊甚至必须配套司法解释方得适用的状况，① 很难不令人对此产生怀疑。作为细化规定、填补漏洞或回应政策的司法解释，是为了补充立法的空缺而出现的。但是，由于立法机关未能实质化地行使立法权，法律留存的空缺过多过大，司法解释难免将对立法造成遮盖与取代，从而阻断立法的实际适用。反过来看，司法解释的过分发达，又降低了立法权实质行使的必要性——司法机关根据司法解释便足以完成其承担的治理任务，② 无须再诉诸立法。

司法解释对立法造成的规范架空与发展阻碍，根本原因是法律本身的形骸化。在此背景下，欲完善司法解释制度，使司法解释回归"解决具体法律适用问题"的制度定位，就必须前提性地解决国家立法权行使的虚化问题。

一　提高立法的精细化程度

根据党的十八届四中全会精神，中国特色社会主义法治体系的建设须以立法的进一步完善为基础，发挥立法的引领和推动作用。"抓住提高立法质量这个关键"，一方面明确了立法在法治中国建设中的重要地位，另一方面也反映出现时的立法质量确有一定问题。低质量立法将导致法律适用出现障碍，而法律适用问题将刺激司法解释出台，如此往复，难免出现"以规代法"的怪诞场面。为防止本不应出现的制度竞争，既有文献在讨论司法解释的制度完善时，多将提高立法质量作为一项关键举措。如有学者提出，立法对于可

---

① 比如，《刑事诉讼法》对适用技术侦查规定的"经过严格的批准手续"，在司法解释不予明确的情况下，即是无法适用的僵尸条款。刑事实体法中"情节严重""数额较大"等表述的规范，同样如此。

② 参见方姚《后法典时代下司法解释功能的异化、危机与回归——以刑事诉讼法司法解释为切入点》，《湖北社会科学》2019年第4期。

能存在的问题应当作出明确规定,"不应躲闪、绕避",确保法律"内容合理、形式完善、效果理想","是实现司法解释合法化的根本之策"。① 也有学者认为,立法的抽象程度与司法解释权的空间成反比,为防止司法解释权膨胀以至超越立法,就应当以精细化为原则、以司法为中心,努力提高立法的质量。②

立法的精细化能够有效防止司法解释的权力越界,确保司法解释制度的法治化运行。法律越精细,就越能够被司法人员直接适用,此时便无须再制定抽象性解释;而法律越粗疏、遗留的空缺越多,司法人员越难适用,司法解释便越会获得制定的理由。例如,《刑事诉讼法》第 204 条、第 205 条、第 208 条规定,当检察机关认为审理中的案件因证据不足或遗漏事实等原因,需要补充侦查的,可以建议法庭延期审理,获准后应在一个月内补充侦查完毕,补充侦查完毕移送法院后,案件审理期限重新计算。此处并未限制补充侦查的次数,若检察机关与审判机关达成共谋,则案件可能被一直悬置于审判阶段,从而架空审限的意义。按理说,立法机关不可能没有注意到这一问题。在 1996 年《刑事诉讼法》修改时,出于防止公安机关与检察机关在审查起诉阶段来回"拉抽屉"以变相延长办案期限的考虑,曾专门对审查起诉中的补充侦查规定"以二次为限",③ 而与之同质的审判阶段的补充侦查,立法却未作次数限制。最终只能以司法解释对此予以明确。设想,若法律已对补充侦查的次数作出明确规定,司法解释还存在代行立法的空间吗?

上述事例仅说明法律粗疏给司法解释留存了空间,尚未展示司法解释架空立法的严重性,因为,此处的司法解释大致仍符合立法本旨。然而,在某些场合,司法解释却利用了法律空缺,扭曲了立

---

① 参见刘风景《司法解释权限的界定与行使》,《中国法学》2016 年第 3 期。
② 参见苗炎、叶立周《全国人大常委会立法政策反思——以立法修改背景下的司法解释为例的分析》,《法制与社会发展》2012 年第 6 期。
③ 参见王爱立主编《〈中华人民共和国刑事诉讼法〉修改与适用》,中国民主法制出版社 2019 年版,第 325 页。

法的目的、原则和原意，诱发严重的规则替换问题。例如，《刑事诉讼法》第 295 条第 1 款对被告人到案后正在进行的缺席审判之处理程序作出了规定，其要求对案件"重新审理"。但是，法律未对此处"重新审理"的程序作出明确规定，这给司法解释权行使留下了空间。于是，2019 年《高检规则》第 510 条规定，缺席审判启动后被告人到案，审判机关拟重新审理的，检察机关应撤回起诉，重新对案件进行审查。该解释扩大了检察机关的职权范围，明显违背法律原意——"重新审理"（而非"重新审判"）表明案件仍系属原审法院，并未允许程序倒流至审前阶段，《刑事诉讼法》第 221 条、第 226 条、第 254 条第 4 款在使用"重新审理"时，皆为此意。若按上述解释，直接使诉讼倒流至审查起诉阶段，则检察机关有权对案件作不起诉处理，此时便与"重新审理"的要求造成了冲突。① 遗憾的是，虽可通过解释学方法，对类似问题作出有力批评，但已实施的司法解释效力却不受任何影响。在实践中，检察机关对上述"重新审理"的程序处理，仍将按照司法解释而非法律原意执行。此类问题根本上乃是因立法容留了司法解释权的操作空间所致。若在刑事诉讼立法中，重新审理的程序已得明确规定，自不生额外"以规代法"之风险。

当然，立法的精细化存在不可逾越的屏障，法律也不可能精细到无须解释就能适用的程度。② 概念法学的破产已是明证。法国大革命的分权思想，即源自对司法的不信任，要求司法必须严格地与立法分离——革命者认为，法律应当具有完备性、明确性与体系性，要尽量将法官的作用"缩小到仅对事实适用法律的范围"③。自 1794

---

① 参见聂友伦《刑事缺席审判：制度设计与理论问题》，《暨南学报》（哲学社会科学版）2020 年第 6 期。

② 参见［德］考夫曼《法律哲学》，刘幸义等译，法律出版社 2004 年版，第 190 页。

③ ［美］约翰·亨利·梅利曼、［委］罗格里奥·佩雷斯·佩尔多莫：《大陆法系》（第三版），顾培东、吴荻枫译，法律出版社 2021 年版，第 51 页。

年《普鲁士普通邦法》以降，欧陆法制及其法学理论长期践行"法律自动适用"的理念。[①] 然概念法学进入实践，问题便接踵而至，在禁止拒绝裁判原则下，禁止司法者对法律进行解释，根本没有现实可能性。[②] 不过，必须重申的是，"司法解释"并非"司法中的解释"，后者是不可避免的，而前者仅是一种可替代的授权立法制度。立法的精细化要求扩大立法的深度与广度，缩小司法解释的作用范围，进而防止其逾越在法治轨道之外。

提高立法的精细化程度是深化法治改革、建设法治中国、提高治理能力的关键抓手，其意义远超司法解释的制度完善。因此，本节仅作扼要论述，主要包括在立法观念上抛弃"宜粗不宜细"、在立法技术上尽量防止明显的漏洞、在立法程序上排除职能机关的不当干预等。此外，就刑事诉讼法而言，在司法解释已造成解法典化现象的背景下，其精细化应通过"再法典化"（Recodification）实现，下文将予详述。

（一）摒弃"宜粗不宜细"的立法观念

鉴于大规模群众运动带来的破坏性结果，决策层及时转变治理机制，将法制建设作为重整社会秩序、构建政权合法性的形式基础。改革开放伊始，立法活动便迅速重启，包括《刑法》《刑事诉讼法》《法院组织法》《检察院组织法》等基本法律被迅速制定实施，起到了稳定社会治安、恢复管理秩序的重要作用。但应承认，立法活动的快速进行必然伴随着立法质量不高、法律规范粗疏的问题。立法乃至法典编纂，是一项极具技术性的工作，要在短时间内完成从起

[①] 概念法学理论发端于萨维尼（虽然他本人不能完全归属于这一学派），大成于普赫塔（概念谱系理论）、耶林（早期的"自然历史方法"）、温德沙伊德（理性的制定法实证主义）等人。虽各理论略有不同，但基本上都以"法律建立的概念为基础""建立严密的逻辑体系""通过概念计算结果"这套逻辑为基础。参见［德］卡尔·拉伦茨《法学方法论》（全本·第六版），黄家镇译，商务印书馆2020年版，第27—48页。

[②] 参见杨仁寿《法学方法论》（第二版），中国政法大学出版社2013年版，第106—110页。

草审议到三读通过的立法程序并非易事。为了保证法律顺利出台，法律内容的完备性与体系性难免打了折扣。

以《刑事诉讼法》的制定为例，全国人大常委会法制委员会（即法工委的前身）在组建后半年不到的时间内，便基于1963年《刑事诉讼法草案》拟定了两版修正稿（条文数分别计217条与164条），后略经修改形成了最终通过的法律。[①] 作为法典化国家最基本的部门法之一，刑事诉讼法被誉为"宪法施行法""宪法测震仪""法治国宪章"，足见其重要性与复杂性。而在极短时间内制定的1979年《刑事诉讼法》，不可能全面实现该法律部门所需的规范目的，其制度明显是不完备的——从条文数量便可见一斑——在没有过多使用条下分款、款下分项等技术之情况下，本法条文数共计164条，这与其他国家的刑事诉讼法相比，如德国（500条）、法国（803条）、日本（507条）、意大利（746条）等差距甚远。

法律需求的迫切性与立法活动的复杂性之间存在矛盾。为此，决策层提出了类似"宜粗不宜细"的说法，并将其作为当时一项重要的立法宗旨。1978年，邓小平同志指出："为了保障人民民主，必须加强法制……现在的问题是法律很不完备，很多法律还没有制定出来……现在立法的工作量很大，人力很不够，因此法律条文开始可以粗一点，逐步完善……有比没有好，快搞比慢搞好。"[②] 1985年，彭真对"宜粗不宜细"作了进一步阐述，他指出："我们这样一个大国，各地政治、经济、文化发展很不平衡。因此，法律只能解决最基本的问题，不能规定的太细，太细了就难以适用全国。"[③] 当时的权威学者也认为，法律应较为完备、周密，但不意味着越细越好，多如牛毛的法律反而会把事情搞乱……法律太烦琐，

---

① 参见陈卫东《刑事诉讼法治四十年：回顾与展望》，《政法论坛》2019年第6期。
② 邓小平：《解放思想，实事求是，团结一致向前看》，载《邓小平文选》（第二卷），人民出版社1994年版，第146—147页。
③ 彭真：《关于立法问题》，载彭真《论新时期的社会主义民主与法制建设》，中央文献出版社1989年版，第246页。

不仅群众难懂难记，司法人员也不可能深入了解……这样的法律是行不通的，也不具有稳定性。①

然而，"宜粗不宜细"的提出是有特定历史背景的。"宜粗不宜细"本质是为满足社会的迫切需求，而不得不暂时放弃精细化立法的权宜之计，若将其理解为必须长期坚持的方针政策，则犯了教条主义的错误。例如，邓小平在前述讲话中就专门指出，法律条文"开始"可以粗一点，然后，逐步"完善"，这表明，法律需要经历一个精细化的过程。在立法的有无与快慢之间，前者更为重要，但若仅在法律规范的"粗细"之间选择，显然应当"舍粗取细"，否则也不会同时提出"修改补充法律，成熟一条就修改补充一条"的精细化策略。② 再如，彭真的论述，主要是为引出立法领域发挥职能机关与地方能动性的问题，③ 绝非在讲立法"粗比细好"，因为其后续所举事例都是在反对"宜粗不宜细"。他指出，立法需要一个探索的过程，如工厂法的长期悬置主要在于某些关键问题未能解决，只能以试点的方式推进，若不进行试点与比较，直接出台法律，则不但不能为实践提供有效指引，还可能导致弊病的产生；④ 刑法的制定同样如此，法律起草部门早在 1957 年就已经将刑法草案修订至第二十二稿，到了 1963 年修订至第三十三稿，"直到 1979 年才制定了现在这样比较完备的刑法"⑤。

囿于立法"宜粗不宜细"带来的政策惯性，20 世纪制定的一些

---

① 参见张友渔《关于法律的稳定性问题》，《晋阳学刊》1980 年第 1 期。

② 邓小平：《解放思想，实事求是，团结一致向前看》，载《邓小平文选》（第二卷），人民出版社 1994 年版，第 147 页。

③ 关于类似问题，彭真在另外一次讲话中曾进行了阐述。参见彭真《做好省级人大常委会的工作》，载彭真《论新时期的社会主义民主与法制建设》，中央文献出版社 1989 年版，第 196—197 页。

④ 参见彭真《关于立法问题》，载彭真《论新时期的社会主义民主与法制建设》，中央文献出版社 1989 年版，第 247 页。

⑤ 彭真：《关于立法问题》，载彭真《论新时期的社会主义民主与法制建设》，中央文献出版社 1989 年版，第 248 页。

法律，历经多次修订仍体现为"简约立法"之样态。在此背景下，粗疏的法律难以得到实际适用，从而刺激司法解释以及行政法规、部门规章的大量出台。"多如牛毛"的司法解释更"会把事情搞乱"——粗疏的立法将导致司法解释权膨胀，进而损及法律与国家权力机关的至高权威。① 在中国特色社会主义法制体系已经建立、社会关系越发复杂、国家治理难度越发加大之当下，再谈"立法宜粗不宜细"已不合时宜。为适应新时代国家治理的新形势与新任务，以法治为抓手提高国家治理体系和治理能力现代化，就必须完善法律、增进立法的精细化。② 正因如此，党中央才会不断强调"提高立法质量"。总之，"宜粗不宜细"的立法观念必须被摒弃，这不仅是解决司法解释制度问题的前提，更是深化立法工作改革必须跨越的观念障碍。

(二) 尽量避免法律漏洞的故意遗留

法律漏洞体现为法律体系的不圆满性。王泽鉴认为，"所谓法律漏洞，系指依现行法规定之基本思想及内在目的，对于某项问题，可期待设有规定，而未设规定之谓"③。杨仁寿认为，法律漏洞是"法律规范对于应规定之事项，由于立法者之疏忽未预见，或者情况变更，致就某一法律事实未设规定"④。拉伦茨指出，制定法漏洞是一种"违反制定法计划的不完整性"，"漏洞"一词本就是用来修饰某种"不完整性"，因而，只有当立法者在特定领域追求"相当完整的规则体"时，才存在谈论法律"漏洞"的空间。⑤ 由此可见，

---

① 参见刘松山《也谈"立法宜粗不宜细"》，《法制日报》2003年9月18日第8版。

② 参见信春鹰《深入推进科学立法、民主立法》，《中国人大》2014年第23期。

③ 王泽鉴：《民法学说与判例研究》（第二册），中国政法大学出版社1998年版，第24页。

④ 杨仁寿：《法学方法论》（第二版），中国政法大学2013年版，第191页。

⑤ 参见 [德] 卡尔·拉伦茨《法学方法论》（全本·第六版），黄家镇译，商务印书馆2020年版，第466—468页。

法律漏洞的性质包括违反计划性与不圆满性两个方面。

　　法律漏洞是无法彻底消除的。第一，立法者的理性受客观条件限制。实践是认识的基础，通过实践人们可以将客体信息能动地再现出来，但由于主客观矛盾的存在、客观事物的复杂性等原因，主观认识可能与客观现实产生误差，任何主体都无法避免认识谬误。虽然人的认识在不断接近客观事实，但却不可能达到认识真理程度。立法者制定法律同样受此限制，使其无法将社会中既存事实全部纳入法律规范的调整范围。第二，立法者相较于发展中的社会存在滞后性。随着时代的发展进步，必将出现某些在立法时不存在的社会事实、形成崭新的社会关系。此时，旧法不免产生漏洞——各国在不同时期的立法史已经证实，立法者并不能预见用法者（主要是审判人员）将要面临的问题。① 第三，受制于语言的空缺结构，法律无法精准表达立法者意图。成文法以文字为载体，其使用的词汇与概念看似清楚，却不免在其边缘含义上指向模糊——语言存在指引上的限度。对概念进行解释能纾解一定问题，但解释也要使用文字，不确定性依旧无法消除。如哈特所言，作为规范的承载主体，判例法与制定法在绝大多数案件的法律适用中不生疑难，但它们总会遭遇适用的问题，从而在某些情况下表现出不确定性。②

　　立法者通常会尽量避免漏洞出现，否则将违反法律的体系化要求。能够得到实施的立法计划包括一系列相关事实的调整事项，而调整这些事项的规范，又会据其关联性形成成套的体系。体系就是立法活动所要达成的结果。法律体系化的目的在于将相关规范或制度予以编纂与重整，使相互之间形成有机联系。作为体系化最基本的要求，立法使用的概念、规则、制度需构成具有一致

---

　　① 参见［美］约翰·亨利·梅利曼、［委］罗格里奥·佩雷斯·佩尔多莫《大陆法系》（第三版），顾培东、吴荻枫译，法律出版社2021年版，第53页。

　　② 参见［英］哈特《法律的概念》，张文显、郑成良、杜景义、宋金娜译，中国大百科出版社1996年版，第127页。

性的整体，消除各要素之间的矛盾和冲突，确保规范既不重复，也无遗漏。申言之，根据立法计划，法律制定内含体系化价值，当出现明显的、可预见的法律漏洞时，体系化任务便没有达成。当然，法律漏洞并非完全不允许遗留：立法者可能将系争问题适用的规则作出保留，由司法机关在学术界的支持下逐步完成。不过，考虑到价值取舍乃是立法权行使之本义应得，若一遇问题便寻求退路，最终难免损害立法者乃至法律的权威。故而，法律漏洞不宜在立法中过多遗留。

就法律保留的事项而言，立法者故意遗留所谓"明知漏洞"，由司法机关或行政机关制定司法解释或行政法规加以解决的做法，将因违反法律保留原则而被绝对禁止。《宪法》采用"依照法律""受法律的保护""合法的""禁止非法"等表述，规定了一系列法律保留的事项，而《立法法》第11条、第12条对法律保留的事项范围作出了更明确的规定。其中，关于犯罪和刑罚、剥夺公民政治权利和限制公民人身自由的措施以及司法制度的事项，实行绝对的法律保留，欲设定或变更规则的，必须以立法的方式完成。事实上，无论是相对保留还是绝对保留的事项，只要立法程序启动，立法者就应尽可能使制定出的法律具有完备性与体系性，以杜绝法律漏洞。

在刑事诉讼领域，立法者故意遗留的法律漏洞不胜枚举。按理说，刑事诉讼法既是集中针对司法制度的规定，又大量涉及公民基本权利的限制，必须严格依照法律保留的要求进行明确，但这一任务未能很好完成。

例如，《刑事诉讼法》第75条第1款规定，对于适用监视居住的被追诉人，若其无固定住处的，可以适用指定居所监视居住。本款规定的是限制甚至剥夺人身自由强制措施的适用，对此应予清晰规定，但"无固定住处"的表述却形成了较大漏洞。"无固定住处"说的"住处"包括哪些（宾馆、借住地、出租屋乃至烂尾楼、公园、桥洞）？有无所在地的限制（办案机关所在省、市、县）？这些都应由立法明确，不能留给办案机关自己解释。再如，《刑事诉讼法》第 75 条第 2 款、第 85 条第 2 款、第 93 条第 2 款分别规定了对被追诉人采取指定居所监视居住、拘留、逮捕后通知家属的内容。为杜绝秘密羁押，这些属于强制措施执行的事项，自应适用严格的法律保留，由立法作出明确规定。然而，法律使用的表述却明显简练，导致了如下可能的模糊："亲属"的范围有多大？"通知"的内容包括哪些？"通知"应当使用何种方式？不予通知中的"有碍侦查"条件应如何判断？① 立法者在订立上述条文时留下漏洞，将问题处理留给了司法机关，这不仅违反了法律保留的要求、阻碍了《刑事诉讼法》的体系化与精细化，更为司法解释权的过度膨胀提供了温床。

（三）排除职能机关对立法的不当干预

立法的精细化应然包含规范的适当性要求。再细密的立法，若不能解决实践问题，便只剩"细"而没有"精"，既缺乏现实意义，也会造成严重后果。立法需要反映人民意志，否则其适当性无从谈起。在中国，人民当家作主，"全国人大及其常委会集中了全体人民的意志与利益"，为正确体现人民的意愿，一些重要的立法事项被单列出来，只能由全国人大及其常委会处理。② 如党的十八届四中全会所指出，要"健全有立法权的人大主导立法工作的体制机制，发挥人大及其常委会在立法工作中的主导作用"。但实践中的立法却往往浮于形式，体现为由职能机关实质主导的模式，很难说实现了代表人民、服务人民的终极目的。

吸收职能机关参与法律草案的起草，是一项必不可少的立法机制。立法机关可能知道某部法律、某些制度有订立的必要，但对具体规则与条文的设置，却往往缺乏清楚的认识。是故，许多法律草

---

① 参见程雷《指定居所监视居住实施问题的解释论分析》，《中国法学》2016 年第 3 期。

② 参见乔晓阳主编《〈中华人民共和国立法法〉导读与释义》，中国民主法制出版社 2015 年版，第 72、97 页。

案的起草工作，都是直接由职能机关及其下设部门独立完成的。[1] 这样做的好处是提高法律制定的效率、缩减起草程序耗费的时间、分担立法机关工作机构的压力，但由于缺乏立法机关的实质主导以及其他机关的有效参与，制定出的法律难免带有利益倾向，无法真正体现人民意愿，甚至可能造成严重的立法问题。因此，对于综合性、全局性、基础性法律的制定，必须坚持人大的立法主导。

党的十八届四中全会强调，要求建立起由全国人大相关专门委员会、全国人大常委会工作机构（主要是全国人大常委会法工委）作为组织方，吸收有关部门参与的法律草案起草制度，其目的在于强调人大的立法主导，排斥其他主体的不当干预，保障国家意志的法律化。然而，即便某项立法是由全国人大常委会工作机构负责组织起草的，部门利益的影响仍将渗透其中。一方面，就受法律规范的群体而言，因规范内容要么涉及权力的授予或限制，要么涉及权利的保障或剥夺，故利益群体参与法律草案的起草与讨论，难免以维护其利益为要。另一方面，由于信息不充分，全国人大及其常委会虽有代表人民意志的使命感，但每当面临不同规范方案的选择时，可能并不了解何种方案更加符合社会的整体利益。此时，利益群体便将展开游说，以图最终通过的法律能够更多地顾全本方利益。[2] 在中国，非官方组织的发育与运作尚不成熟，能够表达意愿的利益群体主要是适用法律的职能机关。由于职能机关"具有较高的组织化程度，占有较多社会资源，拥有顺畅表达通道"[3]，其在立法

---

[1] 例如，1979 年以来，国务院就制定新法律、将行政法规修改完善上升为法律以及修改和废止现行法律等多方面事项，向全国人大及其常委会提出大量法律案，全国人大及其常委会所立法律中，由国务院提案的约占 70%。参见魏海军主编《立法概述》，东北大学出版社 2014 年版，第 299 页。

[2] See Earl Latham, "The Group Basis of Politics: Notes for a Theory", 46 *American Political Science Review* 376 (1952).

[3] 张小明：《论利益集团利益表达功能的实现与控制》，《云南行政学院学报》2013 年第 5 期。

博弈中占据实质的主导地位。与之相对，以公众为主要构成的社会主体往往在立法过程中缺乏利益表达的动力，虽然全国人大拓展了法律草案公开征求意见的渠道（如通过全国人大的官方网站收集意见），但受制于公众有限的参与能力、制度设计的客观缺陷等因素，立法的公众参与仍较不足。

职能机关本身就是法律实施的利益方，故在其参与的立法活动中，必将进行干预以确保既得利益的存续甚至扩大。然而，对于其他对象，如公民、民营企业及社会团体等，对立法机关施加的影响微乎其微。职能机关提出针对立法的意见与建议本无可厚非，但若权力行使过当，难免会形成对立法机关的"不当干预"，从而导致立法原本希望规范的目的落空。2012年《刑事诉讼法》新增了证人出庭制度，其目的在于解决刑事诉讼中证人不出庭、庭审流于形式的问题。[①] 本法明确了证人出庭的条件，刑事诉讼法采取了"当事人异议+重要性+必要性"的递进标准，当案件符合以上三个条件的，证人必须出庭。[②] 但有趣的是，在2011年公布的《刑事诉讼法（草案）》以及更早的《死刑证据规定》中，证人出庭的标准更为宽松，"当事人异议+重要性"与"必要性"被规定为择一的关系，即只要当事人提出异议且证言对案件实体存在影响，或者法官认为有出庭必要的，证人应当出庭作证。在承认证言笔录证据能力的背景下，上述立法的突然转向，明显不利于被告人诉讼权利的保障，也削弱了法官依职权主导庭审的权力。对此，是否有某些刑事诉讼职能机关，出于维持书面化证言效力、防止犯罪控诉难以顺利进行等因素的考量，对立法机关施加了影响？[③]

---

① 参见李吉斌《新修改的刑事诉讼法规定证人出庭作证制度 专家认为有利于解决证人作证"三难"问题》，《法制日报》2012年12月12日第3版。

② 参见黄太云《刑事诉讼法修改释义》，《人民检察》2012年第8期。

③ 就最高法而言，即便《刑事诉讼法》作出了上述规定，其部门领导依然在非正式场合表达了适用原有规范的观点："即使控辩双方对证人证言未提出异议，人民法院认为该证人证言存在疑问的，也可以依职权通知证人出庭作证。"参见张军、江必新（转下页）

在职能机关的不当干预下，立法机关的妥协往往会给其留下进一步扩权的空间，而司法解释正是这种扩权的有力手段。例如，1996 年《刑事诉讼法》修改时，公安机关曾对废止收容审查制度提出强烈抵制。许多学者及立法机关工作人员都认为，作为一种剥夺人身自由的强制处分，收容审查的实质合法性存在缺失，早已背离制度初衷，必须予以废除。公安机关的代表则提出，收容审查不但是一种有效的侦查手段，更是维持社会治安的必要措施，遽然废止会造成严重的社会问题。决策层对前一种观点提出了支持，并要求研究出较为可行的办法。其后公安部拟定了两种方案：其一，对收容审查制度予以完善，在刑事诉讼法中予以规定；其二，废除收容审查制度，但要在其他制度中给公安机关留出空间。在公安部的坚持下，立法机关虽然废除了收容审查制度，但新增规定了一种特殊的长时间拘留。[①] 事实上，随着经济发展与科技进步，国家对社会的监控力度日趋增强，此时再言以羁押维护治安，似乎早已成为奇谈怪论。然而，前述特殊拘留却仍载于法律并延续至今，且其适用范围经由解释已变得十分宽泛。根据《刑事诉讼法》第 91 条第 2 款与第 82 条第 7 项的规定，公安机关得以存在"重大嫌疑"为由，对涉嫌"流窜作案、多次作案、结伙作案"的犯罪嫌疑人施以最长达 37 天的拘留。此处的关键是对"流窜作案""多次作案""结伙作案"的解释。从制度演变可知，参照收容审查，特殊拘留的适用对象应是城市盲流、惯犯、犯罪团伙及其成员等，制度目的主要在于维护社会治安。但根据 2020 年《公安规定》，"流窜作案"指跨市、县连续作案，"多次作案"指作案三次以上，"结伙作案"指两人以上共同作案，这明显扩大了特殊拘留的适用范围，几乎任何犯罪嫌疑

（接上页）主编《新刑事诉讼法及司法解释适用解答》，人民法院出版社 2013 年版，第 223 页。

① 参见陈卫东《刑事诉讼法修改背后的故事》，《光明日报》2011 年 3 月 10 日第 10 版。

人都能被归入其中。"一些存在正当跨省事由的人员也被适用该条款（参与诉讼、入学、就医、家庭事务等）"，"以至于提起拘留期限，无论是理论界还是实务界第一反应往往就是37天"。①

总之，只有排除职能机关的不当干预，立法才能真正体现人民意志，正确地在职能机关与当事人、相对人或参与人之间分配权利义务，为不同的职能机关划定权力边界，也只有这样，立法的精细程度方可得到质的提升。

（四）推进刑事诉讼法的再法典化

提高立法的精细化程度，落脚点在于制定规范细密、体系完备的法典。2020年10月，习近平总书记在中央全面依法治国工作会议上提出："要总结编纂民法典的经验，适时推动条件成熟的立法领域法典编纂工作。"② 在此背景下，刑事诉讼法学界展开了法典化的讨论，也有学术会议将其作为研讨主题，"刑事诉讼法的法典化"俨然成为一项热点论题。③

法典化是指将某领域单行法规、判例、习惯乃至学说予以成文化、条文化、类型化、体系化，最终形成一部法典的过程，其本质在于"化零为整"的编纂。以《民法典》的形成为例，此前，民法规范分散于《民法通则》《物权法》《合同法》《婚姻法》《侵权责任法》等次级部门法中，通过编纂将这些法律及关联法规、司法解释系统整合为民法典，使民事领域的规范得到了统一。法典化以某法律部门缺乏统一法典为条件，目前讨论较多的环境法、行政法、教育法等即为典型。在此意义上，2021年中共中央印发的《法治中国建设规划（2020—2025年）》指出，"对某一领域有多部法律的，条件成熟时进行法典编纂"。相较之下，刑事诉讼领域形式上并不存

---

① 张栋：《我国拘留和批捕的定位与完善》，《政法论坛》2020年第6期。

② 习近平：《坚定不移走中国特色社会主义法治道路 为全面建设社会主义现代化国家提供有力法治保障》，《求是》2021年第5期。

③ 参见蒋安杰《刑事诉讼法法典化研讨会在京举行》，《法治日报》2022年12月21日第9版。

在分散立法现象。自 1979 年《刑事诉讼法》实行以来，刑事诉讼法律部门便唯此一部规制刑事立案、侦查、起诉、审判、执行等程序的基本法律，"刑事诉讼法的法典化"所为何来？

在已有法典的情况下论及法典化并不合适，但实质上，刑事诉讼领域同样面临分散立法的问题。如前所述，司法解释的大量出现，造成了刑事诉讼规范分散化与碎片化的问题，导致了解法典化的现象。因此，法典化有被再度考虑的必要。精确地讲，刑事诉讼法所需要的是再法典化。重新审视刑事诉讼领域内的全部规范，以一定的模式为基准，取精用宏、去芜存菁，继而将其完整、和谐地汇编为一部新的法典，是从根本上解决刑事诉讼司法解释任意制发、过分膨胀、架空法律等实践乱象的前提。

刑事诉讼法再法典化能够妥善处理当下由解法典化而生的一系列问题，是全面推进刑事司法治理体系和治理能力现代化的必由之路与必然抉择。再法典化的核心问题在于，应当选取何种进路、采行何种体例、遵循何种观念以完成此项任务？

首先，对刑事诉讼法应予全部抑或部分的再法典化？此处的关键在于处理法典与特别立法之间的关系。根据着眼点的不同，再法典化可以分为全部的再法典化与部分的再法典化。[①] 前者是指废弃既有法典与各类特别立法组成的叠床架屋的规范体系，将既有规范中的原则、规则批量打散，重新按照法典编纂方法对该领域进行彻底的再体系化；后者是指在部分保留现存规范体系，尤其是维持既有法典结构的基础上，将特别立法中有实效性的规则乃至原则纳入，从而对既有法典进行大幅修整。如果将既有法典比作一栋建筑，那么完全再法典化即是"原拆原建"，而部分再法典化则类似于"修旧如新"。如众周知，1979 年《刑事诉讼法》在很大程度上是对以苏联为主的原社会主义国家法律的移植，后虽经过三次修改，但整

[①] 参见徐涤宇《解法典后的再法典化：阿根廷民商法典启示录》，《比较法研究》2018 年第 1 期。

体的结构框架与体系脉络仍然延续着最初的立法逻辑。① 随着犯罪状况的迅速变化、治理技术的不断发展、人权标准的逐渐提高，基于大国家主义与超职权主义的刑事诉讼规范体系已很难适应法治建设的新布局与新要求。为构建承载新时代法治精神的现代化规范体系，将有效的原则规则有机整合，就应当选取完全再法典化的进路，否则再法典化易沦为普通的法律修订，无法解决寓于体系内部的深层次问题。②

其次，刑事诉讼法再法典化应以何种指导思想规划篇章结构？近现代民法典的体系构造，存在德国式潘德克顿体系与法国式法学阶梯体系的对峙，后世编纂民法典时通常择一或稍加融合即可，但刑事诉讼法并无如此模式化的总结，各国之间差别明显，因而再法典化采取的基本体例仍需深思。与民法典不同，刑事诉讼法的制度安排大部分处于诉讼展开的线性过程，不同程序对应不同处理对象，很难全从权利义务类型出发打造框架。不过，法治发达国家的刑事诉讼法典篇章风格仍有一些共通之处，其中，最突出的莫过审判中心主义的格局。《德国刑事诉讼法典》第一编总则，以法官权力为着眼点，规定了管辖、回避、证据、强制措施等内容；第二编一审程序以审判涵括公诉、以公诉涵括侦查，"精准地反映出公诉引起一审的诉审关系以及公诉对侦查的统摄地位"；第三、四、五、六编分别为上诉程序、再审程序、被害人参加程序、特别程序，"充分体现了以审判为中心为主线的审判中心主义理念"。③ 从《法国刑事诉讼法典》之公诉与民诉、公诉与预审、审判法庭、非常上诉、特别程序、

---

① 参见陈卫东《论刑事诉讼法的法典化》，《中国法学》2021年第3期。

② 法律包含制定时的价值取向，其本身就是一种特定意识形态逻辑一致的表达。此处的深层次问题，本质即内嵌于概念与体系中过时的假定、价值或意识形态。参见 [美] 约翰·亨利·梅利曼、[委] 罗格里奥·佩雷斯·佩尔多莫《大陆法系》（第三版），顾培东、吴获枫译，法律出版社2021年版，第76—77页。

③ 刘计划：《刑事诉讼法总则检讨——基于以审判为中心的分析》，《政法论坛》2016年第6期。

执行程序的篇章排布看，亦大致以预审法官、审判法官、上诉法官、执行法官的职权为线索展开，这同样是审判中心主义的反映。我国《刑事诉讼法》采分段规制，由公、检、法机关分别主导对应阶段，这在实践中早已造成诸多问题，党中央提出的"以审判为中心"的诉讼制度改革正是为此而来。[1] 鉴于审判在刑事诉讼中的中心地位，有必要参照大陆法系国家法典的谋篇布局，以审判中心主义为指导思想构造法典的规范框架。

最后，刑事诉讼法再法典化应以何观念为基石？观念确立在法典编纂中更为重要，其将起到稳定各类制度价值取向的基石作用。比如，民法的基石观念是私人自治，民法典在设置规则时便要一以贯之地对私人自治及其限制作重要考量。有关刑事诉讼之目的虽尚未形成全面共识，但在笔者看来，人权保障尤其被追诉人权利的保障，该当本法再法典化贯彻始终的基石观念。一方面，正当程序以人权保障为出发点。作为程序规范，刑事诉讼法再法典化的首要任务乃确保程序的正当性，而某种程序是否属于正当程序，须视该程序重视人权保障的程度而定。[2] 换言之，若有两个以上同等有效的程序方案，应选取对人权保障更为周延的规范。另一方面，权力限制以人权保障为落足处。欲有效治理犯罪活动，必须赋予公安司法机关一定的强制性权力，包括侦查权、公诉权、审判权及专门的强制措施权等，而"权力具有天然的膨胀性和向恶性"，又必须对其予以限制。作为权力限制规范而非国家治罪法典，刑事诉讼法的核心任务乃明确权力边界、规范权力行使、防范权力滥用，由于强制权针对的均是公民基本权，故制约权力的设置有助于人权保障的规定。

二　积极行使立法解释职能

司法解释制度完善的前提，在于立法机关对立法权适当且充分

---

[1] 参见陈卫东《以审判为中心：解读、实现与展望》，《当代法学》2016年第4期。
[2] 参见［日］田口守一《刑事诉讼法》（第七版），张凌、于秀峰译，法律出版社2019年版，第27页。

行使，使法律既能遵循宪法的基本原则、维护国家的整体利益、体现人民的意志，也得尽量表达精准、明确，最大限度地形成自洽而完备的规范体系。在法律精细化的条件下，司法解释主体才会不那么致力于规则创设与体系整合，从而在源头上降低前述架空法律、权力扩张、侵蚀司法权等诸多问题产生的可能。不过，一如前述，立法的精细化存在不可逾越的屏障，法律的适用问题也难免不断出现。从观念上看，不同法律适用问题的性质存在差异，一些问题与司法活动挂钩，而另一些问题则寓于"条文本身"，应诉诸立法解释解决。[1] 出于种种因素影响，立法解释权未得充分且有效行使，继而大量有关条文本身的问题被遗留在法律体系中，最终涌入司法解释的问题解决渠道。

（一）立法解释的功能及其虚置后果

在1955年《决议》中，法律解释的权限划分尚较清晰：全国人大常委会负责解决"条文本身需要进一步明确界限或作补充规定"的问题，最高法审委会负责解决"审判过程中如何具体应用法律"的问题。在当时，由于司法解释基本以批复、答复等形式出现，再加上法律、法令数量很少，"条文本身"与"具体应用"尚可有效界分立法解释与司法解释。[2] 及至1981年《决议》后，司法解释的行权方式出现变化，具体解释逐渐为抽象解释所替代，使司法解释与立法解释产生了内容上的混同。客观上该现象的成因有二：其一，基于立法"宜粗不宜细"产出的法律，很难给办案机关提供有效的规范依据，过量的实践问题已无法通过具体解释一一解答；其二，立法机关将工作重点置于法律的制定与修改，未能匀出精力执行法定的立法解释任务，使得一些"条文本身"之问题，最终只能由司

---

[1] 参见张文显《略论法律解释及其原则》，《法学杂志》1989年第2期。

[2] 例如，1956年全国人大常委会《关于不公开进行审理的案件的决定》《关于被剥夺政治权利的人可否充当辩护人的决定》就是对1954年《法院组织法》的具体条文作出的补充规定，其以决定的形式出台且直接给出结论，这与彼时最高法作出的司法解释存在明显差异。

法解释解决。质言之，司法解释的泛滥及权力的扩张，部分源自法律规范的粗疏，部分则是立法解释权的隐退所致。

立法解释名为"解释"，实为"立法"，本质是对法律的完善，属于立法权行使的结果。① 传统上的立法活动仅包括"立、改、废"，而"释"则是在形式上依附于法律，实质上起到变更规范的活动。② 例如，全国人大常委会《关于〈中华人民共和国刑事诉讼法〉第二百七十一条第二款的解释》明确了"公诉转自诉"不适用于附条件不起诉的案件。根据《刑事诉讼法》第180条，被害人有权针对被附条件不起诉的未成年人提起刑事自诉，但在上述解释出台后，本条便不再适用于相应案件，立法解释显然已改变了法律的内容。同时，由于立法解释具有和法律相同的效力，其将自然融入被解释的法律，成为法律体系的组成部分。

立法解释的功能在于弥补"条文本身"的问题。立法解释仅得在不变动法律条文的基础上对规范内容进行新增或修改，因而，其与"立、改、废"存在明显的程度差异，一般只适用于限缩或扩张已有法律条文之含义的情形。申言之，若问题能够通过立法解释加以解决的，理论上须进行立法解释，否则才应制定或修改法律。就结果而言，正是由于存在前述"程度差异"，立法解释在法律无法实现立法者欲达成的规范整全性的情况下，较宜用来因应法律漏洞的问题。③ 更精确地说，立法解释本就是为弥补法律漏洞——无论是法律"自始的漏洞"（需要进一步明确具体含义），还

---

① 参见王利明《我国市场经济法律体系的形成与发展》，《社会科学家》2013年第1期。

② 参见黎枫《论立法解释制度——兼评〈立法法〉对法律解释制度的规定》，《政治与法律》2000年第6期。

③ 根据一些学者的设想，立法解释本来应当在实践中按如下逻辑运转："立法界总推说立法资源缺乏，而社会生活又亟待这些法律的出台，因而，只好先出台一原则性的袖珍法律应应急，以后，视需要再由全国人大常委会作立法解释。"参见陈丽琴《质疑立法解释——兼为法律解释正名》，《法学论坛》2002年第3期。

是法律"嗣后的漏洞"（法律制定后出现新的情况，需要明确适用法律依据）——而存在的。①

立法解释权的虚置，为司法解释的扩张留下了空间。虽然立法解释担纲着在维持法律稳定性的基础上确保规范灵活性的作用，但立法解释权却极少实际行使。据统计，在2000年《立法法》颁布前，立法机关制定的属于立法解释的规范性文件共计22件，其后制定的立法解释计21件。② 这些立法解释通常仅涉及一个或数个关联法条，字数一般只有百余字。相较于既有的数百件司法解释与数千件司法解释性质文件，及其动辄数百条、上万字的体量，不可同日而语。按理说，在"宜粗不宜细"观念下制定的法律，难免存在大量需要立法解释处理的问题。然而，立法解释的行权克制与非常态化，导致法律粗疏的问题未能由此得到缓解。因此，司法解释者才需要脱离具体个案，对法律"条文本身"进行明确、细化乃至实质意义上新增与修改的解释操作。在很大程度上，立法解释权虚置而留下的权力空间已逐渐被司法解释所占据。

立法解释的实质化行使，能够起到定界的作用，从而遏制司法解释扩张。司法解释对立法解释的代位，一方面由于"条文本身"与"具体应用"不构成实质区分，另一方面可归结于"符合立法的目的、原则和原意"客观化程度过低。观念上看，司法解释与立法解释必有边界，但从1981年《决议》到2015年《立法法》，都未能解决两者的界分问题。在规范没有清楚划定权力边界的情况下，司法解释易与立法解释混同，侵入后者的权力空间。但权力行使的空间范围是一定的。考虑到立法解释与司法解释的相对位阶关系，一方面，若法律解释的空间已被立法解释占据，则司法解释自无扩张

---

① 关于两类不同立法解释实践的具体事例，可参见陈斯喜《人民代表大会制度概论》，中国民主法制出版社2016年版，第197—198页。

② 参见乔晓阳主编《〈中华人民共和国立法法〉导读与释义》，中国民主法制出版社2015年版，第181页。

机会，另一方面，若占据法律解释空间的是司法解释，则立法解释依然可以将其挤出，《监督法》第43条之以立法解释替代违法或越权司法解释的规定正是该机制的具体化。例如，全国人大常委会《关于〈中华人民共和国刑法〉第三百八十四条第一款的解释》《关于〈中华人民共和国刑法〉第二百九十四条第一款的解释》等，均为在已有司法解释的情况下，以立法解释重新占据权力空间的做法。①

（二）立法解释的虚置成因及其对策

立法解释制度的存在，使全国人大常委会在法律解释上的话语权高于其他机关。② 为了限制司法解释的过分膨胀，防止其逾越"立法的目的、原则和原意"，以致侵入立法解释的权力空间，全国人大常委会即应积极行使解释法律的职能。③ 以下将先讨论立法解释虚置的现实原因，再提出针对性的应对思路。

立法解释的虚置，首先可归因于全国人大常委会立法权的复合性。常委会可直接对法律"立、改、废"，使得立法解释权在主客观两个方面都将受到限制。主观上看，因有权直接增修法律，常委会难免会认为缺少专门进行法律解释的必要性——法律解释若为明确法律已有的规定则是同义重复，若改变了法律规范原意则成为重新立法。④ 申言之，若需改变规范表意，直接修法即可。客观上，对于体量较大的法律，"条文本身"的问题若以大规模的立法解释逐个解决，说明法律本身质量有问题——考虑到维护立法及立法机关的权威地位，立法解释必然不会大规模出台。

其次，立法解释的虚置，还与其规范上的制度定位不清有关。

---

① 参见李翔《刑法修订、立法解释与司法解释界限之厘定》，《上海大学学报》（社会科学版）2014年第3期。

② 参见林维《刑法解释的权力分析》，中国人民公安大学出版社2006年版，第383页。

③ 参见杨建军《现行法律解释机制的完善》，《政法论丛》2016年第2期。

④ 参见袁吉亮《论立法解释制度之非》，《中国法学》1994年第4期。

虽然仅对个别规范的调整可能不太适合直接修法，① 以立法解释处理即可，但只要全国人大常委会不叫停，通过司法解释大体也能解决这类问题，何必专门制定立法解释？况且，立法解释的被动化机制，基本上也阻断了常委会借由立法解释对司法解释已占据空间的介入，即便司法解释涉及"条文本身"，亦是如此。《立法法》第49条规定，当国务院、最高法、最高检等提出解释要求后，立法解释程序便自然启动，无须拟定具体议案。如此规定主要有两点理由：第一，执行法律的机关才会遇到法律问题，若非法律执行问题，不应由立法解释解决；第二，仅规定提出解释请求即可启动程序，是预设请求机关并不了解法律含义——若请求机关提出了解释议案，则说明其对法律规范的内容并无疑问，"也就无须要求解释了"②。考虑到法律解释的要求通常仅会由"两高"提出，若其不向全国人大常委会提出要求，而是内部通过司法解释处理了有关"条文本身"的问题，则立法解释就不可避免地陷入沉默。

再次，全国人大常委会法工委的法律询问答复制度，削弱了立法解释权行使的必要性。为确保法制统一，提高解释法律与解决问题的效率，《立法法》在立法解释外构建了法律答复制度。赋予立法机关工作机构法律答复权是合逻辑的。由于法律草案经法工委起草或审核，当中央与地方各部门面对法律适用问题时，自然可以函询其意见。立法者虽然意识到法律答复可能会影响立法解释的实践效

---

① 这种情况大致属于"从问题的性质看，应当修改法律，但问题比较具体，修改法律一时还提不上议事日程，可以先采用立法解释的办法，待以后修改法律时再补充进法律或对法律进行修改"的类型。参见乔晓阳主编：《〈中华人民共和国立法法〉导读与释义》，中国民主法制出版社2015年版，第185页。

② 乔晓阳主编：《〈中华人民共和国立法法〉导读与释义》，中国民主法制出版社2015年版，第186页。应当指出，这一说明存在明显的逻辑问题。根据《立法法》第48条第2款与第119条第1款，对于"条文本身"问题的解释权专属于全国人大常委会，"两高"不得对其作出解释——即便"两高"对法律规定的内容或适用法律的依据存有先在的认识，亦不得径行作出解释，否则即越权无效。质言之，提出解释的要求，前提不在请求机关存在真实的法律疑问，而在于请求机关对"条文本身"无解释权限。

果，但出于询问机制的必要性及解决问题及时性之考虑，其仍然保留并确认了这种做法。① 就内容而言，法律答复不可避免与立法解释产生混同，如其对"从事法律工作""非法行医罪""二年未被发现"等概念的解释，显然属于"条文本身"问题之范畴。② 作为必然的结果，当出现"条文本身"的问题时，职能机关自不会径行要求立法解释，而将先询问法工委的意见——这造成了"劣币驱逐良币"的制度竞争效应——在有法律答复制度的情况下，职能机关便不太会去寻求立法解释。

最后，立法解释的程序设置也不利于全国人大常委会行使该职权。《立法法》第48—52条概略规定了立法解释的制定程序，较之立法程序，解释程序有所简化。按理说，当立法机关试图个别调整法律规范时，选择立法解释更为方便。③ 但因程序设置的缺陷，这种设想并未成为现实。一方面，立法解释程序仅得被动启动，而因职能机关倾向于自己解决问题，故大多数应由立法解释处理的问题，均已由司法解释解决。实践中，几乎唯有"两高"各自的司法解释出现冲突或者法律适用直接涉及人大本职时，立法解释才有出场机会，这极大压缩了立法解释的空间。另一方面，全国人大常委会的组织局限性，也构成了对立法解释的限制。职能机关无权提出立法解释的具体议案，这虽可避免解释内容偏向部门利益，④ 但其缺陷也是明显的。按照《立法法》规定的程序，在收到立法解释的要求后，应由立法机关工作机构起草立法解释的草案。但是，法工委在承担法律起草、备案审查以及研究工作的情况下，早已不堪重负，再令

---

① 参见乔晓阳主编《〈中华人民共和国立法法〉导读与释义》，中国民主法制出版社2015年版，第220页。

② 参见林彦《法律询问答复制度的去留》，《华东政法大学学报》2015年第1期。

③ 参见蔡定剑、刘星红《论立法解释》，《中国法学》1993年第6期。

④ 此处防止立法解释部门化的意图能否达到，令人生疑。因为，大量"条文本身"的问题早已被职能机关通过司法解释等方式解决，而这些司法解释当然是带有部门化色彩的。

其展开大规模释法活动，现实可能性较为缺乏。

立法解释的权力空间受到立法、司法解释与法律答复的多重挤压，再加上立法解释本身不当的程序设置，使其几乎丧失用武之地。欲使立法解释回归法定地位、发挥制度功能，必须有针对性的解决上述问题。

第一，提高法律的精细化程度。法律的精细化，不仅是完善司法解释制度的前提，也是使立法解释发挥效果的基础。过于粗疏的法律将遗留大量"条文本身"的问题，而立法解释的补丁性质及其制定主体的复合定位，不免使得全国人大常委会进退失据，导致立法解释难以行使。

第二，明确司法解释的行权界限。立法解释遗留的权力空间必将被司法解释所占据，是故，明确司法解释的范围、防止其越俎代庖，就显得相当重要。本章第三节将专门讨论这一问题，在此不赘。

第三，废除法律答复制度。法律答复在内容上与立法解释存在交叉，在程序上过于方便，只要其存在就会对立法解释制度形成挤压。全国人大常委会法工委不是法律解释主体却实际行使了法律解释权，且其法律答复又有类似于立法解释的规范效果，这使得制度在体系上无法自洽。为维护全国人大常委会解释法律、监督法律实施的权威性，应废弃法律答复制度。①

第四，改革立法解释的制定程序。对此可作如下完善：一是构建主动释法的机制，二是明确职能机关直接提出法律解释议案的权力。一方面，仅规定被动释法机制的理由不成立，阻碍了立法解释权的行使，本着实事求是的精神，当立法机关发现法律存有《立法法》第 48 条第 2 款规定的情形的，自应主动作出解释。另一方面，根据《全国人民代表大会常务委员会议事规则》第 11 条第 2 款的规定，国务院、最高法、最高检有权提出属于常委会职权范围内的议

---

① 参见徐向华、林彦《我国〈立法法〉的成功与不足》，《法学》2000 年第 6 期。

案，据此，职能机关提出法律解释的具体议案应无疑问，[1] 建议解除立法解释制定程序对提案权的限制，以减轻法工委的工作压力。

第二节 体制层面：司法解释体制的宏观改革

司法解释是"在司法工作中具体应用法律的解释"，构成了解决法律适用问题的机制。[2] 然而，司法解释却自发形成了抽象化、职能化的规范体系，造成了架空法律、扩张权力、破坏国家机关职能分工等问题。除了立法权的不充分行使，不合理的体制设置也是这些问题的重要成因。宽泛地讲，司法解释存在着"多元一级"的制定体制，即由最高法、最高检、国务院及主管部门分别针对审判、检察、其他工作中适用的法律进行解释；[3] 同时，司法解释受全国人大常委会的监督，可称为"一元一级"的监督体制。多元的制定体制直接造成分工不清与规范竞合，而一元的监督体制极易引发监督不力的后果，这些都需要体制改革予以解决。

一 最高人民法院统一行使司法解释制定权

自1981年《决议》以来，决策者从未将司法解释的体制改革正式纳入考虑，似乎当前体制有不证自明的正确性。司法解释体制的

---

[1] 由于性质相同，法律解释案的相关程序可以参照有关法律问题的决定的议案办理。典型的程序流程如下：第一，将法律解释案交宪法和法律委员会和有关专门委员会审议、提出报告；第二，常务委员会全体会议听取关于法律解释案的说明；第三，将法律解释案提请常务委员会全体会议表决。

[2] 参见董皞《我国司法解释体制及其改革刍见》，《法商研究》2001年第5期。

[3] 在规范上，可以说司法解释包括审判解释与检察解释之和。但是，司法工作却并不等于审判工作与检察工作之和。一方面，其他机关并非完全不参与司法工作，典型的是刑事诉讼中的公安机关，其侦查构成刑事司法工作中不可或缺的重要内容。另一方面，检察机关从事的检察工作也并非都是司法工作，比如提出所谓"社会治理检察建议"就显然不属于司法的范畴。

设定逻辑并不复杂：微观上，法院、检察院等职能机关面临不同的法律适用问题，为在维护法制统一的基础上推进司法活动，就得将法律解释权分别授予各职能机关，此乃"分工配合"原则的体现；[①] 宏观上，国务院、最高法、最高检（"一府两院"）级别对等，若仅将法律解释权授予最高法（如 1955 年《决议》那样），既存在组织伦理上的障碍，也会招致其他机关的不满，为维持权力平衡，需将权力均分给各职能机关。不过，若仔细分析司法解释主体之间的职能差异，不难发现上述逻辑的严重缺陷。就结论而言，只有最高法的司法解释权存在相对必要性，其他机关既不适宜也无必要制定司法解释。

（一）审判解释的必要性

在讨论法律解释的必要性时，学者通常持两个固定观点：其一，法律存在模糊性，无法对所有事实及其后果预先作出明确；其二，适法者会对法律产生不同理解，将影响法律的正确实施。[②] 从此预设出发，容易推导出目前司法解释体制的合理性：在不同机关条线关系的结构下，为确保法律统一适用，由最高法、最高检及相关部委制定统一的释法文件，即可有效解决以上问题。但实际上，仅从描述性观点出发，根本无法得出有关体制设置的应然结论。论者所述的法律模糊性与法制统一性，乃域外成文法国家都面临的问题，但其却皆未采取"司法立法模式"予以因应，而是致力于在司法权运行的框架下，以上诉制、复审制甚至判例制度等解决问题。[③] 可见，通过制定规范性文件的方式解释法律，及将权力分配给各职能机关，其必要性仍待阐明。

司法解释看似在处理司法问题，实则在代行立法，本质解决的

[①] 参见沈宗灵《论法律解释》，《中国法学》1993 年第 6 期。
[②] 参见刘升平《谈谈法律解释》，《法学杂志》1981 年第 5 期。
[③] 参见［美］约翰·亨利·梅利曼、［委］罗格里奥·佩雷斯·佩尔多莫《大陆法系》（第三版），顾培东、吴荻枫译，法律出版社 2021 年版，第 47—56 页。

是立法问题,其直接作用乃为司法活动创造规范依据。重申司法解释的立法性质,是审判解释必要性论证的基础。大体上,有如下理由为此提供支撑。

首先,审判乃是依法裁断,审判机关必须有解释法律的权力。自《拿破仑法典》颁行以降,禁止拒绝裁判便成为现代司法的基石性原则,其第 4 条规定:"法官借口法律无规定、不明确或不完备而拒绝审判者,得以拒绝审判罪追诉之。"由于法律的模糊性与滞后性,若案件事实无法套用法律规定,法官就须对法律条文作出解释,以使裁判获得必要依据。① 但这难免给审判机关带来困扰——一旦其解释与上级法院理解不一致,便会导致判决驳回的结果。因此,在"法无明文"的情况下,下级法院很难径直作出判决,法官往往会以各种途径询问上级法院的意见,待后者给出答复后,再对案件进行处理。② 申言之,在禁止拒绝裁判原则下,审判机关的释法需求十分强烈。为稳定法官对规范适用的预期,必须构建某种制度统一法律的解释。同时,基于司法最终原则,审判作为绝大多数纠纷的最终处理机制,其还有为法律适用提供统一标准的权能。在英美法国家,法院判例便起到此种作用;在大陆法国家,审判机关对法律的一贯理解也具有类似效用,如法国行政法中的许多规则都是由行政法官创造的。③

其次,"四级两审制"无法支撑上诉审制度的建构,法院系统必须通过其他方式统一法律适用。通常,审级制度的有效运转,能在统一法律适用方面发挥关键作用。当存在法律适用问题的案件上诉至上级法院,上级法院在判决中作出的解释,便对其所辖法院存在

---

① 参见[美]约翰·亨利·梅利曼、[委]罗格里奥·佩雷斯·佩尔多莫:《大陆法系》(第三版),顾培东、吴荻枫译,法律出版社 2021 年版,第 53 页。

② 参见庄绪龙《"法无明文规定"的基本类型与裁判规则》,《法制与社会发展》2018 年第 2 期。

③ 参见[法]古斯塔夫·佩泽尔《法国行政法》(第十五版),廖坤明、周杰译,国家行政学院出版社 2002 年版,第 233 页。

事实性效力。若该上级法院是最高法院，则其判决中包含的解释便将具有普遍的事实性效力。但在我国，经由类似机制实现统一法制的目标，却存在一系列现实障碍。其一，"四级两审制"使得最高法极少实际办案，绝大多数案件在中级人民法院已被处理完毕，这使得法律很难通过上诉审获得全国范围内的统一适用；其二，二审与再审并非严格意义的上诉制度，二审乃至再审法院审理案件，处理的重点往往都是事实问题而非法律问题，首要目标通常仍是化解纠纷而非统一法制，这与上诉法院以适用法律为中心的审查大异其趣；[①] 其三，诉讼案件的级别管辖，主要以案件重大程度为标准，使得大部分存在法律适用疑难的普通案件，很难通过上诉渠道进行至较高层级的法院。[②] 与此同时，经由司法系统内部实现法律的统一适用，需要较长时间的发展成熟，最终形成判例制度发挥作用，但这又与中国科层制的法院系统格格不入。

再次，受制于上下级法院的监督关系，最高法必须在司法系统外获得额外的法律解释权。审判机关上下级之间监督与被监督的关系，是与审级制度相匹配的。一方面，法院依法独立行使审判权，不受上级法院的干涉，故而，上下级法院的关系只能被设定为监督。另一方面，监督关系的实现，以审级制度为基础——"审级制度正是通过司法等级制（Judicial Hierarchy）将国家的法律沿着审级结构的脉络辐射到整个辖区"[③]。然而，由于中国在审级制度与管辖制度构建之初，未将统一法律适用作为核心目的，使得审判通常只着眼于处理事实问题，这导致依靠审判机关内部实现法制统一的愿景难以实现。更重要的是，在宪法规定的"监督关系"下，法院之间无

[①] 参见陈航平《统一的正义：美国联邦上诉审及其启示》，中国法制出版社2015年版，第49页。

[②] 参见孙佑海等《司法解释的理论与实践研究》，中国法制出版社2019年版，第48—49页。

[③] 傅郁林：《审级制度的建构原理——从民事程序视角的比较分析》，《中国社会科学》2002年第4期。

法直接通过业务指令完成法律解释的任务：最高法对地方法院、上级法院对下级法院发出的具有强制性效力的命令，都是对监督关系的背离。是故，为使最高法能够在全国范围内发挥统一法律适用的应有功能，就必须放眼于审判系统既有的框架之外，通过法律解释的职能转授，使其额外获得规范下级法院司法行为、有效提供法律解释或裁判依据的权力。

最后，司法解释较法官造法有一定制度优势，它不仅可为适法者提供裁判依据，且往往也是最有效的。其一，制定规范以提供司法依据，比司法的规范生成要容易得多。法律漏洞填补的实质即是通过司法（法官造法）完成立法的遗留工作，那么，直接以立法完成立法的工作岂不更加简捷？其二，最高法制定司法解释，能够在保有法律稳定性的基础上，有效贯彻党的政策、及时调整规范方向，其效果是其他制度难以比拟的。其三，司法解释能直接为法官提供明确的规范化期待，最大限度帮法官规避可能的职业风险。其四，考虑到地方各级法院主要从事事实查明工作，赋予最高法抽象的、不以个案为基础的规范性文件制定权，也有一定的现实合理性。[①] 理想情况下，审判法院与上诉法院的功能存在分化，前者侧重纠纷解决，后者侧重统一法制。[②] 在中国，这种功能分化通过司法解释权的介入部分得到了实现——最高法脱离于普通法院系统，统一发挥着上诉法院的法治功能。质言之，最高法行使统一的司法解释权，不仅是必要的，在某种程度上也具有充分性。

(二) 其他解释的非必要性

从1981年《决议》来看，立法者似乎认为，包括最高检、公安部在内的其他从事或者涉及司法工作的部门，都有行使法律解释权

[①] 参见张立刚等《法律解释体制重构研究》，光明日报出版社2014年版，第261页。

[②] 参见苏力《司法解释、公共政策和最高法院——从最高法院有关"奸淫幼女"的司法解释切入》，《法学》2003年第8期。

的必要。然而，学界对检察解释与行政解释的职权一直存在争议。由于争议集中于检察解释，故下文主要以此展开论述。

认为最高检有权制定司法解释的观点，主要遵循如下逻辑：检察工作中存在大量法律适用问题，而最高检对下属检察机关负有领导责任，"在司法办案中遇到的疑难问题必须给予及时的解答"[①]，故应当赋予最高检统一的司法解释权。[②] 不过，在一些检察解释陆续实施后，学界逐渐发现一些理论问题：首先，检察机关制定司法解释的权力，显然与法律监督无关；其次，检察机关对实体法律的解释，可能造成检察权侵入审判权的问题；[③] 最后，检察与审判工作适用的法律存在交叉，"两高"分别制定司法解释，将导致令出多门，反而有害法律的统一适用。[④] 也有学者对上述观点作了反驳：首先，法律监督的实施目的是保障法律正确实施，而司法解释与其一致，故检察解释与法律监督的职能并不矛盾，若不赋予检察机关解释法律的权限，则监督的有效性反而不足；[⑤] 其次，检察机关行使公诉权与部分侦查权，需要对案件的实体部分做出判断，检察解释意在规范此类活动，并不涉及"权力入侵"；[⑥] 最后，审判解释与检察解释互为补充，即便认为对方的解释存在问题，"完全可以根据自己的理

[①] 孙谦：《最高人民检察院司法解释研究》，《中国法学》2016 年第 6 期。

[②] 这基本上是 1981 年《决议》所奉行的逻辑。从王汉斌对 1981 年《决议》的说明中，能够看出一点端倪。参见全国人民代表大会常务委员会办公厅编《中华人民共和国全国人民代表大会常务委员会公报（1980—1982 年卷）》，中国法制出版社 2004 年版，第 178 页。

[③] 参见游伟、赵剑峰《论我国刑法司法解释权的归属问题——关于建立多级审判解释体制的构想》，《法学研究》1993 年第 1 期。

[④] 参见罗堂庆《论刑法司法解释权》，《政治与法律》1993 年第 1 期。

[⑤] 参见李希慧《刑法解释论》，中国人民公安大学出版 1995 年版，第 223—224 页；刘艳红《再论刑法司法解释的主体》，《人民检察》2007 年第 5 期。

[⑥] 参见杨志宏、王守安、李记华《论加强最高人民检察院的司法解释权——兼与游伟等同志商榷》，《法学研究》1993 年第 6 期；林维《刑事司法解释主体二元化研究》，《国家检察官学院学报》2006 年第 4 期。

解进行解释，然后，通知对方加以修正"①。

在中国，虽然检察机关被定位于法律监督机关，但其"主责主业"如提起刑事公诉与公益诉讼，与大陆法系国家的检察机关存在极大重合。② 然而，域外检察系统却并无"法律效力"的规范制定权，就此而言，证成检察解释的逻辑便将产生罅漏——域外检察官无不从事法律适用工作，但其所属系统无权制定具有效力的司法解释，为何到了中国，规范化的检察解释即为必要？根据 1981 年《决议》，凡属检察工作中的法律适用问题，由最高检作出解释，这将检察解释定位为"问题解决机制"。关键在于，检察机关面临的法律适用问题，有必要通过检察解释的方式解决吗？笔者认为，除非诉诸政治结构、权力平衡等超形式法治范畴的宏大叙事，这一问题的答案都是否定的。

第一，审判解释的必要性前提是禁止拒绝裁判原则，而检察工作无此要求。法官必须作出裁判，若出现超越教义学的法律适用问题，就只能从别处获取裁判依据，要么法官造法，要么诉诸司法立法。考虑到拒绝法官造法的传统，中国采取了由最高法统一解释的模式，以其解释为下级法院提供裁判依据。但拒绝裁判的禁制仅针对审判机关，不完全适用于检察或行政机关。如刑事诉讼中，即便实体法存在不明确，只要检察官起诉，法院就应作出判决，但检察官却有因法律不明而拒绝受理或立案的权力。检察官追求刑法适用的可能性即可，而法官则必须保证适用的刑法规范具有确定性。由于追诉行为不必然导致实体结果，故前者的办案依据可以是模糊的实体法律，后者的裁判依据则必须是明确的刑法规范。质言之，检察工作不以存在精准的办案依据为前提，旨在提供办案依据的检察

---

① 丁慕英、陆德山：《也论我国刑法司法解释权的归属问题——与游伟、赵建峰同志商榷》，《当代法学》1994 年第 2 期。

② 参见［美］约翰·亨利·梅利曼、［委］罗格里奥·佩雷斯·佩尔多莫《大陆法系》（第三版），顾培东、吴荻枫译，法律出版社 2021 年版，第 119 页。

解释便难以证成其必要性。

第二，对于法律适用问题，检察机关可以参照适用审判解释，或者以检察指令的方式处理。有检察机关人士认为，检察工作面临大量法律适用问题，涉及立案标准、批捕条件、审查起诉、诉讼监督、核准追诉等，这都需要通过解释加以明确。① 该说法并不成立。对此，可将检察工作分为两类予以分析，一是与审判机关法律适用交叉的部分，二是检察机关专属的部分。

有关与审判工作交叉的事项，由最高法制定审判解释即可。如立案、起诉乃至审判监督，其重点即对案件是否构罪、定罪证据是否充分的审查，而这本是法院的"主责主业"。若涉及的法律确实粗疏、难以适用的，最高法必须对其作出解释，以求为法官提供明确的裁判依据。审判解释的标准即是定罪量刑的实质标准，此时，最高检再行解释并无意义：若检察解释与审判解释内容不同，必然会被适用后者的法院推翻；② 若与审判解释相同，便是纯粹的资源浪费。再如，逮捕条件的判断也属于交叉事项。《刑事诉讼法》第81条规定的逮捕条件，不仅规制检察院批捕权，也是法院决定逮捕的依据，故最高法有权对其作出解释。另据该法第96条，法院在审判阶段发现逮捕适用不当的，应及时撤销或变更。由于批捕在前审判在后，该条事实上赋予了审判机关对逮捕及其附随羁押的最终决定权。如果"两高"的解释不一致，法院将有权根据审判解释否定检察机关按照检察解释批捕的正确性。质言之，在最高法已对相关法律作出实质解释的情况下，最高检无论是作出同质还是异质的解释，其必要性皆无法得到证成。

对于检察工作的专属事项（主要是程序性事项），也无必要通过

---

① 参见陈国庆《最高人民检察院司法解释权应当保留》，《中国律师》2000年第7期。

② 参见魏胜强《检察机关的法律解释权证伪——基于检察权定性的分析》，《河南社会科学》2010年第3期。

司法解释规制。检察解释是具有外部性的文件，按检察机关话说，"具有法律效力"。但这些独立执行、无涉审判的活动，是否有必要使用"具有法律效力"的检察解释加以规范？由于案件定罪量刑及相关程序的实体事实皆须法院最终确认，故真正需要检察院独立作出决断的事项，几乎都集中于内部程序的运作。这些程序，既很少涉及诉讼参与人的实体权利，也不会对其他机关的职权造成影响。对此，虽然法律规定可能不甚清楚，如批捕决定应以何种方式通知公安机关、认罪认罚具结书包含哪些具体内容、抗诉之后案件材料如何移转等，但此类法律适用问题，似乎并不需要制定具有外部法效力的解释。[1] 基于检察机关上下级之间的领导关系，最高检的决定下级检察机关"必须执行"，"不得擅自改变、故意拖延或拒不执行"[2]。最高检察机关有权发布一般检察指令以统一全国范围内的相关检察活动。[3] 对于检察工作中的程序问题，完全不必制定"具有法律效力"的检察解释。

第三，从法律监督职能亦无法推导出检察解释的必要性。根据检察系统内部人士的看法：首先，通过检察解释，能够使检察机关对审判活动进行监督，对裁判不当的案件依法提起抗诉；[4] 其次，通过对规定法律监督的法律制定检察解释，能够为监督职能的实现提供依据；[5] 最后，检察解释的存在对审判解释造成了监督制约效应，可促使最高法在行使司法解释权时主动征求最高检的意见。[6] 以上说法均难成立。前两项的实质内涵相同，皆是把检察解释作为法律监

---

[1] 事实上，在1981年《决议》授予检察机关司法解释权之前，最高检也"一直在发布有关法律解释的规定或文件，不过只是在其本系统内部实施而已"。参见董晧《司法解释论》（修订版），中国政法大学出版社2007年版，第149页。

[2] 杜磊：《论检察指令权的实体规制》，《中国法学》2016年第1期。

[3] 参见龙宗智《论依法独立行使检察权》，《中国刑事法杂志》2002年第1期。

[4] 参见杨志宏、王守安、李记华《论加强最高人民检察院的司法解释权——兼与游伟等同志商榷》，《法学研究》1993年第6期。

[5] 参见孙谦《最高人民检察院司法解释研究》，《中国法学》2016年第6期。

[6] 参见周永年《检察解释的法律监督作用》，《人民检察》2011年第16期。

督的手段，但其明显搞错了论述的对象——监督作用是通过监督职能实现的，而不是通过制定规范实现的。后一项的问题也与之类似，即对审判解释的监督，法定渠道是通过《监督法》第 42 条规定的异议权，而非通过检察解释实现的。① 退而言之，即便承认法律监督能够促使法律正确实施，但其与最高检制定司法解释又有何关系？② 质言之，以执行法律监督为理由，无法论证检察解释的必要性。

除了必要性问题，检察解释还受到合理性的质疑：最高检是合适的司法解释制定者吗？早有学者提出，检察机关作为刑事诉讼的控诉机关，即已表明其行使司法解释权的不适当性③——检察机关系追诉者，具有当事人性质，"由其行使司法解释权有悖公正原则"④。前文已述，办案机关可以通过司法解释实现权力扩张，而检察机关具有强烈的追诉倾向，这难免使其解释有利于控诉者而不利于被控诉者，继而导致犯罪嫌疑人的权利在检察主导的程序中受到减损。⑤ 虽然审判解释也可能出于便利办案的考虑而未能有效保障被告人权利，但审判机关的中立性、客观性仍是存在的，再加上法官须对案件质量负最终责任，最高法不太可能为了定罪而随意曲解实体或程序法律。

（三）统一司法解释主体的效果及其难点

司法解释权的普遍转授未能充分考虑到审判机关的特殊性。囿于法院系统上下级的监督关系，欲在维持现有法院体制与诉讼制度

---

① 参见游伟、赵剑峰《论我国刑法司法解释权的归属问题——关于建立多级审判解释体制的构想》，《法学研究》1993 年第 1 期。

② 参见卢勤忠《关于我国检察机关的司法解释权的探讨——兼谈法律解释工作的完善》，《法学家》1998 年第 4 期。

③ 参见卢勤忠《关于我国检察机关的司法解释权的探讨——兼谈法律解释工作的完善》，《法学家》1998 年第 4 期。

④ 姚仁安、陈翀：《取消最高人民检察院司法解释权管见》，《中国律师》2000 年第 7 期。

⑤ See Fred C. Zacharias and Bruce A. Green, "The Duty to Avoid Wrongful Convictions: A Thought Experiment in the Regulation of Prosecutors", 89 *Boston University Law Review* 1, 5-10 (2009).

的框架下，实现法律适用的统一，由最高法制定具有法律效力的审判解释是必要的。检察与行政机关虽然也会面临法律适用的问题，但一方面，对于涉及当事人权利的外部规范适用问题，得直接依照审判解释执行，另一方面，调整机关内部事务的规范适用，则可通过一般检察指令或制定部门规章的方式予以解决，因而，赋予其司法解释权无任何必要。而且，由于检察、行政与审判工作存在交叉，检察、行政解释难免将与审判解释产生冲突，这既会造成司法资源的浪费，更将直接破坏国家法制的统一。①

司法解释的目的，在于保障法律适用的一贯性与正确性，而司法解释职能化带来的权力碎片化与解法典化效应，明显有损制度目的实现。如学者所言，若法律解释由数个主体作出，必然引发"以哪一个为准"的问题——多元的法律解释体制反而不利于法制统一的实现，有害于"国家形成健全的司法功能"。② 因此，特定化司法解释的制定主体，仅由法院系统之中央机关制定司法解释，排除其他非必要机关的司法解释制定权，乃司法解释体制改革的必由之路。

统一司法解释主体的效果是明确的。正向来看，将司法解释权集中于最高法，能够消解司法解释职能化带来的一系列问题。其一，减少"以规代法"现象的出现。在法律解释权按职权分配的背景下，最高法、最高检、国务院及主管部门实际拆分了法律解释的权力。如前所述，典型的职能化情形出现在有关《刑事诉讼法》的解释方面。随之而来的是，人民法院只执行审判解释、人民检察院只执行检察解释、公安机关只执行公安部的规定，如此，《刑事诉讼法》便呈现被架空的态势，这对于法律权威的维护殊为不利。若将司法解释的职能归于最高法行使，则上述情形所立基的职能化基础便不复

---

① 参见林维《刑事司法解释主体二元化研究》，《国家检察官学院学报》2006年4期。

② 参见张志铭《关于中国法律解释体制的思考》，《中国社会科学》1997年第2期。

存在，从而有效缓解"以规代法"问题。其二，限制控诉机关的权力扩张，保护诉讼当事人合法权利。司法解释职能化直接诱发了公权机关权力扩张的现象。特别就控诉机关而言，其权力的膨胀往往以减损犯罪嫌疑人、被告人的权利为代价。比如，对逮捕必要性条件、羁押期限延长条件、审查期限延长条件、技术侦查实施条件等的宽松解释，一方面扩充了控诉机关的权力，另一方面造成了被追诉人权利减损的结果。应然上看，由中立的最高审判机关独家负责相关解释工作，无论是对控诉机关的权力限制，还是对诉讼当事人乃至社会主体的权利保障，都更为有利。

反向来看，最高法独家解释的宏观实效也不会与现行职能化的司法解释体制有多大差别。一方面，对于外部事项，统一适用最高法制定的司法解释。由于审判机关是解决纠纷的最终机关，其裁判依据决定了其他机关对外执法的有效性，这也是"以审判为中心"诉讼制度改革的重要基础。例如，2021年《高法解释》规定了一系列证据的审查要求和采信标准，若侦查机关未按其要求取证、检察机关未按其要求审查，则有可能导致证据排除的结果，进而直接影响控诉的有效性。另一方面，对于内部事项，最高检与相关部委有权直接通过下达指令或内部规范的方式对下级机关予以规制。最高检对检察系统实行统一领导，有权发布旨在解决法律适用问题的检察指令，检察机关应一体执行。[①] 国务院部委在条线中的统一领导权更是明确，其不仅有权直接对下级机关发布命令，更得以规章形式制定内部规范。

上述方案的实施难点在于说服检察机关（以及行政机关）承认审判解释的普遍效力，从而自觉以审判解释为准绳处理法律适用问题。关于取消检察机关司法解释权的争议，核心其实落足于"两高"地位、权威与权力的对等性上。质言之，检察机关并非无法直接或

---

① See Norman Abrams, "Internal Policy: Guiding the Exercise of Prosecutorial Discretion", 19 *UCLA Law Review* 1, 53-57 (1971).

间接地适用审判解释,而是不愿适用审判解释。观念上的争竞与政治上的考量长久以来潜伏在检察系统的敏感神经之中。

保留检察解释的关键理由之一,是"两高"同为宪法机关的对等性。有人认为,在中国的政治体制下,检察机关与审判机关实质平等,其地位、作用和任务都是平等的,若司法解释权仅赋予最高法,便将大大降低检察机关在国家机构中的地位,以致破坏权力结构的协调,打破政治体制的平衡。[①] 然而,类似考量往往带有较强的主观性,其实际效果难以知晓也无法证成。比如,不授予最高检司法解释权,就一定会导致政治权力的失衡吗?历史上看,1955 年《决议》仅将司法解释权授予最高法审委会,这在实践中似未引发权力失衡的问题。制度比较上看,苏联(俄)的检察机关也未被赋予具有对外效力的司法解释权,该职权专属最高法院全体会,这套稳定运行数十年的体制,似乎也未出现结构的不协调性。政治体制失衡的具体表现到底为何,其后果体现在哪些方面?论者对此语焉不详。这难免令人怀疑"体制失衡"的真实性。纵使存在所谓体制的平衡,也必然只是一种动态平衡。如果说取消最高检的司法解释权会导致检法之间的权力不协调,那么,按照论者的理解推演,将检察机关的职务犯罪侦查权移转至监察机关,难道不更加会导致所谓"体制失衡"吗?质言之,即便认为最高检与最高法在法律地位或政治地位上具平等性,也不代表两者就应当被赋予相同的权力,上述诉诸政治话语的论证不能成立。[②]

另一方面的疑虑集中于审判解释的实效。如前所述,将司法解释权按职能分别授予职能机关,一则可以确保政策的有效贯彻,二则能够避免条线壁垒阻碍司法解释的落实。在科层制结构下,将上

[①] 参见丁慕英、陆德山《也论我国刑法司法解释权的归属问题——与游伟、赵建峰同志商榷》,《当代法学》1994 年第 2 期。

[②] 参见卢勤忠《关于我国检察机关的司法解释权的探讨——兼谈法律解释工作的完善》,《法学家》1998 年第 4 期。

述因素纳入考量有其现实的一面，但这本质上纯属技术问题，无须过度担心。有论者提出，审判与检察工作的侧重点不同，审判解释主要涉及定罪量刑问题的解释，而不会回应立案侦查、审查逮捕、审查起诉的刑法适用问题，这不适应检察工作的实际需要。① 然而，当对《刑法》条文作出审判解释后，检察机关按照其要求对案件的定罪量刑与被追诉人的嫌疑程度加以预测，继而规划后续行动，根本没有所谓适应的问题。《刑事诉讼法》的适用亦是如此。事实上，监察机关也承担着刑事诉讼的职能，但其未被赋予任何法律解释权，其涉及案件证据的活动直接按照审判解释的规定进行，亦未出现所谓"不适应"的问题。② 因此，顾及司法解释的实效而拒斥最高法独家行使司法解释权的理由，也是难以成立的。

二 最高人民检察院履行司法解释监督权

虽然很难廓清"法律监督"到底为何，但检察机关的宪法定位毕竟是明确的。基于尊重宪法之立场，在司法解释体制的改革规划中，仍有必要给检察机关安置恰当职能。将司法解释权归于最高法行使后，需要对监督问题予以慎重考虑。制定司法解释虽在性质上属于立法，但因其兼具委托性与规范性，某种意义上也是法律适用活动。司法解释应当符合"立法的目的、原则和原意"，具言之，一

---

① 参见陈国庆《最高人民检察院司法解释权应当保留》，《中国律师》2000年第7期。

② 2018年《监察法》第33条第2款规定："监察机关在收集、固定、审查、运用证据时，应当与刑事审判关于证据的要求和标准相一致。"对此，权威机构作出如下解读，"刑事审判关于证据的要求和标准有严格、细致的规定，监察机关收集的证据材料在刑事诉讼中作为证据使用，必须要与其相衔接"，"如果证据不扎实、不合法，轻则被检察机关退回补充调查，影响惩治腐败的效率，重则会被司法机关作为非法证据予以排除，影响案件的定罪量刑"。明白地说，为了确保案件正确的定罪量刑，"从一立案就要严格执法、严格按照标准收集证据"。参见中共中央纪律检查委员会、中华人民共和国国家监察委员会法规室编写《〈中华人民共和国监察法〉释义》，中国方正出版社2018年版，第168—169、190页。

方面必须符合授权规范的要求，另一方面必须遵守限权规范的限制。① 作为法律适用活动，司法解释的制定应为法律监督的对象，故由最高检对最高法的司法解释活动进行监督，应是较为合理的方案。

（一）最高人民检察院的应然定位

根据《宪法》第 134 条、第 137 条，最高检是我国最高法律监督机关。按照列宁的定性，法律监督的根本目的在于维护全国范围内的法制统一、保证法律在全国范围内的统一实施。② 所谓法律监督，是"为了统一、正确地贯彻实施法律而实行的一种专门的监督"，"表现为对有关国家机关的活动是否合法进行监督，而不涉及其他方面"。③ 作为最高法律监督机关，最高检既可对中央各职能机关及其工作人员适用法律的行为予以监督，也有权对地方机关的法律活动进行合法性监督。

最高检的法律监督范围十分宽广。从权力的起源与配置上看，设置检察机关的本意就在于保证国家法律得到统一、正确地执行，因而，在理论上，除了无法监督产生它的机关，其有权监督所有国家机关的法律活动，即便地方权力机关、民族自治地方的法律活动，同样应受最高检的法律监督。传统上将国家机关的法律活动划分为立法、司法与执法，但法律监督的对象不受上述区分的约束。无论某一活动属于立法、司法还是执法，只要最高检认为存在违法或失当的嫌疑，便有权对其予以监督。《检察院组织法》第 20 条规定了检察机关的职权，但从其列明的事项看并未囊括法律监督的所有对象。其中，对全国人大及其常委会以外各机关的立法活动监督便未得明确。

针对立法活动的法律监督是由其他法律规定的。根据《立法法》

---

① 参见聂友伦《论司法解释的权力空间——我国〈立法法〉第 104 条第 1 款的法解释学分析》，《政治与法律》2020 年第 7 期。

② 参见列宁《论"双重"领导和法制》，载《列宁全集》（第 43 卷），中共中央马克思恩格斯列宁斯大林著作编译局译，人民出版社 2017 年版，第 198—202 页。

③ 许崇德主编：《中国宪法》（第四版），中国人民大学出版社 2010 年版，第 247—248 页。

第110条的规定，最高检认为行政法规、地方性法规、自治条例和单行条例同宪法或法律相抵触的，有权向全国人大常委会提出审查要求，并由其分送有关专门委员会审查。司法解释的制定也属立法活动，应受最高检监督自无疑义。不过，因其性质特殊，相应监督规范未由《立法法》规定，而是载于《监督法》之中。根据《监督法》第42条，当最高检认为审判解释同宪法或法律相抵触，或者存在合宪性、合法性问题的，有权向全国人大常委会提出审查要求，由有关专门委员会和常委会工作机构进行审查。在法律监督的语境下，最高检的这种权力，毫无疑问可被归于针对司法解释的法律监督范畴。不难看出，《监督法》规定的司法解释异议机制与《立法法》规定的法规异议机制，具有很大程度的相似性，因而，《备案审查办法》直接将两类审查予以合并规范，规定适用相同的程序。

（二）实现职能机关间的制约作用

检察机关对审判解释的制约，不应通过检察解释，而应回归法律监督实现。由于两者都是正式法源，若检察解释与审判解释的实质内容相同，则检察解释没有必要，若实质内容不同，则将造成规范冲突。[①] 例如，审查起诉以案件的实体方面为重点，其标准是"事实清楚""证据确实、充分"，这实际与审判机关有罪判决的标准相同。若最高法已经针对犯罪事实认定与法律适用作成了解释，则最高检再专门围绕起诉标准就此类事项进行解释，要么没有意义，要么导致冲突，根本无法起到实质的制约作用。此外，检察机关针对内部事项作出的解释，也难以被纳入法律监督之框架。

不过，前述分析仍遗漏了两种可能出现的情况。一是最高法未对检察工作的法律适用作出解释，而最高检作了规定，二是最高法

---

① 所谓的"实质内容"，系指能够解决"具体法律适用问题"的内容。典型的一类情况是，同一法律条文既被检察机关适用也被审判机关适用，故最高检与最高法都有权对其予以解释，解释的内容便构成了实质内容；另一类情况是，检察机关适用法律条文A中的规范要素，也是审判机关适用法律条文B中的规范要素，审判机关对B的解释，将构成A的实质内容。

与最高检联合针对某一共通事项进行解释。有观点认为，这些情况正是检察解释制约审判解释的体现。就前者而言，实践中只有部分人民法院未接受检察解释的观点①，而大部分审判机关适用或参照检察解释办案，这便是检察机关对审判机关制约作用的体现。② 对于后者，检察机关直接参与乃至主导相关司法解释的制定，在起草与讨论的过程中与审判机关"彼此质疑、反复讨论、充分征求意见"，可见制定联合解释是最高检与最高法互相监督、互相制约的重要手段。③

上述观点的问题是明显的，前者并非对司法解释权的制约，后者实现的制约则有必要性问题，合理性亦存疑问。其一，通过检察解释填补审判解释的缺口，虽在客观上能够影响审判实践，对审判解释却无制约作用。即便最高检率先对某一审检共通事项作了解释，最高法也未丧失对此进行解释的权力。基于审判最终原则，一旦最高法作出的解释与最高检不同，检察解释的实践地位不免尴尬。通过检察解释占据权力空间，虽在一定程度上得使后出台的审判解释尽量配合前者，但这对法律适用的正确性可能有害无益。④ 其二，联合解释可以被看成对最高法独家行权的制约机制，但如前所述，既然检察解释已无必要，那么，联合解释当然也无必要性。此外，由

---

① 参见游伟、赵剑峰《论我国刑法司法解释权的归属问题——关于建立多级审判解释体制的构想》，《法学研究》1993年第1期。

② 参见丁慕英、陆德山《也论我国刑法司法解释权的归属问题——与游伟、赵建峰同志商榷》，《当代法学》1994年第2期。

③ 参见陈国庆《最高人民检察院司法解释权应当保留》，《中国律师》2000年第7期。

④ 例如，最高检针对1996年《刑事诉讼法》率先制定了1997年《高检规则》，其在法律之外创设了公诉的撤回、变更以及追加等制度，并在实践中广泛应用。至1998年最高法制定《高法解释》时，便只得配合检察解释规定相关程序。对此，很难说法律得到了"正确"的解释。从宏观的角度看，"两高"在司法解释的过程中似乎存在"共谋"的行为，合力在刑事诉讼的法制框架外，构建了新的刑事诉讼制度，这显然与相互制约的原理不符，检察机关的法律监督职能也未能发挥任何积极作用。

代表追诉方利益的最高检参与联合解释的制定，难免将使解释的结果"偏向于控方而失其客观公正"，这也是不合理的。①

欲使检察机关制约审判解释，应以强化法律监督职能为导向。对司法解释进行法律监督的目标有二，一是要保证解释符合法律的目的、原则和原意，二是要保证解释有效解决具体应用法律的问题。在现行的制度条件下，能够供给检察机关执行对司法解释监督的机制，只有《监督法》第42条规定的异议程序。该机制虽属制约性质，但必须经由全国人大常委会才能得到现实化——既未体现法律监督的特殊性，制约效果也并不明显。此外，对于最高法怠于履行职责的情况，现行机制也缺乏专门的监督机制，不利于制约作用发挥。因而，为实现法律监督的效果，保障司法解释的正确性与充分性，有必要拓宽最高检对司法解释的监督渠道，构建完善司法解释检察监督的具体程序。

（三）构建司法解释检察监督程序

在司法解释权统一由最高法行使的情况下，强化司法解释检察监督，是解释权正确履行的保障。现行《监督法》的制度设计，能部分实现检察机关对审判解释的监督作用，但这种单一化的监督仍有不足之处。简言之，最高检对司法解释活动的监督应当体现法律监督的特殊性，形成层次化的监督体系。

法律监督的目的，是保障法律在全国范围内得到统一且正确的执行，为此立法者赋予了检察机关一系列职权。不过，若将检察机关的职权全部解释为法律监督，也未免太过牵强。例如，根据《刑事诉讼法》第100条，若公安机关在犯罪侦查过程中作出违法行为，检察机关在发现后，应当通知其进行纠正，这便是一种典型的法律监督。② 质

---

① 参见卢勤忠《关于我国检察机关的司法解释权的探讨——兼谈法律解释工作的完善》，《法学家》1998年第4期。

② 参见王爱立主编《〈中华人民共和国刑事诉讼法〉修改与适用》，中国民主法制出版社2019年版，第200页。

言之，检察机关的法律监督，必须要有明确的监督对象，而监督对象则必须是国家机关带有法律适用性质的活动。①

法律监督除以法律适用行为的存在为前提外，其特征还体现在实体效力方面：法律监督并无强制性，作用主要通过提出检察建议来实现。社会主义国家的检察机关之所以被称为法律"监督"机关，本源就在于其履行权力的非强制性。② 准此，检察机关有权按照管辖范围，针对国家机关的法律适用活动提出异议。这种异议无实体效力，但有程序效力。如针对法院的生效判决，一方面，检察院可以提出再审的检察建议，而法院应当审查，作出是否再审的决定，另一方面，检察院可以提出抗诉，而法院应当作出再审裁定，重新对案件进行审理，但无论何种情况，法律监督都不能直接决定或改变案件的判决结果。

目前，最高检对审判解释的监督大体符合上述理论。最高法制定司法解释系适用法律的公权行为，属于最高检法律监督的对象。一方面，制定司法解释，实质是在执行1981年《决议》与《法院组织法》中有关法律解释的授权规定，是一种抽象的法律适用行为。另一方面，司法解释的制定，还受制于《立法法》规定的限权条款。因而，最高检有权针对审判解释是否符合"立法的目的、原则和原意"进行监督。按现行制度设计，最高检对司法解释的监督仅具程序效力。具体而言，当最高检认为审判解释与法律规定冲突，有权要求全国人大常委会启动审查程序，由后者予以审查并作出最终决定。

然而，既有最高检对司法解释的监督机制未体现法律监督的独

---

① 参见秦前红《两种"法律监督"的概念分野与行政检察监督之归位》，《东方法学》2018年第1期。

② 根据社会主义检察制度的理论基础，检察机关有义务"对一切不合法律的决定提出异议"，但"无权停止决定的执行，而只是必须采取措施，使整个共和国对法制的理解绝对一致"。参见列宁《论"双重"领导和法制》，载《列宁全集》（第43卷），中共中央马克思恩格斯列宁斯大林著作编译局译，人民出版社2017年版，第200页。

有特征，故其特别作用难以发挥。其一，司法解释的监督机制没有突出检察监督的专门性。根据《监督法》的规定，审判解释的监督者（提出审查要求的主体）不仅包括最高检，还包括国务院、中央军委、国家监察委员会、省级人大常委会。作为日常行使法律监督权的检察机关，在与其他机关并列规定后，其特殊性便随之消弭。申言之，最高检履行对司法解释的异议权虽属法律监督，但并非专门的法律监督，前者的层次位于后者之上，乃是专门检察监督未能实现作用后的最终手段。其二，司法解释的监督机制未能突出检察监督的充分性。法律监督不仅应当发挥纠错功能，还应针对司法解释的空缺提出制定建议。在最高法独家行使司法解释权的背景下，最高检无法出台解释以解决外部的法律适用问题，此时，即须赋予其提出制定司法解释建议的权力。这是针对最高法职能履行不充分的问题提出的建议机制，也属法律监督的应有之义。

在司法解释权全部归口最高法行使后，需要专门构建由最高检负责的司法解释监督机制，并与既有的监督机制相结合，构建一套完备的司法解释监督体系。一方面，应当赋予最高检针对越权或违法的审判解释提出检察建议的权力。检察建议系指检察机关针对可能存在的法律适用问题，向行为主体"提出纠正、处理或者改进工作意见的检察行为"，是一种"保障法律统一正确实施的重要方式"。① 当审判解释违反法律规定，突破了"立法的目的、原则和原意"时，基于法律监督的职能要求，最高检理应有权向最高法提出检察建议。最高法在收到建议后，应在内部审查有关规范，并及时将处理结果书面回复最高检。另一方面，赋予最高检针对应作而未作解释的法律适用问题，向最高法提出检察建议的权力。为使法律得到统一、正确的执行，若法律适用问题反复出现，最高法应当及时解释，怠于行使解释权不利于法制统一的目标实现。若最高检发现某些法律适用问题普遍存在，则有权向最高法提出检察建议，敦

---

① 参见吕涛《检察建议的法理分析》，《法学论坛》2010 年第 2 期。

促其尽快出台司法解释。最高法在收到建议后，应当展开调查研究，无论是否决定立项，均须及时将处理结果回复最高检。

目前，法律及规范性文件未将司法解释活动列为检察建议的对象，这是未来制度建设应予补充的部分。当然，检察建议的性质仅为对其他机关工作上的"建议"，并无实体效力。若最高检认为最高法司法解释与法律抵触并提出了检察建议，但最高法拒绝接受的，最高检有权按《监督法》第42条的规定将相关争议提交全国人大常委会处理。如此一来，针对司法解释权的监督体系便形成了一种"先检察建议，再人大审查"的层次性结构，这不仅有利于形成司法解释对法律的正确、统一理解，也能有效降低全国人大常委会的监督压力。

三 强化全国人大常委会对司法解释的监督

按现行体制，全国人大常委会有权对司法解释予以监督。一方面，这是人大监督至高性与全权性的体现。最高权力机关及其常设机关行使的监督权源自人民主权，"是人民当家作主权利上升为国家权力的一种表现形式"[1]。人大监督的本质是主权对治权的制约。司法解释权由最高司法机关行使，是一种作用于社会治理尤其是司法治理的治权，必然受全国人大常委会的监督。[2] 另一方面，这是授权者监督被授权者的体现。由于司法解释权源自全国人大常委会的转授，故常委会有撤销、要求司法解释制定主体废止、修改乃至自己制定立法解释予以替代的权力。人大监督在司法解释的监督体系中处于最高与终局的地位，其重要性不言而喻，而欲实行前述体制改革，更应强化全国人大常委会针对司法解释的监督处理机制建设。

---

[1] 陈斯喜：《人民代表大会制度概论》，中国民主法制出版社2016年版，第238—239页。

[2] 参见李凤军《论人大的监督权》，中国政法大学出版社2015年版，第96页。

（一）司法解释人大监督的规范基础

全国人大及其常委会对司法解释的监督，在较长一段时间都存在缺位。由于未能理顺司法解释的基本范畴，制度运行曾长期处于"脱法化"状态，这对人大监督的切入造成了困难。与之形成鲜明对照的是法规的人大监督。2000年《立法法》明确了由全国人大常委会主导的，针对行政法规、地方性法规、自治条例和单行条例的备案审查，使法规系统的人大监督得到了制度化。[①] 针对司法解释的人大监督制度未能同时建立，这在实践中曾引发一些问题。例如，全国人大常委会在2003年收到了关于两件司法解释的审查建议，但因当时缺少法律规定，故只能"暂时对两件审查建议存档备查"[②]。鉴于司法解释具有立法性质，套用法规的备案审查模式构建司法解释的备案审查制度，可能是较为合适的方案。2004年全国人大常委会出台的《司法解释备案审查工作程序》便是朝着这一方向的努力，2006年《监督法》对此予以了进一步规范。

根据2006年《监督法》第31条、第32条、第33条以及《司法解释备案审查工作程序》的规定，司法解释的备案审查主要有如下内容。第一，备案程序。司法解释自公布之日起三十日内，由制定机关报全国人大常委会备案。第二，审查程序。国务院、中央军委和省级人大常委会以及最高法、最高检有权向全国人大常委会提出针对司法解释的审查要求，由工作机构送相关专门委员会审查、提出意见；其他机关、社会组织、公民可以向全国人大常委会提出针对司法解释的审查建议，由工作机构接收并登记，经研究认为有必要的，报全国人大常委会秘书长批准后，送相关专门委员会审查、提出意见。第三，处理程序。经全国人大常委会法工委与全国人大专门委员会审查，认

[①] 参见钱宁峰《规范性文件备案审查制度：历史、现实和趋势》，《学海》2007年第6期。

[②] 宋锐：《关于全国人大常委会法规备案审查工作的几个问题》，《中国人大》2004年第3期。

为司法解释与法律抵触的，遵循如下流程处理：首先，与司法解释制定机关沟通，制定机关同意前述意见并修改或废止该司法解释的，审查终止；其次，若经沟通，制定机关不同意作出处理的，专门委员会应书面向制定机关提出审查意见，建议其自行修改或废止，制定机关应在2个月提出处理意见并予以反馈；最后，收到书面审查意见后，制定机关仍拒绝按照意见修改或废止司法解释的，专门委员会可以向全国人大常委会提出要求作出责令司法解释制定主体修改、废止相关司法解释的议案或者由全国人大常委会作出法律解释的议案，最终经委员长会议提请常委会会议审议决定。①

2006年《监督法》施行后，针对司法解释的人大监督制度已经建立，但因缺少配套的反馈与公开机制，外界对这套制度的运行情况知之甚少。虽然相关负责同志一直强调备案审查工作"只做不说"，"鸭子凫水，暗中使劲"，②但至少从外部视角来看，司法解释备案工作的效果是存疑的。其一，司法解释在备案之后，是否必经审查程序，在《监督法》上并无体现。虽然立法机关工作机构有权依法主动审查报送备案的规范性文件，但这种审查并无强制启动的属性。参照立法机关工作人员的说法，"如果要对每件法规逐字逐句地进行全面审查，从全国人大常委会现有的人力资源来看，是根本不可能做到的"③。即便审查监督被要求做到"实质审查"与"刚性监督"，④但若审查并未启动，则相应制度仍是缺乏意义的。其二，司法解释审查后，得到立法机关纠正的情况少之又少，仅有个例也

---

① 参见全国人大常委会法制工作委员会国家法室编著，李飞主编，郑淑娜、武增副主编《〈中华人民共和国各级人民代表大会常务委员会监督法〉释义及实用指南》，中国民主法制出版社2013年版，第103—109页。

② 参见武增主编《中华人民共和国立法法解读》，中国法制出版社2015年版，第355页。

③ 宋锐：《关于全国人大常委会法规备案审查工作的几个问题》，《中国人大》2004年第3期。

④ 参见陶涛《解读〈监督法〉》，《检察风云》2006年第19期。

都是通过沟通程序由制定主体自行处理。例如，2016 年有律师对相关司法解释文件中规定的"附条件逮捕"提出了审查建议，全国人大常委会法工委审查认定其确与《刑事诉讼法》的相关规定不符，"经与制定机关沟通，相关司法解释已于 2017 年 4 月停止执行"①。这种沟通处理的方式虽然便捷，但不利于树立人大的权威，对司法解释主体的越权违法也缺乏震慑效果。其三，现行司法解释中缺乏依据、存在违法嫌疑的条文不在少数，这些条文长期存在，且未经全国人大常委会纠正。如撤回起诉、变更起诉、补充起诉等，根本是司法解释增设的司法制度，有违《立法法》的法律保留条款，不符合司法解释权的行使要求。

新时代以来，规范性文件的备案审查得到了决策层的进一步重视。党的十八届三中全会、十八届四中全会、党的十九大、十九届四中全会、党的二十大、二十届三中全会，都对全国人大常委会的备案审查工作作出了指示，要求加强制度和能力建设，实现备案审查"全覆盖"，依法撤销、纠正违宪违法的规范性文件。要"健全规范性文件备案审查制度，把各类法规、规章、司法解释和各类规范性文件纳入备案审查范围，建立健全党委、人大、政府、军队间备案审查衔接联动机制，加强备案审查制度和能力建设，实行有件必备、有备必审、有错必纠"。为此，《备案审查办法》将司法解释与法规的备案审查予以整合，构建了一整套较为科学的备案审查制度，发展出依职权审查、依申请审查、专项审查和移送审查四种审查方式，并设置了更为细化的审查程序，有效提高了人大对司法解释监督的可操作性。

（二）司法解释人大监督的机制完善

徒法不足以自行，即便有完备的操作规范，司法解释的备案审查仍需工作人员逐件完成，而由于全国人大常委会法工委的人力资源稀缺，完成"有件必备"已相当艰难，"有备必审"的实现几乎

---

① 沈春耀：《全国人民代表大会常务委员会法制工作委员会关于十二届全国人大以来暨 2017 年备案审查工作情况的报告》，《中国人大》2018 年第 1 期。

成了镜花水月。根据有关负责同志介绍，截至 2020 年年初，法规备案审查室仅有工作人员 13 人，由其进行全国范围内所有行政法规、监察法规、地方性法规、司法解释等在内数万件规范性文件的备案审查，根本是不可能完成的任务。[1] 为了落实此项工作，必须进一步充实全国人大备案审查的工作力量。此外，按照前文思路赋予最高检对司法解释的法律监督权后，备案审查的工作压力也能适当降低。不过，讨论重点应回归备案审查制度本身，就此而言，笔者认为有如下方面可进一步完善。

第一，拓展司法解释文件的备案范围。根据《备案审查办法》的规定，只有严格意义上的司法解释才需要备案，司法解释性质文件不在备案范围之内。应予注意，由于司法解释性质文件起着事实上裁判依据的作用，故亦会产生与法律的抵触。《备案审查办法》第 54 条规定，对于司法解释性质文件，同样属于全国人大常委会的审查范围。实践中，大部分来自社会团体、公民的审查建议，也都是针对司法解释性质文件提出的。但是，由于司法解释性质文件不用备案，导致审查缺乏权威文本，不利于工作的顺利开展。将司法解释的备案范围拓展至司法解释性质文件，既是完成审查工作的前提，也是落实"有件必备"的应有之义。不过，若将司法解释性质文件纳入备案范围，则会造成司法解释概念及其效力的再次模糊与混淆，对此也应有所考虑。司法解释性质文件的根本问题，主要是因其非制度化导致的权力规制困难，这仅靠备案机制无法解决，处理之道乃是将其引导至既有的制度框架之中，本章第三节将予详述。

第二，完善重点司法解释的专项审查机制。全国人大常委会法工委在规范性文件的审查方面，构建了包括主动审查、依申请审查、专项审查在内的多种具体审查模式。首先，主动审查即依职权对报送备案的规范性文件展开的审查。这类审查构成了"有备必审"任

---

[1] 参见梁鹰《备案审查工作的现状、挑战与展望——以贯彻执行〈法规、司法解释备案审查工作办法〉为中心》，《地方立法研究》2020 年第 6 期。

务的主体部分。其次，依申请审查系指基于社会组织、公民提出的审查建议开展的审查工作。目前，全国人大的官方网站开通了在线提交审查建议的平台，每年收到的群众意见多达数千条，其中绝大部分审查建议都是针对司法解释文件提出的。① 这种审查模式的优势在于能够落实公民参与，使审查工作有的放矢，但缺点是容易受利益相关方的影响且覆盖面较为不足。最后，专项审查则是根据全国人大常委会部署展开的围绕某一领域的审查，如 2017 年针对生态环境保护相关规范性文件的审查、2018 年针对道路交通安全领域相关规范性文件的审查、2019 年针对食品药品安全方面规范性文件的审查等。专项审查类似于"运动型治理机制"的运用，可以有效地在审查工作中贯彻政策、落实重点。

  以上三种审查模式能够发现司法解释存在的一些问题，但各自又有一系列的缺陷，难以保证监督的全面性与有效性。申言之，考虑到包括司法解释在内备案规范性文件的庞大体量，落实"有备必审"的要求并不现实，而且，被动审查与专项审查也容易出现覆盖面不足、偏重某些事项而忽视其他领域的问题。将不同司法解释按照重要程度予以分类，对涉及重点领域法律或制度的司法解释先行实质审查，并逐步扩展审查范围，将主动审查与专项审查相结合，可能是比较适当的操作思路。比如，《刑法》《刑事诉讼法》《民事诉讼法》等法律的司法解释，因较多涉及法律保留事项，从备案伊始就必须作实质审查。② 以刑事实体法为例，定罪量刑受制于罪刑法

---

① 截至 2017 年年底，在属于全国人大常委会备案审查范围的 1206 件审查建议中，建议对司法解释进行审查的 1116 件，占 92.5%。参见沈春耀《全国人民代表大会常务委员会法制工作委员会关于十二届全国人大以来暨 2017 年备案审查工作情况的报告》，《中国人大》2018 年第 1 期。

② 在此前的审查实践中，全国人大常委会法工委曾发现有关非法行医罪犯罪构成、民事诉讼拘传原告和被执行人等司法解释便存在问题。参见梁鹰《全国人大常委会 2018 年备案审查工作报告述评》，《中国法律评论》2019 年第 1 期。实际上，这类司法解释已经严重违反了《立法法》的有关规定，且在司法实践中造成了法律的错误适用，甚至导致了错案的出现。

定原则，司法解释不能扩张或限缩刑法条文对构成要件的规定，一旦司法解释出现问题，必将在实践中引发制度性错案，这是刑事司法系统无法承受与容忍的。就刑事程序法而言，如强制侦查行为、强制措施、证据规则等，直接关乎被追诉人的人身、财产与诉讼权利，若司法解释不当扩张了公权机关的权力范围，则相关实践对犯罪嫌疑人、被告人的权利侵害也将会是巨大且难以弥补的。鉴于此，有关法律保留事项的司法解释，必须受到严格的审查，特别是《立法法》第12条之绝对保留的犯罪和刑罚、针对人身自由的干预处分、司法制度等事项，尤应列为审查重点，不仅须赋予其最高的审查优先度，在社会组织、公民提出审查建议时，也应再次结合实践予以深入研究，发现问题立即纠正。

第三，鼓励专家学者对司法解释审查活动的参与。人力资源的缺乏是导致主动审查工作无法落实的最大瓶颈，① 除了直接招录或调任人员增强工作力量，通过引入社会力量弥补上述不足，也是未来值得考虑的方向。可以将主动审查与被动审查相结合，有意识地将社会资源引入备案审查工作，以实现"有备必审"的目标。例如，可考虑通过科研项目的方式将某一或者某类司法解释的审查任务打包委托给高校、智库等专门从事相应领域研究的专家学者，由其组织力量对司法解释进行合宪性、合法性、适当性研究。在规定期限内，受委托的科研机构应完成研究报告，对司法解释规定中可能存在问题，尤其是疑似与法律抵触的部分进行深入分析，并基于此向全国人大常委会提出审查建议。继而，收到科研机构递交的研究报告后，立法机关工作机构应当围绕报告指出的问题，按照公民、社会组织提出审查建议的程序予以处理。如此一来，主动审查将转化为被动审查，有效聚焦司法解释中的问题，避免耗费人力资源。在实践中，全国人大常委会法工委及一些地方人大已开始启动此类项

---

① 参见刘松山《备案审查、合宪性审查和宪法监督需要研究解决的若干重要问题》，《中国法律评论》2018年第4期。

目,如北京航空航天大学法学院的备案审查制度研究中心与全国人大常委会法工委合作,开展了地方性法规中有关营商环境相关问题的专项研究,① 上海市人大常委会与上海政法学院合作组建了备案审查工作研究中心,由后者根据前者的委托和要求,进行课题研究和项目调研等活动,等等。②

第四,构建司法解释人大监督与检察监督的衔接机制。按照前文构想的改革方案,在将司法解释权统一赋予最高法,并由最高检专司司法解释的法律监督权之情况下,人大对司法解释的监督压力得以减轻。备案审查的制度目的绝不在于显示权力,而是"全面贯彻实施宪法""维护宪法法律权威"。只要能够确保规范性文件符合法律与宪法的要求,备案审查就能实现其制度目的,这也是对司法解释实行检察监督的目的。在相同的制度目的下,人大监督与检察监督在机制上可适当合并,形成带有层次性的监督体系。具言之,在检察监督的框架下,当最高检发现审判解释存在违反法律的嫌疑时,首先与最高法沟通,提出修改或废止相关司法解释的意见,若最高法不接受的,再书面向最高法提出检察建议。按照以往的实践经验,经由法律监督权的行使,大部分存在问题的司法解释都将得到完善。若最高法仍拒绝调整司法解释的,再进入人大监督的制度领域。在人大监督的框架下,最高检有权按照《监督法》的规定,将最高法拒绝调整的司法解释向全国人大常委会提出书面审查的要求,由有关专门委员会和常委会工作机构进行审查、提出意见,认为确有问题的,按照《备案审查办法》的规定进行处理。

---

① 参见刘嫚《首家全国性备案审查制度研究中心助力纠错任性"红头文件"》,《南方都市报》2019 年 9 月 22 日第 GA07 版。
② 参见陈颖婷《市规范性文件备案审查工作研究中心成立》,《上海法治报》2019 年 5 月 6 日第 A01 版。

第三节　机制层面：司法解释机制的规范调控

　　囿于法律规定粗疏、法制统一机制不健全、司法人员法律适用水平不高等原因，司法解释获得了旺盛的生命力。尤其是审判解释，其直接为法官提供裁判依据、明确裁判尺度，短时间内很难为其他制度所替代。不过，制度有必要性，不代表其无须调整。除了前提层面与体制层面，在具体机制上，司法解释制度的问题同样不少。比如，权力限制条件与授予范围的不清晰，易使解释内容突破权力空间，侵入法律与立法解释的调整范围。再如，在科层制的司法体系中，司法解释可被用来管控业务活动，诱使有权与无权主体普遍进行非制度性释法，在中央与地方两个层面生成了大量的司法解释性质文件。权力的无序运作，给司法解释的制度完善带来极大阻碍，对此应在机制上予以调控。

一　明确司法解释的行权规则

　　司法解释的实践争议大多源自行权规则的缺失。比如，"没有法律依据"的公诉撤回可否由司法解释规定、侵犯公民个人信息罪中"国家有关规定"能否涵盖部门规章、附带民事诉讼对精神损害赔偿的请求限制是否抵触《民法典》、夫妻一方以个人名义负担的合同之债应否推定为共同债务，等等。类似争议的症结皆在于司法解释的正当性判断，就形式法治而言，这本身是如何确保权力规范行使的问题。如前所述，《立法法》第119条第1款本应起到明确司法解释权力空间的作用，但因"符合立法的目的、原则和原意"客观程度过低，很难得出清晰有效、体系明确的标准。质言之，虽然存在法律的限制规定，但权力的微观约束依旧缺乏——有抽象规范而无具体规则，这既是司法解释领域的现状描述，也是实践中亟待解决的重要问题。

司法解释的行权规则，无法经由过分简约的事前规范演绎而来，但法律及规范性法律文件，仍从事后视角提供了构建规则的标准。根据《立法法》《监督法》并结合《备案审查办法》的规定，能够得出三项具有层次性的行权规则：第一，司法解释不得对法律保留事项作出创设性规定；第二，司法解释不得同法律规定相抵触；第三，司法解释的规范内容不得明显缺乏适当性。以下将基于规范论立场，围绕法律文本及其内含法理，联系实例论证上述规则并归纳权力行使的正当流程。

（一）司法解释不得对法律保留事项作出创设性规定

为保障人民当家作主，维护国家法制统一与公民基本权利，宪法法律通常会将某些事项的规范制定权交由最高代议机关行使，这被称作法律保留。法律保留事项为《立法法》第11条集中规定，包括：（1）国家主权；（2）各级人大、政府、法院、检察院的产生、组织和职权；（3）民族区域自治、特别行政区、基层群众自治制度；（4）犯罪和刑罚；（5）剥夺公民政治权利、限制公民人身自由的强制措施和处罚；（6）税收基本制度；（7）非国有财产的征收、征用；（8）民事基本制度；（9）基本经济制度及财政、海关、金融和外贸的基本制度；（10）诉讼和仲裁制度；（11）其他必须制定法律的事项。① 对于上述事项，只能由全国人大及其常委会制定法律加以调整，其他机关不得自行规制。本书将这种限制称为"法律保留禁止"。

司法解释权的行使看似不受法律保留限制，实际并非如此。作为解决法律适用问题的机制，司法解释应以存在可供适用的法律为前提，单纯对规定的阐释和说明的确不会违反法律保留。然而，从司法解释的立法性质可以推知，其制定依然可能触及法律保留的红

---

① "其他必须制定法律的事项"是全国人大及其常委会专属立法权的兜底条款，包含《立法法》未专门列举但宪法和法律规定的保留事项。参见乔晓阳主编《〈中华人民共和国立法法〉导读与释义》，中国民主法制出版社2015年版，第92—93页。

线。法律适用问题未必产生于具体条文的涵摄过程，当法律对某些情形的规定暂付阙如时，司法机关也会陷入法律适用的困境。比如，考虑到公诉的客观性和效率性，检察机关在提起公诉后、宣告判决前发现起诉条件不具备的，可考虑主动撤回起诉以消灭诉讼系属，但因法律未规定公诉撤回，如何处理仍得被概括视为法律适用问题。① 鉴于此类司法解释有明显的造法性质，若其涉及法律保留事项，则必然无效。申言之，司法解释可以区分为创设性解释与非创设性解释，后者是针对法律条文的解释，不法事由仅为抵触或不适当，而前者缺乏具体的解释对象，属于"无中生有"②的解释，始有违反法律保留之虞。

《备案审查办法》第38条明确了司法解释行权受法律保留约束，其规定司法解释不得"违反《立法法》第8条（即现行《立法法》第11条），对只能制定法律的事项作出规定"。从文义上看，法律保留禁止的内容似乎是"不得解释法律保留的事项"，但如此理解明显不合逻辑——对于规定犯罪与刑罚的《刑法》、规定民事基本制度的《民法典》、规定诉讼制度的《刑事诉讼法》《民事诉讼法》等皆不得作出司法解释，这是不可思议的。如前所述，非创设性司法解释无涉法律保留，故在立法已就保留事项形成规范后，对其中涉及司法工作的，最高司法机关可以甚至应当作出解释。至于未得规范的保留事项，则不得通过司法解释任意创设。质言之，"对只能制定法律的事项作出规定"应当缩小解释为"对只能制定法律的事项作出创设性规定"。

不过，从体系上看，《备案审查办法》第38条将违反法律保留禁止和其他如"与法律规定明显不一致""与法律的立法目的、原则明显相违背，旨在抵消、改变或者规避法律规定"等并列，一概

---

① 参见龙宗智《论新刑事诉讼法实施后的公诉变更问题》，《当代法学》2014年第5期。

② 张建伟：《刑事诉讼司法解释的空间与界限》，《清华法学》2013年第6期。

作为司法解释"违背法律规定"的情形，则存在层次上的混淆。① 对保留事项创制规则的司法解释，违反的是《立法法》这一宪法性法律中的次级规则；而属于其他不法情形的司法解释，违反的是部门法中的初级规则。前者仅为形式上的权限判断，后者则必须根据具体部门法规定回答"是否符合立法的目的、原则和原意"之问题，这是实质上的内容判断（主要涉及后文中的法律抵触）。依照事物定性由表及里的一般规律，法律保留的判断先于其他合法性条件，即"不得对法律保留的事项作出创设性规定"构成司法解释行权应遵守的首个规则。

判断司法解释是否突破法律保留的限制，须经如下检视步骤：先判断是否创设了现行法并未明确或无法在规范上证立的规则，若肯定，则继续审查相关条款是否落入保留事项的范围，若仍肯定，则确认其违反法律保留的要求。

以关于公诉撤回的司法解释为例。2019 年《高检规则》第 424 条规定，公诉案件判决宣告前，若检察机关发现没有犯罪事实、指控证据不足、不应追究刑责等情形的，可以撤回起诉。2021 年《高

---

① 《备案审查办法》第 38 条第 2 项"超越权限，违法设定公民、法人和其他组织的权利与义务，或者违法设定国家机关的权力与责任"的情形易被认为与法律保留对司法解释的限制具有相同性质，属于"超越权限"的类型。立法机关工作机构的释义书指出："司法解释原则上只是在审判、检察工作中对法律的原则、原意进行阐释、阐发，明确其适用，而不应对公民、法人和其他组织的权利、义务作出创设性规定。"参见全国人大常委会法制工作委员会法规备案审查室《〈法规、司法解释备案审查工作办法〉导读》，中国民主法制出版社 2020 年版，第 104 页。按照上述说法，创设性司法解释因无对应条文，超出法律适用的范围，故一概有越权的问题。笔者认为，这一解读错误界定了司法解释的制定权限，从规范与事实两个层面皆难证立：一方面，《立法法》第 119 条第 1 款"主要针对"反向允许无对应条文的创设性司法解释存在，表明"两高"未必不能在保留事项范围外创设权利义务；另一方面，实践中的司法解释大量创设了法律没有明确的权利义务，但备案审查机关似乎从未以"越权"为由进行纠正，即便提出意见，也多是出于"抵触"或"不适当"的考量。此外，就规范目的而言，"违法设定权利义务或权力责任"系主要针对《立法法》第 80 条第 2 款、第 82 条第 6 款有关部门规章、地方政府规章的越权问题规定的，与司法解释关系不大。

法解释》第 296 条规定，检察院要求撤回起诉的，法院应审查并作出裁定。遍查《刑事诉讼法》，无一条款与公诉撤回相关。若无以上司法解释，则公诉案件系属法院后，依法只能以裁判结案，检察机关无权要求撤回起诉，审判机关也无权准许其请求。公诉撤回的规定具有创设性，其是否属于法律保留的事项？从内部参与者视角看，基于司法解释的规定，检察院与法院分别获得了要求撤回起诉与准许撤回起诉的权力，这皆为法律未赋予的职权；从外部观察者视角看，司法解释的规定实际扩充了《刑事诉讼法》中起诉程序与审判程序的内容，系对起诉制度与审判制度的规则增设。前者落入《立法法》第 11 条"（三）人民法院和人民检察院的职权"的范围，后者属于《立法法》第 11 条"（十）诉讼制度"的内容，均是"只能制定法律"的事项。无论以何者为准，上述创设性解释都已牵涉保留事项，难免会被认为不符合法律保留的要求。①

（二）司法解释不得同法律规定相抵触

未就法律保留事项作出创设性规定，仅表示司法解释有形式之合法性，至于实质上是否合法，则须考察规范的具体内容。司法解释应当"符合立法的目的、原则和原意"，其基本要求乃是"不得同法律规定相抵触"。②《监督法》第 43 条明确了"法律抵触禁止"的实体规则，即，如果司法解释"存在同法律规定相抵触的情形，

---

① 与公诉撤回同理，刑事诉讼司法解释中有关公诉变更、公诉追加的规定，包括 2019 年《高检规则》第 423、425、426 条，2021 年《高法解释》第 289、297 条等，亦有违反法律保留之虞。

② 应予注意，司法解释违反法律保留禁止并非司法解释与《立法法》第 11 条（或其他规定法律保留的条款）相"抵触"。实务机关常将"越权""违法""抵触"的指向混为一谈。参见苗炎《司法解释制度之法理反思与结构优化》，《法制与社会发展》2019 年第 2 期。除全国人大及其常委会、获得授权的国务院以外，任何主体皆无针对法律保留事项新增、变更或废止规范的权力。由于"两高"无此权力，所以，其对前述事项作出创设性规定，本身即无效行权，制定的司法解释自始无效。理论上，无效的规范不能产生有效的抵触。为示区别，有学者将前述越权的情形称为"法的违反"。参见袁勇《法的违反情形与抵触情形之界分》，《法制与社会发展》2017 年第 3 期。

应当及时修改或者予以废止"①。

　　判断司法解释是否抵触法律，前提是明确"法律"的范围。从"符合立法的目的、原则和原意"切入，容易简单地把司法解释应当"符合"的"立法"限定为受其解释的对象，②继而将其他法律排除出抵触的范围：其一，司法解释的导语部分通常会明确制定依据，依据外的法律自不构成"符合"宣称的客体；其二，不同法律的目的、原则和原意大相径庭，甲法司法解释不符合乙法的情况往往不可避免，在法律存在冲突时尤其如此。

　　上述观点的主要问题在于对法秩序统一性欠缺整体考虑。前文已述，法律抵触禁止的范围，即"符合立法的目的、原则和原意"之"立法"的范围，并不局限于司法解释针对的法律，但须将与解释对象存在冲突的法律排除在外。一方面，在甲法与乙法本身无冲突的情况下，容许甲法司法解释抵触乙法，将给原本融贯的法秩序带来内在的不一致。很明显，这种情况实为司法解释权与立法权的矛盾所致。由于司法解释权是全国人大常委会立法权（具体系法律解释权）下位的派生性权力，所以，两者之间存在矛盾是不可接受的。另一方面，在甲法与乙法本身存在冲突的情况下，甲法司法解释与乙法的抵触不可避免，但根源上，此类"抵触"却非司法解释权行使造成的真实抵触。法律冲突是处于司法解释上位的严格意义上的立法问题，一般应根据"特别法优于一般法"或"新法优于旧法"的规则预先处理。一旦适用于个案的有效法律得到确定，该法律及其司法解释即应以"全无或全有"的方式适用，此时不生司法解释与法律的抵触问题。质言之，基于法律体系的融贯预设，法律抵触禁止的范围涵盖所有不与解释对象冲突的法律。

---

　　① 全国人大常委会法制工作委员会国家法室编著，李飞主编，郑淑娜、武增副主编：《〈中华人民共和国各级人民代表大会常务委员会监督法〉释义及实用指南》，中国民主法制出版社2013年版，第106页。

　　② 参见王成《最高法院司法解释效力研究》，《中外法学》2016年第1期。

适用法律抵触禁止，关键在于确定抵触的认定标准。相关研究大多集中于法规、规范性文件同法律的抵触，尚无专门针对司法解释的探讨。即便就前者而言，目前亦未形成通说的标准。由于抵触的情况各异，实践中常以列举的方式处理。例如，2004 年《最高人民法院关于审理行政案件适用法律规范问题的座谈会纪要》总结了 11 类抵触，有学者更是进一步将其扩展至 17 种。[1] 列举处理虽有助于解决实践问题，但列举本身无法形成理论标准，其既缺乏标准上的同一性，[2] 也难以穷尽所有情形[3]。不过，抵触的认定标准其实也并非完全不确定。大多数情况下，规范之间是否抵触是一目了然的，其取决于规范内容的兼容性。

法律虽未规定司法解释的抵触标准，但基于立法机关工作机构的释义书列举的抵触情形，仍可提炼一些规律。这些情形有如下五种：(1) 上位法有明确规定，与上位法的规定相反；(2) 虽然不与上位法的规定相反，但旨在抵消上位法的规定；(3) 上位法没有明确规定，但与上位法的立法目的和立法精神相反；(4) 违反了《立法法》关于立法权限的规定，越权立法；(5) 下位法超出上位法规定的处罚的种类和幅度。[4] 其中，第一种与第二种情形的程度有别，但性质相同，皆以规范逻辑的不兼容为表征，乃所谓"直接抵触"；第三种情形系规范意旨的不兼容，这被称为"间接抵触"；[5] 第四种情形是初级规则违反次级规则，就司法解释而言，即对法律保留事

---

[1] 参见董书萍《法律适用规则研究》，中国人民公安大学出版社 2012 年版，第 101—102 页。

[2] 参见胡建淼《法律规范之间抵触标准研究》，《中国法学》2016 年第 3 期。

[3] 参见刘雁鹏《地方立法抵触标准的反思与判定》，《北京社会科学》2017 年第 3 期。

[4] 参见全国人大常委会法制工作委员会国家法室编著，李飞主编，郑淑娜、武增副主编《〈中华人民共和国各级人民代表大会常务委员会监督法〉释义及实用指南》，中国民主法制出版社 2013 年版，第 102 页。

[5] 参见周旺生《立法学》（第二版），法律出版社 2009 年版，第 284 页。

项作了创设性规定，不属于严格意义上的抵触；① 第五种情形通常只发生在设定罚则的法规领域，与司法解释基本无涉。《备案审查办法》第 38 条对以上分析予以进一步肯认，将其概括为："与法律规定明显不一致，或者与法律的立法目的、原则明显相违背，旨在抵消、改变或者规避法律规定。"准此，司法解释同法律规定相抵触的可能情形便只余两种：一是法律有明确规定，司法解释与法律在逻辑上无法并立；二是法律无明确规定，司法解释与法律在意旨上难以调和。

随之而来的问题是，兼容性如何判断？无论直接抵触还是间接抵触、逻辑不兼容抑或意旨不兼容，均不能直接供给抵触认定以具体标准，对此需要进一步明确。

第一，就直接抵触而言，当法律有明确规定时，是否抵触取决于司法解释与法律规范模态的一致性。任何有意义的规范语句都可表述为规范模态词和陈述句命题（受规范模态限定的规范成分）的组合。根据规范理论与规范逻辑原理，构成规范核心部分、决定规范特性的要素是规范模态，其主要体现为"应为""勿为""可为"三类模式。② 针对同一陈述句命题使用不同规范模态词构成的规范语句在逻辑上相互矛盾。简述如下：假设 p 为任意陈述句命题，规范 N1 为应为 p，规范 N2 为勿为 p，规范 N3 为可为 p。那么：（1）无论做 p 或是不做 p，N1 与 N2 皆无法同时实现；（2）不做 p，N1 与 N3 无法同时实现；（3）做 p，N2 与 N3 无法同时实现。据此得出的认定标准是，在司法解释与法律规范成分相同的情况下，若规范模态不一致的，两者构成直接抵触。直接抵触的认定标准通常难以径行适用，毕竟，司法解释不太可能与法律的规范成分完全相同。可行的办法是将司法解释中的规范成分转化成能够为法律涵盖的陈述

---

① 参见王锴《合宪性、合法性、适当性审查的区别与联系》，《中国法学》2019 年第 1 期。

② 参见袁勇《法的违反情形与抵触情形之界分》，《法制与社会发展》2017 年第 3 期。

句命题，并以之形成新的规范语句，再与法律进行规范模态之比较。

除典型的规范语句外，司法解释对法律概念的界定也可能造成直接抵触的结果。概念定义虽仅体现为单纯的陈述句命题，但从司法者的角度看，在使用涉及法律概念的规范时，作为前提的概念定义亦得被表述为包含规范模态词的规范语句，继而可以适用直接抵触的认定标准加以判断。比如，2017 年《最高人民法院、最高人民检察院关于办理侵犯公民个人信息刑事案件适用法律若干问题的解释》第 2 条将《刑法》第 253 条之一的"国家有关规定"界定为"法律、行政法规、部门规章有关公民个人信息保护的规定"。该解释与《刑法》第 96 条对"国家规定"的界定"全国人民代表大会及其常务委员会制定的法律和决定，国务院制定的行政法规、规定的行政措施、发布的决定和命令"不尽一致，后者不包括部门规章。就关系而言，刑法分则中的"国家有关规定"应是总则"国家规定"的下位概念，在语义上，"有关"这一语词的功能仅为将"国家规定"限缩于公民个人信息保护的范畴。由此，司法解释与法律中的定义语句便可被分别转化为"应当认定部门规章是国家有关规定"与"不应当认定部门规章是国家有关规定"[①] 的规范语句。两者规范模态不一致，无法在逻辑上并立，须认为抵触成立。

第二，对于间接抵触，在法无明文的情况下，是否成立取决于司法解释与法律规范目的的一致性。司法解释是为适用法律而制定的，不得减损立法目的的完整性。较之逻辑不兼容的事实判断性质，意旨不兼容更多涉及价值衡量，其重点乃检视司法解释是否违背立法的目的或精神。

间接抵触的认定标准虽然可作理论表述，但实际操作仍有困难，

[①] "不应当"即"免为"，其在逻辑上属于"应为""勿为""可为"以外有法律意义的另一规范模态词。"免为"与"可为"均体现准许的意思，但在指引方向上却完全不同，相应规范存在潜在抵触的可能。尤其在公法领域，要求公权机关"不应当"做某事几乎等同于"禁止"做某事。根据"法无授权即禁止"的原理，将此处"不应当认定部门规章是国家有关规定"表述为"不得认定部门规章是国家有关规定"亦无疑问。

其难点首先在于立法目的的获取方面。就一些法律条文而言，其规范目的具有隐匿性、抽象性与不特定性，客观含义不足、价值倾向明显，无可靠的获取路径，不同角度得出的结论往往大相径庭。不过，采取限制性的目的论视角，通过对文义、体系、历史等目的渊源的诠释，仍可对待定的规范目的进行论证，从而在一定程度上纾解目的获取的疑难。① 其次，纵使获取有说服力的立法目的，抵触认定的方法也存在适用障碍。带有原则性质的目的并非明确指令，其与规则样态的司法解释不在同一层次，因而无法直接作内容对比。解决问题的关键在于将司法解释还原成可与立法目的比较的同位体，即根据司法解释的规范内容及其预期效果，将具体规则还原为抽象原则，再与法律条文的目的进行权衡。② 若一致性较高，则可排除抵触存在；若偏差度极大，则应认定司法解释违背立法目的，构成间接抵触。③

依照上述方法，可以对一些间接抵触的情形作出判断。比如，2021年《高法解释》第175条第2款规定，"因受到犯罪侵犯，提起附带民事诉讼或者单独提起民事诉讼要求赔偿精神损失的，人民法院一般不予受理"，这是对《刑事诉讼法》第101条第1款的进一步拓展。法律将提起附带民事诉讼的主体限定为因犯罪而遭受物质损失的被害人，司法解释则将犯罪行为造成民事责任的请求权范围限定为赔偿物质损失，无论民事诉讼是附带还是单独提起的。④ 解释的逻辑看似相当跳跃，但后者不仅未同前者抵触，反而促进了法律适用的有效性。因为，一旦允许对精神损害另行起诉，绝大部分被

---

① 参见钱炜江《论司法裁判中的目的解释》，《法制与社会发展》2018年第5期。
② 参见俞祺《论与上位法相抵触》，《法学家》2021年第5期。
③ 鉴于法秩序的弹性、司法解释形塑规则与传递政策等作用的发挥以及价值权衡的不稳定性，间接抵触的判断必须审慎为之，通常仅在司法解释明显违背立法目的以致无法对其作出合目的性理解的情况下，才应予以认定。
④ 参见聂友伦《刑事附带民事诉讼赔偿范围限制的制度逻辑》，《环球法律评论》2023年第3期。

害人便会待刑事诉讼结案后再单独提起民事诉讼，这将使附带民事诉讼制度"失去实际意义"。① 本质上看，该解释隐含着"打了不罚、罚了不打"的意思，即承担刑事责任的被告实际将被免除精神损害赔偿责任，② 其体现的是刑事责任对民事责任的替代性或民事责任对刑事责任的依附性，与《民法典》第 187 条"承担刑事责任不影响承担民事责任"之确保民事责任独立性、优先性的立法目的相悖。③ 考虑到《刑事诉讼法》仅规定附带民事诉讼的启动事项，并未直接对精神损害赔偿请求权作出限制，相应《民法典》条款仍在《高法解释》禁止抵触的范围内。进而，因规范意旨不兼容，故应认定两者构成抵触。

（三）司法解释不得明显缺乏适当性

即便不与法律相抵触，司法解释也未必正当。"任何法律解释都是为了实现立法的规范目的。"④ 司法解释同样如此，其功能系在既定法律框架下进一步落实法律的规范意旨，增强法律的可执行性与可操作性。若功能无法实现、实效不佳或代价太大，则相应解释仍难以为法秩序所容。换言之，司法解释不得明显缺乏适当性，这构成了司法解释行权的最后一项规则。此处的"适当性"取狭义概念⑤，与法律保留、法律抵触非处同一层面，前后的界限在于是否超

---

① 参见李少平主编、杨万朋副主编，《刑事诉讼法解释》起草小组编著《〈最高人民法院关于适用〈中华人民共和国刑事诉讼法〉的解释〉理解与适用》，人民法院出版社 2021 年版，第 275 页。

② 参见李少平主编、杨万朋副主编，《刑事诉讼法解释》起草小组编著《〈最高人民法院关于适用〈中华人民共和国刑事诉讼法〉的解释〉理解与适用》，人民法院出版社 2021 年版，第 286 页。

③ 参见黄忠《论民法典后司法解释之命运》，《中国法学》2020 年第 6 期。

④ ［德］伯恩·魏德士：《法理学》，吴越、丁晓春译，法律出版社 2005 年版，第 346 页。

⑤ 在法律上，适当性有两种意涵：一是《监督法》第 39 条的宽界定，其将不适当分为超越权限、抵触法律以及其他情形；二是《立法法》第 96 条的窄界定，其将不适当与超越权限、抵触法律并列，视为合法性外"是否符合客观规律"的合理性问题。

越既定法律框架。① 质言之，司法解释先须满足合法性要求，才有作出适当性判断的余地。

适当性规则得被理解为，司法解释与法律意旨之间应具有符合理性的实质关联。针对法律法规的"不适当"，立法机关工作机构的释义书列举了如下情形：（1）要求公民、法人和其他组织执行的标准或者遵守的措施明显脱离实际；（2）要求公民、法人和其他组织履行的义务与其所享有的权利明显不平衡；（3）赋予国家机关的权力与要求其承担的义务明显不平衡；（4）对某种行为的处罚与该行为所应承担的责任明显不平衡。② 鉴于规范性文件规定执行标准、权利义务、权力责任、行为处罚等均以实现一定目的为前提，上述情形其实皆可转化为手段与目的不成比例之表述。司法解释与待落实的法律意旨之间同样存在手段与目的的关系，一旦两者不成比例，即会落入不适当的范畴。对此，《备案审查办法》第39条作了扼要归纳，规定"实现立法目的所规定的手段与立法目的明显不匹配"的司法解释为"明显不适当"，应提出意见要求制定机关及时修改或废止。

手段与目的的适当性判断，一般需经比例原则的检视实现。包括立法、行政、司法在内所有公权力行使均应受比例原则限制，③ 司法解释行权亦不例外。司法解释只有符合比例原则，才能防止"手段根本无助于实现立法目的，或者为实现立法目的规定了明显过度的、不必要的手段"等不适当的情况出现。④

需要指出，适当性规则仅在确保手段与目的符合比例，至于司

---

① 参见王锴《合宪性、合法性、适当性审查的区别与联系》，《中国法学》2019年第1期。

② 参见乔晓阳主编《〈中华人民共和国立法法〉导读与释义》，中国民主法制出版社2015年版，第300页。

③ 参见陈新民《宪法基本权利之基本理论》（上册），元照出版公司1999年版，第255页。

④ 参见全国人大常委会法制工作委员会法规备案审查室《〈法规、司法解释备案审查工作办法〉导读》，中国民主法制出版社2020年版，第112页。

法解释目的是否正当,不在其规制范围之内。比例原则下辖目的正当性、适合性、必要性、均衡性四项子原则,① 其中,目的正当性系纯粹的目的审查,而其他子原则均涉及目的与手段的关系。就立法与行政行为而言,"在目的设定方面,该不该设定某个目的,如何设定某个目的,立法者、行政者都享有广泛的裁量空间……无论是立法裁量,还是行政裁量,都存在被滥用的可能",因而,为控制目的设定的随意性,应先对目的正当性进行判断。② 不过,司法解释并非如此。基于解决法律适用问题的功能定位,司法解释的目的须直接来源于法律或者为法律所允许,超过此限的,将直接因违背立法目的而成立间接抵触,以致根本无须探讨适当与否。换言之,司法解释的目的正当性属于合法性层面的要求,已为法律抵触禁止所囊括。是故,司法解释的适当性仅取决于手段与目的的适合性、必要性与均衡性之判断。

考虑到比例原则内含的阶层秩序,司法解释的适当性判断应先从适合性入手,继而转向必要性,最后检视均衡性。之所以要维持"符合前一原则的要求,才能进行后一原则的审查"这种顺序,原因主要是后原则具有强化前原则的功能。③

首先,适合性原则要求司法解释须有助于立法目的实现。司法解释对法律意旨的落实理应具备一定正向效度。绝大多数情况下,但凡司法解释对法律作了细化,或多或少都能解决某些法律适用问题,从而使立法目的得到相应贯彻。适合性原则对司法解释的行权限制并不苛刻,然而实践中仍有不少司法解释治丝益棼,正向效度

---

① 比例原则的具体内容存在"四阶"与"三阶"的争议。传统上认为,比例原则下辖适合性、必要性与均衡性三个原则,其功能在于比较公权行为"目的"及其采用"手段"之间的关联,以考察国家行为的合宪性。然三阶理论只能检视目的与手段的关系,无法审查目的正当与否,不免造成体系内容的缺失。

② 参见刘权《目的正当性与比例原则的重构》,《中国法学》2014年第4期。

③ 参见蒋红珍《目的正当性审查在比例原则中的定位》,《浙江工商大学学报》2019年第2期。

明显缺乏。例如，根据《刑事诉讼法》第 192 条第 1 款，证人证言同时符合"有异议、有影响、有必要"三项条件的，证人应出庭作证。该规定的立法目的在于确保关键证人出庭并作证，故"证人应当出庭作证"即须被合目的地解释为"（关键）证人应当以出庭的方式（而非以提供证言的方式）作证"①，否则其证言不得作为定案根据。但是，2021 年《高法解释》第 91 条第 3 款却对此作出了极为宽松的解释，规定对于拒不出庭或庭上拒证的关键证人，若其庭前证言的真实性能够确认的，仍可作为定案根据。② 这一解释属于例外规定，不宜径行认定其抵触立法目的，但无益于关键证人出庭作证的效果则是显而易见的。此外，那些照搬法律条文、未作任何解释的"解释"，更无益于规范意旨的落实。如 2018 年《监察法》第 33 条规定了监察证据在刑事诉讼中的使用规则，2021 年《高法解释》第 76 条除将前述法条列举的证据类型删去外，原封不动地予以抄录，就此而言，很难说当审判机关面临监察证据的使用问题时，该解释能为其提供任何指引，遑论实现立法目的。

其次，必要性原则要求司法解释选择影响最小的手段。如果司法解释采用了侵害较大或成本较高的手段，仍会造成不合理的结果。当司法解释涉及基本权利干预时，可将前述要求直接转化为最小侵害原则理解，即影响最小的手段就是对基本权利限制最少的手段。③ 比如，拘传是强制被追诉人到案接受讯问或审判的措施，其功能与传唤基本一致，但却会对公民人身自由造成干预。当传唤与拘传都能实现到案目的时，应当适用传唤。虽然《刑事诉讼法》第 66

---

① 王爱立主编：《〈中华人民共和国刑事诉讼法〉修改与适用》，中国民主法制出版社 2019 年版，第 363 页。

② 参见李少平主编、杨万朋副主编、《刑事诉讼法解释》起草小组编著《〈最高人民法院关于适用〈中华人民共和国刑事诉讼法〉的解释〉理解与适用》，人民法院出版社 2021 年版，第 215—216 页。

③ 参见陈新民《宪法基本权利之基本理论》（上册），元照出版公司 1999 年版，第 241 页。

条概括授权办案机关"根据案件情况"可以拘传,但若司法解释未考虑最小侵害原则而随意界定"案件情况",如将"罪名、情节严重程度及侦查取证的需要"① 作为考量因素,由于无法排除传唤的同等有效性,则相关规定便是不适当的。当司法解释无涉基本权利干预时,情况较为复杂,需要综合衡量手段的执行成本以选择最优方案。

最后,均衡性原则要求通过司法解释获得的目的利益与造成的利益损失须是均衡的。立法目的应当实现,但不能不计代价,司法解释选择的手段不仅应当有效且必要,亦不得损害其他更重要的价值。若手段获得的目的利益可预期地小于其造成的损失,则应否认相关条款的适当性。判断目的与手段是否均衡,需要将可能受规范影响的诸事项进行损益归类,衡量牺牲的利益与促成的利益孰轻孰重。比如,2001年《婚姻法》第41条规定,"离婚时,原为夫妻共同生活所负的债务,应当共同偿还"。本条意在保护善意债权人的利益。但到后来,由于实践中债务人先恶意转移财产再以离婚为由推诿偿债义务(即"假离婚,真逃债")的情形大量出现,法律意旨逐渐落空。② 对此,2017年《最高人民法院关于适用〈中华人民共和国婚姻法〉若干问题的解释(二)》作出了明确,规定除夫妻一方串通虚构债务或违法所负债务外,在婚姻关系存续期间以个人名义所负债务按夫妻共同债务处理。按理说,就保护善意债权人的立法目的而言,解释采取的手段是适当且必要的,但却极有可能损及未举债一方的利益,乃至造成了实践中众多离异妇女"被巨额负债"的离奇事件,引发了明显的民意反弹。③ 事实上,该解释的症结便出在未能"对债权人利益和夫妻未举债一方的利益进行平衡"方

---

① 童建明、万春主编,高景峰、缐杰副主编:《〈人民检察院刑事诉讼规则〉理解与适用》,中国检察出版社2020年版,第54页。

② 参见曹雅静《妥善审理涉及夫妻债务案件 维护健康诚信经济社会秩序》,《人民法院报》2017年3月1日第4版。

③ 参见叶名怡《〈婚姻法解释(二)〉第24条废除论——基于相关统计数据的实证分析》,《法学》2017年第6期。

面——为了目的实现而矫枉过正，使得目的与手段的利益结果不成比例，自会触发适当性问题。①

综上所述，司法解释权的行使应依序按照以上规则的要求进行。具体而言，司法解释制定机关在拟定司法解释后首先应作性质判断，对于创设性解释，审查其是否涉及法律保留事项，若肯定，则违反法律保留的要求。其次，对于非创设性解释与无涉法律保留事项的创设性解释，审查其是否同解释对象冲突以外的法律相抵触。法律有明确规定，司法解释的规范模态与法律不一致的，构成直接抵触；法律无明确规定，司法解释的规范目的与法律不一致的，构成间接抵触。两者均违反法律抵触禁止。最后，当不存在抵触时，继续考察司法解释是否具有适当性。相应判断按照比例原则的阶层展开，依序进行适合性、必要性、均衡性审查，若司法解释对实现立法目的显无助益、选取了侵害较大或成本较高的手段、获得利益与造成损失不相匹配的，则属于明显不适当，不符合适当性规则的要求。对于违反以上任一规则的司法解释，均应予以废弃或重新拟定。总之，唯有权力行使符合全部三项规则的，其结果才具备合法性与适当性，为正当的司法解释。

二　司法解释性质文件的制度化改造

司法解释性质文件，本质上看，与司法解释同属广义司法解释制度的产物。一方面，中央司法解释性质文件与严格意义上的司法解释本是同源同种，只是在司法解释制定机关的内部规定以及《监督法》出台后，两者才产生了形式分离，但就其内容而言，则皆为对法律的"解释"，并无实质差异，可将其理解为司法解释制度的横向扩张。另一方面，地方司法解释性质文件是地方司法机关对司法解释制度效仿的结果，其意图通过释法来解决本机关辖区内的法律

---

① 参见全国人大常委会法制工作委员会法规备案审查室《〈法规、司法解释备案审查工作办法〉导读》，中国民主法制出版社 2020 年版，第 114 页。

适用问题，实质乃司法解释制度的纵向延伸。要完善司法解释制度，有必要一并对司法解释性质文件引致的问题进行处理，否则，司法解释性质文件仍将发挥其对司法解释的替代作用，进而弱化针对司法解释体制与机制改革的意义。司法解释性质文件缺乏制度基础，其本质就是"非法"的，是故，欲在法治环境下处理相关问题，将中央与地方的司法解释性质文件纳入现存的法制化体系中，应是较为适当的处理方案。

(一) 中央司法解释性质文件的类型化分流

司法解释性质文件的主要问题在于其有规范效果但无"规范"地位。司法解释性质文件不是正式法源，然而，一些司法解释性质文件的规范效果却超过了作为正式法源的司法解释，这造成了理论与实践的矛盾。为此，决策者采取了"不得援引"的规制策略，如审判机关的权威解读指出，"司法性文件不是司法解释，不具备法律效力，因此不能直接引用与法律、行政法规等并列作为裁判依据，但可以在说理部分引用作为说理依据"[1]。但这远未触及问题核心。司法解释性质文件缺乏明确的内部制定程序，外部监督机制亦较缺乏，但因事实性效力的内在性，只要司法解释性质文件继续以非制度的方式提供系统内认可的办案规则，就必将进入司法，起到正式法源的作用，对制度性的司法解释造成"制度"竞争效应，[2] 导致法治脱离"制度之治"的基本前提。与其试图在形式上消解矛盾，不如说亟待解决的实质问题是，如何在制度化层面调控有规范效果却无"规范"地位、制度性权威缺乏但事实性效力不一的司法解释性质文件？

对策研究之前，有必要回头对司法解释性质文件的意义——事

---

[1] 吴兆祥：《〈关于裁判文书引用法律、法规等规范性法律文件的规定〉的理解与适用》，《人民司法》2009年第23期。

[2] 这种制度竞争效应类似于答复制度对司法批复制度的侵蚀，在此不作展开。参见侯学宾《司法批复衰落的制度竞争逻辑》，《法商研究》2016年第3期。但从规范上看，很难说司法解释性质文件已经形成了某种"制度"。

实上的正当性基础作概略的审视。司法解释性质文件在中国司法体系中发挥了重要的，且带有某种层次性的"制度"功能：其一，强效型文件，如《六部委规定》，乃由立法机关工作机构牵头，统一了所有可能的法律适用机关对法律的理解与适用，实质上达成了立法解释的效果；其二，中效型文件，在特定的权力系统中起到了统一各条线法律适用标准的作用，如《严格排非规定》设定了侦查机关、检察机关、审判机关在刑事诉讼之非法证据排除制度中一体适用的标准及各自适用的程序，《民行审监意见》亦设定了检察机关、审判机关在民事与行政审判活动中须共同遵守的监督程序规定；其三，弱效型文件，某种程度上成为"司法解释的解释"，其对法律及司法解释作出的规定予以进一步细化并提出更高的操作标准，如最高法下发的一系列民商事审判会议纪要与有关刑事审判的操作规程等，但它们理论上仅具内部性，无对外效力。[1]

考虑到司法解释性质文件发挥的作用及其层次性，制度层面的调控不能以粗糙的、全无或全有的方式进行。一方面，径行废除司法解释性质文件，则其供给侧的功能将无所凭依，使最高司法机关的释法目的无法全面贯彻，也极有可能诱发司法实践在法律适用方面的混乱。司法解释性质文件在实践中发挥着为办案机关提供具体司法规则的重要作用，同时，由于司法解释的制定程序较为繁复且在内容上受《立法法》第119条的限制，及时落实国家政策、回应司法治理需求的任务往往也由司法解释性质文件承担，[2] 遽然废止将使司法活动的能动性大打折扣。而且，非制度化的司法解释性质文

---

[1] 若从文件内容的角度看，司法解释性质文件则起到了承载政治意图、执行公共政策、接轨国家机关的外部作用与形塑裁判理念、规范漏洞补充、统一裁判标准的内部作用。参见彭中礼《最高人民法院司法解释性质文件的法律地位探究》，《法律科学》2018年第3期。

[2] 在新冠疫情期间，最高法发布的《关于依法妥善审理涉新冠肺炎疫情民事案件若干问题的指导意见（一）》《关于依法妥善办理涉新冠肺炎疫情执行案件若干问题的指导意见》便属此类。

件能否被"依法废止"也是一个需要思考的问题。另一方面，若通过制度化一概赋予司法解释性质文件"效力"，则其功能的层次性亦将消灭，反致落入另一个"钱穆制度陷阱"，使规范效果冲突的样态更加复杂。类似方案实际上是通过立法将司法解释性质文件单独规定为一类正式法源，虽其可能在文件制发、统一适用、协调权力、落实政策、开启试点等方面取得便利，在某些情况下甚至还可以用来规避人大监督，① 但由于文件的规范效果并不相同，势必仍须在内部进行差异化的位阶设置，而这种叠床架屋的构造，却未必能实现制度化的应然目的，反将进一步恶化释法实践的混乱局面。

事实上，在立法解释、司法解释、指导性案例构建的具有制度性权威及法律效力的（广义）司法解释体系之外，② 根本无须另行在规范面创制概念、地位、效力皆为模糊的"司法解释性质文件"。对司法解释性质文件的法治调控，宜以精细化的结构调整与效力分层的方式，将具有不同事实性效力的文件分流至制度较为明确、效力层次分明的法源载体上，使其进入中国现有的法源谱系，以达成制度化的目标。

前述制度化思路，概言之，就是按照司法解释性质文件的事实性效力不同，将其分别归入立法解释、司法解释与指导性案例等制度化载体当中。

第一，强效型司法解释性质文件宜转化为立法解释。这类文件的事实性效力极高，已超过司法解释——当其与司法解释产生规范效果冲突时，被普遍认为应适用前者。理论上，诸如《六部委规定》

---

① 如前所述，司法解释性质文件缺乏向全国人大常委会的备案审查程序，但实际又起到了与司法解释的同质性作用，这实质导致了人大监督的缺位。更为严重的是，司法解释性质文件备案程序的缺失，还直接阻碍了"备案审查全覆盖"工作的顺利推进。

② 指导性案例的法律效力仍需进一步论证，但至少存在明确授权，且达到了一定的制度化程度。具言之，作为基本法律的《法院组织法》《检察院组织法》在第18条与第23条分别规定了最高法、最高检发布指导性案例的权力，可以将其理解为权力机关已在某种程度上承认指导性案例具有对"具体应用法律的问题进行解释"之性质。

之类的司法解释性质文件，不仅纳入了所有相关法律适用主体的最高机关，更加入了具有"答复权"的全国人大常委会法工委作为制定过程中的协调机构，使其既实现了文件规范效果的统一与强化，还带有其他司法解释文件不具备的立法机关色彩。从实质层面看，强效型文件在实践中的待遇与立法解释几无差别，其所规制的内容亦大体属于立法解释"进一步明确具体含义"之范畴。为了匹配此类文件的地位与效果，防止其在制度性权威缺乏的情形下变更作为正式法源的司法解释，其规定的内容宜直接由法律或立法解释承接。

第二，中效型司法解释性质文件宜由司法解释取代。此类文件基本上都是最高法、最高检及其他部委联合发布的规范性文件。联合解释的事实性效力与司法解释基本处于同一层级。就刑事诉讼事项的相关解释及业界普遍认知而言，它与"法典化"的司法解释类似"特别法与普通法"的关系——当针对某一特定事项出台了联合解释，既有司法解释中的同类规范即被替代。不过，联合解释与司法解释似乎仍存在外部认可程度的差异。由于刑事诉讼的阶段分隔，在实然面形成了"不同部门的司法解释各管一段"[①]的样态——检察机关不执行审判解释、审判机关不执行检察解释——司法解释的事实性效力范围较联合解释要窄。然而，这种理解实为谬误，因为无论检察解释还是审判解释，都是正式法源，必须在实践中得到普遍遵守。[②] 至于检察解释与审判解释在内容上矛盾，则应按照《监督法》第42条规定的程序由全国人大常委会处理，不能由此得出司法解释是有适用范围的结论。质言之，司法解释一旦发布并备案，便获得统一的法律效力，各办案机关皆应遵守，与联合解释并无适用范围的差异。类似问题同样出现在民事与行政领域，如司法解释性质文件涉及法律监督工作时，为使审判机关能够妥善执行与回应

[①] 王敏远：《2012年刑事诉讼法修改后的司法解释研究》，《国家检察官学院学报》2015年第1期。

[②] 参见聂友伦《论司法解释的立法性质》，《华东政法大学学报》2020年第3期。

检察机关的相关监督活动，最高检在起草时往往提前与最高法沟通，最终以"两高"的名义联合发布。对于此类文件，亦可通过向司法解释转化的方式处理。总之，以司法解释承接事实性效力近似的联合解释，不但存在制度上的可行性，更能解决后者法律效力缺失导致的法理矛盾，具有必要性。①

第三，弱效型司法解释性质文件，得部分纳入指导性案例或司法解释，亦可以内部指导性文件的形式发布。弱效型文件的事实性效力较低，即便制定主体要求下级司法机关"遵照执行"，出于司法机关独立行使职权原则的约束，亦仅适宜起到"参照执行"的指导作用。因而，相应的制度化载体也应以非正式法源为主。其一，对于释法内容较为具体的弱效型文件（如具体阐释某些法律条款适用问题的批示），可选取符合规范精神的代表性案件，依法制定指导性案例发布，为下级机关办案提供程序或实体方面的指引。其二，对于抽象性过强的"意见""规程"等文件类型，作为"司法解释的解释"，仍有部分实践意义。基于最高司法机关的业务指导职能，② 可以作为类似于具体司法政策的内部指导性文件存续，赋予其参照执行的性质。但应注意，一定程度上保留司法解释性质文件，只是在当下司法机关独立性不强、司法人员水平

---

① 考虑到权力分配的格局与"权力本位"的现状，司法解释在实践中能否得到其他机关的尊重与适用，可能仍要打一个问号。该问题可以通过"解释建议""文件转发"等方式得到缓解。一方面，相关部委有权结合办案实践提出司法解释的要求，对司法解释的内容提出建议；另一方面，在司法解释发布后，相关部委可通过转发司法解释的通知形式，将涉及本机关业务的司法解释以类似行政命令的方式要求下级单位遵照执行。

② 2010 年《意见》第 8 条规定："最高人民法院通过审理案件、制定司法解释或者规范性文件、发布指导性案例、召开审判业务会议、组织法官培训等形式，对地方各级人民法院和专门人民法院的审判业务工作进行指导。"这是最高法制定指导性文件的权力来源。不过，也有学者指出，最高法与下级法院间的"指导"关系并无法律依据，有违反审判独立原则之虞。参见刘风景《司法解释权限的界定与行使》，《中国法学》2016 年第 3 期。

不一状况下的权宜之计。因为只要保留了非制度化办案规则或裁判规则的供给机制，就必然与对应的制度化供给机制产生竞争关系，"劣币驱逐良币"的风险仍然存在。在未来，上级司法机关对下级司法机关的业务指导活动，还是应当回归正常的司法渠道，以检察监督、审判监督及审级制等机制予以实现。其三，对于前述抽象性文件中必须严格贯彻的内容，仍须通过出台或修正司法解释进行规制。在某些情况下，有些本应由司法解释解决的问题，最高司法机关却以弱效型文件处理。究其缘由，一方面是主观上拿不准解释方案的效果，另一方面是客观上不便出台司法解释，如实践问题已迫在眉睫，难以等待司法解释制定等。然而，这些都不是以弱效性文件替代司法解释的正当理由，司法解释权不应怠于行使，否则便失其意义。

明确思路后，仍需考虑的是，上述方案何以在实践中落实？形式上，这个问题涉及司法解释性质文件的"破"与新法源载体的"立"两个方面。一方面，是否需要专门对现有的司法解释性质文件进行处理？司法解释性质文件的本质是非法治的，其制定程序尚无专门制度，遑论废止。申言之，试图以法治的方法处理非法治的司法解释性质文件，必将陷入"没有法律依据"的圈套。反过来看，既然司法解释性质文件仅为无法律效力的非正式法源，自无必要遵循正式法源的轮替规则。非正式法源的制度化，最典型的是政策向法律的演变。经由"政策法律化"路径，政策转化为法律，获得合法地位，[①] 此时，政策依然存在，只是载体置换而已。司法机关再根据政策内容办理案件，将直接引用法律，旧的载体如党和政府的文件自然丧失进入司法的动因，无须予以清理。同理，对司法解释性质文件（亦可被视为一类具体的司法政策）进行专门处理，既不可行也无必要。另一方面，如何将司法解释性质文件的内容移转至新

[①] 参见陈振明主编《政策科学——公共政策分析导论》（第二版），中国人民大学出版社2003年版，第239—240页。

的法源载体？其实，无论立法解释、司法解释还是指导性案例，都存在相应制度化的生成规范，当司法解释性质文件的内容需要保留用以规制司法活动，全国人大常委会或最高法自应通过相应法定程序将其纳入制度化法源。例如，《六部委规定》的绝大部分内容都是对刑事诉讼法条文具体含义的进一步明确，属于应予立法解释的范畴。由于需要解释的部分已经明确，且解释的内容本身就预先包含了立法机关工作机构以及各业务机关的意见，因而，全国人大常委会得对其依职权进行立法解释——经法律和宪法委员会提案启动，最终由常务委员会全体会议审议通过。再如，联合解释需转为司法解释的，应当由最高法经司法解释制定程序，制定新的司法解释或对原有相关司法解释进行修正，最终由最高法审委会通过，并报全国人大常委会备案。如此，司法解释性质文件的释法内容便将逐步过渡为由制度化法源承载，被纳入现有的（广义）司法解释体系，这既解决了规范效果的冲突问题，也将使长期以来未受监督的"非正规释法"进入人大监督的范畴，对规范性文件"备案审查全覆盖"的全面实现有着重要意义。

（二）地方司法解释性质文件的法治化调控

以解释、补充甚至变通法律、司法解释文件为手段的"地方释法"，与全国范围内的法制统一有着难以调和的矛盾。若疏于规制，必将导致众多司法规范的"方言岛"，最终破坏法制统一，酿成司法权威丧失、司法治理失控的后果。不过，中央亦应在某种程度上尊重地方司法机关的释法需求。从客观上看，法律与司法解释文件本身存在无法解决的表意模糊与规则漏洞，时常难以为实践所把握，且各地面临的社会治理状况确有不同，基于全国状况制定的司法解释文件未必具有普适性，地方释法文件也未必全无合理性。《宪法》第3条规定："中央和地方的国家机构职权的划分，遵循在中央的统一领导下，充分发挥地方的主动性、积极性的原则。"为了实现地方司法治理的效果（这也是国家司法治理整体效果的有机组成），决策者有必要建立完善有效的司法解释资源供给机制，在法律容许的空间内发挥地方能动性，充分满足地方司法机关对司法规范的明确化、个性化需求，以实现对"地方释法"的法治调控。在新时代全面推进依法治国、推进国家治理体系现代化的背景下，理顺司法解释制度中的央地关系，既是实现"科学立法"的重要内容，也能为妥善处理其他制度领域的"央地矛盾"提供有益参考。

达成司法解释资源供给与地方释法需求的平衡，最重要的仍是将"法制统一"与"司法治理效果"这两项价值予以调和。法制统一乃法治中国建设的有机组成，其重要性不言而喻，而在中国"分散烧锅炉"的治理体制下，[①] 赋予地方机关因地制宜的治理空间，对于强化地方治理、维护全国大局亦有重要意义。换言之，"法制统一"与"司法治理效果"皆不可偏废。地方司法解释性质文件是满足地方释法需求的一种产品，但因"地方释法"的资源供给过于偏向治理效果，产生了司法规范的"地方割据"与"方言岛"现象，损害了国家法制的权威地位。更为严重的是，地方释法文件滋生于法治环境晦暗不明之处，对"科学立法"的深入推进起到了极为负面的影响，必须予以调控。

在现行司法解释的制度框架下，理顺司法解释场域的央地关系，构建与完善有效的司法解释资源供给机制，应当遵循如下两项原则：第一，合法性原则。司法解释资源的供给必须在法治环境中展开，既然《立法法》已明文禁止地方司法机关"作出具体应用法律的解释"，那么包括"会议纪要"在内的任何带有释法性质的规范性文件皆不得由地方司法机关制定，这是法制统一的应然要求。第二，充分性原则。司法解释资源的供给机制应当充分满足地方的释法需求，否则将导致地方司法"同案异判"、行权不独立、无法因应社会状况等问题，减损地方司法治理的效果。下文将以这两项原则为纲，

[①] 参见曹正汉《中国上下分治的治理体制及其稳定机制》，《社会学研究》2011年第1期。

对现行正式的司法解释供给机制以及学者提出的以合法化"地方释法"为导向之"地方备案模式"予以分析检讨，最终提出"有限授权模式"的改革方案。

根据2012年《通知》、2015年《立法法》等规定，司法解释的制定主体被明确限定为"两高"，而"地方释法"，无论违法释法还是越权释法，皆被明令禁止。申言之，在目前的司法解释体制下，司法解释资源的供给机制呈现出"一级化"样态：司法解释资源的适格供给方仅为"两高"，地方司法机关的释法需求只能通过中央层级的司法解释文件予以满足，这必将造成司法解释资源的供给短缺。为此，"一级化"的供给机制增加了被动的或反馈式的供给方式。当地方司法机关认为需要制定司法解释，即司法工作中出现了"具体应用法律的问题"时，应分别按照"两高"各自《司法解释工作规定》的要求，"通过高级人民法院、省级人民检察院向最高人民法院、最高人民检察院提出制定司法解释的建议或者对法律应用问题进行请示"，由"两高"立项审查并决定是否制定相关司法解释。

诚然，司法解释资源的被动供给方式能够缓解地方释法需求，但充分性原则的要求仍难以达致。主观方面，囿于释法能力不足、释法程序延宕等因素，最高司法机关无法对所有的释法需求作出妥善回应，因此地方司法机关并不会事无巨细地向其提出建议或请示。客观方面，最高司法机关制定司法解释文件，必须将全国范围内的相关情况纳入考量，使之大体符合各地不同的社会状况，反致地方的个性化释法需求无法得到满足。总之，"一级化"的司法解释资源供给机制及其内含的主动与被动两种供给方式，难以满足地方司法机关对释法的充分性要求。地方释法文件也正是在这种背景下大量出现的。

鉴于中央层级的司法解释资源供给不足，有学者将制度调控的着眼点置于"地方释法"合法性问题的解决，提出了"无法律效力+地方人大备案审查"的操作模式,此处将其略称为"地方备案模式"。① 按照论者的观点,首先,由于在内容上无法区分司法解释与其他规范性文件,因此,地方无权制定司法解释性质文件应当从"法律效力"而非"内容"加以理解,即最高司法机关与地方司法机关皆可制定内容为"具体应用法律的解释"的规范性文件,区别在于前者有法律效力而后者仅具指导性质;其次,由于地方释法文件具有事实上的效力,可对其他国家机关和公民产生拘束,需归入地方人大的审查备案范围,但因此类文件本身并无法律效力,地方人大对其审查备案的性质亦仅得被视为"无法律效力的法律监督行为"。②

"地方备案模式"其实绕过了对地方释法文件合法性问题的回答,采取的仍是中央机关规制"地方释法"的模糊策略。一方面,承认地方省级"两院"有权制定带有司法解释性质的规范性文件,并以之事实上的效力规制下级司法机关,只是否认其法律效力,以此回避地方释法文件合法性的疑问;另一方面,将监督地方释法文件的责任赋予地方人大,希望通过地方性备案审查制度,防止违宪、违法或不适当的情况出现。概言之,"地方备案模式"意图解决的具体问题有二,一是地方释法文件的定性问题,二是地方释法文件的监督问题,以在保证地方司法解释资源自发供给的前提下,构建"地方释法"的合法性。

"地方备案模式"的初衷虽然良善,但既无法解决地方释法文件的法治困局,地方人大的监督作用也无法实现。就合法性问题而言,既然承认其他规范性文件与司法解释性质文件无法进行内容上的区分,那么,根据《立法法》第 119 条第 3 款"不得作出具体应用法

---

① 后来,全国人大常委会出台的《备案审查办法》规定了地方司法解释文件的备案程序,部分采纳了论者的建议,其第 55 条规定:"地方各级人大常委会参照本办法对依法接受本级人大常委会监督的地方政府、监察委员会、人民法院、人民检察院等国家机关制定的有关规范性文件进行备案审查。"

② 参见姚魏《地方"两院"规范性文件备案审查的困局及纾解——以法律效力为中心的制度建构》,《政治与法律》2018 年第 11 期。

律的解释"的禁止性规定,对地方司法机关涉及法律适用的规范性文件制定权便应一并禁止,何以作出"允许制定但无法律效力"这种明显违背法律文义的论断?① 就监督问题而言,现存的地方释法文件并非不受监督,2010年《意见》第9条规定,"最高人民法院发现高级人民法院制定的审判业务文件与现行法律、司法解释相抵触的,应当责令其纠正",可见此类文件的监督主体乃最高法,何以增加地方人大作为新的监督者就能够实现监督作用?② 此外,论者认为"地方备案模式"有利于国家法制统一的观点更是南辕北辙。前文已述,并非否定地方释法文件的法律效力(这其实与禁止援引有着相同的意涵),就能保障法制统一价值的实现。由于地方释法文件具有事实性效力,只要允许"地方释法",各地司法机关制发的解释性规定便将出现差异(如三份《浙江纪要》关于"醉驾"入罪标准、道路认定等的规定),如此必将产生地方法制实质上的不同与割据,何以有利于法制统一?③ 更严重的问题在于,若地方司法解释文件的备案审查制度得到明确,相当于变相承认了此类文件存在规范上的操作空间,反而将对"地方释法"起到激励效应,从而根本上架空了合法性原则的要求。

---

① 早年间就有实务界权威人士对类似观点进行了批判,指出:"这种观点实际上是主张下级司法机关在一定条件下也享有司法解释权。这是不正确的。首先,将司法解释分为有普遍司法效力的和无普遍司法效力的,或者将司法解释 分为广义和狭义之说,没有法律依据。司法解释属有权解释,必须经国家最高权力机关特别授权。"周道鸾:《论司法解释及其规范化》,《中国法学》1994年第1期。

② 如学者所述:"各省级人大备案审查处往往只配备不足5人的编制……日常工作具体到这样几个工作人员来承担,实际上由该处室完成了所谓的法律监督的工作职能,该处室在职能发挥层面上是否能代表人大常委会是存在很大疑问的……给将地方'两院'制定的司法解释性质文件纳入备案审查范围的可操作性也打了一个巨大的问号。"吕健:《地方'两院'司法解释性质文件如何定位和监督》,《东南大学学报》(哲学社会科学版)2019年第S1期。

③ 指望地方人大通过备案审查机制实现法制统一的目标,亦不切实际。由于地方人大的"地方性",法制统一并非其追求的核心价值,较之地方司法治理的效果,其取向明显更偏向于后者。

基于合法性原则与充分性原则划定的框架，司法解释的资源供给应当遵循以中央机关解释为主、以地方机关"解释"为辅的导向展开。在法律解释体制下，地方司法机关没有主动释法的权限，其制定的有关法律适用的规范性文件，无论称谓如何（"意见""规定"或"会议纪要"），皆不得涉及司法解释性质的内容。然而，这又势必导致地方面临司法解释资源短缺的情况，尤其就个性化释法需求而言，仅靠司法解释文件难以充分满足，应留给地方司法机关部分自我供给的空间。事实上，禁止"地方释法"与允许"自我供给"之间并无绝对矛盾，只要通过中央授权，将地方的"自我供给"纳入法定的司法解释体系，司法解释资源供给的充分性问题便将得到极大缓解。沿此思考路径，以下尝试提出"有限授权模式"的调控方案，以期纾解司法解释资源供需的"央地矛盾"。

所谓"有限授权模式"，是指在坚持现行一元化司法解释资源供给机制的基础上，通过对地方司法机关进行有限授权，扩大其在司法解释制定程序中的参与空间，最终以司法解释满足其个性化释法需求的操作机制。应说明的是，这里的授权仅限于"匹配当地社会状况"类型。至于法律与司法解释文件本身的表意模糊与规则漏洞，虽在客观上诱发了地方司法机关释法的自发性，但因中央规范具有明确性的要求与统一法制的取向，主观上仍是最高司法机关需要处理的问题。当地方司法机关发现此类情况时，应逐级向最高司法机关反馈，由后者作出批示或制定解释。

"有限授权模式"主要作用于司法解释的起草阶段，具体包含如下步骤：（1）识别个性化释法需求。在司法解释立项后的意见稿起草阶段，起草部门可以通过向地方司法机关征求意见或法律适用监督、上报问题整理、业务情况汇报等多种途径发现各地差异较大的释法需求。（2）明确须满足的个性化释法需求。起草部门应当基于立法的目的、原则和原意以及司法政策等各项因素，针对识别出的个性化释法需求，权衡"法制统一"与"地方司法治理"的价值，以明确司法解释中需要差异化处理的内容。（3）授权省级司法机关拟定地方标准。经研判确认须满足的个性化释法需求后，起草部门应整理提炼，并以内部通知的形式下发各省级司法机关，授权其拟定具体的地方标准。省级司法机关须按通知要求，基于本地司法治理的需求，拟定地方标准并上报最高司法机关。（4）审查、调整与确定地方标准。在收到各地司法机关上报的地方标准后，起草部门应当进行实质审查。在综合考虑全国情况的前提下，对合理的地方标准予以初步确定，对不合理（过高或过低）的地方标准先进行个别调整，再予初步确定。（5）将地方标准纳入司法解释文本。起草部门起草司法解释意见稿时，应将初步确定的地方标准作为附件纳入，并在意见稿的正文中设定相应准用性规则。随后，经由司法解释的征求意见、审核等程序，在最高法审委会审议通过后，将司法解释及其附件一并予以发布，并报送全国人大常委会备案。如此，地方司法解释资源的部分需求便可在现行法治环境中，通过统一的供给机制予以较大程度的满足。

例如，关于醉酒驾驶的入刑标准，不同地方的释法需求似乎有所差异。若最高司法机关认为此种个性化需求应满足，则应在制定新司法解释文件的过程中授权省级司法机关拟定标准，经最高司法机关审查确定后作为司法解释附件公布。就结果而言，该司法解释的相关内容应包括：第一，正文中的准用性规则，如规定"各省、自治区、直辖市高级人民法院、人民检察院在本地区执行的具体标准，参见本解释附件的规定"；第二，附件列明的各地司法机关执行的具体标准，包括血液酒精含量、驾驶车辆类型、行为造成后果等。不过，由于地方标准存在差异，上述操作可能仍会被认为是对法制统一的破坏。但应注意，一方面，此时的司法解释资源本质上虽属地方"自我供给"，形式上却是法定主体依法制定的，无违法之虞；另一方面，"有限授权模式"由最高司法机关主导，是否授权、如何确定皆取决于"两高"的判断，这从根本上保证了不会过度偏离法制统一的价值。

此外，"有限授权模式"的适用还能解决现行部分司法解释中"确定数额型"授权的合法性问题。出于各地经济发展水平差异的现实考虑，一些司法解释直接授权省级法院确定"数额较大""数额巨大""数额特别巨大"的标准，虽其要求地方标准须报最高法批准，但是，"上下级法院之间是监督与被监督的关系，而监督并不能解释出'授权'的意思"，"宪法和其他宪法性文件并没有授权最高人民法院再行授权下级法院对刑事法律进行解释或者作出规定的权力"。[①] 较之上述方案，采取"有限授权模式"制定与公布的司法解释，既维持了原司法解释的规范内容，也不会出现任何带有授权性质的表述，能够有效规避合法性质疑。同时，"有限授权模式"在地方标准的公开方面亦存优势。以司法解释直接载明各地标准，既便利办案人员尤其是律师查阅，还能促进"法布于众"效果的实现。

"有限授权模式"方案的具体落实，可通过修改最高法司法解释的工作规范实现。现行规定虽然规定了地方司法机关的参与，但仅存在于立项与征求意见阶段，司法解释制定最重要的起草阶段往往由业务部门封闭操作，难以知晓也无法满足地方司法机关的个性化释法需求。相关规范宜进一步细化司法解释的起草程序，将上述授权参与机制纳入其中，使地方司法机关的"自我供给"有章可循。不过，虽然通过可以司法解释资源在供给机制层面的调整，但囿于规范性解释的滞后性与抽象性，法律解释模式决定了地方司法机关的释法需求永远不可能完全得到满足，必须在法律解释体制外另行构建统一法律适用的机制。指导性案例制度被认为是朝着这一改革方向的尝试，但因指导性案例仍是由最高司法机关发布的，实未脱离"一级化"资源供给的窠臼。未来可能需要调整审级制度，增设第三审级之法律审，[②] 并提高立法的精细化程度、强化司法人员业务能力，将司法解释资源的供给逐渐纳入司法权运行的轨道，对司法解释体制予以彻底改革，进而在实质意义上达致司法解释场域央地关系的平衡。

---

① 时延安：《刑罚权运作的秩序——刑事法制中的"中央与地方"问题研究》，《法学家》2010年第5期。

② 参见张建伟《刑事诉讼司法解释的空间与界限》，《清华法学》2013年第6期。

结　　语

　　司法解释制度发展至今，已经成为中国特色社会主义法治体系中不可或缺的组成部分。基于司法解释制度生成的司法解释、司法解释性质文件等释法文件，通过向司法系统输入办案规则，实现了解决法律适用问题、统一法律适用标准、贯彻中央方针政策等一系列治理功能。虽就事实层面而言，司法解释制度发挥的作用有目共睹，但在理论上，因其制度化程度的不足，使得许多基础性问题仍有待厘清。更为严重的是，司法解释制度的理论问题直接或间接导致了实践方面的疑难，这对全面依法治国、全面建设法治中国的实现构成了现实阻碍。

　　本书以刑事诉讼司法解释为主要研究样本，试图从司法解释的基础范畴出发，经由制度形态、制度逻辑和制度问题这三个由浅至深、由形式到实质的维度，梳理、论证与探讨司法解释制度的各个方面，最后提出一整套基于法治化与规范化的司法解释制度改革方案。

　　首先，本书厘清了司法解释的相关概念。司法解释是指仅由最高司法机关制发的、编列"释"字文号的、在全国人大常委会备案的规范性文件。司法解释是司法解释权的行使结果，司法解释权来自全国人大常委会法律解释权的转授，在本源上具有立法权性质，司法解释也具备与法律解释、法律相同的本质属性。同时，由于法律解释权的转授具有明确的法律依据，经由司法解释权行使产出的司法解释，具有正式法源的地位，可以直接作为裁判依据。司法解释性质文件与司法解释几无内容上的差异，其不同之处仅在于制定主体、发文字号以及是否备案方面。正是由于差异存在，使得司法解释性质文件的制度性权威获取并不完备——司法解释性质文件缺乏法律作为依据，其效力并非源自法律的制度化规定，故其不是正式法源。司法解释的制度功能立基于法律适用问题的解决，通过"释无"与"释有"这两种处理方式，司法解释可以完成统一法律适用、贯彻中央政策的治理目的。

其次，本书对现行司法解释制度作出了类型化梳理。就体制而言，概括意义上的司法解释，其制定主体呈现出多元化形态，其专门内容具有职能化样态，其互涉部分体现为协商性特征，其解释权力显示出碎片化的形式。简言之，制定主体的多元化，加之刑事诉讼分工负责原则，导致了司法解释的规范内容职能化与互涉内容协商化，最后反馈至权力样态上，形成了解释权力的碎片化结果。就对象而言，司法解释与司法解释性质文件在不同规模上涉及的对象存在差异，一般来说，不同的司法解释文件存在整体之法律、部分之制度、单一之法条三类对象。整体解释具有完备性与体系性，使其呈现出部门法典的外观，而部分解释具有补充性，它体现出单行立法的特征，而两者的结合将直接架空法律，某种程度上将最终造成解法典化的严重后果。由于各类司法解释文件基本满足了办案机关的规范需求，使得法律往往连"剩余法典"的地位都未能确保，成为实质意义上的"悬置法典"。不过，在形式上，法律仍然作为司法人员的办案依据存在着。如何使"形式法律"成为"实质法律"，是司法解释制度调控的重点。

再次，本书对司法解释制度的形成逻辑展开了多维度的阐释。其一，从社会维度上看，社会主体、适法主体、中央机关都对法律存在解释的需求。然而，一方面，因释法风险的存在，司法者缺乏主动解释法律的意愿，另一方面，为追求治理的弹性，决策者不希望法律被解释得过分清晰，两方面因素使得某种不是法律但又能够起到普遍性规范效果的准则产生需求。其二，从政治维度上看，由于中国人民民主专政的单一制国家性质，欲在法律之下构建普遍化准则，这种构建性权力仍须归属于最高权力机关。为获得理论上的正当性，1954年《宪法》规定的法律解释权成为制度构建的基石。但是，受制于全国人大常委会组织局限性，其无力承担起制定具体准则内容的任务，为了保障国家治理的质效及灵活性、快速实现中央政策的落实兼及准则的规范效果，将法律解释权转授至法律适用机关的各中央机关，被认为是可行且现实的选项。其三，从历史维度上看，中华人民共和国的司法解释制度最初并非自生自发形成的。民国的法律解释制度，塑造了中国司法解释最初的样态，而1954年《宪法》受到1936年《苏联宪法》的影响，将法律解释权专门列出并与立法权并列，确立了法律解释制度的整体性质。然后，两个方面的影响通过1955年《决议》相结合所产生的司法解释制度，在性质上保有了苏联样式的立法属性，但在行权的方式、规范的内容等方面却依然留存了相当多的民国传统。

复次，本书剖析了司法解释制度实践中存在的一些关键问题。一是司法解释分工制下的治理矛盾。一方面，司法解释的分工制导致了法律的解法典化现象，其显著的表征在于"以规代法"，这与将普遍规范上升为法律的"法制化"路径不完全相容。另一方面，司法解释的分工制引发的解释权割据，导致解释机关各自扩权、公民权利相对限缩的非正当后果。同时，由上至下地通过司法解释输出规范，不利于司法机关独立行使职权原则的贯彻。二是司法解释权力空间的界定困难。通过对《立法法》第119条第1款的法解释学分析，可以在文义解释层面得出限制司法解释行权的实质条件，在体系解释层面得出司法解释授权相对于立法解释、法律的范围边界，它们的指向都是"符合立法的目的、原则和原意"。但是，"目的、原则和原意"的内涵则显得客观性程度过低，基本取决于立法机关的主观判断，难以通过法解释学方法充分阐明。三是司法解释性质文件的地位不明。一方面，司法解释性质文件不是"具体应用法律的解释"，仅具有事实性效力、不构成正式法源。按照事实性效力的不同，司法解释性质文件可以被划分为强、中、弱三类，其与司法解释的规范效果冲突亦由此呈现出三种不同样态。作为正式法源的司法解释，层级较司法解释性质文件更高，但某些司法解释性质文件的规范效果却被认为强于司法解释，这造成了非正式法源对正式法源的侵蚀，引发了理论与实践的重大矛盾。另一方面，为了缓解供需矛盾，地方司法机关开始自发转向"地方释法"，试图以发布地方司法解释性质文件的方式实现司法治理效果。中央虽对"地方释法"持禁止态度，但制定的相关规制规范却过于宽松，未能起到应有的限制作用。地方释法文件的滥觞与发展，不仅在规范层面违反了《立法法》及"两高"的明文规定，而且造成了实践中司法业务规范的"地方割据"与"方言岛"现象。

最后，本书围绕司法解释制度不同层次的问题进行了对策性研究。其一，司法解释制度的完善前提在于提高国家立法权的实质化程度。司法解释对法律以及立法解释造成的规范架空与发展阻碍的效应，很大程度上是因立法本身的虚化问题所致。立法的实质化一方面需要实现法律的精细化，推进成熟部门法领域的法典化与再法典化，另一方面需要立法解释职能得到积极行使。其二，司法解释制度的许多问题源自体制本身，需要对体制进行宏观上的改革。一方面，为解决制定主体"多元化"导致的解释权割据问题，特定化司法解释的制定主体，仅由需要"具有法律效力"的规范性释法文件的法院系统之中央机关制定司法解释，废止其他非必要系统的司法解释制定权，乃司法解释体制改革的必由之路。另一方面，为分担全国人大常委会监督司法解释的压力，可以考虑由最高检承担针对司法解释的监督工作，在最高检发现某些普遍性的法律适用问题时，应当向最高法提出检察建议，敦促其尽快出台司法解释加以解决。最高法在收到建议后，应当展开调查研究，并及时将处理结果回复最高检。争议仍然存在的，最高检可以将系争问题提交全国人大常委会解决。同时，还应当通过拓展备案审查范围、完善重点司法解释的专项审查机制、吸纳社会力量参与司法解释审查活动等方式，强化全国人大常委会对司法解释的监督权。其三，对司法解释的具体机制进行规范化调整。一方面，明确司法解释的行权规则，确立不得对法律保留事项作出创设性规定、不得同法律规定相抵触、规范内容不得明显缺乏适当性这三项禁止性要求。另一方面，对于中央司法解释性质文件，应当将其按照不同类型分流至立法解释、司法解释、指导性案例等制度载体；对于地方司法解释性质文件，通过中央授权将地方的"自我供给"部分纳入法定司法解释制度体系的"有限授权模式"，可能是相对合理的完善方案。

本书虽然致力于对司法解释制度作出尽可能周密系统研究，但因制度本身的高度复杂性使然以及研究方法的局限，使得本书无法完全触及制度的所有相关问题。司法解释的制度研究欲达致"通透"、形成"通说"，可能还有很长一段路要走。

参考文献

一 中文书籍

蔡定剑：《宪法精解》（第二版），法律出版社 2006 年版。

陈瑞华：《刑事诉讼的前沿问题》（第五版）（上下册），中国人民大学出版社 2016 年版。

陈斯喜：《人民代表大会制度概论》，中国民主法制出版社 2016 年版。

陈卫东：《程序正义之路》（第一卷），法律出版社 2005 年版。

陈新民：《宪法基本权利之基本理论》（上册），元照出版公司 1999 年版。

董皞：《司法解释论》（修订版），中国政法大学出版社 2007 年版。

董书萍：《法律适用规则研究》，中国人民公安大学出版社 2012 年版。

韩大元：《1954 年宪法制定过程》，法律出版社 2014 年版。

洪浩：《法律解释的中国范式——造法性司法解释研究》，北京大学出版社 2017 年版。

李凤军：《论人大的监督权》，中国政法大学出版社 2015 年版。

李希慧：《刑法解释论》，中国人民公安大学出版社 1995 年版。

林维：《刑法解释的权力分析》，中国人民公安大学出版社 2006 年版。

刘平：《法律解释：良法善治的新机制》，上海人民出版社 2015 年版。

刘松山：《中国立法问题研究》，知识产权出版社 2016 年版。

聂鑫：《近代中国的司法》，商务印书馆 2019 年版。

彭真：《论新时期的社会主义民主与法制建设》，中央文献出版社 1989 年版。

乔晓阳主编：《〈中华人民共和国立法法〉导读与释义》，中国民主法制出版社 2015 年版。

全国人大常委会办公厅研究室政治组编：《中国宪法精释》，中国民主法制出版社 1996 年版。

全国人大常委会法制工作委员会法规备案审查室：《〈法规、司法解释备案审查工作办法〉导读》，中国民主法制出版社 2020 年版。

全国人大常委会法制工作委员会国家法室编著，李飞主编，郑淑娜、武增副主编：《〈中华人民共和国各级人民代表大会常务委员会监督法〉释义及实用指南》，中国民主法制出版社 2013 年版。

孙佑海等：《司法解释的理论与实践研究》，中国法制出版社 2019 年版。

王爱立主编：《〈中华人民共和国刑事诉讼法〉修改与适用》，中国民主法制出版社 2019 年版。

王海军：《苏维埃政权下的俄罗斯司法》，法律出版社 2016 年版。

王敏远等：《刑事诉讼法修改后的司法解释研究》，中国法制出版社 2016 年版。

汪海燕等：《刑事诉讼法解释研究》，中国政法大学出版社 2017 年版。

魏海军主编：《立法概述》，东北大学出版社 2014 年版。

魏胜强：《法律解释权的配置研究》，北京大学出版社 2013 年版。

许崇德主编：《中国宪法》（第四版），中国人民大学出版社 2010 年版。

徐向华主编：《立法学教程》，上海交通大学出版社 2011 年版。

杨仁寿：《法学方法论》（第二版），中国政法大学出版社 2013 年版。

张立刚等：《法律解释体制重构研究》，光明日报出版社2014年版。
张文显主编：《法理学》（第五版），高等教育出版社2018年版。
张志铭：《法律解释操作分析》，中国政法大学出版社1999年版。
周旺生：《立法学》（第二版），法律出版社2009年版。
周雪光：《中国国家治理的制度逻辑：一个组织学研究》，生活·读书·新知三联书店2017年版。

二 中文译著

［德］伯恩·魏德士：《法理学》，丁小春、吴越译，法律出版社2003年版。

［德］卡尔·恩吉施：《法律思维导论》，郑永流译，法律出版社2004年版。

［德］卡尔·拉伦茨：《法学方法论》（全本·第六版），黄家镇译，商务印书馆2020年版。

［德］G·拉德布鲁赫：《法哲学》，王朴译，法律出版社2005年版。

［德］马克斯·韦伯：《经济与社会》（第二卷），阎克文译，上海人民出版社2020年版。

［德］尼克拉斯·卢曼：《法社会学》，宾凯、赵春燕译，上海人民出版社2013年版。

［美］E·博登海默：《法理学：法律哲学与法律方法》，邓正来译，中国政法大学出版社2004年版。

［美］伯尔曼：《法律与宗教》，梁治平译，生活·读书·新知三联书店1991年版。

［美］黄宗智：《过去和现在：中国民事法律实践的探索》，法律出版社2009年版。

［美］卡尔·N·卢埃林：《普通法传统》，陈绪纲、史大晓、仝宗锦译，中国政法大学出版社2002年版。

［美］理查德·波斯纳：《法官如何思考》，苏力译，北京大学出版社2009年版。

［美］罗斯科·庞德：《法律史解释》，邓正来译，商务印书馆 2013 年版。

［美］史蒂文·J·伯顿：《法律和法律推理导论》，张志铭、解兴权译，中国政法大学出版社 1998 年版。

［美］约翰·亨利·梅利曼、［委］罗格里奥·佩雷斯·佩尔多莫：《大陆法系》（第三版），顾培东、吴荻枫译，法律出版社 2021 年版。

［美］约翰·罗尔斯：《正义论》，何怀宏、何包钢、廖申白译，中国社会科学出版社 1988 年版。

［日］田口守一：《刑事诉讼法》（第七版），张凌、于秀峰译，法律出版社 2019 年版。

［日］小岛武司等：《司法制度的历史与未来》，汪祖兴译，法律出版社 2000 年版。

［苏联］В. Г. 列别金斯基、Д. И. 奥尔洛夫编：《苏维埃检察制度（重要文件）》，党凤德、傅昌文、邹信然、邱则午、方薿如译，中国检察出版社 2008 年版。

［苏联］Л·Н·古谢夫编、С·А·郭伦斯基审定：《苏联和苏俄刑事诉讼及法院和检察院组织立法史料汇编（1917—1954）》（上册），王增润、赵涵先、范宏源等译，法律出版社 1958 年版。

［苏联］特拉伊甯等编：《苏联国家法教程》，彭健华译，大东书局 1951 年版。

［英］哈特：《法律的概念》，张文显、郑成良、杜景义、宋金娜译，中国大百科出版社 1996 年版。

三　中文期刊

蔡定剑、刘星红：《论立法解释》，《中国法学》1993 年第 6 期。

曹士兵：《最高人民法院裁判、司法解释的法律地位》，《中国法学》2006 年第 3 期。

曹正汉：《中国上下分治的治理体制及其稳定机制》，《社会学研究》

2011 年第 1 期。

陈春龙:《中国司法解释的地位与功能》,《中国法学》2003 年第 1 期。

陈光中、于增尊:《关于修改后〈刑事诉讼法〉司法解释若干问题的思考》,《法学》2012 年第 11 期。

陈国庆:《最高人民检察院司法解释权应当保留》,《中国律师》2000 年第 7 期。

陈国庆:《完善我国最高司法解释析》,《法学》1991 年第 2 期。

陈金钊:《论法律解释权的构成要素》,《政治与法律》2004 年第 1 期。

陈金钊:《何谓法律解释——对〈立法法〉中设置"法律解释"一节的认识》,《法学论坛》2001 年第 1 期。

陈林林、许杨勇:《司法解释立法化问题三论》,《浙江社会科学》2010 年第 6 期。

陈斯喜:《论立法解释制度的是与非及其他》,《中国法学》1998 年第 3 期。

陈卫东:《论刑事诉讼法的法典化》,《中国法学》2021 年第 3 期。

陈卫东:《刑事诉讼法治四十年:回顾与展望》,《政法论坛》2019 年第 6 期。

陈卫东:《中国司法体制改革的经验——习近平司法体制改革思想研究》,《法学研究》2017 年第 5 期。

陈卫东:《司法机关依法独立行使职权研究》,《中国法学》2014 年第 2 期。

陈卫东:《立法原意应当如何探寻:对〈人民检察院刑事诉讼规则（试行）〉的整体评价》,《当代法学》2013 年第 3 期。

陈兴良:《刑法定罪思维模式与司法解释创制方式的反思——以窨井盖司法解释为视角》,《法学》2020 年第 10 期。

陈兴良:《司法解释功过之议》,《法学》2003 年第 8 期。

陈兴良、周光权:《刑法司法解释的限度——兼论司法法之存在及其合理性》，《法学》1997 年第 3 期。

程雷：《指定居所监视居住实施问题的解释论分析》，《中国法学》2016 年第 3 期。

邓修明：《论我国司法解释模式的重塑》，《社会科学研究》2007 年第 1 期。

丁慕英、陆德山：《也论我国刑法司法解释权的归属问题——与游伟、赵建峰同志商榷》，《当代法学》1994 年第 2 期。

董皞：《我国司法解释体制及其改革刍见》，《法商研究》2001 年第 5 期。

董皞：《司法解释之管见》，《政法论坛》1997 年第 6 期。

杜磊：《论检察指令权的实体规制》，《中国法学》2016 年第 1 期。

范愉：《法律解释的理论与实践》，《金陵法律评论》2003 年第 2 期。

郭辉、史景轩：《最高人民法院司法解释权的异化及反思》，《河北学刊》2013 年第 2 期。

韩大元：《"五四宪法"的历史地位与时代精神》，《中国法学》2014 年第 4 期。

韩旭：《限制权利抑或扩张权力——对新〈刑事诉讼法〉"两高"司法解释若干规定之质疑》，《法学论坛》2014 年第 1 期。

贺日开：《司法解释权能的复位与宪法的实施》，《中国法学》2004 年第 3 期。

侯学宾：《司法批复衰落的制度竞争逻辑》，《法商研究》2016 年第 3 期。

胡建淼：《法律规范之间抵触标准研究》，《中国法学》2016 年第 3 期。

胡岩：《司法解释的前生后世》，《政法论坛》2015 年第 3 期。

胡玉鸿：《尊重法律：司法解释的首要原则》，《华东政法大学学报》2010 年第 1 期。

黄太云：《刑事诉讼法修改释义》，《人民检察》2012 年第 8 期。

黄韬：《最高人民法院的司法文件：现状、问题与前景》，《法学论坛》2012年第4期。

黄忠：《论民法典后司法解释之命运》，《中国法学》2020年第6期。

江必新：《司法对法律体系的完善》，《法学研究》2012年第1期。

蒋红珍：《目的正当性审查在比例原则中的定位》，《浙江工商大学学报》2019年第2期。

敬大力：《最高人民检察院司法解释工作近年发展、存在问题及其展望》，《检察实践》1999年第2期。

雷磊：《指导性案例法源地位再反思》，《中国法学》2015年第1期。

李黎、罗书平：《论司法解释》，《人民司法》1989年第7期。

李敏：《司法解释的权威解读——访最高人民法院研究室主任胡云腾》，《中国审判》2010年第9期。

李翔：《刑法修订、立法解释与司法解释界限之厘定》，《上海大学学报》（社会科学版）2014年第3期。

梁根林：《罪刑法定视域中的刑法适用解释》，《中国法学》2004年第3期。

梁鹰：《备案审查工作的现状、挑战与展望——以贯彻执行〈法规、司法解释备案审查工作办法〉为中心》，《地方立法研究》2020年第6期。

黎枫：《论立法解释制度——兼评〈立法法〉对法律解释制度的规定》，《政治与法律》2000年第6期。

林维：《刑事司法解释主体二元化研究》，《国家检察官学院学报》2006年第4期。

林彦：《法律询问答复制度的去留》，《华东政法大学学报》2015年第1期。

刘风景：《司法解释权限的界定与行使》，《中国法学》2016年第3期。

刘计划：《刑事诉讼法总则检讨——基于以审判为中心的分析》，《政法论坛》2016年第6期。

刘权：《目的正当性与比例原则的重构》，《中国法学》2014年第

4 期。

刘树德:《最高人民法院司法规则的供给模式——兼论案例指导制度的完善》,《清华法学》2015 年第 4 期。

刘思萱:《论政策回应型司法解释》,《法学评论》2013 年第 1 期。

刘松山:《备案审查、合宪性审查和宪法监督需要研究解决的若干重要问题》,《中国法律评论》2018 年第 4 期。

刘星:《大陆法系、英美法系和我国司法解释方法比较》,《比较法研究》1989 年第 2 期。

刘艳红:《再论刑法司法解释的主体》,《人民检察》2007 年第 5 期。

刘艳红:《观念误区与适用障碍:新刑法施行以来司法解释总置评》,《中外法学》2002 年第 5 期。

刘峥:《论司法体制改革与司法解释体制重构——关于我国司法解释规范化的思考》,《法律适用》2000 年第 1 期。

刘之雄:《公安机关的司法解释权应当得到法学理论的认同》,《公安大学学报》2000 年第 4 期。

龙宗智:《论新刑事诉讼法实施后的公诉变更问题》,《当代法学》2014 年第 5 期。

龙宗智:《论依法独立行使检察权》,《中国刑事法杂志》2002 年第 1 期。

卢勤忠:《关于我国检察机关的司法解释权的探讨——兼谈法律解释工作的完善》,《法学家》1998 年第 4 期。

罗书平:《中国司法解释的现状与法律思考》,《中国律师》2000 年第 7 期。

罗书平:《刑事诉讼司法解释的完善》,《人民司法》1999 年第 2 期。

罗堂庆:《论刑法司法解释权》,《政治与法律》1993 年第 1 期。

孟勤国:《论中国的司法解释》,《社会科学战线》1990 年第 4 期。

米健:《一个西方学者眼中的中国法律文化——读何意志近著〈中国法律文化概要〉》,《法学家》2001 年第 5 期。

苗炎:《司法解释制度之法理反思与结构优化》,《法制与社会发展》

2019 年第 2 期。

苗泳：《最高人民法院司法解释权再思考——兼与郭辉、史景轩博士商榷》，《河北学刊》2014 年第 1 期。

聂友伦：《论司法解释的行权规则》，《法学家》2023 年第 5 期。

聂友伦：《司法解释场域的"央地矛盾"及其纾解——以"地方释法"为中心的分析》，《法律科学》2021 年第 1 期。

聂友伦：《司法解释性质文件的法源地位、规范效果与法治调控》，《法制与社会发展》2020 年第 4 期。

聂友伦：《论司法解释的权力空间——我国〈立法法〉第 104 条第 1 款的法解释学分析》，《政治与法律》2020 年第 7 期。

聂友伦：《论司法解释的立法性质》，《华东政法大学学报》2020 年第 3 期。

聂友伦：《刑事诉讼法时间效力规则研究》，《法学研究》2020 年第 3 期。

彭宁：《最高人民法院司法治理模式之反思》，《法商研究》2019 年第 1 期。

彭中礼：《最高人民法院司法解释性质文件的法律地位探究》，《法律科学》2018 年第 3 期。

钱炜江：《论司法裁判中的目的解释》，《法制与社会发展》2018 年第 5 期。

沈岿：《司法解释的"民主化"和最高法院的政治功能》，《中国社会科学》2008 年第 1 期。

沈宗灵：《论法律解释》，《中国法学》1993 年第 6 期。

苏力：《司法解释、公共政策和最高法院——从最高法院有关"奸淫幼女"的司法解释切入》，《法学》2003 年第 8 期。

孙谦：《最高人民检察院司法解释研究》，《中国法学》2016 年第 6 期。

孙远：《"分工负责、互相配合、互相制约"原则之教义学原理 以审判中心主义为视角》，《中外法学》2017 年第 1 期。

田芳:《法律解释如何统一——关于司法解释权的法律统一解释功能的思考》,《法律科学》2007年第6期。

万毅:《刑事诉讼法解释论》,《中国法学》2007年第2期。

汪海燕:《刑事诉讼法解释论纲》,《清华法学》2013年第6期。

汪海燕:《"立法式"解释:我国刑事诉讼法解释的困局》,《政法论坛》2013年第6期。

汪海燕:《论刑事诉讼法律规范的合法性危机》,《中国政法大学学报》2011年第1期。

汪全胜:《司法解释正当性的困境及出路》,《国家检察官学院学报》2009年第3期。

王成:《最高法院司法解释效力研究》,《中外法学》2016年第1期。

王锴:《合宪性、合法性、适当性审查的区别与联系》,《中国法学》2019年第1期。

王敏远:《2012年刑事诉讼法修改后的司法解释研究》,《国家检察官学院学报》2015年第1期。

魏胜强:《司法解释的错位与回归——以法律解释权的配置为切入点》,《法律科学》2010年第3期。

魏胜强:《检察机关的法律解释权证伪——基于检察权定性的分析》,《河南社会科学》2010年第3期。

吴洪淇:《非法言词证据的解释:利益格局与语词之争》,《法学家》2016年第3期。

吴兆祥:《〈关于裁判文书引用法律、法规等规范性法律文件的规定〉的理解与适用》,《人民司法》2009年第23期。

吴兆祥:《〈关于司法解释工作的规定〉的理解与适用》,《人民司法》2007年第9期。

武增:《2015年〈立法法〉修改背景和主要内容解读》,《中国法律评论》2015年第1期。

姚建宗:《关于司法解释的分析与思考》,《现代法学》1992年第3期。

姚仁安、陈翀：《取消最高人民检察院司法解释权管见》，《中国律师》2000 年第 7 期。

姚魏：《地方"两院"规范性文件备案审查的困局及纾解——以法律效力为中心的制度建构》，《政治与法律》2018 年第 11 期。

杨建军：《现行法律解释机制的完善》，《政法论丛》2016 年第 2 期。

杨铜铜：《论不确定法律概念的体系解释——以"北雁云依案"为素材》，《法学》2018 年第 6 期。

杨志宏、王守安、李记华：《论加强最高人民检察院的司法解释权——兼与游伟等同志商榷》，《法学研究》1993 年第 6 期。

伊尹君、陈金钊：《司法解释论析——关于传统司法解释理论的三点思考》，《政法论坛》1994 年第 1 期。

游伟、赵剑峰：《论我国刑法司法解释权的归属问题——关于建立多级审判解释体制的构想》，《法学研究》1993 年第 1 期。

俞祺：《论与上位法相抵触》，《法学家》2021 年第 5 期。

袁吉亮：《论立法解释制度之非》，《中国法学》1994 年第 4 期。

袁明圣：《司法解释"立法化"现象探微》，《法商研究》2003 年第 2 期。

袁勇：《法的违反情形与抵触情形之界分》，《法制与社会发展》2017 年第 3 期。

张建伟：《理性立法模式的司法解释——以刑事诉讼法解释为视角的观察》，《中国刑事法杂志》2018 年第 1 期。

张建伟：《刑事诉讼司法解释的空间与界限》，《清华法学》2013 年第 6 期。

张明楷：《立法解释的疑问——以刑法立法解释为中心》，《清华法学》2007 年第 3 期。

张榕：《司法能动性何以实现？——以最高人民法院司法解释为分析基础》，《法律科学》2007 年第 5 期。

张天虹：《试谈刑法司法解释的概念》，《法律学习与研究》1990 年第 5 期。

张文显:《略论法律解释及其原则》,《法学杂志》1989年第2期。

张志铭:《关于中国法律解释体制的思考》,《中国社会科学》1997年第2期。

张志铭:《法律解释概念探微》,《法学研究》1998年第5期。

赵钢:《我国司法解释规则的新发展及其再完善——〈07规定〉与〈97规定〉的比较分析》,《现代法学》2008年第4期。

周道鸾:《论司法解释及其规范化》,《中国法学》1994年第1期。

周旺生:《中国现行法律解释制度研究》,《现代法学》2003年第2期。

周永年:《检察解释的法律监督作用》,《人民检察》2011年第16期。

四 外文文献

Earl Latham, "The Group Basis of Politics: Notes for a Theory", 46 *American Political Science Review* 376 (1952).

Erhard Blankenburg and Hubert Treiber, "The Establishment of the Public Prosecutor's Office in Germany", 13 *International Journal of the Sociology of Law* 375 (1985).

Erik Luna and Marianne Wade, "Prosecutors as Judges", 67 *Washington and Lee Law Review* 1413 (2010).

Francis Lee Bailey and Henry B. Rothblatt, *Successful Techniques for Criminal Trials*, Lawyers Cooperative Publishing Company, 1985.

Fred C. Zacharias and Bruce A. Green, "The Duty to Avoid Wrongful Convictions: A Thought Experiment in the Regulation of Prosecutors", 89 *Boston University Law Review* 1 (2009).

Gerard E. Lynch, "Screening versus Plea Bargaining: Exactly What are We Trading off?", 55 *Stanford Law Review* 1399 (2003).

Joseph Raz, *Practical Reason and Norms*, Princeton University Press, 1990.

Judah Zelitch, *Soviet Administration of Criminal Law*, University of Pennsylvania Press, 1931.

Konrad Zweigert and Hein Kötz, *An Introduction to Comparative Law*, Translated by Tony Weir, North-Holland Publishing Co., 1977.

Norman Abrams, "Internal Policy: Guiding the Exercise of Prosecutorial Discretion", 19 *UCLA Law Review* 1 (1971).

Roger Perrot, *Institutions Judiciaires*, 12e edition, Montchrestien, 2006.

Ronald Dworkin, *Law's Empire*, Harvard University Press, 1986.

Philippe Sueur, *Historie du droit public francais*, 2e edition, Montchrestien, 2006.

索 引

备案审查 5，16，19，20，23，35，37，38，42，43，49，56，66，67，226，227，241，248，257，291，308，314—320，322—324，328，332，336，339，343，346，347，354

大陆法系 89，124—127，168，173，174，222—224，271，276，284，285，294，295，299

法安定性 70，94，143，199，247

法律解释模式 79，143，264，350

法律解释体制 11，12，14，17，21，38，50，79，82，97，98，168，181，227，264，297，303，348，350

法律漏洞 6，57，69，73，78，175，193，255，262，265，266，275—277，287，297

法律移植 179，188

法治原则 118，145，153，226

分工制 194，206，214，216，353

功能主义 19，80，150

监督法 2，19，23，37，38，42，43，53，56，60，61，66，67，152，185，188，205，230，233，243，289，292，302，308，310，312—315，320，322，325—327，331，336，340

监督权 13，50，66，150，166，229，306，312，313，317，320，355

检察监督 183，184，187，249，251，310—312，320，342

解法典化 32，87，125—130，193，194，202，272，283，303，352，353

科层制 124，129，130，161，162，204，205，222，225，

296，305，321

拉伦茨 57，139，228，247，272，275

立法法2，5，12，13，16，19，21—23，25，30，38，40，42—45，47，52，54，56，59—61，64—68，71，82—84，95，104，105，109，119，120，151，152，181，198，199，211，212，226—228，230—234，236，237，241，242，244，249，254—258，277，278，287，288，290—292，307，308，311，314—316，318，319，321—325，327，331，332，338，344—346，353，354

联合解释14，15，25，26，39，45，93—98，249，250，309，310，340，341，343

马克思22，75—77，178，179，185，187，307，311

权力空间2，20，22，23，27，29，55，60，104，121，181，193，199，206，212，213，225，226，231，232，236，241，288，289，292，307，309，321，353

权力碎片化98，101，103，194，224，303

权力制约165，167，206，239

人大监督165，313—316，320，339，343

人权保障156，158，200，201，213，214，216，285

社会治理69，143，162，205，246，293，313，343

社会主义法治 77，269，282，351

审判中心主义 81，164，167，284，285

事实性效力 102，112，117，118，136，204，244—250，252，258，295，296，337，339—341，347，353

司法机关独立行使职权原则 29，119，123，341，353

司法解释1—355

司法解释立法化 10，17，18，20，49，121，220

司法解释性质文件 2，3，14—16，39，40，43，45，46，67—69，81，82，84，85，92，96，101，105，113，115，117，118，120，136，147，152，158，188，189，193，204，217，220，221，241—262，264，266—268，

288，317，321，336—344，346，347，351—355

司法立法 49，56—60，107，138，178，294，299

司法责任制124，163，245

统一法制 23，78，79，107，115，137，175，188，253，264，296，297，348

刑事诉讼法3，4，13，15，19，24—31，34，35，45，46，58，71—73，80—84，86—96，98—100，103，105—108，110—130，133—136，139—142，146，147，155—157，166，167，195—204，206，208—216，222，229，238，239，241，249—251，260，269—273，277，278，280—285，287，300，303，306，309，310，316，318，323，325，330，331，334，340，343

以规代法 194，198，202，203，269，271，303，304，353

再法典化 126，272，282—285，354

政策 9，40，57，63，69，93，96，102，112，116，119，123，128，132，143—148，153—159，163，177，179，183，185，189，193，195—197，220，245—247，266，269，270，274，297，305，318，330，338，339，341，342，348，351—353

职能化 86，88—92，96，97，101，106，109，121，149，153，163，194，293，303，304，352

制度逻辑 2，4，131，133，135，137，139，141，143，145，147—149，151，153，155，157—159，161，163，165，167，169，171，173，175，177，179，181，183，185，187，189，191，330，351

制度性权威 62—65，67，79，116—118，120，198，199，219，244，247，248，252，337，339，340，352

后　　记

值此书稿付梓之际，谨向国家社会科学基金为本人博士论文出版给予的大力支持致以最诚挚的谢意。经过一年多的修改与打磨，相关课题得以顺利结项，最终凝结成这本书稿。

研究伊始，选择司法解释制度作为研究对象，其实完全是"无心插柳"的结果。在申请攻读博士资格时，我最初拟定的研究计划有二，一是关于犯罪嫌疑理论的构建，二是关于刑事诉讼法解释学的梳理。然而计划总是赶不上变化。由于生活慵懒，二外学习半途而废，导致仰赖于比较法资源的犯罪嫌疑理论研究难以为继。尔后，转向刑事诉讼法解释学，却发现刑事诉讼法的条文粗疏、规范概括甚至陈旧过时，这本身就构成解释学发展的阻碍，在此基础上阐发教义，虽能解决一些问题，但前瞻性（尤其以国际司法准则为基准）远远不足。不过，失败中也有收获，在推进上述课题时，我逐渐关注起了司法解释。司法解释尽管不是法律，但很大程度上起着与法律类似的调整权利义务与权力责任的作用，考虑到其他国家并无对应制度，就此项制度的探讨可能颇有价值。

在加州大学伯克利分校访学期间，我开始集中阅读文献并思考上述司法解释相关的诸多议题。早年的文献主要集中于讨论司法解释制度的合理性，一种流行的观点认为，最高法院作为审判机关，专司审判权，而司法解释明显是规范性文件，这种制定规范的权力不应由其行使。然而，类似学说的逻辑似乎存在问题，审判机关只是最高法院的定位，并不意味着最高法院只能行使审判权，事实上，审判权反而是最高法院行使较少的一种职权。由此，我初步认为，司法解释权可能与审判权并无直接关系，至多可以说前者是服务于后者的一种独立性职权。基于这一假设，我用一篇论文对司法解释的立法性质展开了论证。循此思路，又进一步就司法解释的权力空间和行权规则、司法解释性质文件与地方司法规范性文件的法治化问题作了一些粗浅的探索。随着资料的积累和研究的深入，我将研究重心从刑事诉讼转向司法解释，决定通过博士论文的写作实现制度研究的体系化初阶。

知易行难。从博士论文开题、写作、答辩，到本书的修改、订正、校对，其间出现了不少问题。所幸一路走来，得蒙各位师长、前辈与同仁的鼎力相助，总算是"轻舟已过万重山"。在此，谨向所有关心与支持本书创作的学界贤达致以最诚挚的谢意。衷心感谢陈卫东教授、刘计划教授、程雷教授对本书写作提供的悉心指导，张志铭教授、李奋飞教授、魏晓娜教授、董坤研究员、郭烁教授、李训虎教授、杜磊老师耐心的答疑解惑，答辩组成员王新清教授、樊学勇教授、韩红兴教授的深刻批评与宝贵建议。本书的部分章节曾于《法学研究》《中外法学》《法学家》《法制与社会发展》《法律科学》《政治与法律》《华东政法大学学报》等刊物相继发表，感谢熊秋红教授、李强老师、孙远教授、吴洪淇教授、魏晓娜教授、郑怀宇老师、马治选教授、姚建龙教授、姚魏老师、马长山教授、陆宇峰教授、宫雪老师的费心编审及外审专家提供的宝贵意见。特别鸣谢本书的责任编辑梁剑琴老师，她严谨细致、认真负责的工作态度使我受益匪浅。

本书的写作缘起对司法解释职权性质的思考，故尝试以此作为收尾。司法机关行使司法解释这种立法权看似特别，但在中国，这可能本身就是政权组织形式或治理体制安排的结果。由于不搞权力分立，因而不存在"立法的归立法""司法的归司法""行政的归行政"这类问题。事实上，中国国家治理很大程度上实行的是一种归口管理模式，简言之，将某一类工作全部发包给某一组织系统处理，再按需配备所谓立法权、行政权、司法权，这基本是以问题得到妥善处理为导向的。例如，全国人大常委会的备案审查，旨在确保规范性文件合宪性及法制统一，而这类审查权在过去往往被认为属于司法权的范畴；国务院的立法权更是典型，其主要系出于填补法律密度不足、有效规范行政活动以及防止行政行为恣意等问题之考量。回看司法解释制度，其实亦是如此，国家将审判工作、检察工作完全发包给法院和检察院系统，为解决普遍性法律适用问题之需而赋予其一定的立法权，便成为务实可靠且合乎逻辑的选择。

聂友伦
于樱花飞舞的初春
2025 年 3 月 31 日